フランスにおける 家族政策の起源と発展

第三共和制から戦後までの「連続性」

福島 都茂子

法律文化社

目　　次

序　章

第1節　本書の目的

フランスは現在、先進諸国の中で高い合計特殊出生率（1人の女性が生涯に産む子供数の平均値[1]）を維持する国であり、その理由は充実した「家族政策 politique familiale[2]」（定義は後述）によるものと説明される。2007年1月に、「2006年のフランスの合計特殊出生率は2.0を超え、EU諸国のトップになる」と発表され（INSEE 2007[3]）、いわゆる「少子化」に悩む日本でも大きく報道された[4]。同年のEU諸国の合計特殊出生率の平均は1.53、ドイツ1.33、イタリア1.37、日本1.32である（Eurostat 2014、厚生労働省 2014a）。以来フランスの合計特殊出生率は、人口置換水準（人口を維持するのに必要な合計特殊出生率）をほぼ満たす高水準を維持している。こうしたことから日本では、フランスは「少子化対策に成功した国」というイメージが強く、フランスの現在の家族政策に関する研究が急増した。現在の家族政策を知ることは意義のあることであるが、日本における研究は、1994年以降の家族政策改革と諸施策の紹介に留まる場合が多い。また、フランスの家族政策が100年以上の長い歴史をもつこともあまり知られておらず、その形成過程に関する詳細な研究は少ない。

本書の目的は、現在の政策をより深く理解するために、長い歴史をもつフランスの家族政策の起源とその後の発展の形成過程を、政治史の観点から一次史料を用いて実証的に検証することである。対象期間は1902年から1958年までである。1902年を起点とする理由は、出生率低下による人口減少問題に悩んでいたフランス政府が、その対策として1902年に初の公的機関「人口減少院外委員会 Commission extraparlementaire de la dépopulation」を設立したことを、国家による明示的な家族政策の始まりと捉えるからである。その後、フランスは第一次世界大戦で多数の犠牲者数を出したことから、積極的に人口増加策としての家族政策に取り組み、1930年代には「黄金時代」と呼ばれるほど多数の施策を採用し、それらは第二次大戦中も戦後も基本的に継続された。したがって、本書では1938年から1946年までを家族政策が最も発展した時期と捉え、諸施策の起源とその成立過程を「連続性」の観点から明らかにする。

家族政策が最も発展した時期は、第三共和制（1871-1940）末期から、第二次大戦中のヴィシー政府（1940-44）、戦後の臨時政府（1944-46）の時期であり、フランス史の中でも短期間のうちに政治体制が変動した複雑な時期である。特にヴィシー政府は、「ナチス・ドイツに協力した政権」として批判され、現在に至るまでその正統性を否定され、戦後との「断絶」が強調されることが多い。そのためヴィシー時代の研究は少なく、その前後を通して扱う研究は少ない（後述）。が、本書では、特殊とされるヴィシー時代においても、家族政策は前後の時期との「連続性」が存在することを実証的に検証する。

最も発展した時期を1946年までとするのは、第二次大戦後に社会保障制度 Sécuṅté sociale が確立され、家族政策の中で中心的な施策である家族給付 prestations familiales（有子家庭に支給される現金給付の総称。代表的なものが家族手当 allocations familiales）が、社会保険や労災・職業病補償とともに社会保障の主要な三分野の一つに組み込まれ、制度として一つの完成を見るからである。その後、臨時政府に続く第四共和制においても家族政策は継続され、1958年まで大きな変化はなかったため、本書では第四共和制が終了する1958年までを対象とする。

第2節　家族政策の歴史研究の必要性

フランスは第二次大戦前まで、出生率低下と人口停滞に悩む国であった。特に19世紀末から20世紀初めにかけて、女性たちの「出産ストライキ」と呼ばれるほど出生率低下が進み、同時に医療の発達などにより平均寿命が伸び、当時のフランスは現代日本と同様の、いわゆる「少子高齢化」社会[5)]となっていた。こうした事実は他国にも知られ、フランスは侮蔑的に「老人の国」「死にかかっている国」「揺籠より棺桶の多い国」などと呼ばれた（岡田 1984:214、タイテルボーム／ウインター:24）。その対策として開始されたのが、家族政策である。

このようなフランスの長期の出生率低下傾向が上昇に転じたのは、第二次大戦中の1942年のことである。その後も合計特殊出生率は上昇を続け、戦後のベビーブームへとつながり、それは1960年代半ばまで続いた。1960年代後半以降、合計特殊出生率は再び低下し始めるが、他の先進諸国よりは比較的高い数値を維持し、2006年以降は先進諸国のトップレベルになった。つまり、フランス政府が19世紀末から解決すべき「政治課題」として取り組んだ出生率低下問題は、ヴィシー時代に改善され始めたが、この時期の家族政策研究は少ない。出生率が上昇に転じた理由とその後の高水準維持の理由を検証するためにも、ヴィシー時代を含めた時期の家族政策研究は重要である。

19世紀末から20世紀初めにかけての政策決定者たちにとって、出生率低下や人口減少に対する危機感は、現在よりもはるかに深刻であった。当時は「国力とは人口なり」と考えられており、人口減少のデメリットとして、経済面における労働力不足や生産力・消費力の低下のみでなく、特に軍事面における兵力不足や弱体化、それに伴う周辺国からの侵略の可能性が重視された。当時の人口学者らは、フランスの国際的地位の低下、国富の低下、農村の衰退、産業の発展の遅れ、入移民の増大、道徳的低下、社会における無気力やエゴイズムの蔓延、民族の質の低下なども挙げている（岡田1984:202-227）。これらは「国力の低下」と総称され、特に軍事的弱体化は「国家存亡の危機」に関わる重要問題として捉えられ、早急に解決すべき「政治課題」とされた。こうした危機感は政治姿勢の左右にかかわりなく共有された。一般に家族政策は保守が推進し、左派は忌避する傾向にあるが、フランスでは人口減少問題が深刻だったためか、家族政策に関する左右の政治対立はあまり存在しない。

以上から、19世紀後半から出生率低下・人口減少問題は、常に「フランスの政治文化にとりつき」（Rosental: 9）、時には「フランス政治学の本質」となった（タイテルボーム／ウインター:22）。人口問題は19世紀後半以降のフランス政治史を語る上で欠かせない一要素である。特に19世紀末から20世紀初めにかけて、議会審議においてもさまざまな政策の前提として「人口減少問題」が言及され、影響を及ぼした。たとえば、19世紀末から20世紀初頭にかけてフランスは社会保険が発展し、その流れで家族給付も発展したが、失業保険（失業手当）の制度化は非常に遅れた。イギリスは1911年、ドイツは1927年に制度化されたが、フランスは第二次大戦後の1958年である（田端1999:110）。フランスでは人口減少による労働力不足の懸念の方が大きく、失業の可能性が少なかったためである。また、軍事政策や外交政策においても、人口すなわち兵力数が重要な要素となり、直接の武力衝突を避ける方向を選択するなど、フランスの家族政策は、国防や外交政策にもダイレクトに影響を与える重要な政策として発展した。このような視点が、現在の家族政策研究には欠けている。

近年の日本の研究では、2006年以降のフランスの高出生率の要因を、両立支援策の効果と強調することが多い（樋口ほか、神尾 2007、縄田など）。確かにフランスの合計特殊出生率は、女性の社会進出が進んだ1980年代以降低下傾向となり、1993年と1994年には1.66という戦後最低値となったが、両立支援策が導入された1994年以降緩やかに上昇し始めている。したがって両立支援策が有効でないとはいえないが、本当にそれのみが有効なのかは疑問である。なぜなら、両立支援策導入前の1980年と1981年でもフランスの合計特殊出生率は1.94と比較的高く、導入後の1995年から３年間は微増しか示さず、1980年代初めと同水準まで回復したのは導入11年後の2006年だったからである。両立支援策のみが出生率上昇に有効であるなら、もっと早くに回復したはずである。また、導入前の合計特殊出生率の高さの説明も必要である。日本では、フランスの家族政策の中で、両立支援策のみが強調されすぎる傾向がある。

フランスの戦後の合計特殊出生率の最低値が1993年の1.66（日本は同年1.46で最低値は2005年の1.26）ということからも分かるように、両立支援策導入前もフランスは、先進諸国の中では高水準を維持していた。1990年代の研究では、その理由を「充実した家族給付」としてきた（キャロー:199、小島 1996:170、岡田 1996:105）。つまり、フランスの両立支援策は、手厚い経済支援策が存在する上にさらに追加された施策であり、両立支援策のみが有効とは限らない[6)]。日本において、夫婦が「理想の子ども数をもたない理由」(2010年調査) のトップは、「子育てや教育にお金がかかりすぎるから」（約60%、複数回答）であり、２位から４位までは年齢・身体的理由で、両立支援策が不足しているからではない（厚生労働省 2014b:97-98）。もちろん遠因として影響していることは考えられるが、第一位は経済的な理由であり、これには経済支援策が有効であるはずである。

フランスにおいて、家族給付の中でも代表的な家族手当は、1932年に国家制度となり、1938年に一般化と統一化が達成されてから、その後中断されることなく現在まで継続されている。つまり、家族手当は80年近くの歴史をもっているが、こうした時期を第二次大戦後まで通して分析した歴史研究は少ない。

また、フランス本国においては、日本でいわれるほど両立支援策の有効性は強調されていない。たとえば2007年１月の日仏首脳会談で、当時の安倍首相がシラク Jacques Chirac 大統領にフランスの高出生率の理由を尋ねたところ、シラク大統領は「家族に対する財政支援こそが、意味のある政策である」（傍点引用者）と答えている[7]。また、高出生率の理由を探って複数のフランス女性を取材した新聞記事では、フランスでは家族手当や税制など第三子以降を優遇する経済支援制度が多いため、フランス女性は「２人産んだらもう１人産まないと損」という認識があるという[8]。つまり、フランスにおいては、出生率上昇には経済支援策が有効であると広く認識されている。また、ジャーナリストの牧は、自身の日仏での出産・育児経験と34人のフランス女性へのインタビューから日仏を比較し、フランスの高出生率の理由は、制度のみでなく、その制度を支える（あるいは制度によってもたらされた）意識的・文化的な違いにあると結論づけている（牧：3-8）。具体的には、週35時間労働が可能にする父親の育児参加や家事分担、それらを当たり前とする社会、母性神話の崩壊と求められる母親像の変化、働く女性に対する周囲の理解（第一子出産後80％の女性が就労を継続）、家事や保育のアウトソーシング化とその簡便さ（多様な選択肢と費用補填）、早くから子供の自立や社会性を促す子育て文化などである。牧は制度が存在しても機能していない例として、両立支援策の一つである育児休業（第一子の場合６か月、第二子以降３年、所得補償あり）を、実際に満期取得するフランス女性は少ない事実を挙げる。特に第一子の場合、６か月の育児休業を満期取得する女性は少なく、産後10週間の出産休暇に有給休暇を足して４か月以内に復帰する例が多いという。その理由は、職を失わないための女性自身の早めの職場復帰の希望や、同僚への気兼ねなどである（牧：40-41、84-85）[9]。少なくとも第一子の場合、フランス女性は両立支援の一つである「所得補償のある育児休業」を当てにして出産を決意しているのではない。

したがって、フランスの現在の高出生率の要因をより正確に分析するためには、家族政策全体の考察が必要であり、そのためには、100年以上の長い歴史をもつ家族政策の起源や形成過程に関する歴史的分析が重要である。たとえば、通常は家族給付の財源は国庫負担が中心であるが、フランスの家族給付は約6割が事業主負担である（第1章で後述）。これは世界的にも珍しいが、フランスの家族手当は民間企業や公務員の「追加賃金 sursalaire」として発展したため、企業経営者が負担する伝統があり（第4章、第5章で後述）、現在もそれが継続されているという歴史的形成過程に理由がある。

このように、現在の政策を理解するためにも、家族政策の歴史研究は重要であるはずだが、本書が対象とする時期を通して扱う研究は日本及びフランスを含む欧米においても非常に少ない。その主な理由は、ヴィシー時代を含めることに対して忌避が存在するからである。第二次大戦中ナチス・ドイツ軍占領下で誕生したヴィシー政府は、戦後ドゴール Charles de Gaulle を中心とするレジスタンス勢力からその正統性を明確に否定され、ヴィシー時代はフランス人にとって「触れられたくない過去」となり、戦後との「断絶」が強調された。そのため学術研究は著しく遅れ、「ヴィシー政府はナチス・ドイツに協力した政府であり、その政策は全て悪」といった偏った見方が主流となった。本書では、こうしたヴィシー時代に対する偏った見方を「ヴィシー・バイアス」と名付け、排除することも目的とする。ヴィシー・バイアスを指摘し、それを取り除くことは、家族政策研究のみならず、社会保障・福祉国家研究及びフランス政治史研究にも寄与する。日本におけるフランスの家族政策研究は、「ヴィシー時代の特殊性」という政治的視点を欠く場合が多いからである[10]。特にヴィシー時代に家族手当の拡大が行われたこともあって、家族政策の歴史を語る際、発展史的に説明されることが多く、ヴィシー政府の特殊性にはほとんど触れられない（たとえば小島1996：157、岡田1996：102-108）。また、家族政策の諸施策が戦後も継続された理由について深く考察されることも少なく、単に「出生率低下」や「人口減少問題」のためとのみ説明されることが多い[11]。しかし、これらはヴィシー時代の特殊性に無自覚すぎであり、ヴィシー政府の家族政策を一面しか見ていないことになる。なぜなら、ヴィシー政府は家族手当を拡大すると同時に、出生率上昇策として抑圧的な家族政策も行っているからである。こうした点に触れないまま、家族手当の拡大しか記述しない姿勢は偏っていると言わざるを得ない。

逆に、フランス政治史研究では、ヴィシー時代の特殊性に関しては当然記述されるが、19世紀末から20世紀初頭の政策決定者たちが共有していた出生率低下への切実な危機感や、家族政策への強い意欲などについて詳細に語られることは少ない。その場合、ヴィシー政府の実行した家族政策は、第三共和制にも、戦後にも実行されていたこと、つまり、ヴィシー政府のみが特異な施策を実行したわけではないという事実に対する視点が抜け落ちる。本書では、ヴィシー・バイアスを外して中立の立場で分析することによって、こうした各分野における研究の不足部分を補い媒介することも目的の一つとする。

第3節　家族政策の定義

一般に家族政策の定義は困難とされ、現在確立されたコンセンサスはないまま、各国でさまざまな家族政策が採用されている（阿藤 1996: 2、所:267)。

最も早くから家族政策が発展したのは、19世紀末から20世紀初頭にかけて出生率低下が問題となったスウェーデンとフランスであり、以来、家族政策は貧困対策も兼ねて主にヨーロッパで発展した。第二次大戦後、福祉国家の発展とともに税制などによる所得再分配の機能が加わり、家族形態の変化や性別役割分業の変化を経て、子育て費用の社会化や児童福祉、両立支援策などが追加されてきた（鶴:33-35)。つまり、時代によって要請される内容は異なり、その中でどれを重視するかは国によって異なる。言い換えれば、何を家族政策と呼ぶか（あるいは呼ばないか)、どこまでをその範囲とするかは国によって異なる。こうしたことが、家族政策の定義が困難な理由である。また、イギリスやアメリカなど家族政策という用語を嫌う国も存在する（第1章で後述)。

こうした点を踏まえて全体的な家族政策を定義しようとするなら、「政府が家族に対して、あるいは家族のために行う全てのこと」、または「直接的、あるいは間接的に家族に影響を与える、政府が行う全てのもの」といった非常に広範囲のものとなる（鶴:35-36)。これに従うなら、ほぼ全ての社会政策が該当することになる。

そのためか、日本においては、鶴が指摘するように、「家族政策とは何か」ということに関して十分な議論がないまま論が展開されている状況である（鶴：33）。が、近年使用されるようになった「少子化」との関連から、家族政策とは主に「出生と子育てに直接・間接に関わる社会政策」（阿藤 2006：34）と理解されるようになり、国際的にもこのような理解が進みつつある。

本書では、対象とするフランスの家族政策に限定して定義を試みる。フランスで「家族政策」という用語が使われ始めたのは1920年代で、以後継続して使用されている。現在、フランス政府が想定する家族政策の目標は、「子どもならびに家族の再認識、子育て費用の補償、出生率、所得再分配、貧困対策など」とされている（在日フランス大使館 2005）。よって、フランスにおける家族政策は、これらの目標を達成するための社会政策全般といえる。フランスの家族政策は出生率上昇策として開始され、個別に諸施策が採用され、ある程度発展した後に「家族政策」として総称されたという経緯があるため、包含する範囲は非常に広い。他国では労働政策や貧困対策、住宅政策などに位置づけられる施策も、フランスでは家族政策に分類される。そうしたことからか、フランスの現在の家族政策研究者は、家族政策の定義は原則として行わず、家族政策の目標や手段、現行の諸制度を通じて説明するスタイルが多い（Damon、Messu など）。

日本のフランス家族政策研究者らによる家族政策の定義は、「社会福祉策の実施と家族給付と税制上の優遇措置などの制度を基礎として、全ての家族を支援することを目的とする政策全体」（小島1996：169、樋口ほか：171-172）である。具体的には、子供の養育コストの軽減（経済支援）、所得再分配、職業と育児の両立支援である。

フランス人研究者ダモンによると、家族政策の基本的な目的は「出生率を支えることと、［子をもつ人ともたない人の間の］不平等の縮小」である（Damon：4）。フランス人研究者メスによると、家族政策には「人口政策、出生率上昇策、母子の保護、子供の存在に関連する負担補償の社会的措置」が含まれる（Messu：7）。

以上を参照した上で、本書における家族政策の定義は、「子をもつこと／もたないことと子育てに関して政府が実施する諸施策全般」とする。具体的にいうと、①家族の構成に関わる政策（出産、結婚、離婚、人工妊娠中絶（堕胎）、避妊に関する政策など[12])、②子をもつ家族への経済支援（現金給付、税制優遇など）、③子育てと労働に関わる政策（出産休暇（産休）、育児休業（育休）、それらの所得補償、保育システムの整備など）、④その他関連する政策全般（たとえば出産奨励の意図をもつプロパガンダや教育、経済支援以外の多子家族優遇策など）である（阿藤2006：34-35、小島1996：169-170、Gauthier：3-4などを参照）。

ここで、人口政策と家族政策の違いについて説明する。両者は厳密には異なるものである。人口政策は、「政府が国民の人口に直接・間接の影響を及ぼす意図をもって実行する政策」で、人口増加策と人口減少（抑制）策の２種類しかない[13]。人口増加策には、「出産増加」と「移民受入れ」の二つの方法しかない[14]。つまり人口政策は、人口増加が目的の場合、移民政策を別にすれば出生率上昇を目的とする家族政策とほぼ重なる。したがって、移民の受入れを含めるかどうかが人口政策と家族政策の違いであり、この点がそのまま人口増加主義者（ポピュレーショニスト）と出産奨励主義者（ナタリスト）とを分ける分水嶺となる。フランスの家族政策は、開始から常に出生率上昇の意図をもっていたため人口増加策と重なる部分が多く、初期の政策決定者たちも明確に両者を区別していなかった。が、前述のように、フランスにおいては早くから「家族政策」の用語が定着し使用されてきたこと、人口増加策として移民の受入れより婚姻夫婦（家族）での出産が奨励されたことから、本書では移民政策は検討対象から外し、人口政策ではなく家族政策の用語を使用する。

第４節　先行研究

本書と同一テーマで同時期を通して扱った研究は、日本でも欧米でも非常に少ない。日本におけるフランスの家族政策の歴史研究は、江口の著書の一部と深澤の論文と岡田の著書の一部のみである。江口は、日本のフランス家族政策研究は現状に関するものは多いが歴史研究は少ないと指摘し、第１章を19世紀から2007年までの長いスパンでフランスの家族政策の歴史的展開に当てている（江口 2011：1-37）。が、全体の主題は日本の少子化対策の考察であり、フランスの家族政策は比較の参照点にすぎないため、内容は概略的な施策紹介に留まる。深澤の論文は、第一次大戦後から2007年までのフランスの家族政策を概観しているが、簡単な施策紹介のみである（深澤 2009）。岡田の著書『現代人口論』は、第５章を「フランスの家族政策の発展」と題し、比較的長期の歴史を扱っているが、これも概略的な紹介のみである（岡田 1996）。

その他、一般向けではあるが、中島と牧の著書は、フランスの現在の家族政策を紹介した上で、その背景として家族政策全般の歴史概略に触れている（中島 2010、牧 2008）。

以上が日本における先行研究であり、いずれも概略的なもので、詳細な実証研究は存在しない。

仏語文献では、家族政策の歴史研究として、19世紀末から1980年代までを概観的に扱ったメスの著書『家族政策』がある（Messu 1992）。19世紀末に出産奨励主義的な動機で始まった家族政策のその後の変遷を現代まで追い、背景にある思想の変化まで考察したものである。が、内容は個々の施策について簡単に紹介するに留まり、その記述の多くは後述のセカルディとタルミーの研究に負っている。

直接の歴史研究ではないが、現在の家族政策を考察するために、その成り立ちや発展の経緯に多少とも触れているものに、フランスの家族政策研究者ダモンの著書『家族諸政策』がある（Damon 2006）。が、1945年以降が中心であり、それ以前についての記述はわずかである。フランスにおいても、家族政策全般に関する歴史研究は少ない。

フランスの人口政策の詳細な歴史研究としては、1930年から1960年までヴィシー時代も含めて詳細に扱ったローゼンタールの著書がある（Rosental 2003）。19世紀末から人口減少問題に悩んできたフランスでは人口政策とは人口増加策であり、移民より出産奨励を優先した時期は家族政策とほぼ重なるため、本書の対象時期や問題関心と近い。が、主題は後半に展開される1950年代以降の移民政策の変遷と分析である。

ベシアの論文は、1900年から1914年までの議会における人口減少問題対策としての活動を詳細に扱っている（Becchia 1986）。これは本書の対象時期の初期と重なり、問題関心も近いが、1914年までであることと、さまざまな論点を入れすぎたためか分析の焦点が錯綜している点が欠点である。

家族政策全体の歴史研究は少ないため、家族政策の中心的な施策である家族手当の歴史研究を紹介する。

フランスにおける家族給付に関する詳細な歴史研究としては、19世紀末から1950年代までを詳細に扱ったセカルディの著書があり（Ceccaldi 1957）、前述のメスをはじめ多くの家族政策研究がこれに依拠しているが、1957年出版で古い。

また、家族政策そのものの歴史研究ではないが、フランスの家族政策を促進したロビー団体である家族団体（第2章で後述）の活動の歴史を詳細に跡づけたタルミーの2巻本の著書『1896年から1939年までのフランスにおける家族運動』（Talmy 1962ab）は、一次史料を豊富に用いた詳細な歴史研究であり、本書の問題関心とも近い。が、主題は民間における家族の組織化運動の推移であり、国家政策の家族政策研究ではなく、扱う時期も1939年までである。

日本における家族給付の歴史研究は、大塩の著書『家族手当の研究』がある（大塩 1996）。これは、日本とイギリスとフランスの家族手当（児童手当）を比較し、それぞれの形成過程を取り上げたものであるが、フランスは1945年までで、依拠する史料の大部分は日本語文献であり、当時の政治状況にはあまり触れていない。

深澤の2008年の論文は、第一次大戦後から第二次大戦までの戦間期の家族手当の発展に関して、「パリ地域補償金庫」の形成と活動を中心とした詳細な研究である（深澤 2008ab）。

英語圏では元々「家族政策」という語を嫌う傾向があるためか（第1章で後述）、家族政策研究と銘打っているものは少なく、フランスの社会保障研究や福祉国家研究の一環として家族に注目するものが多い。が、本書の対象時期と近いものはあまり存在しない。

英語圏の家族手当の歴史研究としては、19世紀末から1950年代初めまでを扱ったワトソンの論文と（Watson 1954ab）、1914年から1945年までの人口政策を扱ったレッジアーニの論文がある（Reggiani 1996）。両者ともヴィシー時代の政策も取り上げ、その前後の連続性を指摘しており、特にワトソンは1954年と早い時期に指摘した珍しい例である。両者ともに非フランス人研究者である点が象徴的である（後述）。

福祉国家や社会保障の歴史研究としては、仏語文献では、1870年から2005年までを扱った全部で6巻にわたる大部の『テキストを通じた社会保障の歴史』

があり、本書の対象時期と重なるのは主にルクレールによる第2巻である（Leclerc 1996）。

日本では、廣澤の著書『フランス「福祉国家」体制の形成』（廣澤 2005）があり、フランスの社会保障制度形成の歴史について分析している。社会保障の一部門である家族給付の形成過程も取り上げているが、社会保険など他部門がメインで、分量はわずかである。

翻訳文献では、タイテルボームとウインターの共著『人口減少』は、フランス政治史と関連づけた人口政策が述べられており（タイテルボーム／ウインター 1989）、ビラバンとデュパキエの共著『出産飢饉』とともに有益な示唆を得た（ビラバン／デュパキエ 1990）。

以上が本書のテーマに類似する主な先行研究である。日本はもちろん本国フランスを含む欧米においても、本書のテーマである家族政策全般の起源と発展の歴史過程を詳細に分析する研究は極めて少ない。したがって、本書は、上記以外に、社会保障、福祉国家、福祉レジーム論、社会政策、人口学、歴史人口学、社会学、家族社会学、ジェンダー及びフェミニズム、文化史、政治思想などの周辺研究も多く参照している。これら全てを挙げることはできないが、その中でも本書と問題関心が近く、多くの示唆を得た研究は、クニビレールとフーケの共著『母親の社会史』であることを追記する（クニビレール／フーケ 1994）。

第5節　ヴィシー時代の特殊性と「黄金時代」の区分

フランス史において、ヴィシー時代は特殊な時代である。ヴィシー時代とは、第二次大戦中、フランス本土の半分以上（1942年11月以降は全土）をナチス・ドイツ軍に占領され、その占領下で誕生したヴィシー政府が統治した時期のことで、首班はペタン元帥 Philippe Pétain であった。ヴィシー時代はフランス人にとって「フランス史から抹殺したい暗黒の4年間」と考えられている（渡辺 1994:19-23）。こうしたヴィシー時代に対するフランス人の複雑な感情と態度の変遷を、フランスの歴史家ルソは「ヴィシー症候群」と名付け、それ自体を研究対象としている（Rousso）。歴史家アムルーの言葉によると、フランスには1940年夏から1941年夏までは「4000万人のペタニスト（ペタン主義者）」が存在したが、1944年８月には「4000万人のゴーリスト（ドゴール主義者）」となった(Amouroux)。4000万人は当時のフランスの人口で、フランス国民全員を指す。つまり、フランス国民は、わずか４年間にペタン崇拝者から「レジスタンスの英雄」ドゴール支持者に変節したという意味である。この熱狂的なドゴール支持が、後に「レジスタンス神話」を生み出し、ヴィシー・バイアスを形成する。レジスタンス神話とは、ヴィシー政府の正統性を否定し、「フランスはナチス・ドイツの侵略の犠牲者であり、たとえ直接レジスタンス活動に参加していなくても、フランス国民はみな占領下の日常生活において抵抗を続けた勇敢なレジスタンス参加者であり、こうした全国民の勇敢な闘いによって、フランス人は自らを解放した」とする解放神話である。ルソによると、このレジスタンス神話は、ドゴールの『大戦回顧録』が出版された1954年から1971年にかけて主に形成された(Rousso:77-117)。実際にはドイツ協力者（コラボ）も多く存在し、「勇敢なレジスタンス参加者」ばかりではなかったが、フランス人はこの「神話」を受け入れ、ヴィシー時代に自分たちが何をしていたかについては沈黙した。それがヴィシー時代のタブー視につながり、学術研究は遅れ、「ヴィシー政府の政策は全てドイツ軍に強制されたもの」といった誤った見方が広まった[15)]。実際1970年代までフランスの歴史教科書には、「ヴィシー政府はナチス・ドイツに押しつけられたものにすぎず、フランスの歴史の一部ではない」と明記されていたほどである[16)]。こうした事情から、1970年代初期までの家族政策研究は、ヴィシー時代についてほとんど触れないことが多く、戦後との「断絶」が確立された。

こうした状況に変化をもたらしたのは、1972年にアメリカ人研究者パクストンが出版した詳細なヴィシー研究書である(Paxton)。パクストンはそれまでの見方を覆し、特にユダヤ人迫害はナチス・ドイツの強制ではなくヴィシー政府の自発的な判断によるものであったことを、ドイツの史料を用いて明らかにした。翌年フランス語訳が出版されると、フランス国内で大きな反発や批判を呼び、後に「パクストン革命」と呼ばれるほど大きな衝撃を与えた。

以後、次第に「タブー」は崩れ、ヴィシー時代の研究も増加した。しかし、先鞭をつけたのがユダヤ人迫害と女性政策に関する研究であったため、今度は「ヴィシー政府の行った政策は全て悪である」といった批判的な見方が大部分を占めることとなった。「ヴィシー・バイアス」の誕生である。

フェミニスト研究者らによるヴィシー政府の評価は、女性の労働制限や離婚制限や堕胎罪の厳罰化などによって女性の権利を奪い、女性を家庭に戻すよう強制した体制であり、家父長主義的なイデオロギーを利用して女性に妊娠・出産を強制した抑圧的な体制として強く批判することが多い（Pollard, Bordeaux, Muel-Dreyfus, Childers など）。ポラードによると、ヴィシー政府によって推進されたジェンダー政策は、男性には家父長的権威を再提供し、女性には「生殖者」としての価値が優先され、その政治目的は、敗北と占領というトラウマから国民を救い、社会と国家を再組織するというものであった（Pollard:3, 202）。ヴィシー時代の家族手当研究者ボルドーによると、ヴィシー政府が意図したのは「性差別主義的で人種差別的な新しい家族」の構築である（Bordeaux：8）。道徳秩序の観点からヴィシー政府が行った売春や堕胎の抑圧を研究したボナンシは、ヴィシー政府は「家族と出生率の保護」と「公道徳の擁護」のために公然と「抑圧的な措置」をとったと批判する（Boninchi：4-5）。確かにヴィシー政府の家族政策は抑圧的なものも多く含み、こうした分析は誤りではない。

こうしたことから、フェミニスト研究者のほとんどは、第三共和制末期とヴィシー時代の連続性は肯定しても、ヴィシー時代と戦後の連続性は否定的に捉える（Muel-Dreyfus:95, Childers:157-160）。ポラードは、第三共和制からヴィシー時代と戦後にかけての家族政策に連続性があると認めるが（Pollard:98）、第三共和制とヴィシー時代の連続性については具体的に述べるのに対し（Pollard:11-41）、ヴィシー時代と戦後の連続性については半頁程度で簡単に述べるのみである（Pollard:200-201）。その中でポラードは、「第三共和制を非難するヴィシー政府のレトリックや、臨時政府と第四共和制のヴィシー政府の否定にもかかわらず、これらの政体の間にはいくつかの重要な連続性の路線が存在する。家族政策はその一つの例である」（Pollard:200）と述べ、その具体例として人事と行政組織の連続性を挙げる。が、連続性の理由についての明確な説明はない。

国際的に著名な人口学者ソーヴィ Alfred Sauvy は、フランス人でありながら、1952年という早い時期に、家族政策における1939年から1946年までの「不思議な継続」について指摘している（ソーヴィ:581）。ソーヴィは自身がヴィシー政府の家族政策に関与していたこともあって（第7章で後述）、フランス人としては例外的にヴィシー政府の家族政策に好意的な人物である。

1972年出版のフランス人によるヴィシー時代前半の研究論文集の中で家族政策を取り上げたクトロは、ヴィシー政府の家族制度は国民を拘束したとして否定的に捉える（Coutrot：245）。が、フランス人研究者として、かつ1972年という早い時期には珍しく、「諸制度のみを見るならば」という断りつきではあるが、クトロは第三共和制末期から第四共和制に至るまでヴィシー時代を含めた「家族政策の連続性」を認める。しかし、その内容は詳細に検討せず、連続の理由についても単に「伝統的キリスト教道徳の戒律」によるものとしか述べていない（Coutrot：263）。クトロは、ヴィシー政府の家族政策の基となったイデオロギーは、第三共和制や第四共和制のものとは全く異なるとして、他の時代とヴィシー時代との「差異」を強調し、ヴィシー政府の家族に対するイデオロギーは、「体制を支えるため」、「道徳の再建」または「ヴィシー政府が名誉を与えた制度の擁護のため」の手段と説明する。が、それとは異なるとする第三共和制と第四共和制のイデオロギーは説明しておらず、またイデオロギーが異なるにもかかわらず同様の政策を採用した理由については全く考察していない。前述の「伝統的キリスト教道徳の戒律」は、政体間の「異なるイデオロギー」よりも強力なのかどうかも不明である。出版時期を考慮するとヴィシー・バイアスが強いのは仕方ないが、逆にいうと、そうした時期に断りつきではあるが、家族政策の「連続性」をフランス人研究者が認めた点は特筆すべきである。

このように少数ではあるがヴィシー時代と戦後の連続性の指摘は存在するが、指摘のみで、連続性の理由についてはほとんど考察されていない。しかし、ヴィシー政府に批判的な論者であるなら、より一層、戦後の臨時政府や第四共和制が、ヴィシー政府の「家父長的」で「性差別主義的」な家族政策を継続した理由について、明確な説明を提示すべきである。あるいは、継続された政策は表面が似ているだけであり、本質やイデオロギーは異なるとするなら、その差異について詳細に説明すべきである[17]。そうでなければ、ヴィシー政府を批判する同じ論理で戦後の政府に対しても批判を加えるべきであるが、そうしたことはいずれも行われていない[18]。ここで強調したいのは、ヴィシー政府を批判すべきではないといったことではなく、ヴィシー政府に対する偏った見方がいまだに存在し、そのようなヴィシー・バイアスの存在が公平な学術研究を阻害している可能性である。つまり、ヴィシー時代と戦後の「連続性」について、わずかでも指摘されることはあったにもかかわらず、その内容に関して詳細な検討や分析が行われてこなかった点を問題にしている。

とはいえ、フランスの家族政策研究において、クトロやポラードのようにヴィシー時代を正面から取り上げた研究は今なお少数であり、戦後との「連続性」を指摘しただけでも画期的である。前述のように、ワトソンが比較的早い時期に、ヴィシー時代と戦後の家族手当の連続性を指摘したのは、非フランス人だから可能であった。非フランス人のワトソンと違って、フランス人であるソーヴィやクトロがフランス社会でそれを指摘することは、勇気のいることであったと推測できる。その他、1985年出版のラロック Pierre Laroque 編書において、家族政策の領域におけるヴィシー時代と戦後の連続性がごく簡単に指摘される（Laroque（ed.）1985：9）が、具体的な検証はなく、その理由についての分析もない。

以上、ヴィシー時代と戦後の「連続性」を指摘する研究をいくつか挙げたが、これらは家族政策研究の中では極めて少数である。プロストの1984年の論文では、ヴィシー時代の政策はほとんど触れられていない（Prost：8）。フランス人研究者メスは、1939年成立の「家族法典 Code de la Famille」（第6章で後述）には約8頁と多くの頁を割いているのに対して、ヴィシー時代の記述はわずか数行であり、実際の施策の量からすると圧倒的に少ない（Messu：69-70）。また、メスは家族法典の諸施策を記述する中でヴィシー時代との関連にも触れるが、取り上げる施策は「離婚の制限」など抑圧的なものが多い（Messu：66, 68）。同じくフランス人研究者ダモンの著書では全体的に歴史的記述は短い中で、1930年代に関する記述は1頁割いているのに対し、ヴィシー時代の施策として取り上げるのは「単一賃金手当 allocation de salaire unique」（給与所得者が世帯に1人しかいない場合に支給される手当、第7章で後述）と家族協会 association de familles（第7章で後述）のみである（Damon：14）。評価は賛否両論あるにしても、ヴィシー政府は多数の家族政策を実際に採用しており、記述すべき施策が多数あるにもかかわらず、ごく一部しか取り上げない態度は、明らかに恣意的な選択であり、公正・中立なものではない。これは、いまだにヴィシー・バイアスが強く影響している証左の一つであり、2000年代になってもヴィシー時代の家族政策が網羅されることは少ないことを示している。こうしたヴィシー・バイアスの存在を知らなければ、前述のパクストン革命の衝撃は理解できず、1954年という早い時期に家族手当におけるヴィシー時代とその前後の「連続性」を指摘した非フランス人のワトソンの先駆性や、比較的早い時期にフランス人であるソーヴィとクトロがヴィシー時代と戦後の「連続性」を多少とも指摘した画期性も理解できない。

こうした状況は、論者による家族政策の「黄金時代」の時期区分にも関わってくる。フランスの家族政策研究において、何人かの研究者は1938年から1958年までを「黄金時代」と区分するが（Laroque (ed.) 1985: 9, Prost: 8, Rosental: 9, 岡田 1996:110）[19]、ヴィシー時代の家族政策については詳細に検討していない。政策が多数採用されたこと、またその間の「連続性」を窺わせる「黄金時代」という区分にヴィシー時代を含めながら、ヴィシー時代の政策を検討しないというのは、明らかに不備があると言わざるを得ない。

また、同じ「黄金時代」という用語を使用しても、論者によっては時期区分が異なる場合もあるが、それを単なる個人差とすることはできない。メスは「黄金時代」を1944年から1970年代までとしているが（Messu:73-93）、第四共和制期に関しては、1948年の「住宅手当 allocation de logement」（第9章で後述）創設以後は、単一賃金手当拡大と1956年の社会保障法典の編纂以外は記述しておらず、1960年代末までを「家族政策の後退期」とし[20]、「黄金時代」の中に「後退期」が入るという矛盾した内容になっている（Messu:79-81）。その一方で、1939年に成立した家族法典について、メスは「家族法典の象徴的価値と実際の重要性は一般に過小評価されている」と述べ、第三共和制末期の代表的な家族政策である家族法典を高く評価する（Messu:61）。

このように、「黄金時代」という区分をどこにするかにかかわらず、第四共和制が1946年10月から1958年までに採用した主な家族政策は、1948年の住宅手当創設と1955年から1956年にかけての単一賃金手当の拡大の二つのみとする研究が多い。つまり、ヴィシー時代と異なり、採用された政策があるのに記述しないのではなく、実際の政策自体が少ない。

また、ダモンは「黄金時代」という用語は使用しないが、「住宅手当導入の1948年以降1960年代の終わりまで、家族政策は実際大きな変化を被っていない」

と述べている（Damon:22）。その一方で、1938年から1939年にかけての家族政策は好意的に紹介し、ヴィシー時代の政策にはほとんど触れない。

つまり、ダモンもメスも、「黄金時代」という表現を使用するかどうかはともかく、ヴィシー時代の家族政策のみ積極的に記述することを避けている。しかし、前述のように、18世紀後半から続いていたフランスの出生率低下が上昇に転じたのはヴィシー時代の1942年である。ならば、家族政策研究者として、この事実について家族政策との関連から分析する必要があるはずだが、それは全く行っていない。ヴィシー時代を「黄金時代」に含める論者でさえも、ヴィシー時代の家族政策に関して多くを語らないのは前に見たとおりである。1946年から1958年までの12年間に採用された主な家族政策は二つしかないのに、多くの論者がこの時期を「黄金時代」に含める理由は、1946年までとするとヴィシー時代がその中心となってしまうため、それを避けようとする心理が働いたと考えられる。それが、第三共和制末期からヴィシー時代と戦後を通して扱った家族政策の研究が少ない理由である。ヴィシー・バイアスの影響はそれだけ強力であるということである。

本書では、実際に採用された施策の多さに注目し、1938年11月から1946年10月までを「黄金時代」とする。特に今まであまり行われてこなかったヴィシー時代の家族政策全体の詳細な検証が必要であると考え、その前後との「連続性」に注目する。

第6節　本書の構成と使用した史料

本論の構成は以下のとおりである。

第1章では、現在のフランスの家族政策のアクターと諸施策を紹介し、特に1990年代後半の家族手当の所得制限導入に対する激しい反発とその撤回について検討する。また、家族政策の中でも重要な位置づけである家族給付と社会保障との関連を見た上で、財源や家族政策の効果についても検討する。さらに、「少子化」と「家族政策」の違いと家族政策をめぐる問題点について検討し、家族政策の歴史研究の現代的意義を考察する。

第2章では、1890年代から1946年までのフランスの人口動態を、現在のデータと当時のデータの両方を使用して、当時の認識とともに確認し、長期的な出生率低下が「政治問題」として認識されていく過程を検証する。また、19世紀末以降に設立された、家族政策に影響を与えたロビー団体である家族団体について概観する。

第3章では、1902年から1914年までを対象とし、本書が家族政策の起源と考える「人口減少院外委員会」の設立過程と活動を検証する。また、民間企業と公的部門の両方で「追加賃金」としての家族手当が自発的に発展していく過程と、貧窮者向けではあるが、「子供がいること」を条件にした初の家族給付制度である1913年公布の多子家族扶助法の成立過程を検証する。

第4章では、1914年から1931年までの家族政策を全体的に検証する。この時期は、第一次世界大戦を経て、フランスの人口はさらに深刻な状況となり、大戦前と比べて出生率上昇策がより真剣に議論されるようになった時期である。1920年1月に登場するミルラン Alexandre Millerand 内閣が、いかに家族主義的な政策を多数採用したかを検証する。中心となるのは、1920年1月設立の「出生率上級評議会 Conseil supérieur de la natalité」と、1920年の堕胎と避妊の取締り強化法である。

第5章では、1932年から1938年までを対象とし、国家制度としての家族手当の発展の過程を検証する。中心となるのは、1932年の家族手当法制化と、1938年の家族手当の統一である。従来の研究では、この二つの立法は発展史的に同列に扱われることが多かったが、本章では、成立過程におけるニュアンスの差に注目する。

第6章では、「黄金時代」の始まりである1938年から1940年6月までの家族政策を検証する。中心となるのは「人口高等委員会 Haut comité de la population」設立と1939年7月公布の「家族法典」である。この時期に活躍した人物はヴィシー時代及び戦後も継続して活躍することが多いため、特に人的連続性と組織の連続性に注目する。

第7章では、1940年から1944年までのヴィシー時代の家族政策について検証する。この時期は先行研究が少ないため、詳細に検証する。中心となるのは、家族給付の拡大とプロパガンダである。また、批判されることの多い抑圧的な政策も取り上げ、それらも含めて戦後に継続されることを検証する。

第８章では、1944年から1946年までの戦後の臨時政府の家族政策について、特にヴィシー政府との連続性に焦点を当てて検証する。中心となるのは、社会保障制度確立の際の「家族手当金庫 Caisses d'allocations familiales（CAF）」をめぐる左右の政治対立と、家族給付の拡大と整備である。レジスタンス期も含めて諸派の家族政策をめぐる態度を確認し、戦後家族政策が継続された理由を考察する。

第９章では、1946年から1958年までの第四共和制の家族政策を概観し、その後の家族政策についても関連のあるものを取り上げる。本書の「黄金時代」の区分からは外れるが、先行研究において黄金時代に区分される場合もあるため、それまでの政策が継続されていることを確認し、家族政策が戦後の一時期のみでなく、第四共和制を経て第五共和制の初期まで基本的に継続されたことを確認する。

終章では、各章の要約を述べ、全体の結論を述べる。

本書が依拠する主な一次史料は、第三共和制と臨時政府と第四共和制の『フランス共和国官報 Journal Officiel de la Républlque française』と、ヴィシー時代の『フランス国官報 Journal Officiel de l'État français』である[21]。これらを本書では全てJOと表記する。JOのうち主に使用したのは、「法令 Lois et Décrets」（JOと表記）、「議会議事録 Débats parlementaires」（JO, débatsと表記）と「議会文書 Documents parlementaires」（JO, doc.と表記）の三種類である。第三共和制期（1870-1940）は、上院はSénat、下院はChambre des députés（Ch.と表記）であり、第四共和制期（1946-1958）は、上院はConseil de la République、下院はAssemblée Nationaleである。また、臨時政府（1944-1946）の議会は臨時諮問議会 Assemblée consultative provisoire（1944.8-1945.11）と制憲議会 Assemblée nationale constituante（1945.11-1946.11）の一院のみである。

JOの他に、フランス国立公文書館 Archives nationales（ANと表記）及びフランス国立図書館 Bibliothèque Nationale de France（BNと表記）所蔵の公文書も使用した。ANには1944年までの史料しか保管されていないため、それ以降の史料はANの一組織である現代公文書センター Centre des archives contemporaines（CACと表記）の公文書に依拠した。

議員の所属政党または所属グループは、人物名の後に当時のものをカッコ内に記載した。その際、依拠したのはジョリ編『フランス議会事典』(Jolly (ed.)) と、上院・下院のホームページ記載の元議員名簿 (Sénat 2014, Assemblée Nationale 2014) である。政党その他の日本語訳及び全体のフランス史・政治史は、中木、柴田ほか編、渡辺／南／森本、福井編、谷川／渡辺編著、ワース、シャイラー、ホフマンなどの編著書を参照した。

1）　合計特殊出生率は、総人口・年齢・性別構成による影響がないため国家間比較が容易である。第二次大戦前までは、人口1000人当たりの出生数である「(普通) 出生率」(‰) が用いられた。

2）　フランスに「少子化対策」という用語はなく、「家族政策」が使用される。両者の違いについては第１章で後述。

3）　2006年の数値は12月分の予測数値を含んでおり、実際の数値は1.99（後に訂正）。

4）「フランスの出生率、「２」の大台で欧州トップに」『朝日新聞』2007年１月17日、「フランス、出生率2.005まで上昇」『読売新聞』2007年１月28日など。

5）　当時のフランスは出生率低下と同時に高齢化も進行していた。現在、65歳以上の人口が総人口の７-14％を占める場合を「高齢化社会」、14-21％の場合を「高齢社会」、21％を超えると「超高齢化社会」と呼ぶが、フランスで60歳以上の割合（当時は60歳以上を高齢者と見なした）が人口の８％を超えたのは1788年で（イギリス1910年、ドイツ1911年）、他国より100年以上も早かった。60歳以上の割合が人口の14％を超えたのは1931年で、これは当時の世界記録である（ソーヴィ：456)。65歳以上の人口に対する割合は、1861年6.7％、1901年8.5％、1936年10％（当時の世界記録）である（ビラバン／デュパキエ：68)。

6）　近年、日本でもフランスと同様の両立支援策を導入すれば、「少子化」は解消できるといった主張が時折見受けられるが、経済支援策が充実していない日本で両立支援策のみ導入しても、効果があるかどうかは疑問である。

7）　内田明憲「仏の家族政策　何を学ぶ」『読売新聞』2007年８月17日夕刊。

8）「ズームアップ　フランスベビー天国」『読売新聞』2007年10月14日夕刊。

9）　その理由は、日本で父親の育児休暇が普及しない理由と同様で、制度上は復職が保証されているが、育休は周囲から歓迎されず、「仕事に不熱心な人」と思われやすいからである。フランスで産休は受け入れられているのに対し育休に冷淡である理由は、パリ第一大学のゴデュ教授によると、産休が認められたのは1909年と歴史が古く社会的にコンセンサスが確立されているが、育休が認められたのは1977年と歴史が浅く、制度は存在してもまだ慣習となっていないからである（牧：85)。

10）　たとえば社会保障の歴史を扱った田端は、1989年の研究ではヴィシー時代に全く触れていない。1999年にはヴィシー時代に関する記述を数行追加したが、ヴィシー時代の特殊性には触れていない（田端 1989、田端 1999：114)。

11）　それらは確かに家族政策を開始する直接の要因となりうるが、それのみが要因ではないのは、「少子化」に悩む日本やドイツ、イタリアで、第二次大戦後、積極的な家族政策が推進されなかったことからも明らかである。

12）　他に養子や親権に関するものを含むこともあるが、ここでは除外する。

13）　人口維持を加えて３種類とする場合もあるが、その場合、積極的な人口政策は採用されないことが多いため、ここでは除外する。

14）　その他、病気などによる死亡数の減少（治療法の向上、医薬品の改善など）や乳幼児死亡率の低下なども考えられるが、それらは間接的手段であり、一般に死亡数を減らすだけでは人口増加は期待できないため（維持は可能）、本書では除外する。

15）　著名な歴史家アロンは、1954年出版の『ヴィシーの歴史1940-44年』において、ヴィシー政府の政策は全てドイツ軍に強制されたものとしている（Aron）。

16）　フランス大統領が初めてユダヤ人迫害に関する国家責任を正式に認めたのは、1995年のシラク大統領の演説においてである。島崎雅夫「歴史教科書13仏「自由、平等、友愛」失った４年間　ユダヤ迫害　汚点の苦悩」『読売新聞』2004年12月８日。

17）　第８章で後述するが、戦後の臨時政府は人口増加策として移民受入れも打ち出しており、ヴィシー政府とは異なる点も存在する。しかし、大部分は抑圧的な施策も含めてヴィシー政府とほぼ同じ政策を継続しているため、それに対する説明は必要である。

18）　こうした傾向は、日本の研究にも当てはまる。現在の家族政策研究は、第二次大戦後を起点とすることが多く、好意的に説明するものがほとんどであるが、ヴィシー時代の政策と同様の政策があることに触れるものは少ない。

19）　1938年から1958年までを「黄金時代」とする理由を説明する論者は少ないため推測となるが、1938年からさまざまな家族政策が採用されたこと（特に1939年公布の「家族法典」が有名）、1942年に出生率が上昇に転じそのまま戦後のベビーブームにつながったこと、第二次大戦後も家族政策は継続されたこと、1958年に第五共和制となったことなどが考えられる。

20）　メスはこの時期を「後退期」とする理由を、戦後20年経って出生率が上昇し、出生率上昇政策の意味が薄れたことと、家族給付を社会政策へと定義し直そうとする政府の意思のためとしている（Messu：82）。「黄金時代」の始まりを1944年とする理由は特に説明していない。

21）「フランス国 État français」はヴィシー時代のフランスの正式名称。ヴィシー時代は議会が中断されたため、議事録や議会文書は存在しない。

第1章　家族政策の歴史研究の現代的意義

本章では、現行の諸施策がいつ開始され、どのような発展経緯を経て現在に至ったかという関心から、現在の家族政策について概観し、さらに「少子化」と「家族政策」の違いや、それらにまつわる問題点を検討し、家族政策の歴史研究の現代的意義について考察する。

第1節では、現在の家族政策について、主要なアクターを確認した後、具体的な施策を概観する。

第2節では、1990年代後半の家族手当への所得制限導入の際の各方面からの反発を検討し、家族手当の普遍主義が、現在も支持されていることを確認する。

第3節では、家族給付と社会保障制度の関連を確認し、現在の財源が家族手当の歴史発展と関連が深いことを見た後、家族政策の効果について検討する。

第4節では、家族政策と「少子化対策」の違いを確認し、本書で「少子化対策」の用語を使用しない理由について述べる。

第5節では、家族政策のもつ問題点について考察する。

第6節では、20世紀初めまで堕胎や里子や捨て子などの慣習があり、一般に「子供嫌い」であったフランス社会が、第二次大戦後には子をもつことのイメージが良いものへと変化した事実を確認する。

第1節　フランスの現在の家族政策

本節では、フランスにおける現在の家族政策の諸施策を概観する。現在のフランスの家族政策の主目的は出生率上昇ではなく、「個人の自由な選択権を尊重すること」を重視している。つまり、子をもちたい人にはさまざまな面から支援するが、もちたくない人に何らかの選択を強制することはない。したがって、現在の家族政策は、かつての「一家の男性稼ぎ手モデル」を前提としておらず、出産後の女性の就労形態を、継続・調整（時短）・中断から自由に選択でき、どれを選んでも経済的不利益がないように構成されている（神尾 2012:121、横田:65）。以下、家族政策のアクターを確認した後、現在の家族政策の諸施策を、家族給付、税制、両立支援、その他多子家族優遇策の順で概観する。

1．家族政策のアクター

近年、家族政策を主に担当する省は、厚生省の他、労働省、財務省、経済省、女性権利（平等）省などである。フランスは内閣交代や改造の度に省庁名が変更されることが多く、複数に分かれていたものを一つにまとめる場合や、逆に複数に分割する場合もあり、歴史的に見る場合、省庁名の表記は難しい[1]。かつては「家族省」や「人口省」や「労働・社会保障省」が存在し、それらが担当した（第6章、第8章で後述）。家族政策の中でも中心的な施策である家族手当は、「追加賃金」から始まったことから伝統的に労働省の管轄であった。近年は、家族に関する事柄は、厚生大臣付担当大臣が担当することが多くなっている。2014年9月現在、社会党オランド François Hollande 大統領（在2012.5-）の下、第二次ヴァルス Manuel Valls 内閣（社会党、第一次2014.3-2014.8、第二次 2014.8-）では、社会問題・健康・女性の権利大臣付家族・高齢者・自立支援担当大臣 Secrétaire d'État auprès de la ministre des Affaires sociales, de la Santé et des Droits des femmes, chargé de la Famille, des Personnes âgées et de l'Autonomie として、ロシニョル Laurence Rossignol（社会党、在2014.4-）が担当している[2]。

その他の家族政策の主要なアクターとしては、1990年代半ばまで、三つの組織が中心であった。すなわち、さまざまな家族給付の支給窓口である「家族手当金庫（CAF）」を統括する全国組織「全国家族手当金庫 Caisse nationale des allocations familiales（CNAF）」、国内の家族団体の統括組織「全国家族協会連合 Union nationale des associations familiales（UNAF）」、人口に関する専門的な研究施設「国立人口研究所 Institut national d'études démographiques（INED）」である。1996年以降は、政府の組織として毎年開催される「全国家族会議 Conférence nationale de la Famille」が、実質上の家族政策の決定機関となっていたが、2008年に廃止された（後述）。現在は、2009年設立の「家族高等評議会 Haut Conseil de la famille（HCF）」がその機能を引き継いでいる。以下、順に紹介する[3)]。

1　全国家族手当金庫（CNAF）と家族手当金庫（CAF）

全国家族手当金庫（CNAF）は、各県に設置されている102の家族手当金庫（CAF）を統括する全国組織として、1967年に設立された公益法人である。執行機関である理事会は35名から成り、その内訳は、事業主代表10名、自営業者代表３名、被保険者代表13名、有識者４名、全国家族手当協会連合会５名、職員代表３名（議決権なし）である。政府から、全国家族手当金庫長と会計部門長が派遣されているが、主導権はCNAFにある。政府はCNAFに対する要求事項（たとえばサービスの質の向上、管理コストの適正化など）を定めた「目標・管理協定」を４年ごとにCNAFと締結し、それに基いてCNAFはCAFと「運営契約」を締結し、CAFは自立的に家族給付の給付や保育サービス提供の支出などの業務を実施する。CNAFは地方自治体と直接の関係はなく、CAFが地方自治体と契約を締結し、保育施設の設備や運営等に関して補助を行う。

CAFは、社会保障一般制度の一部門である家族部門を担当し、主な任務の一つは「家族を日常生活の中で援助すること」である。CAFは家族給付を直接支給する窓口として、60年以上その任務を果たし、現在は厚生省と財務省、住宅省の管轄下にある（Caf. fr 2014）。

CAFは公的機関ではなく、労使その他の関係当事者の代表から構成される理事会を執行機関とする団体である。CAFの理事会は24名から成り、その内訳は、事業主代表５名、自営業者代表３名、被用者代表８名、有識者４名、家族手当協会４名、職員代表３名（議決権なし）である。CNAFとCAFともに理事の多くが政府関係者ではなく労使代表である理由は、家族手当が労働者に対する事業主による「追加賃金」として始まったためである。CAFの前身の家族手当均衡金庫 Caisses de compensation des allocations familiales は、民間企業主導で設立された（第４章、第５章で後述）。CAFは第二次大戦後、体系化された社会保障制度の確立とともに、家族給付の支給機関として1945年に設立された（第８章で後述）。

CAFのような組織は他国には存在せず、国際的に見てもユニークな制度であり、論者によっては、全国家族会議設立後もこのCAFこそが家族政策の主要なアクターであるとしている（バルビエ／テレ:116)。

2　全国家族協会連合（UNAF）

全国家族協会連合（UNAF）は、フランスに多数存在する民間の家族団体association familiale[4)]を傘下に置き統括する全国組織で、1945年3月に設立された（第8章で後述)。現在は、「社会事業及び家族法典」第2編第1部第1章に規定される、家族の経済的及び精神的利益を目的とする非営利社団である。

UNAFは、「その信条や政治的所属が何であれ、フランス領土で生活している全ての家族の利益を促進し、擁護し、代表する任を負った国家制度」である。現在、UNAFのパートナー組織として、22の地域圏家族協会（URAF）と100の県家族協会（UDAF）が存在し、71万4000の家族が所属する8000の協会が、約70の家族運動 Mouvement familiaux に再結集されている（UNAF 2014)。UNAFとそのパートナー組織は、家族の利益を代弁するため、国、地域、県、市町村の各種会議にその代表を参加させ、公的機関に意見を述べ、家族のための公的サービスを受託する権利が認められている。民間の家族団体を政府が一元化して全国組織とした起源は、ヴィシー時代のグノー法 loi Gounot である（第7章で後述)。

UNAFに加盟している家族団体のうち、最も歴史が古く、現在まで活動を続けている団体は、1896年に創設された「フランス人口増加国民連盟 Alliance nationale pour l'accroissement de la population française」（以下、国民連盟）である（第2章で後述)。何度か名称を変更し、現在は「人口と未来国民連盟 Alliance nationale population et avenir」となっている。この国民連盟は創設以来、第三共和制からヴィシー時代を経て戦後まで、家族団体のトップとして活発に活動し、政府の家族政策にも積極的に関わったため、本書が対象とする期間における家族政策の重要なアクターの一つである。

3　国立人口研究所（INED）

国立人口研究所（INED）は、1945年10月設立の人口に関する国立専門研究施設である（第8章で後述)。人口に関するさまざまな研究を行い、政府に対して政策助言などを行う。INEDは世界的にも早い時期に設立され、ドイツやイタリアでは人口学研究が遅れたこともあり、ヨーロッパの人口学研究を牽引するフランスを代表する専門機関である。INEDの初代所長ソーヴィをはじめ、著名な人口学者を何人も輩出し、国際的に高い評価を得ている。ソーヴィは、第三共和制期からヴィシー時代、戦後にかけて官僚として家族政策に深く関わった人物である（第８章で後述）。

INEDの前身は、ヴィシー時代の1941年に政府機関として設立された「カレル財団 Fondation Carrel」である（第７章、第８章で後述）。

4　全国家族会議と家族高等評議会（HCF）

全国家族会議は、1992年と1993年の合計特殊出生率の低下を踏まえて、1994年に行われた家族政策改革によって設置された。1994年７月25日の家族に関する法律（通称シモーヌ・ヴェイユ法）によって、「政府は、毎年家族運動及び家族組織にふさわしいものとして全国家族会議を組織する」と規定され、1995年７月25日法によって、定期開催が義務づけられた。全国家族会議は政府主催で、首相が大統領と相談して毎年テーマを決め、幅広い参加者による総合的な議論が行われる場である。第１回会議は1996年５月に開催された。参加者は、首相をはじめ関係閣僚、上下両院の代表議員、行政機関の代表、地方議会の代表議員、労使団体の代表、UNAFの代表、家族手当金庫の代表、関係NGO、学識経験者など50名以上である。会議に先立って毎年のテーマに応じて専門家が報告書を提出し、幅広い視点でその時必要とされる家族政策について議論し、諸施策を決定し、速やかに実行に移されるとされ、設置以降、家族政策の実質的な決定機関となった。政府関係者以外の構成員はその年のテーマに応じて変更される。政策決定過程に当事者が参加することによって当事者の意見が反映されやすくなり、必要な法改正や財源確保が短期間で実施されるようになった。

が、2007年５月にサルコジ大統領が就任してから全国家族会議は開催されず、2008年に廃止された。翌2009年６月に、全国家族会議は「人口・家族高等評議会 Haut conseil de la population et de la famille（HCPF）」（後述）と統合され、新たに「家族高等評議会 Haut Conseil de la famille（HCF）」に改編された。HCFの役割は、「家族政策に関する公の議論を活性化し、改革の勧告や提案を作成し、社会保障の家族部門と財政のバランスに関する検討を導くこと」で、全国家族会議の機能を引き継いでいる（HCF 2014）。

HCFのメンバーは、首相をはじめ、労使団体の代表、家族運動の代表、上下両院の議員、関連行政機関の官僚、学者など61名で、年に数回会議を行っている（HCF 2014）。2012年に社会党のオランド大統領が就任してからも、全国家族会議が復活することはなく、HCF が継続された。そのため、現在の家族政策の主要アクターは、CNAF、UNAF、HCF、INED の４組織である。

なお、HCF に統合された「人口・家族高等評議会（HCPF）」は、1985年10月に設立された諮問機関で、その前身は1945年４月に設立された「人口・家族高等諮問委員会 Haut comité consultatif de la population et de la famille（HCCPF）」である。この HCCPF は、第三共和制末期に設立された人口高等委員会の再建といわれており、第三共和制とヴィシー時代からの人的連続性が存在する（第８章で後述）。

以上、現在の家族政策の主なアクターを見た。そのうちの UNAF、INED、HCF の３組織が、ヴィシー時代に起源をもつか、あるいは関わりがある。

２．家族給付

経済支援策には、家族給付（現金給付）と税制優遇の２種類がある。フランスの家族政策の中で重要な位置を占めるのは家族給付であり、その家族給付で中心的なものは最も歴史が古い家族手当である。

以下、８種類の家族給付（細分化すると11種類）を順に紹介する。金額は2014年７月時点のもので、１ユーロ140円で計算している。一般の家族給付の受給要件はフランス国内に住む子供がいることで、フランス国籍は必要なく、外国人（正規滞在資格が必要）でも受給できる。原則として、子を実際かつ恒常的に経済的に扶養し、情緒的・教育的責任を引き受けている大人が受給権者であり、受給権者と子の間の親子関係は要件ではない。また、家族手当はその法制化以来、職業活動をしていることが受給条件であったが（失業者には支給されない）、1978年１月１日以降、職業活動は要件ではなくなった（Caf. fr 2014、神尾 2007: 55）。

１　家族手当 allocations familiales（AF）

家族手当は、第二子以降の20歳未満の子供がいる家族に毎月支給される現金給付である。所得制限はなく、一人っ子の場合は支給されない。手当額は子供数に応じて累進的に増額する。家族手当は民間企業と一部公務員で自発的に開始されたものが1932年法で法制化され、1938年デクレと1939年の家族法典において確立された（第4章、第5章で後述）。以来支給対象の拡大や増額はあるが、原則は変更されていない。したがって、子供は2人以上という出産奨励のニュアンスを現在も含んでいる。また、所得制限がないことから、2人以上の子をもつ家族には高所得でも支給される普遍的（ユニバーサル、水平的）な給付である。この家族手当の普遍主義が、1990年代後半に政府によって問い直されることになるが、世論は普遍主義の尊重を選択し、現在に至っている（後述）。

支給額は、子供2人に129.35ユーロ（約1万8109円）、子供3人に295.05ユーロ（約4万1307円）で、以後子供1人増加につき165.72ユーロ（約2万3200円）が追加される。また、14歳から20歳までは、子供1人につき毎月64.67ユーロ（約9053円）が加算される。家族手当額は毎年物価と連動して改訂される。

2　新学期手当 allocation de rentrée scolaire（ARS）

新学期手当は、所得制限つきで、6歳から18歳までの学校に通う子供がいる場合、8月末に年に一度支給される手当で、1974年に創設された。これは、新学期が始まるに当たって、必要な学用品等を購入するための費用補填である。所得制限は子供数によって変わり、子供1人の場合、2万4137ユーロ（約338万円）、子供2人の場合、2万9707ユーロ（約416万円）、子供3人の場合は3万5277ユーロ（約494万円）である。支給額は、6歳から10歳までは342.63ユーロ（約4万7968円）、11歳から14歳までは382.64ユーロ（約5万3569円）、15歳から18歳までは395.90ユーロ（約5万5426円）である。オランド大統領の下、2012年に25％増額された（厚生省 2014c）。

3　乳幼児受入れ手当 prestation d'accueil du jeune enfant（PAJE）

乳幼児受入れ手当は、「出産手当 prime à la naissance・養子手当 prime à l'adoption」、「基礎手当 allocation de base」、「就業自由選択補足手当 complément de libre choix d'activité」、「保育方法自由選択手当 complément de libre choix du mode de garde」の四つの手当の総称である。この手当は、2003年12月18日の2004年社会保障財政法によって、2004年1月から施行された。それ以前に存在した乳幼児手当（APJE）、養子手当、育児親手当（APE）、在宅育児手当（AGED）、認定保育ママ雇用家族援助（AFEAMA）を廃止して新たに統合された比較的新しい手当である（江口:24, 29-30）。

①出産手当・養子手当 prime à la naissance, prime à l'adoption

出産手当は、所得制限つきで、妊娠14週以内にCAFと疾病保険初級金庫 caisse primaire d'Assurance maladie に届け出ることが義務で、妊娠7か月目に923.08ユーロ（約13万円）が支給される手当である（多胎の場合は同額追加）。所得制限は、世帯内の所得が一つと二つの場合、また扶養する子供数によって変わる。たとえば、第一子が生まれる予定で、単一所得のカップルの場合は年収3万5480ユーロ（約496万円）未満のとき、単親または所得が二つあるカップルの場合は年収4万6888ユーロ（約656万円）未満のときに支給される。第二子が生まれる場合は、前者の年収が4万2576ユーロ（約596万円）、後者の年収が5万3984ユーロ（約755万円）のとき、支給される。

養子手当は、所得制限つきで、20歳未満の養子が家庭に到着した月に、1846.15ユーロ（約25万8000円）支給される。所得制限は、養子を1人迎えて家庭にいる子供が1人となる場合、単一所得のカップルの場合は出産手当と同じだが、単親または所得が二つあるカップルの場合、年収4万5077ユーロ（約631万円）未満と出産手当よりわずかに下がる。

②基礎手当 allocation de base（AB）

基礎手当は、所得制限つきで、3歳未満の子供がいる家庭に、子供が3歳になるまで（20歳未満の養子を迎えた場合は最低12か月）子供1人につき月額184.62ユーロ（約2万5846円）が支給される手当である。所得制限は、子供が1人の場合、単一所得のカップルは年収2万9700ユーロ（約416万8000円）、単親または所得が二つあるカップルは年収3万7733ユーロ（約528万円）未満である。子供が2人の場合、前者が3万5056ユーロ（約490万7840円）、後者が4万3089ユーロ（約603万円）未満である。この基礎手当と上記の出産手当は、第一子に支給されない家族手当を補うためのものである。家族手当と異なり所得制限はあるが、他の貧困救済のための給付に比べるとかなり高めに設定してあり、2007年時点で全体の80％以上が受給可能であるという（横田:59）。

③就業自由選択補足手当 complément de libre choix d'activité（CLCA）

就業自由選択補足手当は、所得制限なしで、3歳未満の子供（または20歳未満の養子）を育てるために職業活動を全面的あるいは部分的に休業あるいは時間短縮することによって生じる所得損失の補償のために毎月支給される手当である。ただし、老齢拠出金を、第一子の場合直近の２年間に、第二子の場合４年間に、第三子以降は５年間に、８四半期（計24か月）以上拠出していることが条件である。支給額は、全面休業の場合は390.52ユーロ（約５万4672円）、労働時間を半分以下にした場合は252.46ユーロ（約３万5344円）、労働時間を50％から80％にした場合は145.63ユーロ（約２万388円）である。支給期間は、第一子の場合６か月、第二子以降は末子が３歳になるまでで、これは育児休業制度（育休）の期間と同じである（後述）。

なお、2005年７月から、「職業自由選択補足選択手当 complément optionnel de libre choix d'activité（COLCA）」が追加され、第三子以降について、受給期間を短縮する代わりに手当額を増額できるようになった。

④保育方法自由選択手当 complément de libre choix du mode de garde（CMG）

保育方法自由選択手当は、親が職業活動をしていることが要件で、６歳未満の子を、認定保育ママ（後述）または自宅保育者、あるいは託児所などに預ける場合に生じる負担の補償のために毎月支給される手当である。その際の日給が47.65ユーロ（約6671円）を超えないこと、保育時間が月に16時間以上であることが条件で、所得制限はないが、所得によって手当額は変わる。支給額は、子供が１人で年収が２万285ユーロ（約284万円）未満の場合、子供が３歳未満の時は460.93ユーロ（約６万4530円）、子供が３歳から６歳までの時は230.47ユーロ（約３万2265円）で、年収が２万285ユーロ以上４万5077ユーロ（約631万円）未満の場合、前者は290.65ユーロ（約４万691円）、後者は145.34ユーロ（約２万347円）で、年収が４万5077ユーロ以上の場合、前者は174.37ユーロ（約２万4411円）、後者は87.19ユーロ（約１万2206円）である。

4　家族補足手当 complément familial（CF）

家族補足手当は、所得制限つきで、３歳以上21歳未満の３人以上の子がいる場合、養育費用補償として毎月支給される手当である。３歳以上としているのは、３歳未満の場合はPAJAの基礎手当が支給されるからである。支給額は、所得制限によって２種類あり、185.20ユーロ（約２万5928円）か168.35ユーロ（約２万3569円）である。所得制限は、世帯内の所得が一つと二つの場合、また扶養する子供数によって変わる。たとえば単一所得のカップルで、扶養する子供が３人いる場合、年収１万8648ユーロ（約261万720円）未満のときの支給額は前者で、同じ条件で年収が1万8649から3万7295ユーロまで（約261万860円から約522万円まで）のときの支給額は後者である。

この手当は、1977年に創設され、当初は3歳未満の子がいるか又は3人以上の子がいる家族に家族手当を補足する手当として導入された。またこの時、単一賃金手当と被用者主婦手当と保育費手当が廃止され、この家族補足手当に統合された（第9章で後述）。その後、改革を経て、現在は3歳以上21歳未満の3人以上の子がいる場合の手当となっている。つまり、3人以上の子をもち、そのうち3歳未満の子が1人もいないことが支給条件である。したがって、3歳以上の子が3人よりも少なくなった場合や、3歳未満の子を扶養することになった場合は、支給されなくなる。その場合は、前述のPAJEの基礎手当か就業自由選択補足手当を受給できることが多い。この家族補足手当は、所得制限がかなり厳しく設定されていること、3歳以上の子を3人以上育てていることなど要件が厳しく、目的は多子家族の貧困救済である。

5　家族援助手当 allocation de soutien familial（ASF）

家族援助手当は、所得制限なしで、両親の片方か両方の援助なしに子を扶養している人に対して毎月支給される手当である。たとえば、単身で子を扶養している父または母、あるいはそのような子を引き取って育てている人に、養育費用の補償として支給される。片方の親が扶養義務を果たさないときは、この手当は4か月間支給される。

支給額は、単身の場合、子供1人につき95.52ユーロ（約1万3372円）、両親の援助がない子を受け入れて扶養している場合は、子供1人につき127.33ユーロ（約1万7826円）である。

6　障害児教育手当 allocation d'éducation de l'enfant handicapé（AEEH）

障害児教育手当は、所得制限なしに、20歳未満のハンディキャップをもつ子を扶養する場合にかかる費用の補償として毎月支給される手当である。基礎額は129.99ユーロ（約1万8198円）で、ハンディキャップのカテゴリーや程度に応じて追加される。

7　親つきそい日々手当 allocation journalière de présence parentale（AJPP）

親つきそい日々手当は、所得制限なしに、20歳未満の重篤な病気やハンディキャップがある、あるいは事故の犠牲者となった子供の世話をするために、職業活動を停止した場合に毎月支給される手当である。被用者の場合、親つきそい休暇を取得していること、医師の診断書を提出することなどの条件がある。毎月の欠勤日に応じて（上限22日）、カップルの場合1日42.97ユーロ（約6015円）、単親の場合1日51.05ユーロ（約7147円）として計算され支給される。受給権利は6か月間で、3年まで更新できる。その他、子供の健康状態による経費が109.90ユーロ（約1万5386円）を超える場合、補足手当として109.90ユーロが支給されるが、これには所得制限がある。

8　家族住宅手当 allocation de logement familiale（ALF）

家族住宅手当は、住宅支援手当 aides au logement の一つであり、住宅支援手当は、所得制限つきで、主たる住居のために家賃を支払っているか、住居購入のためのローンを返済している場合に支給される手当である。家族住宅手当のほかに、個人住宅手当 aide personnalisée au logement（APL）と、社会住宅手当 allocation de logement sociale（ALS）がある。住宅支援手当のうち家族住宅手当のみ、扶養する子供がいること、あるいは結婚後5年以内で配偶者それぞれが40歳未満であることという受給条件がある[5)]。家族住宅手当の起源となった住宅手当は1948年の創設である（第9章で後述）。

以上、フランスの現在の家族給付は、日本よりも多岐にわたり、支給額も多い。所得制限があるのは、新学期手当、出産手当・養子手当、基礎手当、家族補足手当、家族住宅手当の5種類である。これらは、家族住宅手当を除いて全て1970年代以降に創設された。また、家族援助手当、障害児教育手当、親つきそい日々手当、家族住宅手当の4種類は、福祉政策のニュアンスが強いが、「子供がいること」が要件であるため、フランスでは家族政策に分類される。その他の特徴として、両立支援策の一環として、子育てのために職業活動を中断した場合の所得補填や保育費用補填の手当が充実している点が挙げられる。

3．家族給付の日仏比較

現在の日本において、家族手当に相当するものは「児童手当」である[6)]。児童手当には所得制限があり（扶養親族数によって変動、たとえば扶養親族3名の場合の所得制限は736万円未満）、2012年より支給対象は0歳から15歳（義務教育修了）まで、支給額は子供1人につき月額で、0歳から3歳未満に1万5000円、3歳から12歳（小学校修了時）まで１万円（第三子以降は１万5000円）、12歳から15歳まで（中学入学から修了時まで）１万円である（厚生労働省 2014c）。

ここで、２人の子供を20歳まで育てた場合に受け取る児童手当と家族手当の総額を日仏で比較すると（筆者計算[7]）、日本は396万円、フランスは約３万3372ユーロ（約467万2080円）であり、フランスの方が多い。また、フランスは家族手当以外にも給付が存在するので、乳幼児受入れ手当の一つ、基礎手当を計算すると、２人の子供がいる場合、総額約１万3292ユーロ（約186万969円）を追加受給できる。家族手当と合計すると約653万3049円となり、日仏の差はさらに開く。

また、家族手当は子供数が増えるにつれ増額されるので、子供が３人以上になると日仏の差はより開く。３人の子を育てた場合[8]、日本の児童手当の総額は648万円で、フランスは家族手当と基礎手当の合計総額は約６万8387ユーロ（約957万4185円）である。

日本の家族給付は、児童手当と、子供がいる単親家庭に支給される児童扶養手当の２種類しかなく、どちらも所得制限つきである。また、日本の児童手当は、1972年１月の開始当初、18歳未満の子が３人以上いる場合の５歳未満の第三子以降にのみ月3000円支給するというもので、支給対象が非常に狭く、かつ支給額も低かった。こうした傾向はその後も続き、1985年まで支給は第三子以降のみであった。支給額は1975年から1985年までの10年間、高度経済成長期で物価は上昇する中、月5000円のみであった。1986年から第二子にも支給が開始されるが、金額は半額で２歳未満とされた。1988年には一括して第二子以降小学校就学前までとなるが、第一子からの支給が決定したのは1991年のことである。この時、１歳未満の第一子と５歳未満の第二子に月5000円、５歳未満の第三子以降に月１万円となった。以後、支給額は2006年まで変化はない。支給対象は、2000年の改定で第一子以降６歳まで（小学校就学前）となり、2004年に９歳まで（小学校３年生終了前）、2006年に12歳（小学校修了前）まで引き上げられた。支給額は2007年に３歳未満の第一子と第二子には１万円、３歳以降は5000円、第三子以降は１万円となった。2010年４月に民主党が導入した「子ども手当」は、所得制限なしで、第一子から15歳（中学校修了前）まで一律１万3000円が支給されたが[9]、１年半後に廃止され、2012年４月から再び児童手当に戻り、所得制限が復活し、現在の額となった。つまり、日本の児童手当は、

2010年に子ども手当が導入されるまで、国際的にみてもその対象は狭く、支給額も低い状態が長期間続いていた（広井多鶴子:53-58）。

そこで、子ども手当導入前の2007年６月時点での日仏比較をすると、横田の計算によると、２人の子供を２年おきに育てた場合に受け取る手当の合計は、日本では180万円、フランスでは３万1300ユーロ（約469万円、１ユーロ＝150円で計算）となり、圧倒的にフランスの方が多い（横田:59）。

また、日本の児童手当受給率はあまり高くない。日本での2011年度の児童手当受給率は、受給可能な世帯に対して約76.9％である（総務省統計局 2014a より筆者計算）。フランスでは家族給付の受給額の計算や受給方法などはCAFなどがホームページで積極的に周知しており、CAFに登録し、子供が生まれることを通知すれば自動的に支給が開始されるようになっている。

４．税金優遇

現金給付以外の経済支援策として、子をもつことによって受けられる税制上の優遇がある。日本は個人単位で課税されるが、フランスの所得税は世帯単位で計算され、子供数が多いほど有利になるＮ分Ｎ乗方式を採用している。また、「家族係数 quotient familial」と呼ばれる単位を導入し、扶養する子供数が増えるごとに家族係数が増えその世帯への課税額が少なくなる制度を採用している。つまり、多子家族への優遇税制である。これは1945年に採用された（第８章で後述）。

また、一定の条件つきで、６歳未満の子供の保育に要する経費の税額控除も存在する。たとえば、自宅でベビーシッターを雇用した場合、日本では公的な補助はないが、フランスでは保育方法自由選択手当が支給されるとともに、保育に要した費用の最大50％の税額控除が受けられる。

５．両立支援策

出産休暇（産休）は、産前６週、産後10週の計16週認められており、給与の80％まで手当（上限あり）が国から支給される。３人目以降の出産では、産前８週、産後18週と長くなる。日本の産休は、産前６週、産後８週であり、産休中の給与を保証する規定はないが、健康保険制度に加入している場合、標準報酬日額の60％が健康保険から「出産手当金」として支給される。

2002年からフランスでは父親休暇が導入された。子供が生まれて４か月以内に（または養子を迎えた場合）父親が11日を上限として休暇を取得でき、給与の80％まで保証される。これは、父親が育児に参加することを目的としている。この制度が導入された初年は、60％近い父親がこの父親休暇を取得した（江口：29）。

育児休業制度（育休）は、産休終了後の女性が育児のために、第一子は６か月、第二子以降は３年間休暇を取得できる制度である。それまでに２年以上働いて社会保険料を納めていれば、前述のように、家族給付の一つである就業自由選択補足手当が受給できる。また、日本と異なり、フランスでは育児休業の程度を個人が自由に選択することができる。職業活動を一部休業（50％までか、50～80％の短時間勤務）か全面休業か選択でき、それに応じた手当が支給される。フランスの育休は、所得がある程度保証され、女性が自由に勤務時間を選択できる制度である。

また、労働法典によって、女性の妊娠状態を理由とする採用拒否、試用期間中の労働契約解約、異動の発令を使用者が行うことは禁止されている。さらに、2006年３月23日法によって、上記の他、職業上の報酬、教育訓練、配置、格付け、分類、昇進、異動において妊娠を考慮することは差別であると規定された（神尾 2007：39）。フランスでは、出産や育児で職業活動を中断した女性が復帰する際、中断前と同等の仕事と地位が保証されており、妊娠・出産を理由に昇進が妨げられることもない。

女性が出産後に復職した場合の託児方法や費用補填も、家族政策の一環としてさまざまなものがある。フランスでは、３歳以上の子供の大半は、無料の公立の「保育学校」（小学校準備学校）に通う。これは保育機関ではなく教育機関であり、「授業」は午後４時までである。つまり、第二子以降の場合は、所得補償のある育休を３年取得すれば、子供は３歳から保育学校に入れることができ、費用もほとんどかからない。したがって、フランスの託児方法の選択肢としては、保育学校入学前の３歳未満の子を対象とするものと、保育学校終了後の２～３時間程度を対象とするものが主となる。

フランスの３歳未満の子供の保育サービスとしては、保育所、認定保育ママ

assistante maternelle（自治体が認定した子育て経験者が自宅で子供を預かる制度）、及び複数の認定保育ママが複数の子を預かる家庭保育所が主流であり、それ以外に、一時保育所やベビーシッター[10]などが補完的に存在する。日本と比べると多様な保育サービスが存在し、個人（保護者）が自分たちの保育方針や収入、勤務時間などを考慮して選択することができる。フランスの保育所は、月単位でなく、利用時間単位で保育料が算定されるため、利用時間が短い世帯でも利用しやすい。保育料は、保護者の所得と子供の数によって決まる。フランスでは、どの保育サービスを利用しても、前述の保育方法自由選択手当が支給され、税額控除を受けられる。

フランスにおいても、公立保育所の数が少ないなどの批判はあるが、日本と比べると、はるかに充実した保育サービスが存在し、費用補填もあるため、女性が出産や育児のために就業をあきらめることは少ない。実際、25歳から49歳までの女性の就業率は80％を超えており、ワーキング・マザーが当たり前になっている。

6．その他の多子家族優遇策

18歳未満の子が3人以上いる家族は、フランス国鉄SNCFに登録すれば（登録料19ユーロ（約2660円）が必要）「多子家族（大家族）カード la carte familles nombreuses」が発行され、鉄道料金の割引が最大75％まで受けられる。割引は末子が18歳になるまで有効である。

さらにこのカードを提示すれば、民間経営の場でも割引が受けられる。たとえば掃除機や車などの生活用品を買う場合や、保険料、自動車学校、映画や美術館、スポーツ料金、ホテルの代金などの割引が受けられる。地方自治体による同様のサービスもあり、パリ市の場合、メトロ（地下鉄）、動物園、美術館、プールなどが割引となる（中島 2005:207）。これは、子供数が多いと娯楽や旅行などにもお金がかかり不平等であるということから、多子家族には割引をするという制度である。このようなカードは第三共和制期から存在したが、広く普及したのはヴィシー時代の「優先カード carte nationale de priorité」によってである（第7章で後述）。

日本にはこうした特典はほとんどなく、子供数が多ければ多いほど、教育費をはじめレジャーにもお金がかかる。教育費に関しても、フランスでは公立学校の場合、大学までほとんど無料であり、教育費もあまりかからない。

なお、子供が１人か２人しかいなくても、一定の所得以下であれば、同様のカード「子供・家族カード carte Enfant Famille」が発行される。これを提示すると、SNCF で25％から最大50％の割引が受けられる。所得制限は、子供１人で２万4137ユーロ（約338万円）、子供２人で２万9707ユーロ（約416万円）である。

第２節　家族手当に対する所得制限への反発

フランスにおいても1970年代以降、社会保障制度は財政赤字となり改編を余儀なくされた。が、家族給付部門に関しては、企業拠出の割合が約６割と高く、国庫負担が少ないため、また出生率は1965年以降低下したため、構造的に黒字であった。時代や社会の変化に合わせて新たな手当の創設や再編などの改革は行われたが、家族手当に関しては根本的な変更はなかった。しかし、ついに1995年には家族給付部門も赤字となり、再編が迫られ、２度にわたる政府による家族手当の所得制限導入案が提案された。が、各方面からの反対が強く、どちらも撤回された。これは、1990年代後半においても家族手当の普遍主義への賛同が示されたもので、連続性の観点から重要である。以下、この２度の家族手当所得制限導入案について見る。

1995年５月にシラク（RPR）[11]が大統領に就任し、中道右派政権であるジュペ Alain Juppé（RPR、在1995.5-1997.6）内閣が誕生した。与党 RPR はかねてから社会保障改革を検討しており、ジュペ首相は、1995年11月15日、医療費の抑制に重点を置いた社会保障改革案（通称「ジュペ・プラン」）を提示した。内容は、医療保険と年金制度に関する改革が中心であったが、家族給付部門の赤字を受け、家族給付に関する改革案も含んでいた。内容は、緊急措置として家族給付の引上げの凍結と抑制の他、家族給付への課税と家族手当への所得制限導入であった。この後者二点に対して、各方面から激しい反対が起こり、家族団体や労働組合による大規模なデモやストライキが行われた。そのため、翌1996年５月に開催された第１回全国家族会議は、ジュペ・プランに対する反対で紛糾した。特にUNAFをはじめとする家族団体や、左派系労働組合CGT（フランス労働総同盟Confédération Générale du Travail）が強い反発を示した。結局、翌1997年3月17日の全国家族会議で、家族給付への課税と家族手当の所得制限導入は見送られることとなった（江口:27、宮本 2007: 7）。

これで家族手当の所得制限導入は一旦終わったかに見えた。が、1997年の下院選挙で左派が勝利した結果、右派のシラク大統領の下、社会党のジョスパンLionel Jospin（在1997.6-2002.5）を首相とするコアビタシオン（保革共存）内閣が誕生すると、新首相ジョスパンによって再び蒸し返されることとなった。ジョスパンは1997年6月19日の施政方針演説で、各方面との事前交渉もないまま、突然家族手当の所得制限導入を表明した。わずか3か月前の全国家族会議でそれは正式に撤回されたばかりであったため、UNAFをはじめ家族団体や労働組合などから猛反発が起こった。社会党は首相の提案を支持したが、右派政党のRPRとUDF[12)]は反対し、社会党と協力関係にあった共産党も反対に回り、議会は混乱した。

その後、1997年12月19日の社会保障予算法において、家族給付全体の見直しの一環として、家族手当に所得制限を設けることが正式に決定された。他方で、政府は在宅育児手当allocation de garde d'enfant à domicile（AGED[13)]）の受給要件の緩和を決定したため、政府の矛盾した政策に対して反対が強まった。結局、家族手当の所得制限は翌年3月から導入されたが、同年12月末の1999年社会保障予算法において廃止された。つまり、1年足らずで撤回された。その代わりに、家族係数による税控除額の上限を引き上げて中高所得層への課税を強化し、ほぼ同じ財政効果を達成した（宮本 2008:78-80、江口:27-28）。

この時の各方面からの反対を概観する。UNAFは、所得制限導入は子供に対する普遍的権利を侵害するとして反対し、家族手当の所得制限は「家族政策の否定である」とまで主張した。左派系労働組合CGTも、UNAFと同様に、所得制限は家族手当の普遍主義原則を損なうとし、家族手当の歴史的経緯を鑑みて家族手当は「社会化された賃金」であり、その財源は企業拠出によって賄われるべきであると主張した。これはまさしく、家族手当が「追加賃金」として発展した歴史的経緯を踏まえた発言である。CGTは民間の家族手当普及当初は、労働者間の公平を損なうとして反対していたが（第4章で後述）、この時には家族手当の普遍主義を擁護する側になっている。下院審議の際、ジャンジャンヴァン Germain Gengenwin（UDF）は、家族手当の所得制限導入は普遍主義原則という50年以上の歴史を覆すと述べ、それは「子供をもたないように促す反出産奨励的施策である」という強い表現を用いている（宮本 2007: 8-11）。

こうした各方面からの強い反対を受け、ジョスパン首相は社会党議員ジロ Dominique Gillot に家族政策に関する報告書提出を命じ、ジロは1998年6月1日付で「家族政策改革に向けて」と題する報告書を提出した。それによると、「家族団体、労働組合、経営者団体、政党の代表者たちは全て、あらゆる子供たちに対する家族手当支給に内包されている普遍主義原則への支持を表明している」（傍点引用者）とされる（Gillot:16）。家族手当の所得制限導入は、与党の社会党以外の左派と右派どちらも反対を表明しており、家族手当の普遍主義は維持すべきであるとの主張が強く、逆にいうと、高所得者から低所得者への垂直型の所得再分配は支持されていない。つまり、日本で言うところの「ばらまき」をやめ、低所得者のみに手当を支給する政策に切り替えた時、フランスでは国民から猛反発が起こったことになる。CNAF の副局長はこれを、フランス人は「政府の介入」を肯定的に捉えており、「『政府の介入』が弱まる時にこそ、国民の批判が起こる」と評している（横田:65）。

その理由は、家族手当の歴史形成過程に求められる。フランスにおける家族手当の起源は出産奨励策であり、貧困救済策ではなかった。国家制度としての家族手当は最初から普遍主義として開始され、それが現在まで継続されている。こうした歴史があるため、1990年代後半においても、その普遍主義を覆すような所得制限導入に強い反発が起きた。したがって、この所得制限導入に対する激しい反発は、家族手当の歴史を知らなければ理解できない。フランスにおいても現在「必要な人に必要な給付を」という給付の重点化という思想がないわけではないが、それは家族手当以外の給付で補えばよいと考えられ、家族手当の普遍主義は現在も支持されている。

第３節　家族政策と社会保障の関連

１．社会保障制度と家族給付

フランスの家族給付は、1945年10月に社会保障制度が確立された際、社会保険（疾病、障害、老齢、死亡、寡婦、出産）、労働災害及び職業病補償と並ぶ、社会保障を構成する三部門の一つに明確に位置づけられた（第８章で後述）。以来、家族給付は、社会保障の重要な一部を担っている。1956年に編纂された（旧）社会保障法典Code de la sécurité socialeにおいては、社会保障の一般組織として、社会保険、労災及び職業病補償、老齢年金、家族給付の四つが挙げられている[14)]。その後、1985年12月に新たに編纂された新社会保障法典へと移行したが、家族給付の位置づけは変わっていない。社会保障法典は何度か改訂を経て、現在の社会保障の一般制度は、社会保険（病気、障害、死亡、出産など）、労災及び職業病、老齢、家族の四部門（日本では老齢年金を社会保険の一つとし、三部門と捉えることが多い）とされている[15)]。それぞれが全国規模の「金庫Caisse」をもち、家族給付に関しては全国家族手当金庫（CNAF）が、疾病に関しては全国労働者疾病保険金庫が、老齢年金に関しては全国労働者老齢保険金庫が管理運営を行っている。

フランスの社会保障制度は、職業カテゴリーによって制度が異なり、①商工業分野の賃金労働者及びそれに準ずる者と非営利団体職員などを対象とした一般制度、②国家・地方公務員と国営企業の労働者等を対象とした特別制度、③その他農業従事者を対象とした農業制度、の三つに大きく分けられる。約８割が①の一般制度に属しており、家族給付もこの一般制度に属している。

周知のように、エスピン＝アンデルセンは脱商品化と階層化の指標を用いて福祉レジームを三つのタイプに類型化した。それによるとフランスは、職域団体や家族が中心となって福祉を提供し、職域での労働の担い手や家計の支え手として主に男性稼ぎ手の市場への参加が必要となる「保守主義レジーム」（大陸ヨーロッパ型）に分類される（エスピン＝アンデルセン:39-61）。が、ドイツと同じとされるこの分類に関して、チャイルド・ケアや育児休業給付などを通じた両立支援策の存在などから、フランスは逸脱事例であると早くから指摘されていた。バルビエとテレは、確かにフランスの社会保障は第二次大戦前まではビスマルク型の社会保護を中心に発展し、家族政策は家父長主義的で出産奨励主義的な側面をもっていたため保守主義レジームに親和性をもつと認めながらも、戦後はベヴァリッジ型の施策も取り入れ、特に1970年代後半からはドイツと異なり両立支援策も導入していったことから、フランスは「ハイブリッドなシステム」であると指摘する（バルビエ／テレ：3-5, 31-34）。

また、政府と個人の関係に着目して主にヨーロッパ22か国の家族政策の歴史分析をしたゴーティエは、以下の四つの類型モデルに分類できるとした。すなわち、①伝統的家族モデル、②ジェンダー平等モデル、③家族主義＝出産奨励モデル、④家族主義＝非介入モデル、の４種類である。ゴーティエは、ドイツを①伝統的家族モデル、フランスを③家族主義＝出産奨励モデルに分類し、独仏を別類型としている。ちなみに②の代表例はスウェーデンやデンマーク、④はイギリスやアメリカである（Gauthier：203-205）。

エスピン＝アンデルセン自身も、分類自体がジェンダー・ブラインドであるとの批判を受け修正を施したが、さらに近年はジェンダー福祉国家研究者による新たな分析や類型や指標が示され、議論は「ケアの担い手」に着目した、性別役割分業から国家－市場－家族の役割分業へと発展しており、千田はこうした「フランスの逸脱」を解明するために、フランスの家族政策のケアの担い手について着目している（辻：15-25、千田：241-245）。このように、フランスの社会保障制度の大きな特徴としてしばしば言及される家族給付の存在感や失業保険の排除は、19世紀後半以降の出生率低下の事実とそれを「社会問題」と見なした政府の対策、すなわち家族政策の歴史的発展経緯の知識なしでは理解不可能である。しかし、この領域の先行研究が少ないのは序章で述べたとおりである。したがって、それを試みる本書が、現在の福祉レジーム分析枠組みになんらかのヒントを提供しうる可能性は高い。

2．家族給付の財源

フランスの社会保障は、社会保険の発展が先行したため、財源は労使折半が基本であるが、他国と比べて事業主負担の割合が大きい。従来、国庫負担は赤字補填に限定されていたが、1991年１月から導入されたCSG（一般社会拠出金

cotisation sociale généralisée）をきっかけに国庫負担が増加した。CSGは、稼働所得・資産所得その他全ての収入に賦課される社会保障目的税である。当初の利率は1.1％で家族給付の財源とされたが（後述）、その後税率は引き上げられ、現在の利率は原則7.5％で、家族給付、疾病保険、老齢保険等の財源に充当されている（バルビエ／テレ:45-46、厚生労働省 2014d）。

フランスの家族給付の財源は他の社会保険と異なり、労使折半ではなく事業主負担（企業拠出金）が100％で、被用者負担はゼロである。財源の内訳は、2007年の時点で事業主負担が約6割で、国庫負担（CSG）が約2割、地方自治体負担が約2割であった。社会保障の一つである給付の財源の6割近くが事業主負担というのは、世界的にも非常に高い割合である。が、近年は低下傾向にあり、2009年では事業主負担の割合は44.2％、CSGなどの租税21.7％、国及び県の負担金20.5％、住宅支援部門に関する国庫負担9.9％となっている。なお、家族手当保険に対する事業主の保険料負担の割合は給与の5.4％（疾病保険は13.1％）である（柳沢:94、Caf. fr 2014、厚生労働省 2014d）。

家族関係政府支出の対GDP比は（2009年）、フランス3.2％、スウェーデン3.76％、イギリス3.83％、日本0.96％であり、社会支出全体の対GDP比は（2009年）、フランス32.41％、スウェーデン30.24％、イギリス24.91％、日本22.58％である（厚生労働省 2014d）。フランスは、家族関係政府支出も社会支出全体の割合も、日本よりはるかに高い。

フランスの家族給付の財源が、事業主負担率が高く国庫負担率が低い理由は、家族手当の歴史的発展経緯による。フランスの家族手当は、もともと民間企業の経営者が子をもつ労働者に対する温情として賃金に上乗せして支払う「追加賃金」の形で始まったため（一部公務員にも存在）、事業主負担100％で開始された。ちょうど現在の日本の民間企業や公務員が個別に支給している「配偶者手当」や「扶養者手当」のようなものである。その後、複数の企業が労働者数に応じて拠出金を払い込む「金庫」が形成され、そこから労働者に手当が支給されるようになった。その制度を追認して1932年に家族手当を国家制度とした際にも、事業主負担が継続された（第6章で後述）。そのため、第二次大戦後「ラロック・プラン」を元にフランス社会保障制度が体系化されたときも、労使折半の他の社会保険とは異なり、家族手当のみは事業主負担が原則的に継続された（第

8章で後述)。家族給付部門の財政は、戦後の経済成長と漸次的な出生率低下の両方により、他部門の社会保障と異なり長期間黒字が続いた。

1990年12月28日の法律によるCSGの導入は、当時の厳しい財政状況の下で社会保障の財源を確保するのみでなく、企業の国際競争力強化も狙いとしていた。そのため、拠出金(拠出料率1.1%)導入の見返りに、使用者が全額負担している家族手当の保険料率を7%から5.4%に引き下げた。このCSGは、全国民を対象とする家族手当に最も適合的とされ、家族手当に充当されることになった。つまり、当初CSGは家族給付の財源のために導入されたのである。江口によると、これによって家族手当は国民連帯へと転換が図られ、導入以来継続されてきた職業活動との関連性が完全に中断された(江口:25)。後には税率の引き上げとともに、家族手当以外にも疾病保険、老齢年金等の財源として割り当てられるようになった。あまり指摘されないことであるが、国民が一律に負担する目的税による財源確保が可能であった理由は、家族手当が職域ごとの金庫ではなく、他の全ての保険において別組織をもっているSNCFと自営農民を除いて、すでに第二次大戦前から家族手当金庫への一元化が達成されていたからである。ラロック・プランが当初目指した社会保障の一元化は結局実現されず(第8章で後述)、現在、疾病や年金に関しては従前の組織を引き継いでさまざまな金庫が並立する状況にある。家族手当金庫のみ一元化が達成できたのは、第二次大戦前から発展していた歴史があるからであり、1990年代の社会保障改革にも、第二次大戦前の家族政策が大きな影響を与えている。

3. 家族政策の効果

フランスの高出生率の理由は充実した家族政策にあると説明されることが多いと述べたが、実際に家族政策が出生力増加に対して効果があるかどうかについては、論者によって意見が分かれる。日本の家族政策研究者は、家族政策の効果に関して検討することは少ないが、第1章で見たように、近年のフランスの高出生率は両立支援策によるものと主張していることから、家族政策の有効性を信じているといえる。

家族政策研究者の小島は、家族給付に出生促進効果はないとはいえないが限定的であるとの立場をとっており、フランス人研究者キャローは家族政策の有効性に疑いをもっていない（小島 1994, 1996、キャロー）。人口学では一般に出生率の増減は景気に左右される傾向があるとされ、好景気の時は上がり、不景気の時は下がることが多い。フランスで両立支援策を導入する契機となった1993年の合計特殊出生率の戦後最低値は、景気の悪化が要因の一つとされる。つまり、フランスのように家族政策が充実していても、出生率は低下することがある。出生率の増減は複数の要因が絡まっていることが多く、特定の家族政策の効果を抽出することは困難である。同時に、実行された家族政策の効果は全くなかったと証明することも困難である。また、現代では妊娠・出産は各個人がライフプランを考えた上で自分でコントロールすることも、ある程度可能である。つまり、外的要因である家族政策の有無よりも、個人の内的要因（意思、年齢、収入、健康状態、環境、慣習など）の方がより強力に作用する可能性が高い。

イギリスとアメリカは明示的な家族政策が存在しないにもかかわらず、先進国の中では常に高出生率を維持している事実から、家族政策に効果はないとする論者もいる。しかし、これはやや単純な見方である。なぜなら、逆に家族政策がなくなったために出生率が低下した例が存在するからである。たとえば、第二次大戦末期フランスに占領されたドイツのザールラント州は、一旦フランス領となり、1957年に西ドイツに返還された。フランス領だった時期の合計特殊出生率は高かったのに対して、返還後は西ドイツの全国平均まで低下した。また、東ドイツと西ドイツの合計特殊出生率は1956年から1974年まではほぼ同様の推移を示していたが、1975年に東ドイツが出産増加策を導入したところ、東ドイツの合計特殊出生率は上昇したが、西ドイツは変化しなかった（キャロー：204-206）。これらは、住民は同じであり、すなわち妊娠・出産に対する考え方や慣習は似通っていたと考えられる地域において明らかな合計特殊出生率の変化が認められた例で、その最大の要因と考えられるものは家族政策の有無である。これらの例から、家族政策が全く効果をもたないと断定することは不可能である。

フランス人の人口学者は家族政策の効果を肯定する場合が多い。たとえばソーヴィ、シェネなどである（ソーヴィ：552-553、Chesnais：118）。また、国単位のマクロデータに基づく重回帰分析によって家族給付の効果を検証したエケール＝ジャフェは、月額100ドルの給付が合計特殊出生率を0.1上昇させると分析した（Ekert-Jaffé）。

以上から、本書では、出生率の動向にはさまざまな要因が影響を及ぼしており、特定の家族政策の効果を測定することは不可能であるが、全く効果をもたないと結論づけることはできないという立場をとる。本書では、個々の家族政策の効果を検証することはしないが、18世紀後半から低下傾向にあったフランスの出生率が1942年から上昇に転じた事実と、特に1930年代後半から政府が家族政策に力を入れた過程を確認する。むろん当時のフランスの政策決定者たちは、家族政策が出生率上昇に効果があると信じて家族政策を推進した。本書の目的は、採用された施策が実際に効果があったかどうかの検証ではなく、実行された諸施策がどういう意図でどういう過程を経て採用されたのかを検証することである。

第４節　「少子化対策」と「家族政策」の違い

日本では家族政策という用語は一般的でなく、通常は「少子化対策」という用語が使用される。「少子化対策」の意味は、一般に「出産や子育てを支援する政策」、あるいは「個人が希望する子ども数をもつことを支援する政策」と考えられている。日本政府が初めて立法として取り組んだ少子化社会対策基本法（2003年７月成立）では、少子化対策の目的を「家庭や子育てに夢を持ち、かつ、次代の社会を担う子供を安心して生み、育てることができる環境を整備すること」とやや抽象的に表現している。

フランスには「少子化」という用語は存在せず、したがって「少子化対策」という用語も存在しない。日本においては、フランスの家族政策も「少子化対策」と表現することもあるが、本書では「少子化」「少子化対策」という用語は使用しない。その理由は四つある。

第一の理由は、「少子」「少子化」という用語の定義が曖昧だからである。本来「少子」の意味は「一番年若い子、末子」という意味であり、「子供が少ない」という意味はなかった。内閣府によると、代表的な国語辞典である『広辞苑』が「少子化」という用語を掲載したのは1998年（第五版）のことであり、その意味は「出生率が低下し、子どもの数が減少すること」であった（内閣府編：２）。

日本で「少子化」が「政治課題」として取り上げられるようになったのは、1990年のいわゆる「1.57ショック」以降である。前年の合計特殊出生率が、一般に出産を避ける「丙午（ひのえうま）」に当たる1966年の1.58（戦後最低値）より下回る戦後最低の1.57となったことが発表されたことにより、各方面に衝撃を与えたためである。

政府の公文書で初めて「少子化」という用語が使用されたのは、『平成4年度国民生活白書』においてである（経済企画庁 1992）。副題に「少子化の到来、その影響と対応」とあるように、この白書の約半分が、「少子化」に関することに割かれている。そこでは、「出生率の低下やそれに伴う家庭や社会における子供数の低下傾向」を「少子化」と呼び、「出生率の低下は、高齢化の急速な展開とあいまって子供や若者が少ない『少子社会』をもたら」すと述べ、具体的な数値や基準は挙げていない。

2003年の「少子化社会対策基本法」では、「少子化」の定義はされないまま使用されている。前文に、「我が国における急速な少子化の進展は、平均寿命の伸長による高齢者の増加とあいまって、我が国の人口構造にひずみを生じさせ、21世紀の国民生活に、深刻かつ多大な影響をもたらす。我らは、紛れもなく、有史以来の未曾有の事態に直面している」、「少子化という、社会の根幹を揺るがしかねない事態に対する国民の意識や社会の対応は、著しく遅れている」（傍点引用者）とあるように、法律内で使用され、かつごく新しい用語であるにもかかわらず、「少子化」は定義されないまま、「深刻な事態をもたらす」ものとして使用されている。

その後、政府の公文書で、「少子社会」の定義が多少とも詳細になったのは、『平成16年版少子化社会白書』においてである。そこでは、「少子社会」を、「合計特殊出生率が人口置換水準をはるかに下回り、かつ、子どもの数が高齢者人口（65歳以上人口）よりも少なくなった社会」と呼ぶと定義された（内閣府編：2）。この白書によると、日本の人口置換水準は2.08前後で、子供数が高齢者人口より少なくなった1997年以降日本は「少子社会」となったとする。これに従うならば、公文書で初めて「少子化」「少子社会」という用語を使用した1992年の時点では、日本は「少子社会」になっていなかったことになる。さらに、人口学では、「合計特殊出生率が人口置換水準を相当期間下回っている状況」を「少子化」と定義していると紹介し、「日本では1970年代半ば以降、この『少子化現象』が続いている」としている。つまり、人口学と政府見解では「少子化」の定義が異なり、その開始時期にかなりのずれがある。この白書自体、その矛盾には気付いているようで、「『少子化社会』の定義には、『高齢化社会』(高齢化率が7%以上の社会)や『高齢社会』(高齢化率が14%以上の社会)の定義とは異なり、具体的な数値上の基準はない」と断りを入れ、「本白書では」と限定した上で、前述の「少子化」の定義を行っている。

これ以降、「少子化社会対策大綱」(2004年6月)においても、毎年刊行される『少子化社会対策白書』などの白書においても、政府によって「少子化」が定義されることはない。したがって、この2004年の『少子化社会白書』における「少子化」「少子社会」の定義が踏襲されていると考えられるため、この内容を検討する。

前半の「合計特殊出生率が人口置換水準をはるかに下回る」状態というのは、どの程度を指すのか、多少下回る程度なら「少子社会」とは呼ばないのか、その線引きは誰がどうやって決めるのかが曖昧である。この白書では、合計特殊出生率についての数値基準は全く挙げていないが、合計特殊出生率が1.57となった1989年は「少子社会」ではないとし、1.39(前年は1.43)となった1997年を「少子社会」としているため、1.4未満と設定しているのかもしれない[16]。

定義後半の「子どもの数が高齢者人口(65歳以上人口)より少ない社会」を検討すると、この白書では「15歳未満の年少人口」を「子どもの数」としており(内閣府編: 6)、これは国際的にも子供は15歳未満を指すことと合致しているため文字通りに解釈するなら、「15歳未満の年少人口が65歳以上の高齢者人口より少ない社会」ということになる。この白書では、前述のように、年少人口が高齢者人口より少なくなった1997年から「少子社会」となったとしている。しかし、15歳未満の年少人口と、年齢の上限なく65歳以上の高齢者全ての人口とを比較することは、世界有数の平均寿命を誇る長寿国日本において、公正な比較といえるか疑問である。2013年の日本の平均寿命は、男性80.21歳(世界4位)、女性86.61歳(世界1位)であり[17]、2013年の高齢者数は3189万(人口に占める割合25.1%)、年少人口は1639万人(12.9%)で(総務省統計局 2014b: 5)、すでに倍近くの差がついている。年少人口と高齢者人口の比較は、人口構成バランスを見るという観点からは意味があるかもしれないが、年齢幅の異なる人口比較を「少子化」の定義の基準とすることには疑問をもたざるを得ない。

以上から、政府による最新かつ最終と考えられる「少子化」「少子社会」の定義は、前半と後半に分けて検討しても、内容が曖昧で合理的ではない。また、前半と後半どちらに比重があるのか、両方満たさなければならないのかなども不明である。それにもかかわらず、これらの用語は、内容が曖昧なまま政府によって使用が繰り返され、社会に定着した。この点が最大の問題点である。新たな現象が起こった場合、それに新しく名を付けるのは当然であるが、その用語が示す定義は可能な限り客観的にすべきである。さらにそれを「改善すべきもの」と国民に提示するなら、なぜそれが社会にとって問題なのかということを、根拠を示して説明すべきである。しかし、日本においてこうした議論はほとんど行われないまま、「少子化」は「深刻な事態をもたらすもの」として定着した。「少子化」は改善しなくてよいと主張しているのではなく、こうしたプロセスが容認されるなら、政府にとって「都合の悪い現象」は全て議論なく「良くないもの」として扱われることが可能になる点を問題にしている。

問題はそれのみにとどまらない。正確に定義されていない「現象」を、どう変化させれば「改善」といえるのか、言い換えるなら「改善」は可能なのかという疑問が出てくるからである。前年より合計特殊出生率がわずかでも上昇すれば「改善」なのか、同程度では「改善」ではないのか、一度上昇してもすぐに低下すれば「改善」とはいわないのかなど、「改善」の内容も曖昧になる。日本の2005年の合計特殊出生率は戦後最低値の1.26であったが、その後は微増傾向にあり、2013年は1.43まで上昇した（ただし年間出生数は最低値の約103万）[18]という近年の事実を、「少子化傾向が改善されつつある」と表現してよいのかどうか不明である。たとえ正確な定義は不可能でも、少なくとも中間目標として達成すべき出生数または合計特殊出生率の客観的数値とその維持期間を設定すべきである[19]。そうでなければ、「少子化」は「半永久的に解決しない問題」として設定することも可能である[20]。

日本では「少子化」の定義が曖昧なため、一般に「少子化」とは「合計特殊出生率が低い」こととイコールで捉えられ、マスメディアでは、今年の合計特殊出生率は前年より上がったか下がったかという単純な見方しかされなくなりつつある。しかし「少子（化）社会」とは合計特殊出生率のみでは測れないものであり、そこにはさまざまな要素が関連する。人口学においては、一般に合計特殊出生率は景気に左右される傾向があるとされる。「少子化」がもたらすものの一つとしてよく挙げられるものに「経済成長率の低下」があるが、これは原因と結果が逆の可能性がある。つまり、「少子化」が進んだから経済成長率が低下したのではなく、経済成長率が低下した（景気が悪くなった）から、人々は子育て費用等を考えて子をもつことをやめた、または延期したとも考えられる。前述のように、日本で「理想の子ども数をもたない」最大の理由は、「子育て費用や教育にお金がかかりすぎるから」であり、フランスと違って現金給付が少ない日本では、景気によって合計特殊出生率が左右される可能性は高い。合計特殊出生率の動向は景気の良し悪しのみで決まるものではないが、一要素ではあることは考慮に入れるべきである。

また、前述の白書の定義でも高齢者人口とのバランスが挙げられていたように、「少子化」「少子社会」という現象は、人口全体のバランスから考える必要がある。総人口の少ない国では必然的に子供数も少ないが、それを「少子社会」とは呼ばないからである。したがって、「少子社会」を定義するためには、人口全体を考える必要があり、そこには総人口や年齢構成、国土面積（人口密度）といった観点も必要である。が、日本においてこれらはあまり重視されていない。たとえば国土面積に比して人口の多い日本は、先進諸国の中では合計特殊出生率こそ下位になるが、単純に出生数を比較するなら決して下位ではない。2012年の日本の年間出生数は103万7231（合計特殊出生率1.41）であるが、同年のドイツは67万1000（1.38）、イタリアは54万6607（イタリアのみ2011年、1.43）で、合計特殊出生率が高いフランスでも79万2000（1.99）、イギリスでも80万7776（1.92）である（総務省統計局 2014c:「2-13人口動態」）。また、2012年の人口密度（面積1平方キロメートル当たりの人口）を比較するなら、日本343、ドイツ229、イタリア202、フランス115、イギリス261であり（総務省統計局 2014c:「2-5人口・面積」）、日本の人口密度は非常に高い。このように国土の狭い日本において、さらに人口を増やし人口密度を高める必要があるのかどうかについて十分な議論が行われず、また年間出生数にも触れずに、単に合計特殊出生率のみを他国と比較することは、あまり有益ではない。

もちろん人口は年齢構成のバランスが重要であり、単純な出生数や人口密度の国家間比較も意味のあることではない。問題なのは、「子供数が65歳以上の高齢者数と比較して少ないこと」、すなわち人口バランスが崩れ、「少子化」とともに「高齢化」が進行していることである。が、日本においては、「少子高齢化」社会など「高齢化」とセットで語られることが多い割に、子供と高齢者の割合の比較が公表されることは少ない[21)]。2012年の年少人口と高齢者人口の総人口に占める割合を比較すると、日本12.9％と25.1％、ドイツ13.2％と20.6％、フランス18.5％と18.0％、イギリス17.6％と17.0％である（総務省統計局 2014b：6）。確かに日本は仏英と比べると、年少人口の比率が低く高齢者比率が高い。その意味では紛れもない「少子高齢化」社会といえる。が、年少人口密度を見るなら（2010年）、日本44.1、ドイツ30.6、イギリス44.6、フランス17.0、スウェーデン3.44であり、日本はむしろ高い方である（総務省統計局2014c「男女・年齢５歳階級別人口」から筆者計算）。このように「少子化」と言われている日本でも、年間出生数や年少人口密度を見るなら、必ずしも国際的に下位ではない。が、人口密度に関しても、居住可能地域の大小もあるので一概に比較は難しい。

ここで日本国内に目を向けると、「1.57ショック」と呼ばれた1989年の年間出生数は124万6802で、近代の最古のデータである1899（明治32）年の138万6981とそれほど大きく変わらない（厚生労働省 2014a：8）。前述のように2012年の出生数は約104万であり、減少傾向にあるのは間違いないが、長いスパンで見るなら、第二次大戦後のベビーブームの数値が異様に高すぎただけで、現在は明治末期の水準に戻っただけといえなくもない。こうした長期スパンでの国内比較も日本ではあまり行われず、公表される合計特殊出生率のデータは第二次大戦後のものがほとんどで、戦前のデータはあまり公表されない。が、第二次大戦直後のベビーブームの時期を起点とするのは、異様に高い数値を出発点としており、偏った見方である。要するに、日本では人口密度や年間出生数、年少人口密度などの要素はほとんど考慮されず、第二次大戦後の合計特殊出生率の推移のみ見て「少子化」と表現されているといえる。その「少子化」が示す内容は、「ベビーブームの時より」「高齢者数より」子供の数が少ないということのみで、なぜそれでは「良くない」とされるのか根拠が不明である。

また、本書で「少子化対策」という用語を使用しない理由は、日本において

「対策」という語の前にくるものは、「良くないもの」「望ましくないこと」「忌避すべきこと」という意味が予め内包されるからである。たとえば「テロ対策」や「環境汚染対策」などが分かりやすい。つまり、「対策」と接合することによって、「少子化」は使用される最初の時点からすでに「良くないもの」という価値判断が行われている。しかし、テロや環境汚染と異なり、「少子化」は本当に忌避しなければならないものかどうかについて、十分な議論は行われておらず、不明である。論者によっては、近代化が進行すれば「少子高齢化」社会となるのは不可避であり、むしろそれは「成熟社会」と呼ぶべきで、それに適合した社会制度を創設すべきで、人口増加を前提とした現行の社会制度の方を変更すべきであると主張する者もいる[22)]。十分な議論も根拠もなく一方的に価値判断が付与された用語の使用は避けるべきであると考える。

さらに、「少子化対策」という用語は、予め「少子化」を「良くないもの」と断定すると同時に、「少子化」そのものについての検討を含む根本的な議論を封じる機能を併せもった。意図的かどうかは問題ではなく、「対策」がつくならその前にくるものは、テロや環境汚染のように「悪いものだろう」という予断を与え、内容を検討する機会を結果的に奪った点を問題視している。正確な定義をしないまま価値判断のみ行い、それに関する議論を封じて用語の拡散を図ることは、意図的な誘導であるとさえいえる。

さらに、日本では「少子化」の正確な定義はされない一方で、「少子化」がもたらす「弊害」については政府によって繰り返し説明された。日本で一般に「少子化」や人口減少が望ましくないとされる理由は、「少子化」が近い将来引き起こすとされる、労働力人口の減少、経済成長率の低下、手取り所得の低迷、社会保障負担の増加、子供の健全成長への影響などが、「望ましくない」と考えられているからである（厚生労働省 1997）。しかし、これらはいずれも戦後の高度成長期の社会をモデルとしており、「その頃と比べると」という前提が暗黙のうちに組み込まれており、この点に盲目的になっている点も問題である。

何より政府が挙げる「少子化が引き起こすもの」は根拠のない推測にすぎないものが多い。人口が減少すれば労働力人口の減少は起こるだろうが、その結果、必ずしも経済成長率が低下し、手取り所得が低迷するとは限らない。企業は労働力減少に適応した企業戦略を取り、機械化や合理化を進め、少ない労働力で最大の収益が上がるように努力するはずである。さらにいうなら、なぜ経済成長率が低下してはならないのか、そもそも経済成長率が永遠に上昇し続けることは可能なのか、などが不明である。給与に関しても、労働力が不足し人材確保が困難になると、より優秀な人間を集めるために高給や特別手当が提示される可能性は高い。19世紀後半のフランスの民間企業が支給した「家族手当」は、背景に人材確保という目的があった。社会保障の負担増加についても、状況の変化に合わせて現行の制度を変更すればすむことである[23)]。子供の健全成長への影響に至っては、「子供の数が少なくなれば子供は健全に成長しない」となぜ断言できるのか根拠が不明である。2004年の『少子化社会白書』によると、「核家族化の進行やきょうだいが少なくなっているために、他者とのコミュニケーションがうまくとれない子どもが増えているのではないか、という課題が生じている」、「子ども自体の減少は、子ども同士が、切磋琢磨し社会性を育みながら成長していくという機会を減少させ、自立した、たくましい若者へと育っていくことをより困難にする可能性がある」（内閣府編：73-74）と主張するが、その根拠や具体例は全く挙げておらず、単なる憶測にすぎない。これが事実とするならば、年少人口密度が低いフランスやスウェーデン、また「一人っ子政策」を採用している中国の子供たちは、日本より子供が健全に成長しないと断言できるのだろうか。以上から、政府が主張する「少子化がもたらす悪影響」は十分な根拠もなく、慎重に検討されたものでもなく、単に戦後の高度成長期をモデルにし、現行制度を変更しないことを前提としたものにすぎない。

第三の理由として、日本で「少子化」を語る際、「少子高齢化」という用語がよく使用されるように、「少子化」と「高齢化」は同一線上で議論されることが多い点がある。両者は深い関連があるにせよ、本来は別次元の問題である。「少子化」「少子化対策」という用語には、同時に高齢者に関連するものも含まれるニュアンスがあるため、本書では使用しない。通常、「家族政策」には高齢者に関することは含まれない。近年は介護手当など高齢者に関することを含めることもあるが、本書では出生率上昇策としての家族政策に注目するため、高齢者に関することは除外する。

第四の理由として、「少子化対策」という用語が示す内容は、「子供数（出産数）を増やすこと」と「少子化に対応した政策」であり、そこには人口の抑制（出産の抑制）を目的とする施策は含まない点がある。しかし、家族政策には、出産抑制の目的をもつ施策も存在する。その代表的な例は、日本の1949年の「優生保護法」の改正（現在は「母体保護法」）による経済的理由による人工妊娠中絶の容認や、1980年に開始された中国の「一人っ子政策」などである。フランスの家族政策は、出生率低下の改善策として開始されたため、「出産奨励策」とほぼ同義で使用されてきた経緯があるが、理念上は家族政策には出産抑制、すなわち「子供数を減らすこと」も含まれる。つまり、家族政策は、少子化対策よりも包含する範囲が広い。

以上から、「少子化」「少子化対策」という用語は定義が曖昧であり、十分な根拠のない価値判断が初めから内包されており、中立・公正な用語とはいえないことに加えて、「少子化対策」という用語では不十分であるため、本書では「少子化」「少子化対策」という用語は使用せず、「家族政策」を使用する。「家族政策」という用語にも問題がないわけではないが（次節で後述）、前述のように出産抑制の家族政策も存在することから、「少子化対策」のような一面的な価値判断は含んでおらず、より中立的であること、国際比較の観点から近年は日本でも使用が増えていること、フランスでは現在に至るまで忌避されることなく継続して使用されていることから、本書では「家族政策」を使用する。

第５節　「家族政策」をめぐる問題点

現在、「子をもつ／もたない」あるいは「子を何人もつか」という選択は、極めて私的な、かつ個人が自由に選択する権利であるというリプロダクティブ・ライツの考え方が普及している。ゆえに、一般に出産・育児を政府が支援することが多い家族政策は、政府が妊娠・出産（引いては生殖目的の性行為）を奨励するニュアンスが加わり、政府による個人の権利の侵害またはプライヴァシーへの介入と見なされやすい。実際、個人にとって妊娠・出産は、実行のタイミングも含めて極めて私的な行為であり、現在の民主主義国家において国家のためだけに出産を考える人はおそらく存在しない。また、妊娠・出産は偶然に左右されることも多く、子供がほしくても妊娠しにくい、あるいはできない状況や、妊娠しても流産してしまうケースなども存在する。つまり、子をもつ

／もたないという行為は、個人のプライヴァシーに属し、かつ非常にデリケートな事柄である。たとえ「個人が希望する子供数をもつことを支援する」という目的があっても、国家が出産するカップルを優遇する（すなわち出産しないカップルを冷遇する）といった施策は、公平の観点から本来は歓迎されない。

そのため、全般的に政府による個人への介入はなるべく小さくすべきと考える国においては、家族政策という概念そのものが忌避される傾向にある。その代表例がアメリカとイギリスである。この両国には現在、積極的な家族政策はほとんど存在しない[24]。アメリカには、フランスの家族手当に当たる児童手当制度すら存在しない[25]。アメリカで類似のものとしては、18歳未満の子を扶養する貧困家庭に一時的な経済支援として支給される「貧窮家庭一時扶助 Temporary Assistance to Needy Families（TANF）」が存在する。これは、所得制限があり、週30時間以上の就労活動（職業訓練なども含む）が要件で、支給期間は生涯で５年間、権限は連邦政府ではなく州にあるため、支給額は州の予算によって変わる。実際の受給世帯の多くは低所得の母子世帯であり、アメリカでは就労によって自立を促す貧困救済策とされている（大関:268）。

一方イギリスには、家族手当に相当する「児童手当 Child Benefit」が存在する。これは、所得制限なしに、16歳未満（全日の学生の場合は20歳まで）の子を扶養する家族に、第一子に週20.3ポンド（約3613円、2014年７月時点１ポンド＝178円で計算）、第二子以降には１人につき週13.4ポンド（約2385円）が支給される。所らによれば、1999年にブレア首相は「子供の貧困撲滅」を宣言し、そのための戦略の一つとして児童手当の拡大を検討し、2010年に子供の貧困対策法が可決された（所／ブラッドショー:63-64）。したがって、イギリスの児童手当は、家族政策というよりは貧困救済策の側面が強い。

その他に、家族政策を忌避する、あるいは家族政策の推進をためらう国として、第二次世界大戦の敗戦国である日本、ドイツ、イタリアがある。日本の「産めよ殖やせよ」というスローガンに代表されるように、この３か国では戦時中に民族優越主義を伴う人口増加政策が積極的に推進された[26]。戦後、敗戦国は戦争責任を問われ、戦前や戦時中の政策は糾弾されるようになり、そのため戦時中に推進された出産奨励策や人口増加策はタブーとなった。その結果、この３か国においては人口学研究も停滞し、現在に至るまで積極的な家族政策は採用されず、低出生率に悩んでいる。

また、家族政策は、その性質ゆえに個人的な領域への国家による「介入性」が問題にされることが多い。しかし、国家の介入を介入であるがゆえに全て否定することはできないはずである。現在、福祉政策あるいは社会保障と呼ばれるものは、全て国家による個人の生活への介入である。これらはむしろ19世紀の「夜警国家」の欠点を補うための20世紀の「福祉国家」への転換であり、必要とされる介入である。もちろん介入の性質や程度や範囲など、介入の内容について問題にすることは必要であるが、介入そのものを問題とするのは無意味な議論である。出生率低下問題が存在する国においては、用語はどんなものが使用されるにせよ、家族政策の必要性は議論されるのであり、問題とされるべきはその内容であって、家族政策そのものや介入の是非ではない。特に本書が対象とするフランスは、現在に至るまで家族政策に負のイメージはなく、政府の介入にも肯定的である。

では、なぜフランスでは、家族政策が広く受け入れられているのか。まず挙げられるのは、一般に近代の国民国家は、常に人口増加を志向するからである。国家の役割は、「国家と国民の存続と繁栄」であり、そこには人口の増加または維持が前提として組み込まれている。実際、現在の日本においても、国家は人口を維持・増加すべきであるという観念が広く存在し、前述のように、議論なく「少子化」は「望ましくないこと」とされる理由の一つには、この観念が前提として存在するからである。日本では2005年に初めて前年より人口が減少する自然減[27]となったが、その際のマスメディアの報道は、「人口『自然減』の衝撃」、「経済にも深刻な影響」など否定的かつ衝撃的に報じるものがほとんどであった[28]。現在も国際社会における「大国」の地位を追求するフランスが、人口増加を志向するのは当然といえる。

第二の理由として、過去の成功体験から現在も容認されていることが考えられる。フランスで家族政策が開始された19世紀末から20世紀初めにおいては、「国力とは人口なり」と考えられており、人口と国力はほぼ同義と考えられていた。そうした時期にフランスは人口停滞状況となり、その対策として開始されたのが出産奨励の意図をもつ家族政策である（第2章で後述）。フランスは人口減少を経験し、それを家族政策によって回復に導いた経験をもつ国である。

そのため、多くのフランス人にとって、家族政策は「成功した政策」というイメージが強く、その長い歴史も含めて誇りをもっている。前述の家族手当の所得制限導入への反対意見を見ても分かるように、家族政策は否定されるべきではないと広く考えられている。

ただし、フランスにおいても、個人の選択に国家が介入することについて議論がないわけではない。むしろ現在では、出産奨励策として開始された家族政策を、いかにそこから脱却して中立的な政策へと転換するかが目標とされている（Commaille *et al.*：3-6, 100-105）。特に1960年代以降、フランスにおいても、政府による家族への介入や、あからさまな出産奨励主義について疑義が呈されるようになり、それを受けて1970年以降、家族政策は徐々に変容した（Messu：85）。家族給付に関しても、1970年代には、より恵まれない人々に対する「孤児手当」や「障害児手当」などが創設され、それまで所得制限なしに支給されていた単一賃金手当も他の手当と統合され、所得制限が課されることとなった（第9章で後述）。つまり、フランスの家族政策は、1970年代に出産奨励策から社会政策へと大きく転換した。

家族政策には、常にこうした「介入」に関する問題がつきまとう。従来の公的／私的領域の区分という概念でいうならば、本来なら「子を産み、育てる」という「私的領域」に属することが、出生率低下や人口減少、引いてはそれらが引き起こす望ましくないと考えられる現象につながる「社会問題」と認識されることによって、出生率低下は「個人の問題」から「国家の問題」へと転換され、「公的領域」で議論すべき問題とされる。家族政策とは、「国家問題」解消のために、個人に働きかける（介入する）政策である。

したがって、必然的に、家族政策は私的領域でありながら公的領域でもあるという二面性を持ち、それぞれの利害が一致することもあれば対立することもある。そのため、子を産むか産まないか、産むとしても何人産むか、いつ産むか、といった本来なら個人が自由に決めるべき事柄に対して、国家権力が介入して国家に都合のよい政策、たとえば人口を増加するために夫婦は3人以上の子をもつようにといった「規範」を押し付けることになりやすい。家族政策には、「公と私の対立」が不可避的に組み込まれており、そこには対立や葛藤が最初から存在する。

ここで断っておくが、政治思想や政治理論において長らく用いられてきた「公的領域」と「私的領域」の分離は、近年ジェンダー研究などから否定されつつある。すなわち、政治とは関わりがなく、むしろ対立するとされてきた「家族」は、実は公権力によってそのような存在とされてきた「政治的な存在」であるという、いわば「家族の政治性」の指摘であり、公的／私的領域という区分そのものが、支配や統治の必要から用いられた見せかけの区分にすぎないという指摘である（岡野：191-206）。公権力が支配する公的領域と、家族が支配する私的領域の分離という古代ギリシアから始まる概念は、その後ヨーロッパで強い影響力をもち、長い間、両者には厳格な区分が存在し、対立する存在であると考えられてきた。しかし、それは見せかけにすぎず、実は家族は公権力を支えるための私的領域として存在し、家族は政治とは関係ない存在であるとされることによって裏から公的領域を支えるという表裏一体の構造になっている。そして、それが問題なのは、このような構造は目に見えにくく、表向きは対立するように見せかけながら、実際は互いが相互補完的な役割を果たしているからである。本来は「政治的な存在」として確立された「家族」が、外観上は「政治性のないもの」とされることによって、その「政治性」は気づかれにくくなり、逆説的に「家族の政治性」は強化される。家族は政治と無関係の、「疲れた心身を癒す心温まる隠れ家である」と仮定されながら、実際は政府に「都合のよい」家族を構築することが期待される。つまり、家族は体制の維持や体制の望む方向に合致するようにコントロールされ利用されるが、利用されているという事実は覆い隠され、家族の構成員もそう自覚することは困難になる。

具体的にいうと、戦後の高度成長期に日本政府が考えた理想のモデル家族は、「夫は外で働き妻は専業主婦で子供は２人」というもので、実際に税制その他でこうした家族を優遇した。これ自体、すでに個人の自由な選択権を侵害しているが、さらに問題なのは、こうした国家によって意図的に作られた「規範」を、個人が内的な欲求として無自覚に取り込む場合があることである。日本でもこうした優遇が長期間継続することによって、実際に夫婦と子供２人の４人家族が増え、それが平均的家族であるという「思い込み」が強化された。これは、本来は個人が自由に決めてよいはずの子供数を、「子供は（政府に都合のよい）２人が理想的」と思い込まされ、個人は自分の欲求として「子供は２人欲しい」

と考え実行したと思い込まされるということである。実際はその欲求は政府によってコントロールされたものであるにもかかわらず、コントロールされたという事実にすら無自覚となる。

さらに、作られた「規範」によって、国家が直接的のみでなく、間接的に個人の自由権を侵害する可能性も生み出す。夫婦が自由にあるいは事情があって選択した場合でも、子供は2人という「規範」から逸脱した場合、周囲から批判めいた発言を受けがちになる。子供が1人の夫婦に他人が「一人っ子はかわいそう」などといい、子供のいない夫婦に「子供はまだ？」などの無遠慮な質問をするなど、個人による個人の自由権の侵害も引き起こしやすくなる。これは単に発言者の人格のみの問題ではない。国家が設定した「規範」の存在が前提にあり、それを内在化した個人が多数派となっているからこそ、暗黙のうちに許される行為だからである。また、個人がこうした事実を認識するのは、「規範」から逸脱した場合のみである点にも注意が必要である。国家に都合の良い「規範」の範囲内にたまたま収まる個人にとっては、「規範」の存在にすら盲目的であり、「規範」がもつ問題点にも、政府のコントロールの存在にも気付きにくい。逆に、個人の欲求として「規範」から逸脱する場合は、この点を問題にしようとする時点で、国家や他人から「スティグマ（負の烙印）」を負わせられる[29)]。それは制度による実際の冷遇のみでなく、周囲との衝突、周囲からの軽蔑や反対、本人の不快感や窮屈さや生きにくさなどが不可避的に与えられる。分かりやすい例が、同性愛者や性同一障害などである。本来個人の自由に属するはずの選択権が国家や社会や他人によって侵害され、作られた「規範」が疑問を挟む余地なく「絶対的に正しいことである」かのように個人に刷り込まれる危険性については、家族政策がもつ問題点として今後もっと議論されるべきである。だからこそ、フランスにおいて現在の家族政策は、前述のように「個人の自由な選択を尊重する姿勢」が貫かれている。

その他の家族政策の問題点として、対象とする「家族」とは誰を指すか、という点がある。政策対象としての家族には、「集団としての家族」と「集団としての家族を構成する個人（家族構成員）」の2種類が考えられる。両者の利害が対立する場合も、また家族構成員内で利害が対立する場合もある（鶴:35-38）。政策目標達成のために、家族全体に働きかけるのか、それとも家族構成員である個人に働きかけることによって家族に影響を与えようとするのか、つまり政策対象を何にするかによって採用可能な政策も変化する。そして、家族全体の福祉と、家族構成員である個人の福祉の追求は必ずしも一致しない[30]。その場合、どちらを優先すべきか、個人の福祉より家族全体の福祉が優先されるのはどんな場合か、またそれを誰が決定するのか、などの問題が生じる。

また、家族政策の定義が困難な理由の一つでもあるのだが、「家族とは何か」という「家族」そのものの定義に関する問題も存在する。「家族」とは何かという問いは、ジェンダー研究において活発な議論が交わされており、いわゆる「近代家族」、すなわち法的婚姻夫婦とその子供たちから成る家族（落合：18、西川：14-15）とは、国民国家が自己の存続・拡大のために意図的に作り上げた公権力にとって都合のよい集団であるとの指摘は、国民国家論としても非常に興味深いものである（落合、岡野、西川など）。近代家族とは、まさしく前述の「国家によるモデル家族の設定」に他ならず、そこには、異性愛しか認めない、法律婚を強制する、子をもつことを強制（奨励）するなど、価値観の強制や個人の権利侵害、逸脱への不寛容などが前提として組み込まれており、多くの問題を含んでいる。現在は、「家族」が意味するものはもっと広範囲であり、「多様な家族」を認める方向になりつつある。実際、現在のフランスの家族政策が対象とする「家族」は、法律婚や異性パートナーや親子関係の存在は要件としていない。特に1999年に通称 PACS と呼ばれる民事連帯契約法が成立して以来、その傾向は加速され、現在フランスで生まれる子の半数以上が婚外子である。現在の「家族」の意味は、19世紀末から20世紀初頭の「家族」とは意味が異なることは自明である。

このように家族や家族政策にまつわる問題点は存在するが、本書が対象とするのは19世紀末から20世紀前半にかけての歴史研究であるため、本書では、便宜上「家族」を「近代家族」と想定する。本書で使用する「家族」とは政策対象としての家族であり、この時期の家族政策における「家族」とは通常「近代家族」を意味したからである。したがって、本書では、歴史用語として近代家族を「家族」と表現し、現在の観点からはさまざまな問題をもつかもしれない家族政策という用語も、一種の歴史用語として使用する。

第6節 「子をもつこと」のイメージの変化

現在のフランスは「社会をあげての子育て支援」が充実しており、「子供を大事にする社会」というイメージが一般に存在する。イタリアとフランスで行われたアンケート調査によると[31]、子をもつことのイメージについて、イタリアでは「自分の時間がなくなる」、「費用がかかる」などネガティヴな回答が多かったのに対し、フランスでは「自分の人生の喜びが増える」などポジティヴな回答が多く、「子供は個人の財産」と考えるイタリア人に対して、フランス人は「子供は共同体の財産」と考える傾向が強いという結果であった（森：195-196）。このように現在でこそフランスでは、子をもつことに対してポジティヴなイメージが強いが、フランス社会において常に良いイメージが維持されてきたわけではない。むしろ19世紀後半までのフランス社会は「子供嫌いの社会」、あるいは「子供に無関心な社会」であった。人口学者ソーヴィは、フランスにおいて19世紀後半までは一般に「子供は邪魔者」、「子供は社会に望まれていない」と考えられており、多子の母親は嘲笑の的であったと述べている（Sauvy 1959：93-94）。実際、第三共和制期には、アパートに「犬と子供お断り」という掲示が掲げられていることが多かった。

一般にヨーロッパ諸国の出生率が低下し始めるのは19世紀後半からだが、フランスは他国より早く、18世紀後半から出生率の低下傾向が始まった。その理由は、子供数を制限するため、夫婦間において産児制限（避妊）が広く行われるようになったからと考えられている。子供数を制限する理由については諸説あり、いまだに結論は出ていない。が、大きな要因として、大革命によるカトリックの影響の低下により、それまで妊娠と出産は神の恩寵で人間が調節するようなものではないとされていた「禁忌」[32]が軽減したことと、1804年のナポレオン民法で規定された財産均分相続の回避のためと考えられる。19世紀末の社会学者ル・プレ Frédéric Le Play は、著書『フランスの社会改革』（Le Play 1864）において、均分相続規定のため、財産の分散を嫌う家族が避妊によって子供数を制限するようになったと主張した。しかし、財産のない労働者階層にも産児制限は広く普及したため、これのみでは説明できないとして、その他の理由が検討された。たとえば、義務教育導入で子供が労働力でなくなった、子供数を絞って愛情をかけて育てるようになった、社会的上昇の動機で子供に教育費をかけるようになった、などである（ルブラン、アリエス参照）。フランスでは他国よりマルサス Thomas Robert Malthus の『人口論』（マルサス原著1798）の影響が大きく、早くから産児制限が広い階層において実施されたこと[33]、マルサスに影響を受けた経済学者たちが、将来のためには「子をもつより貯蓄の方がより確実な投資である」と説いたことが関連していると考えられる。

産児制限の手段には、夫婦間の避妊（いわゆる膣外射精）、節制（禁欲）、堕胎、捨て子や嬰児殺しなど、さまざまな方法が存在した（岩澤：128-133）。19世紀になると、生まれてから殺す方法よりも、避妊によって妊娠を避ける方がより人道的であると考えられ、避妊が広く普及するようになった。ただし、避妊や節制といった方法は夫の協力が不可欠のため、夫の協力が得られにくい労働者階級では、19世紀以降も堕胎や捨て子、嬰児殺しといった妊娠後の産児制限も引き続き行われた。19世紀後半のフランスには非合法の「堕胎屋」という職業が存在し、利用者も多かったといわれている。国家が出生率低下を問題にし、出産奨励的な家族政策を推進する中で、堕胎は出生率上昇を阻害する大きな要因の一つとして取締りの対象となった（第4章で後述）。

また、直接の産児調節の手段ではないが、特筆すべきフランスの特徴として、里子の慣習がある。フランスでは18世紀前半から貴族やブルジョワ階級で生まれた子を里子に出す（生まれてすぐ乳母に預けて数年育ててもらう）か、あるいは住み込みの乳母を雇う風習があり、当時から前者は「持ち帰り乳母」、後者は「住み込み乳母」と呼ばれて区別され、ブルジョワ家庭では住み込み乳母が好まれた[34]。住み込みを雇う余裕のない労働者階級にも、19世紀には持ち帰り乳母の慣習が広がった（バダンテール：113-124、松田：109-160）。労働者階級では妻が外で働いている場合が多く、妻の賃金収入も生計維持に必要であったため、出産後に生まれた子を預ける必要から広まった。その場合、里子の預け先は、同じ時期に子を産んだ近郊の農村の妻たちである。農家にとって乳母の仕事は数少ない現金収入の道であり、19世紀後半には乳母の斡旋所が組織され、農村の女性が子を産むと同時に自分の子は他人に預け、大都市のブルジョワ家庭に乳母として雇われていく「乳母産業」が盛んになった[35]。また、乳児を農村の乳母の所にまとめて運ぶ職業的「運び屋」も18世紀後半から登場し、パリでは一大産業となった。一般に里子の生育環境は劣悪で[36]、預け先で乳幼児が死ぬことも多く、運び屋が運ぶ途中で死亡することも多かった。このように里子の死亡率は高かったが、預けた親や周囲の多くは無関心であった（バダンテール：106-110）。実際フランスの乳幼児死亡率は他国と比べて高く、19世紀末には議会で問題視されている（第3章で後述）。こうした里子の風習は、20世紀に入っても続き、第一次大戦後まで続いた（松田：113-114）。

フランスでは捨て子も広く行われた。古くから捨て子や孤児の収容施設は教会による慈善事業として存在したが、ナポレオン・ボナパルトが1811年に全ての県に回転台つきの捨て子養育院を備えることを命じ、それ以来捨て子の数は増加したといわれる。回転台とは、養育院の壁に取り付けられ、そこに外側から赤ん坊を乗せて回転させ養育院の内側に入れ、紐を引いて鈴を鳴らし養育院側に知らせるシステムである。この方法だと子を捨てる親が顔を見られずに済み、また捨てられた赤ん坊が放置されて死ぬこともないという利点があった[37]。回転台は1850年頃に廃止されるまで存在した。捨て子は未婚女性が困った末に行うとは限らず、既婚女性が夫との子を捨てることもあり、形を変えた「産児制限」の一種として利用された（クニビレール／フーケ：300-303）。

こうした状況をフランス社会が許容していたことから、フランス社会全体に「子供に無関心」な雰囲気があったことは確かである。バダンテールは、フランスでは18世紀後半まで小児科医が存在せず、医師は子供の診察を「口がきけないから」「子供の世話は母親の仕事だから」と断っていたことを指摘している（バダンテール：98-102）。

こうした「子供への無関心」に加えて、フランスでは第三共和制期まで、多子家族とは避妊方法を知らない結果、あるいは衝動的性欲を我慢できない理性のない行動または不注意による結果と見なされ、「不名誉で非難されるべき存在」と見られていた（Messu：13）。当時の税制は人頭税で家族数に応じて課税されたため[38]、子供数が多ければ多いほど税負担が重く貧困に陥りやすい構造となっていた。だからこそ人々は貧困を避けるために、夫婦間で産児制限を行った。これらから、「多子家族は貧乏で無教養」というイメージが定着し、そのため無教養と見られたくない中産階層はますます子供数を制限するようになり、結果として全体的に出生率が低下することとなった。

以上、フランスでは19世紀後半まで一般に「子供は厄介者」といった風潮が存在した。それがいつ、なぜ、子をもつことは「自分の人生の喜びが増える」といったポジティヴなイメージへと変化したのか。考えられるのは、その間にさまざまな家族政策が採用されたことである。「子をもつ」ことで優遇される制度が長期間続くことによって、つまり家族政策の存在が、文化的・社会的変化を引き起こし、イメージが変化した可能性が考えられる。したがって、現在のフランスの高出生率が文化的・社会的要因によるものだとしても、長い歴史をもつ家族政策が影響を与えた可能性も検討すべきである。

まとめ

本章では、フランスの現在の家族政策を確認し、家族給付を社会保障との関連も見た上で、家族政策の歴史研究の必要性を考察した。また、「少子化対策」と「家族政策」の違いや、それらがもつ問題点についても考察した。

現在では、フランスにおいて子をもつことのイメージは良いが、19世紀まではむしろ「子供は厄介者」といったイメージが強かったことも確認した。現在のフランスの高出生率は文化的要因とされることもあるが、文化は家族政策という制度によって変化する可能性があることを指摘できる。家族政策の効果は測定不可能ではあるが、こうした点からも家族政策の歴史的形成過程の実証的な検証は、さまざまな分野へ考察の一要素を提供しうる有益なものである。

1） 本書では、省庁名も歴史用語の一つと捉え、原則として初出時は直訳し、その後は略称を使用する。

2） 2014年8月26日に内閣改造が行われた。厚生大臣は、第一次エロー Jean-Marc Ayrault（社会党、第一次2012.5-2012.6、第二次2012.6-2014.3）内閣時からトゥーレーヌ Marisol Touraine（社会党、在2012.5-）が務めている（第二次ヴァルス内閣より正式名称に「女性の権利」が追加)。ロシニョル家族・高齢者・自立支援担当大臣は第一次ヴァルス内閣の途中から任命された。

3） 現在の家族政策については、Caf. fr 2014, Service-Public.fr 2014, 神尾2007, 2012、江口：16-44、千田：251-257、縄田、樋口ほか、牧、中島2005, 2010、横田などを参照。適用規則や手当金額は海外県を除くフランス本土のもの。

4）　家族団体とは、家族の利益を求めて活動する利益団体のこと（第２章で後述）。

5）　第９章で後述するが、日本では家族住宅手当を家族給付から外す傾向が強い（たとえば神尾 2012)。

6）　2010年から2012年までは「子ども手当」が存在した。15年ぶりの非自民系として2009年９月に誕生した民主党連立政権が、児童手当に代わるものとして所得制限なしの「子ども手当」を2010年４月に導入した。が、同年夏の参院選での惨敗による見直しと、2011年３月に起きた東日本大震災の復興財源優先のため、同年10月から旧来の児童手当に修正を加えたものとなり（実質上の廃止)、2012年４月から児童手当に戻り、６月には所得制限も復活した。2012年12月の総選挙で民主党は惨敗し、自民党が政権に返り咲いた。

7）　最大限受給できるケースとして、日本の場合は年子で二子とも４月生まれ（所得制限内)、フランスの場合は第二子が１年後に誕生と想定した。金額は2014年７月時点のものが継続すると仮定。１ユーロ＝140円として計算。

8）　この場合も子供２人のときと同様に１歳違いの子が３人と想定して筆者計算。

9）　子ども手当導入をめぐって、自民党と公明党から「ばらまき」との批判が強く、「手当より保育所の整備・増設が先」「所得制限を設けるべき」などの主張が強かったが、なぜ「ばらまき」がダメなのかについての説明はほとんどなかった。広井多鶴子はその根拠を、自民党は「子どもは社会が育てる」という考え方は誤っていると考えており、「子どもは親が育てる」のが「日本人の常識」と考えているからだと分析している（広井多鶴子:50)。

10)　フランスでは、「乳母 nourrice」からくる幼児語「ヌヌ nounou」と呼ばれる。ヌヌには保育ママも含まれることがある。

11)　RPR（共和国連合 Rassemblement pour la République）は、1976年にシラクによってUDR（共和国民主連合 Union des démocrates pour la République）が改組されてできた保守右派のゴーリスト政党（1976-2002)。現在この流れを汲むのは、2002年に改編された「UMP（国民運動連合）Union pour un Mouvement Populaire」(大山:137-138)。

12)　UDF（フランス民主連合 Union pour la Démocratie Française）は、1978年にジスカール・デスタンの支持基盤として結成された非ゴーリスト中道右派政党（大山:138)。

13)　1986年に創設された３歳未満の子供を在宅で世話をする者の社会保険料を補助する手当。その後 PAJE に統合される。

14)　JO, 18 décembre 1956:12140.

15)　社会保障法典 L111-１条（Legifrrance.gouv.fr 2014)。最新の改訂は2001年12月で、「出産」と訳してきた原語 maternité（母となること）に paternité（父となること）が追加された。

16)　近年、人口学者らは合計特殊出生率が1.3未満となった状況を「超少子化」と呼ぶ傾向がある。「『超少子化』あえぐ東京」『読売新聞』2014年９月20日。

17)　石松恒「日本人男性の平均寿命、初の80歳超え　女性も過去最高」『朝日新聞』2014年７月31日。

18)　「出生数最小102万9800人」『読売新聞』2014年６月５日。なお、日本の人口は2007年以降2013年まで７年連続で自然減が続いている。

19)　2014年６月９日の「経済財政諮問会議」において、政府は「50年後に１億人の人口を維持する」ため抜本的な少子化対策に取り組む姿勢を示し、初の数値目標を示した。「人口減対策本格的に」『読売新聞』2014年6月10日。

20) 前述のように、合計特殊出生率が人口置換水準を満たしていない状況を「少子化」とするなら、それは1975年から始まり、以来40年近く常に「少子化」状況にある。今後人口置換水準を満たす数値まで合計特殊出生率が回復するかどうかは、極めて厳しいと考えられる。

21) 前述の『平成16年版少子化社会白書』においても、年少人口の総人口に対する割合の国際比較は行い、日本の低さを指摘するが、高齢者人口との比較は行われていない（内閣府編：8）。

22) たとえば藤正／古川、広井良典、赤川など。人口学においては、国土面積や食糧供給（生活資源）や商工業の生産高などの観点から測定する「適正人口」という概念が存在する。ソーヴィはフランスの適正人口を「5000万から7500万人の間」と見積もり、当時のフランスの人口約4000万は少なすぎるため、人口を増加すべきと主張した（Sauvy 1943:13-35, 231-243）。

23) 日本で少子化がもたらす最大の弊害としてよく語られるのは「年金制度の崩壊」であるが、これも支給対象年齢の引上げや、資産をもつ高齢者への支給除外など、現行制度の変更によって「少子化社会」に適応可能である。

24) その理由の一つに、両国とも深刻な出生率低下に悩んだことがなく、現在に至るまで合計特殊出生率は比較的高水準を維持しているため、必要がなかったことが考えられる。

25) アメリカのほか、カナダ、ニュージーランドも現在児童手当に当たるものは存在しない（阿藤2006:37）。ニュージーランドは世界で最初に児童手当を法制化した国（1926年）だが、1991年に廃止した。現在は働く女性を支援するための「家族養育手当 family care allowance」や「児童養育手当 child care allowance」等が新設・刷新されつつある（大塩：73）。

26) 通常、戦時中は多くの人命が失われることから、程度の差はあれ、どの国民国家も自国民の出産を奨励する。

27) 出生数が死亡数を下回ること。戦争、自然災害、飢饉など一般に人口減少の理由とされる特殊な現象が起こっていない場合に限られる。

28) 「人口『自然減』の衝撃」『読売新聞』2005年12月23日。

29) たとえば、独身者に向かって「なぜ結婚しないの？」など「することが前提となっている質問」は当然のように発せられるが、逆に「なぜ結婚しなければならないの？」という質問は一般に容認されていない。容認されたとしても、それに対する返答は「人として当然だから」「それが普通だから」といったものが多く、それらは「多数派だから」という意味でしかないことに無自覚であると同時に、そう思わない人を「普通ではない」と区分して差別している事実にも無自覚である。

30) たとえば、政府は人口増加を望み、多子家族を優遇する政策を採用した場合、家族構成員であるカップルは家族全体の福祉を考えて多子をもつことを選択するかもしれないが、そのカップル間に生まれたきょうだい数の多い子供たちは、多子家族を望まないケースが考えられる。

31) 何年に実施されたか明記されていないが、おそらく2003年か2004年。

32)　現在でも教皇庁は避妊具を使用した避妊を禁じており、厳格なキリスト教徒は一切の避妊行為を行わない。フランスでは17世紀頃まで、夫婦が生殖目的以外の性交をすることは、教会の告解で懺悔すべき「罪」と考えられていた（フランドラン:133-156)。

33)　マルサスは、人口増加率より食糧生産増加率の方が低いので、抑制されない人口増加は貧困を招くと主張し、これを避けるためには結婚の延期などによって人口増加を抑制すべきと主張した。

34)　ブルジョワ階級で里子が広まった理由は、妻が社交生活を継続するため、授乳はバストの形を崩す、授乳は動物的であるとして嫌われたから、などである。ルソーは『エミール』（原著1762）において、母親は自分の子に自身で授乳する必要性を説いているが（ルソー:38-42)、その背景にはこうした里子の慣習の存在がある。

35)　フランスで最初の保育所は、自分の赤ん坊を置いて乳母として都会に働きに出る母親が増えたため、乳母の子供たちを犠牲にして自分たちの子供を養っていると批判を受けたブルジョワ女性の尽力によって設立された（中島2010:76)。

36)　当時は全般的に衛生の知識がなく、自宅で自分の子を育てる場合でも同様の環境であった。フランスでは第二次大戦前まで、乳児はマヨと呼ばれる布で包帯巻きにされて体の動きを封じられ（運び屋はこの状態で運んだ)、おしめの取り替えは1日に2～3回のみであった（クニビレール／フーケ:282-284)。

37)　日本では、熊本市の慈恵病院が、同様のシステムを「こうのとりのゆりかご」(通称「赤ちゃんポスト」）として、市の許可を得て2007年5月に設置した。

38)　1914年7月に所得税制度が導入されたが、本格的実施は終戦まで棚上げされた（渡辺ほか:75)。

第2章　出生率低下と政治問題化

本章では、19世紀末から20世紀初頭にかけて、家族政策が要請される直接の契機となったフランスの継続的な出生率低下の状況とそれによる人口減退状況を、現代のデータと当時のデータの両方から見て、その事実が当時どのように認識され、それがいかに「人口停滞問題」として議論されるようになったかを概観する。それは、出生率低下や人口減退という現象が、対策が必要な「政治問題」と捉えられるようになる過程である。

第1節では、19世紀後半から20世紀初頭にかけてのフランスの人口動態と出生率低下の状況を、データを用いて概観する。

第2節では、特に19世紀末から世紀転換期にかけて、人口状況が「人口停滞問題」として認識されていく過程を、当時の出版物を通して検証する。

第3節では、家族政策（人口増加政策）を採用するよう政府に働きかけた民間のロビー団体である家族団体について検証する。中心となるのは「フランス人口増加国民連盟」である。

第1節　19世紀以降の人口動態と低出生率

1．緩慢な人口増加率

19世紀初め、フランスはロシアを除くヨーロッパ最大の人口大国であった(Chesnais: 183)。しかし、19世紀後半からその優位は失われ、フランスの人口は、ドイツに1855年に、イギリス（アイルランドを除く）に1905年に、イタリアに1933年に追い越される（図1[1]）。他の西欧諸国の人口は、19世紀後半から20世紀初頭にかけて増加しているのに対し、フランスはほぼ横ばいの停滞状態であった。

正確にいうと、フランスの人口は減少していたわけではない。1800年の約2900万から1939年には約4200万となり、緩やかではあるが増加している。ただ、ヨーロッパ大陸全体の人口は１億4600万から３億8000万に倍増しており、フランスの人口が大陸に占める割合は20％から11％に低下した（ビラバン／デュパキエ:16）。これは、他国の人口増加率が急激であったためであり、それに比べると、フランスの人口増加率は非常に緩慢であった。「国力とは人口なり」と考えられていたこの時期、このようなフランスの状況は、相対的な「人口減少」と同じ意味をもった。なお、フランスの人口が1871年に減少しているのは、普仏戦争の敗北によりアルザス・ロレーヌ地方を失ったからである。

フランスの人口は1871年に3619万、1901年は3898万で、30年間で増加したのは約280万である。それに対して、ドイツの人口は1871年の4099万から1901年には5687万と約1600万も増加しており、人口増加率の差は明らかである。

19世紀後半から20世紀初頭にかけてのフランスの人口増加率は、他国と比べて著しく低い状況であった。1945年出版のランドリ Adolphe Landry らによる

図１　西欧諸国４か国の人口推移

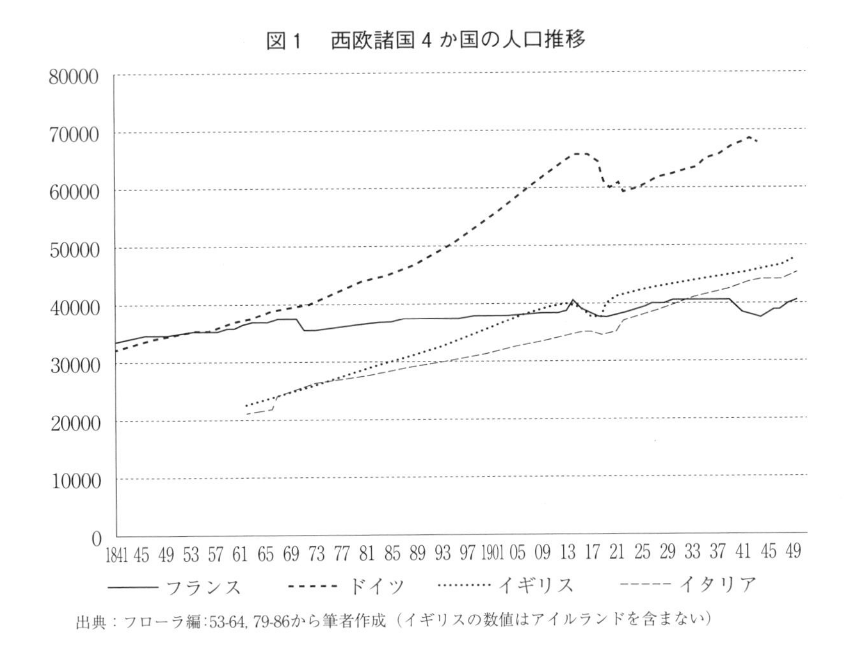

出典：フローラ編:53-64, 79-86から筆者作成（イギリスの数値はアイルランドを含まない）

『人口学概論』では、1800年から1940年までの西欧諸国４か国の人口増加率を比較している（表１）。それによると、1850年以降のフランスの人口増加率は、他の３か国と比べて非常に低い。20世紀に入ると、第一次世界大戦と世界恐慌の影響から、多くの国で出生率低下の傾向が見られるが、それでも1900年から1940年にかけての人口増加率は、ドイツ37％、イギリス23％、イタリア29％であるのに対し、フランスはわずか３％である。

フランスの人口増加率が緩慢である最大の理由は、出生率低下によるものである。フランスの人口がわずかずつとはいえ増加しているのは、後述する時期を除いて出生数が死亡数をわずかではあるが上回っていたこと、医学の発達などにより死亡率が低下したことと、入国移民によって補われていたからである。フランスは1930年まで移民を多く受け入れる国であった。しかし、この時期の入国移民は、ベルギーやイタリアなど近隣諸国から来る単身の出稼ぎが多く、数年働いて祖国へ帰るケースが多かった（ハーグリーヴス:32-36）。したがって、入国移民が定住して家族を増やすことはなく、入国移民による人口増加は一時的なものにすぎなかった。人口学者ソーヴィは、この時期について、「移民と平均寿命の伸長によって、フランスの人口の後退は覆い隠されていた」と述べている（Sauvy 1943:227）。

フランスの人口停滞が初めて「問題」として国民に示されたのは、1870年の普仏戦争とその敗北によってである（Chesnais:185）。フランス国内において、敗北の原因は数の優劣、すなわち出生数減少による兵力不足と喧伝された。[2）]
1870年のフランスの人口は約3844万で、ドイツは約4080万とそれほど差はないが、同年の年間出生数はフランス99万5900に対し、ドイツは156万9206であり、57万もの差がある。20年前の1850年の人口は、フランス約3563万とドイツ3530

表１　西欧諸国４か国の人口増加率（1938年の領土）

	フランス	ドイツ	イギリス	イタリア
1800－1850年	29％	44％	92％	35％
1850－1900年	12％	57％	78％	36％
1900－1940年	３％	37％	23％	29％

出典：Landry *et al.* 1945:61から筆者作成

万でほぼ同じであるが、出生数はフランス95万4200に対し、ドイツは131万1724で、約36万の差があった。これらが意味するものは、1870年時のドイツとフランスの動員可能な兵力の差であり、それがそのまま軍事力の差となったと主張された。

フランスの年間出生数は、19世紀に入って以降100万を超えることはほとんどなかったのに対して、ドイツは1866年に初めて150万を超えて以降、ほぼ増加する一方であった。1901年にはドイツの出生数は203万2313であったのに対し、同年のフランスの出生数は85万7300で、ドイツの半分以下である。出生率でいうと、ドイツ35.7‰、フランス22.0‰で、その差は明らかである。表２は、1850年から1940年までの西欧諸国４か国の年間生児出生数と普通出生率を10年

表２　西欧諸国４か国の年間出生数と普通出生率（‰）

	フランス	ドイツ	イギリス	イタリア
1850年	954,200 26.8‰	1,311,724 37.2‰		
1860年	956,900 26.2‰	1,367,012 36.3‰	789,600 34.5‰	
1870年	995,900 25.9‰	1,569,206 38.5‰	908,400 34.9‰	951,495 7.0‰
1880年	920,200 24.6‰	1,696,175 37.6‰	1,006,600 33.9‰	957,900 4.0‰
1890年	838,100 21.8‰	1,759,253 35.7‰	991,500 30.3‰	1,083,103 5.6‰
1900年	827,300 21.2‰	1,996,139 35.6‰	1,058,400 29.1‰	1,067,376 33.0‰
1910年	774,400 19.6‰	1,924,778 29.8‰	1,021,100 25.6‰	1,144,410 32.9‰
1920年	833,500 21.4‰	1,599,287 25.9‰	1,094,500 26.9‰	1,158,041 32.3‰
1930年	750,000 18.0‰	1,127,450 17.5‰	743,500 17.9‰	1,092,678 26.7‰
1940年	559,000 13.6‰	1,402,258 20.1‰	676,400 15.6‰	1,046,479 23.4‰

出典：フローラ編：53-64, 79-86から筆者作成

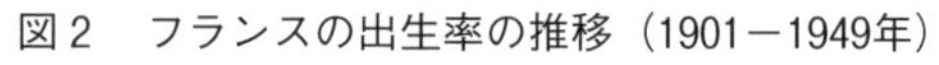

図２　フランスの出生率の推移（1901－1949年）

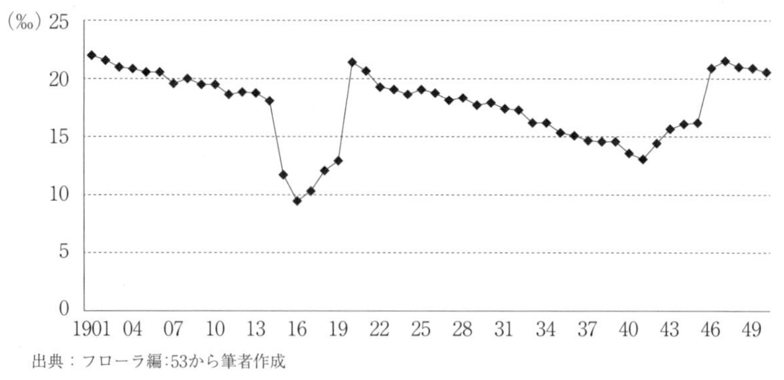

出典：フローラ編:53から筆者作成

おきに比較したもので、図２は1901年から1949年までのフランスの出生率をグラフにしたものである。

フランスの出生数と出生率は、1880年頃から常に低下傾向にあった。他国と比較すると、世界恐慌の波及した1930年を除き、フランスは出生数も出生率も常に４か国中最下位である。世界恐慌の影響は、農業国で産業化が遅れていたフランスには２～３年遅れて到達した。第一次大戦中はどこも出生率が落ち込むが、他国は戦後回復するのに対して、フランスは1920年と1921年には増加するが（1919年の出生数は50万3600（出生率13.0‰）、1920年の出生数は83万3500（出生率21.4‰））、その後再び低下傾向に戻った。他の３か国と比べると、イタリアは1930年代でも出生率は23‰をほぼ維持しており、ドイツも第一次大戦の敗戦国でありながら、出生率はフランスよりほぼ常に上回っていた。フランスの出生率低下は他国に先駆けて始まり、しかも長期間継続するという他国とは全く異なる経緯をたどった。

２．人口学上の２度の衝撃

19世紀後半から20世紀初めにかけて、フランスの人口と出生数は減少し続けていたが、特に衝撃を与えたのは人口の自然減が、1890年代初めと1930年代後半の２度起こったことである。

19世紀末から20世紀前半にかけて、フランスで出生数が死亡数を下回った年は、1890年、1891年、1892年、1895年、1900年、1907年、1911年、1929年、

1935年、1936年、1937年、1938年、1939年、1940年である。特に1935年からは６年連続で起こっている。ただ、前述のように移民で補われる場合もあるので、人口が前年より減少する事態はめったに起こらなかった。第三共和制期に前年より人口が減少したのは、1891年、1935年、1936年、1939年である。

表３　西欧諸国３か国の自然増加率

	フランス	ドイツ	イギリス
1881－1890年	1.8‰	11.7‰	13.4‰
1891－1900年	0.7‰	13.9‰	11.7‰
1901－1910年	1.2‰	14.3‰	11.8‰

出典：Spengler 1938:53から筆者作成

表３は1881年から1910年まで10年毎の自然増加率（死亡に対する出生の超過の割合）を西欧３か国で比較したものである。それによると、1891年から1900年までの自然増加率は、ドイツ13.9‰、イギリス11.7‰であるのに対し、フランスはわずか0.7‰である。つまり、1890年代のフランスは、戦争や自然災害、飢饉など一般に人口減少の理由とされるような現象が起こっていないにもかかわらず、自然増加率が非常に低い状況であった。第三共和制期のフランスが人口減少を初めて経験するのは1891年で、前年より約３万人減少した。これは、人口の停滞が問題視され始めていた時期に、ついに人口減少が起こったということであり、その衝撃は大きかった。

第二の衝撃は1930年代後半に起こった。第一次大戦の影響と世界不況の影響が重なったため、連続して人口減少が起こる事態となり、その衝撃はより大きかった。第一次大戦は各国とも未曽有の犠牲者を出したが、特にフランスは国内が戦場となったため、戦勝国であるにもかかわらず約140万人という膨大な戦死者を出した。この戦死者数は男性労働力人口の10.5％を占めるほどであり、敗戦国ドイツより高い戦死率であった（ラーキン：7）。第一次大戦による140万人の若者の喪失は、さらにその若者たちから生まれるはずだった子供たちという潜在的な損失も生み出し、それは1914年から1930年代にかけて人口ピラミッドのくぼみとなって表れ、「くぼんだ世代」と呼ばれた。

また、フランスは戦争の犠牲者が多かったのみでなく、戦争中の出生数・出生率も非常に低下した（表４、図３）。戦争中は一般に出生率は低下することが多いが[3)]、フランスでは特にその傾向が強かった。

第一次大戦中のフランスの1916年の出生率は最低値9.5‰（出生数48万）となり、1917年の出生率は10.4‰で出生数は過去最低の38万2000となった。これはドイツの最低値であった1917年の出生率13.5‰と出生数91万2109とよりも圧倒的に低い。ちなみに、「少子化」進行中と言われる2001年の日本の普通出生率が9.3‰（合計特殊出生率1.36）であるが、出生数は約117万であり、この時のフランスの出生数の異常な低さが分かる。いくら戦時中とはいえ、人口3900万前後の国において、1916年から1918年まで連続して３年間も年間出生数が50万を切るのは異常事態である。

表４　1913－1924年のフランスの出生数と出生率

	出生数	出生率（‰）
1913年	746,000	18.8
1914年	753,000	18.1
1915年	520,000	11.8
1916年	480,000	9.5
1917年	382,000	10.4
1918年	410,000	12.1
1919年	503,600	13.0
1920年	833,500	21.4
1921年	811,800	20.7
1922年	759,700	19.3
1923年	761,300	19.1
1924年	753,500	18.7

出典：フローラ編:54から筆者作成（1914年から1919年までの数値は、現在の領土で77県の統計に基づく公式推計値）

図３　1913－1919年のフランスの出生数グラフ

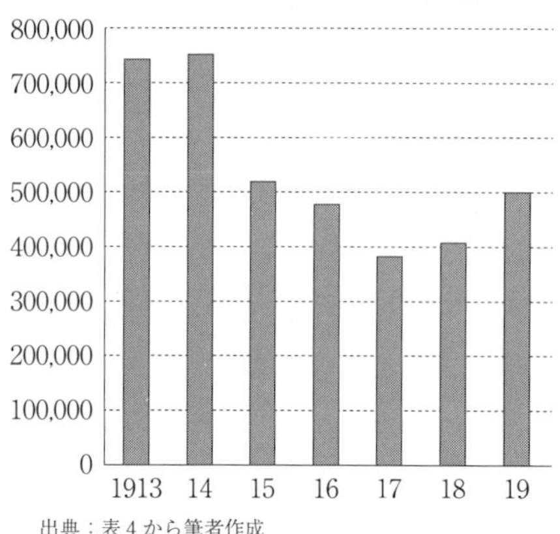

出典：表４から筆者作成

通常、戦後は程度の差はあれ、どこでもベビーブームが起こる。ドイツは第一次大戦中は出生率が低下し、出生数が死亡数を下回る状況も経験したが、戦後はベビーブームが起こり、瞬く間に出生率は回復した。敗戦により領土を失ったドイツの1920年の出生率は25.9‰であり、その後1925年までフランスと違って20‰を切ることはなかった。フランスは大戦後の1920年と1921年の出生率は20‰を超え、出生数も80万を超え、束の間のベビーブームを経験したが、1921年から再び出生率は低下傾向となり、アルザス・ロレーヌ地方を取り戻して領土が増えたにもかかわらず、1922年には19.3‰（出生数約76万）まで下がり、大戦前の1909年の19.5‰（出生数約77万）とほぼ同水準となった。1922年のドイツの出生数は約140万（出生率23.0‰）、イギリスは約89万（20.7‰）、イタリアは約117万（30.8‰）であり、フランスとの差は明らかである。フランスの第一次大戦後の人口動態は、他国と比べてかなり深刻な状況であった。1926年には1913年と同じ出生率18.8‰になり、以後低下する一方で、1929年には再び出生数が死亡数を下回る状況となった。

そうした状況で1930年代を迎え、フランスは世界不況の影響と「くぼんだ世代」の結婚出産年齢の時期を同時に迎えたため、フランスの出生数及び出生率は他国よりも非常に落ち込み、深刻な状況になった。表５は、1930年代の年間出生数と普通出生率（‰）を仏独英伊４か国で比較したものである。

表５から分かるのは、フランスの出生数の圧倒的な少なさである。特に1934年以降、世界不況の影響から脱したドイツは回復に向かっているのに対し、世界不況の影響が遅れて到達したフランスは低下する一方であった。1938年の出生数は、ドイツは約135万であるのに対しフランスは約61万で、ドイツの半分以下である。1930年の時点ですでに総人口はフランス約4161万、ドイツ約6429万と差があったため、出生率で比較すると、1930年から1933年までは世界不況の影響からドイツの方が低いが、1934年以降は逆転している。ただし、この回復は、その前年に政権についたナチス・ドイツが積極的に人口増加策を推進した影響の可能性も考えられる。世界不況の影響が遅れて波及したフランス経済は、他国より回復が遅れ、他国の景気が回復に向かった1935年に最悪の状況となり、恐慌前の水準に戻ることなく第二次大戦へ突入した。

フランスは、1935年から1939年にかけて、出生数が死亡数を下回るという現象が毎年連続して起こり、前年より人口が自然減少する事態が、1935年、1936年、1939年と立て続けに起こった。1891年にも人口減少を経験したが、この時は一年のみであったのに対し、1930年代後半は毎年連続して出生数が死亡数を下回り、自然減が続けて起こるという初めての経験であった。この時フランス社会に走った衝撃は測り知れない。

このような状況は、国防上の脅威として捉えられた。実際、1935年の動員可能数は、ドイツ1310万人に対して、フランスは671万人で、約半分である（渡

表5　1930年代のヨーロッパ主要4か国の年間出生数と出生率（‰）の比較

	フランス	ドイツ	イギリス	イタリア
1930年	750,000 18.0	1,127,450 17.5	743,500 16.6	1,092,678 26.7
1931年	733,900 17.5	1,031,770 16.0	724,200 16.1	1,026,197 24.8
1932年	722,400 17.3	978,210 15.1	705,000 15.6	990,995 23.8
1933年	678,700 16.2	956,971 14.7	666,500 14.7	995,979 23.7
1934年	677,900 16.2	1,182,789 18.0	686,800 15.1	992,966 23.4
1935年	640,500 15.3	1,263,976 18.9	686,900 15.0	996,708 23.3
1936年	630,800 15.1	1,278,583 19.0	693,900 15.1	962,686 22.4
1937年	618,100 14.7	1,277,046 18.8	698,800 15.2	991,867 22.9
1938年	612,200 14.6	1,348,534 19.7	709,600 15.3	1,037,180 23.7
1939年	612,400 14.6	1,413,230 20.4	700,900 15.1	1,040,213 23.6
1940年	559,000 13.6	1,402,258 20.1	676,400 14.4	1,046,479 23.4

出典：フローラ編：53-64, 79-86から筆者作成

辺 2003:50)。1942年に国民連盟のボヴラ Fernand Boverat が刊行したパンフレット『多産か隷属か、フランスの出生率をいかにして上昇させるか』では、日本、ドイツ、フランス、イタリア、アメリカの5か国の1938年の出生数を赤ん坊の体の大きさで表現して比較するイラストを掲載した（図4）。これによると、最も多いのはアメリカで228万7000、次が日本で192万8000、その次がドイツで144万、イタリアは103万7000で、フランスは最下位の61万2000で、イラストでも最も小さく描かれている。他国と比べると、フランスの出生数の少なさは突出している。このパンフレットでは、1940年のフランスの敗北の原因は

人口の差であるとし、人口の差は出生数の差から来ており、出生数の差は第三共和制期の人々の「個人主義」や身勝手な避妊により起こったと糾弾している。

1930年代後半のフランスの人口減少という状況は、「異常事態」であった。1930年代はナチス・ドイツの再軍備の時期であり、ライバルである隣国ドイツへの懸念や国際状況から、人口問題に対するフランスの危機感は1890年代よりも非常に強まった。こうした事情から、フランスは早急の改善策の必要に迫られ、特に1930年代後半に出生率上昇を目的とする家族政策が推進されることになる（第5章、第6章で後述）。

18世紀後半以来低下し続けていたフランスの出生率が上昇に転じるのは、第二次大戦中ドイツ軍占領下にあったヴィシー時代の1942年のことである。これを「1942年の反転」と呼ぶ人口学者もいる（岡田 1984:238）。これ以後も上昇は続き、そのまま戦後のベビーブームへとつながり、フランスのベビーブームは先進諸国の中でどこよりも長く20年近く続いた。1945年のフランスの出生率は16.2‰、出生数約は64万で、1947年には21.5‰と約87万、1950年は20.5‰と約86万であった。フランスの総人口は、1945年の3970万から1958年には4479万となり、13年間で約509万増加した。1902年の3905万から1939年の4190万と37年

図4　国民連盟のパンフレットにおける日独仏伊米の1938年の出生数比較

1,928,000 Japon	1,440,000 Allemagne	612,000 France	1,037,000 Italic	2,287,000 États-Unis

Nombre de naissances de 5 pays en 1938
sur leurs territoires de janvier 1939

出典：Boverat 1942: 7

間で約285万しか増加しなかったことと比べると、第二次大戦後の人口増加はめざましいものであった。

第2節　人口停滞の「政治問題化」

普仏戦争でフランス皇帝ナポレオン3世が捕虜となり、第二帝政の崩壊後に成立した第三共和制にとって、共和制の確立と国民国家の建設は急務であった。当時、人口増加は、生産力と軍事力の増大に直結すると見なされ、人口の掌握は近代統治に不可欠のものであった。その現れの一つが、正確な人口調査の要請である。フランスの国勢調査は1801年から5年毎に行われていたが、初期の国勢調査には不備な点が多かった。しかし中央集権化と官僚制が進むにつれ調査技術が向上し、1881年頃からはほぼ正確なデータが入手できるようになった(Talmy 1962a:53 n.88)。その結果、18世紀に流布していた根拠のない人口停滞印象論ではなく、事実としての人口停滞が科学的データによって確認できるようになった。同時に、普仏戦争の敗北の原因は兵力不足のためと喧伝され、「人口停滞や出生率低下は良くないもの」という認識が国民にも普及するようになった。この頃から、フランスにおいて人口停滞問題は、あらゆる政策決定過程において重要な一要素となった。

その一例が、1886年から1889年にかけて起こったブーランジスム収束後の対外政策である。ブーランジスムとは、「復讐将軍」と呼ばれたブーランジェ将軍が、普仏戦争敗北の屈辱を晴らすため、国民に向かって「対独復讐」を主張して人気を博し、その人気を利用して選挙に出馬し当選するといった運動全般を指す。ブーランジェは国民に絶大な人気を得たが、最終的にクーデタのタイミングを逸して国外に亡命し、運動は急速に収束した。ブーランジスムが去った後、第三共和制は対外政策として、対独復讐ではなく植民地拡張政策を選択した。その理由は、通常、国民の対独復讐感情を国外に逸らすためと説明されるが、これだけでは十分ではない。なぜ国外に逸らす必要があったかといえば、フランスは当時出生率低下によって青年人口が減少し、ドイツと圧倒的な兵力差が生じていたため、直接対決すると負ける恐れがあったからであり、当時の政策決定者たちはそれを認識していたからである。植民地拡張政策を選んだ背景には、人口停滞問題が存在した。実際、1906年のドイツの徴兵数は約120万人であったのに対し、フランスはわずか36万8000人で、その差は３倍以上であった（タイテルボーム／ウインター:26）。それを補うため、バルトゥ Louis Barthou 内閣（急進左派、在1913.3-1913.12）は、第一次大戦直前の1913年８月、兵役期間を現行の２年から３年に延長することを決定した（Chesnais:186）[4]。このように、世紀転換期のフランス政治の背後には、常に人口減退問題が横たわっており、それは国内政策のみでなく、国防問題と関連して対外政策にも影響を与えた。

では、こうした人口停滞問題が当時の社会にどのように認識されていたのか、当時の出版物を通して確認する。

1902年に「フランスの出生率―その回復の手段」という論文を雑誌『議会・政治評論 Revue Politique et Parlementaire』[5] に掲載したラファルグ Alfred Lafargue によると、フランスの人口減退に関して最初の警告を発したのは、1881年出版のフラリ Raoul Frary による『国家的危機 Péril national』である。このフラリの著書は、その後出版される人口減退に関する著書において必ずといっていいほど言及され、書名の「国家的危機」は人口減退の危機的状況を指す決まり文句のように何度も使用された（Lafargue 1902:252）。

これ以降、人口減退についての書物が次第に増加する。フックスの研究によると、「人口減退」をテーマにした出版物の数は、1882～1890年は12冊程度であるが、1891～1925年には約120冊と急増している（Fuchs:203 n.８）。つまり、人口減退は1890年以降、世論の関心を広く集めるようになった。これは、実際に人口が1891年に減少した事実と関連していると考えられる。

1889年から1892年にかけて、経済学者であるルヴァスール Émile Levasseur は、『フランスの人口』と題する３巻本を出版した（Levasseur 1889, 1891, 1892）。これは、1801年から５年毎に行われた国勢調査の結果を元にして、19世紀のフランスの人口動態を県別に分析し、さらに出産、死産、結婚、離婚、死亡原因となる病気、死亡について諸外国と比較分析した人口統計学の先駆けといえる書物である。これによって、科学的データを用いてフランスの出生数減少と出生率低下の事実が明らかにされた。

1890年に人口学者デュモン Arsène Dumont は、『人口減退と文明』という著書を出版した。第４章は「フランスにおける出生率の衰退」という題で、ルヴァスールと同様に1801年からの国政調査のデータを用いて近隣諸国と比較して、フランスの出生率が低下しつつある事実を明らかにした（Dumont 1890:59-83）。デュモンは「国家は、近隣諸国と均衡を保つために、征服も侵入も決してされないだけの十分に密度の高い人口を常にもっていなければならない」と述べ、現在のフランスはこのレベルに達していない、すなわちフランスは十分な人口をもっていないと主張している（Dumont 1890:57）。ここでは明白に、人口停滞は軍事的危機を招くという見解が示されている。

1896年には、歴史・地理学者のロシニョル Georges Rossignol（筆名ドビュリ Roger Debury）が『独身者と一人息子の国』という著書を出版し、大きな反響を呼んだ（Rossignol（Debury）1896）。このタイトルは当時のフランス社会の状況を示している。以後このタイトルは、フランスの人口停滞状況を表す言葉として何度も繰り返される。ロシニョルは「独身者と一人息子の数が増大した結果、その国は単に数が減少するだけでなく、価値も減じる」と述べ、人口減少イコール国家の地位の低下とし、また「ある国を近隣諸国が非常に弱体化していると判断した時、近隣諸国は絶好の餌食を嗅ぎつける」と述べ（Rossignol 1896: 4, 11, 22）、デュモンと同様に、人口減少は軍事的侵略の脅威を増大させると警告している。このように人口停滞と国防問題を関連づける考え方は、1890年代後半には多くの書物で見られるようになり、次第に議会においても議論されるようになっていく。

1900年には上院議員ピオ Édme Piot が『フランスにおける人口減退問題』という著書を出版し、「ヨーロッパ諸国間では、近代戦争の運命はとりわけ数の優越によって決まるということを考える時、フランスの将来が不安定と脅威にさらされていることを認めざるをえない」と述べ、人口減退は国防問題であるという政治家としての見解を示している（ビラバン／デュパキエ:14）。なお、次章で後述するが、ピオは、本書が家族政策の始まりとする「人口減少院外委員会」の設立を1900年７月に上院に要求する人物である。この委員会は実際に1902年に設立され、ピオらとともに前述のデュモンとルヴァスールもメンバーに任命される。

また、前述のラファルグは1902年の時点で、ドイツの将軍モルトケ Helmuth Karl Bernhald von Moltke がフランスの出生率低下と関連づけて語った「1871

年以来フランス人は毎日戦闘に負けている」という表現を「誰もが知っている」として紹介している（Lafargue 1902:253)。実際、このモルトケ将軍の言葉は、フランスで何度も繰り返された。

以上に挙げたものは学術書ばかりであるため、どれだけ一般市民に読まれたかは不明である。が、前述のように、出生率低下や人口停滞という状況を表す言葉としてこれらの書名が繰り返され、新聞や雑誌にも取り上げられ、後述の家族団体などが作成するビラやパンフレットも配布されたため、広く知られていたことは間違いない。また、当時の人気作家による小説にも取り上げられた。たとえば、『居酒屋』（1876）などで有名なゾラ Émile Zola による多産を称える小説『多産 Fécondité』（Zola 1899）がある[6)]。ゾラのこの作品は日本ではほとんど知られていないが、当時のフランスではよく読まれたようで、後の議会審議において政治家たちに言及されている。この小説は、27歳の夫と24歳の妻が結婚7年目ですでに4人の子をもち、その後、夫は土地を開墾し、妻は出産と育児をし、夫婦は最終的に12人の子をもち、貧しくとも健康で幸せな生活を送るという筋である。物語のラストは、夫婦の結婚70周年を祝うために全部で158人の子孫が集まり、幸せな人生に感謝する。12人の子というのは明らかに当時の標準より多い。ゾラは彼らのつつましい生活を理想的なものとして描く一方で、当時多く存在した産児制限実行者たちを批判的に描き、悲惨な結末を迎えさせている。

こうして1890年代から、フランスの出生率低下や人口停滞という現象は、科学的データによって証明され、学術的にも政治的にも注目されるようになり、特に国防面から、フランスの人口減退は政府が解決すべき「問題」であるという認識が共有されるようになった。つまり、人口減退や出生率低下という現象の「政治問題化」である。それと呼応するように、1880年以降さまざまな議員が、その解決や改善を図る施策を盛り込んだ法案を議会に提出するようになった。たとえば、多子家族の父親に対する兵役軽減や減税、乳幼児死亡率の低下を目指した妊婦と子供の保護、出産休暇の法制化などである[7)]。これらは全て出生率上昇を目的としたものである。そのうち初期に採択されたものに、1889年の「軍隊の徴兵に関する法律」の第21条3項において、7人以上の子がいる家族のうちの一人息子あるいは長男は、通常2年の兵役を平時に限り1年で家庭に帰すと定めた規定がある。[8]

第３節　家族団体と「人口増加国民連盟」

19世紀末から20世紀初頭にかけて、政府が家族政策の必要性を政治問題として認識するようになった背景には、人口減退を改善するために組織された出産奨励団体や家族主義団体のロビー活動の存在がある。特に当時議会で問題になっていた「労働問題」や「社会問題」と関連づけて、多子家族労働者の生活の安定を求めて、家族手当や多子家族の減税を要求する運動が盛り上がっていた。当時、多子は貧困の原因であると考えられており、実際に多子家族はしばしば貧窮状態にあった。

ここで、「家族主義 familiaux」と「出産奨励主義 natalistes」の共通点と差異について述べる。家族主義も出産奨励主義も目的は人口増加であり、その手段として移民よりも出産による増加を目指す。違いは、家族主義は多子家族の利益の擁護を目的とし、出産奨励主義は多子かどうかに関わりなく子をもつ家族全ての支援（つまり一人っ子でも支援する）を目的とする点である。なお、家族主義者のいう「多子家族 famille nombreuse」に厳密な定義は存在しないが、一般に３人もしくは４人以上の子をもつ家族を指す。[9] この時期、家族主義者と出産奨励主義者の両方から要求が盛んだった家族手当についても、家族主義者は少なくとも３人もしくは４人以上の子をもつ家族に限定するなどの条件をつけたが、出産奨励主義者はそういう条件には反対で、全ての家族に支給することを求めた。したがって、両者の利益は対立することもあった。

また、出産奨励主義は基本的に宗教色を排除し、共和国原理を尊重するが、家族主義はカトリックの影響下にあることが多く、伝統的に多子家族に存在するとされてきた道徳的価値や、聖母マリア信仰に由来する母性の価値を尊重する。したがって、堕胎に対してはどちらも反対の立場であるが、その理由は異なり、宗教色のない出産奨励主義者にとって堕胎はフランスの人口を損なうから非難すべきものであるが、カトリックの家族主義者にとっては、堕胎それ自体が「神の恩寵である妊娠を拒否する罪」である。

つまり、「全ての家族主義者は出産奨励主義者であるが、その逆は少ない」

(Chauvière:80) という家族政策研究者のショヴィエールの言葉どおり、「人口増加」「出産増加」という目的は同じでも、その目的にアプローチする手段には対立が存在した。出産奨励主義団体には思想に賛同すれば誰でも入会できたが、家族主義団体は「子を3人あるいは5人以上もっていること」といった入会資格を設けているところが多かった。本書では、両方の団体を合わせて「家族団体」と称する。

こうした家族団体の中で最も有名で、かつ影響力が大きかったのは、1896年に設立された「フランス人口増加国民連盟[10)]」(国民連盟) である。この団体は、1896年5月に、パリ市統計局局長ベルティヨン Jacques Bertillon、海軍省副局長オノラ André Honnorat、医学アカデミーのメンバーでありパリ大医学部教授リシェ Charles Richet (アナフィラキシー・ショックの研究で1913年にノーベル生理学・医学賞を受賞) と医学アカデミーのメンバーであるジャヴァル Émile Javal (眼科医、1885年から1889年まで下院議員) の4人が設立した。「綱領と約款」によると、国民連盟は「いかなる政治的・宗教的見解の区別なく全てのフランス人に開かれたプロパガンダ団体」であり、その目的は、「人口減退がフランス国家にもたらす危険について、あらゆる人々の関心を引くこと、また、出生率上昇に適した税制やその他の措置を促すこと」である。設立の動機は、出生率低下によってフランスの国際的地位が落ちていること、国家の未来は家族の多産にかかっていることなどを挙げている。(Alliance Nationale 1896: 1-2)。

設立50周年記念の機関誌によると、設立当初フランスでは家族に関する法律は何もなく、人口減退という危機に対して公権力も世論も無関心であり、この国民連盟こそが人口減退に対して立ち向かった最初の団体であると主張している[11)]。そのためか、この団体は設立当初からプロパガンダに力を入れていた。機関誌やその他のメディアを通じてフランスの人口減退や出生率低下の事実を国民に知らせることである。1899年1月刊行の機関誌第1号によると、1896年5月の設立から1898年12月までの間に、創設者4人はそれぞれ主要な新聞に国民連盟を紹介する記事を掲載し、「フランスの人口減退」についての講演を1897年5月までの間に計6回行った。また、全ての県会議会に対して、多子家族に対する減税を求める請願書を送っている[12)]。

この国民連盟は、1899年から機関誌『フランス人口増加国民連盟会報

Bulletin de l'Alliance Nationale pour l'acroissement de la population française』を年4回発行した[13]。なお、この団体は、1935年2月から名称を「人口減少阻止国民連盟 Alliance Nationale contre la dépopulation」に変更し、それに伴い機関誌も『人口減少阻止国民連盟雑誌 Revue de l'Alliance Nationale contre la dépopulation』と名称変更した。

国民連盟の会員は、政治家や医師、弁護士、高級官僚などのエリート層が多かった。設立当初の会員は128名であったが、その中には、国会議員5名、中央・地方官僚18名、弁護士10名、医師7名、リセ・コレージュの教師5名、出版業者12名が含まれていた。前述の作家ゾラも設立当初から参加している。

この団体は、民間組織ながら1913年8月に公の有用性を認められ[14]、半官半民の立場となり、政府へ助言するなど民間団体の中で最も影響力の大きい団体となった。会員数は、1913年6月の時点で230名であったが、公の有用性が認められてから会員数は急増し、1914年1月には1321名となり[15]、第一次大戦前には4000名を超え[16]、1920年には2万名に達した（ラボー:329）。1913年8月には大企業のタイヤ会社ミシュランの社長アンドレ・ミシュラン André Michelin が入会し、その関係でミシュラン社はこの団体に多額の財政援助を行った。政治家ではクレマンソー Georges Clemenceau（1901年に中道左派政党の急進社会党を結成）、ポワンカレ Reymond Poincaré（穏健左派、後に中道右派の民主共和同盟）など首相クラスの人物が多く加入し、また、後に実際に家族政策の推進に携わる政治家も多数加入した。たとえば、ランドリ（急進左派、1930年から急進社会党）、ダラディエ Édouard Daladier（急進社会党左派）、レノー Paul Reynaud（独立急進・共和左派同盟）などである（Reggiani 1996:730-731. 第5章、第6章で後述）。これらのことから、この国民連盟という団体は、日本ではあまり知られていないが、フランスの家族政策形成に非常に大きな影響を及ぼした団体であり、その重要性は非常に高い。

中でも第三共和制末期からヴィシー時代と戦後にかけて、国民連盟の活動を通じて政府の家族政策にも大きく関与した人物は、ボヴラである。彼は1913年に国民連盟に入会し、1937年から1940年6月まで会長を務め、1943年からは副会長となり（一時中断）戦後も長期間副会長を務め[17]、強固な出産奨励主義者として家族手当の創設や堕胎禁止を訴えるなど熱心に活動した。彼は、1920年設立の出生率上級評議会では副委員長を務め（第４章で後述）、1939年２月設立の人口高等委員会の５名しかいないメンバーに任命され、家族法典の作成に関わり（第６章で後述）、また、ヴィシー時代にも政府の家族政策実行機関に参加し、精力的に活動した（第７章で後述）。つまり、ボヴラは、政治家でも官僚でもない民間人の立場でありながら、特に第三共和制からヴィシー時代にかけて、積極的に家族政策を実行した人物である。

医学アカデミーのメンバーで、第二次大戦中は医師レジスタンスに参加した著名な小児科医ロベール・ドブレ Robert Debré（第五共和制の最初の首相となるミシェル・ドブレ Michel Debré の父）は、自伝において、1930年代からフランスの人口減退の危機について警告していたのは、国民連盟のランドリとボヴラの２名だけであると述べ、この２名を高く評価している（Debré：602-604）[18]。

この国民連盟の目的は、前述の綱領からも分かるように出生率上昇を目指すことであり、特に多子家族の擁護は訴えておらず、入会資格として多子の親であることも求めていない。したがって、厳密にいえばこの団体は家族主義団体ではなく、出産奨励主義団体であるが、初期の段階から多子家族の貧窮の救済（たとえば減税や兵役緩和や家族手当など）を訴えることが多かったため、研究者によっては国民連盟を家族主義団体とすることも多い。実際、この団体の思想や活動には、出産奨励主義と家族主義が混在していた。1912年６月に、綱領第１条の「出生率上昇に適した税制または他の措置を促すこと」という文言のうち、「税制または他の」という部分を削除し、この団体は「資力のない多子家族をできる限り援助する」という多子家族擁護を謳う文章を追加することを決定した[19]。つまり、出産奨励主義団体である国民連盟は1912年以降、家族主義色を強めたといえる。

この他にも、家族主義あるいは出産奨励主義の民間団体はいくつか存在した。たとえば、1908年８月にメール大尉 Simon Maire が設立した「多子家族の父母人民同盟 Ligue populaire des pères et mères de familles nombreuses」（以下、多子家族父母同盟）がある（以下、Talmy 1962a：144-145, 157, 185-186, Messu：17-19）。入会基準は３人以上の子をもっていることである。当時、軍人や公務員は子をあまりもたないと考えられていたが[20]、メールは10人の子持ちであった。が、軍人の給与だけでは生活できないことから、国家は多子家族の窮乏を無視していることに怒りを感じ、この団体を設立した。メールは各地方で計315回の講演を行い、地方での支持者を増やし、多子家族への物質的な援助のみでなく、多子家族に対する名誉も要求した。前述のように、当時、多子家族は不名誉な存在と見なされていたからである。この多子家族父母同盟は、第一次大戦前には60万人の支持者がいたが、メールが動員されたため、大戦中に事実上解体した。

解体したこの多子家族父母同盟の後を継ぎ、1916年に新たな団体を再編したのは、ル・プレの影響を受けたカトリックのグロリュー A.Glorieux とリヨンの企業家イザーク Auguste Isaac である。支持基盤は裕福なカトリック層で、名称を「最大家族 La Plus Grande Famille」とした。入会資格は、5人以上の子がいることである。この「最大家族」は、国民連盟に次いで公権力に影響を与える団体となる。

その他に、1904年から1905年にかけての第三共和制政府の反教権闘争[21]に対抗するため、1905年10月にギロー Jaen Guiraud が設立したカトリック系の「カトリック家長協会 les Associations catholiques de Chefs de Famille」や、メールの影響を受けたファルジェス Fargeas が1911年に設立した公務員の家族主義団体である「公務員家族の父親同盟 Ligue des Fonctionnaires pères de famille」などがある（Talmy 1962a：151-152）。

1914年1月には、ビューロー Paul Bureau が、前述の『独身者と一人息子の国』の著者ロシニョルとともに「出生率上昇のための委員会 Comité pour le relèvement de la natalité」を設立した（Talmy 1962a：173-174）。この委員会は後1917年に、「生命の同盟 Ligue pour la vie」に再編される。この団体の目的は、独身者や一人息子しかもたない家族が享受している法的利益を改正し、「慣習を改革し、意識を刷新すること」である。入会条件は特に定めていない。なお、第3章で後述するが、ビューローは1912年設立の第二人口減少院外委員会のメンバーであり、その経験を活かしてこの委員会を設立したと考えられる。また、ビューロー自身は女性の職業活動に反対の立場をとっていたにもかかわらず、彼の委員会には当時の著名なフェミニスト活動家たちが参加した。1909年結成の「フランス女性選挙権同盟」の会長ウィット＝シュランベルジェ夫人 Marguerite de Witt-Schlumberger や、書記長のセシル・ブランシュヴィック Cécile Brunschvicg などである（ラボー：285, 329）。

以上のように、家族団体は、1890年代から1910年代にかけて増加し、それらの目的の一つには、子をもつ家族ともたない家族の間の格差の是正があった。これには、カトリック教会とヴァチカンの影響もあった。この時期はカトリック教会の影響がまだ強い。特に、教皇レオ13世はカトリック教会として初めて社会問題を扱ったことで有名な回勅『レールム・ノヴァルム Rerum Novarum』(1891) を出し、労働者の権利の尊重について述べ、「給与は、節度ある正直な労働者が暮らしていくのに不十分であってはならない」というヴァチカンの見解を示した (Talmy 1962a:52-53)。カトリック教会は人々に結婚と子をもつことを勧めていることから、これはつまり「給与は労働者が家族を養うのに十分なものでなければならない」という意味をもつ。この回勅は社会カトリシズムが発展するきっかけとなり、後に家族主義者たちが主張する「社会的公正 justice sociale」の主張の基盤となった。こうしたヴァチカンの行動も、フランスのカトリック系家族主義運動の高まりに影響を与えた。さらに、1931年に教皇ピウス (ピオ) 11世は回勅『クアドラジェジモ・アンノ Quadragesimo Anno (40年目)』を出し、労働契約における公正な分配について述べている。なお、ピウス11世は、1930年に結婚に関する回勅『カスティ・コンヌビイ Casti Connubii』を出し、結婚と生殖を分離する傾向に異議を唱えた (岡崎:41)。

しかし、当然ながらカトリック色の強い家族主義者と、宗教を排する出産奨励主義者との間には、意見の対立が存在した。カトリックにおける理想の家族とは、正式に婚姻した夫婦とその子供たちから成る家族であり、その婚姻は死ぬまで継続される。カトリックの影響が強い家族主義団体では、それが理想とされた。したがって、家族主義者にとって、未婚の母や離婚は非難すべき対象となる (Messu:23-26, Rosental:56-58)。

それに対して、出産奨励主義者は基本的に出産が増えさえすれば良いと考えるため、思想上は未婚の母が産む非嫡出子でも構わないという考え方や、結婚しても子供ができない場合は離婚して他の人と再婚して子を作るべきといった考え方が存在した。[22] つまり、両者とも目的は「出生率の上昇」と共通であっても、目的に対するアプローチが異なっていた。家族主義者は、多子家族に何らかの特典を与える、あるいは家族の扶養の負担を減らすといった方法で多子家族の数を増やすことを意図し、出産奨励主義者は、各家庭における平均子供数の増加を目指した。また家族主義団体の中でも、貧困多子家族の救済を目的とする団体と、富裕層の利益の擁護を目的とする団体は、支持基盤も異なり、しばしば対立した。たとえば、前述のイザーク率いる「最大家族」は裕福なカトリック信者が支持基盤であり、この団体の主な目的は家族手当などの国家援助ではなく、「多子家族の地位の向上」であり、むしろ国家からの援助は国家の介入として拒む傾向にあった。

このようにフランスでは、現実に人口が停滞もしくは減少している事実から、思想としては「人口増加」「出産増加」が主流であったが、同時期の他の西欧諸国では、避妊による産児制限を推奨する新マルサス主義の活動の方が優勢であった。[23)] フランスにもその動きがなかったわけではない。国民連盟が設立された同じ年の1896年に、フランスにおける新マルサス主義団体「人類再生連盟 Ligue pour la Régénération humaine」が、ロバン Paul Robin によって設立されている。この団体は機関誌『再生』を刊行し、また避妊の方法を掲載した『多産を避ける方法』と題するパンフレットやビラを多数作成し、主に工場労働者に配布した。この団体が作成した有名なビラの一つに、「神は多子家族を祝福すれども養わず。子供の数は控えめに」というものがある。この団体を支持したのは、アナーキスト、社会主義者、急進主義者、フェミニストたちである。会員数は150名程度であり、規模・支持基盤・政治的影響力などは人口増加国民連盟に全く及ばなかった（ラボー:321-324）。

当時のフェミニストたちの多くは、前述のビューローの「出生率上昇のための委員会」に参加するフェミニスト指導者がいたように、新マルサス主義よりも出産奨励主義傾向を支持した。ブランシュヴィックは、1915年に「女性の第一の義務は、（中略）たくさんの子供を産むことでありましょう」と述べている（ラボー:329）。この時期はブルジョワ女性によるフェミニズムが主流であり、「母性フェミニズム」、つまり母性を通じて女性の地位向上を図るというスタンスであった。フランスにおいて当時盛んだった第一波フェミニズムは、主に女性の選挙権獲得を目指し、多子の母親の貧困やみじめさの改善は訴えても、女性の出産や育児を拒むような主張はごく一部のフェミニストを除き、あまり見られなかった。[24)]

まとめ

本章では、19世紀後半からフランスの出生率が低下していた事実を、現在と当時のデータの両方から明らかにし、さらに当時からフランスの人口が停滞もしくは減少していると認識されていた事実を確認した。出生数の減少は兵力の低下に結び付けられ、特に国防面から政府が解決すべき問題、すなわち「政治問題」として捉えられるようになった。その背景には、政府の介入を求める家族主義団体や出産奨励主義団体のロビー活動が存在し、特に「フランス人口増加国民連盟」は、そうした団体の代表的なもので、影響力の大きい団体であった。こうして、19世紀末から出生率低下は政治問題化され、それを解決する方策、すなわち家族政策が要請され、実際に開始される契機となった。

1）本書で使用するヨーロッパ諸国の人口、出生数、出生率（人口1000人当たり）などの数値は、断りがない限りフローラ編による。

2）実際はプロイセンの鉄道の効果的な利用や兵器類の性能の差など、産業発展の差が大きかったが、そうしたことはフランスではあまり語られなかった。

3）必ずしも戦時中は出生率が低下するとは限らない。自国内が戦場にならず、戦争が圧倒的優位に進行し（戦勝国となる可能性が高い）、国内で出産が奨励されている場合は出生率が上昇することもある。

4）1913年8月7日法（3年兵役法ともいう。JO, 8 août 1913:7138-7142）。もともと1889年のフレシネ法で兵役期間は3年と定められていたが、1905年の改正（1905年3月21日法）で2年に短縮された。よって、3年兵役の復活といえるが、この3年兵役法案の議会審議では、社会主義者で平和主義者のジョレス（1902年にフランス社会党結成）や元首相のカイヨー（急進左派、在1911.3-1912.2）らから猛烈な反対意見が出て、審議は非常に長引いた（JO, Ch. débats, séance du 7 août 1913:2470-2475, séance du 8 août 1913:2497-2514）。

5）1894年創刊以来、現在も継続し、著名な政治家も寄稿するフランスの代表的な政治雑誌の一つ。

6）日本でのゾラの作品リストによるとこの作品は『豊饒』と訳される場合が多いが、内容からすると『多産』の方がふさわしい。農業国フランスでは、「大地への愛着」という思想が伝統的に存在し、土地の「豊饒」と女性の「多産」は同じ言葉 fécondité で表されることから、しばしば結びつけて語られる。後述するが、ゾラは国民連盟のメンバーであり、出産奨励主義者である。ゾラはドレフュス事件の人権擁護派として有名であるが、この小説は事件の影響による亡命中に書かれた。

7） たとえば減税については、Suchetetによる1900年1月25日提出の、多子家族に対する減税を認める措置を研究する政府機関の設立を求めた法案がある（JO, Ch. débats, séance du 25 janvier 1900：219; JO, doc. No.1368：690.）。乳幼児死亡率の低下に関しては、里子の保護を目的とした1874年の「ルーセル法」を始め、1892年に始まった産科医による「乳幼児検診」など、早くから対策が講じられていた。

8） JO, 17 juillet 1889：3439. その後、条件の緩和を目指す法案が何度か提出されたが、兵力不足を理由に採用されなかった。たとえば、JO, Ch. débats, séance du 19 janvier 1900：122; JO, Ch. doc. No.1353：192.

9） 20世紀初頭には、多子家族に対する手当や年金を求める法案が多数提出されるが、それらの法案における支給条件は、子が3人以上や4人以上など、定まっておらず、多子家族の定義は定まっていなかった。多子家族擁護を目的とする家族主義団体でも、入会資格を「子供が3人以上いること」、「子供が5人以上いること」とするなど統一されていなかった。なお、日本ではfamille nombreuseを「大家族」と訳す場合もあるが、日本語の大家族には「数世代が同居する人数の多い家族」という意味もあり、必ずしも多子を意味しないため、本書では「多子家族」を使用する。

10） この団体の日本語訳は定まっておらず、フランス人口増加のための国民同盟、フランス人口増加全国連合などさまざまである。なお、以後、文献名ではAlliance Nationaleと略記する。

11） *Vitalité française*, 1946, Numéro spécial：17, 40-41.

12） *Bulletin de l'Alliance Nationale*, 1899, No. 1 , janvier：2-8.

13） 1914年1月から毎月発行、第一次大戦中は紙不足から年4回の発行。1922年から機関誌の名称を『Revue de l'Alliance Nationale pour l'acroissement de la population française』に変更。

14） 1901年7月1日の社団法により、民間団体でも政府によって公的な有用性を公認される場合がある。

15） *Bulletin de l'Alliance Nationale*, 1914, No.62, février：284.

16） *Vitalité française*, 1946, Numéro spécial：41.

17） *Vitalité française*, 1946, Numéro spécial：41-43.

18）「人口が減少する国は、その力、世界における国力、その独立さえも維持することはできない」（Debré：602）と述べているように、ドブレ自身も人口増加主義者である。

19） *Bulletin de l'Alliance Nationale*, 1912, No.56, octobre：467-468.

20） 国民連盟によると、1899年の調査で公務員は他の階層と比べて出生率が低いという結果が出ている（Talmy 1962a：93）。

21） 初期の第三共和制政府が推進したライシテ（非宗教性）に基づいて、具体的には、教育からの教会や修道会の影響排除、国家予算からの宗教団体への援助打切りなどを推し進めた。これらの主な対象はカトリック教会であり、その反発は激しかった。

22） 国民連盟はいずれも反対の立場であった。たとえばボヴラは、「私生児に手当を支払うべきか？」という題で非嫡出子の増加に反対する記事を機関誌に掲載した。*Revue de l'Alliance Nationale*, 1933, No.253, août：244-246.

23） 新マルサス主義とは、夫婦間の避妊によって産児制限を行うこと。英米では1910年代以降、マリー・ストープスやマーガレット・サンガーらによる「バース・コントロール運動」として盛んになった。

24)　新マルサス主義を信奉するフェミニストは、ネリー・ルーセル（『再生』をはじめ、さまざまな女性団体の機関誌に寄稿し、女性の出産コントロールの権利を主張)、ガブリエル・プチ（新聞『女性の解放』(1905創刊）の創刊者)、マドレーヌ・ペルチエ（当時まだ珍しかった女医になり、女性の中絶の権利を主張し、避妊の普及に力を入れた）などがいた（ラボー:267, 324-329, 355、クニビレール／フーケ:351-358)。

第3章　家族政策の始まり（1902－1914年）

本章では、1902年から1914年までを対象とし、人口減退を「政治問題」と認識した政府が本格的に介入を始めた「家族政策の始まり」の時期として具体的に検証する。中心となるのは、国家による初の明示的な家族政策である二つの「人口減少院外委員会」と、国家による初の家族給付制度である「多子家族扶助法」である。

第1節では、1902年に設立された人口減少院外委員会（第一委員会）と、1912年に再び設立された人口減少院外委員会（第二委員会）の設立過程と構成メンバーと具体的な活動を検証する。

第2節では、貧窮多子家族への手当支給を決定した1913年公布の多子家族扶助法の内容と成立過程を見る。

またこの時期は、労災補償、老齢年金、疾病保険などの社会保険制度が発展する時期であり、1893年には「社会保険・対策委員会 Commission d'assurance et de prévoyance」が下院に設立され、1906年10月にはクレマンソー内閣の下、労働・社会対策省 Ministère du Travail et de la Prévoyance sociale が新設された[1]。社会保険・対策委員会によると、「保険 assurance」は「全ての国民に、諸個人の資源に基いて、老齢・廃疾年金を確かなものにする手段を作りだすこと」であり、「扶助 assistance」は「なんらかの理由によって全ての資源を欠いている老人や廃疾者に、国民の厳粛な義務としてそれを援助するために介入すること」である（廣澤:102）。

この時期のフランスの対外政策は、ドイツのビスマルク宰相失脚を機に、フランスを国際的に孤立させていた「ビスマルク体制」からの脱却を図り、ドイツを潜在的敵国と想定し、ドイツ以外のヨーロッパ諸国と協定を結んでいく時期である。したがって、人口上の危機も常にドイツとの対比で語られる。

第1節　二つの人口減少院外委員会

第三共和制下のフランスで出生率低下と人口停滞が「政治問題」として明確に意識されるようになったのは、前章で見たように1890年以降である。政府として人口停滞問題に最初に取り組んだのは、1899年成立のヴァルデック＝ルソー Pierre Waldeck-Rousseau（共和連合、1899.6-1902.6）内閣である。この内閣は、世紀末にフランス世論を二分したドレフュス事件[2)]の収拾を図って組閣された「共和制防衛内閣」であり、議会内左翼である進歩派左翼、急進派、社会主義派の三者連携による「左翼ブロック」を基盤として成立した。この時、ミルランが社会主義者として初めて入閣し、商産業大臣を務めた（在1899.6-1902.6）。この時のミルラン入閣は、社会主義陣営における左右分裂を引き起こし、その結果1905年に統一社会党（SFIO）が成立した。これ以後、1920年まで左派政権が続く。

ヴァルデック＝ルソー内閣の下、1902年1月に人口減少問題に対処するための人口減少院外委員会が設立され、最初の2年ほどは活発に活動を行ったが、次第に活動は鈍り、一旦中断され、1908年に再開されるが半年で終了した。その後1912年11月に再び同様の目的で同様の名称の委員会が設立されたが、活動は半年で終了した。

両委員会とも実際の活動期間が短く、その間に実質的な成果をほとんど出していないことから、先行研究では「失敗」と評されることが多い（Talmy 1962a:107, Becchia:209）。クニビレールとフーケは第一委員会について、「予算不足でとりとめのない話をするだけで終わってしまった」と記すのみである（クニビレール／フーケ:360）。確かにこの委員会は、活動期間中に実際の成果はほとんど出していない。しかし、出生率上昇という取組みに対してすぐに結果を出すことは、妊娠・出産には1年近くかかることからも困難であることを考慮に入れなければならない。また、第三共和制期は短期間で内閣が変わることが多く、通常法案の議会審議は長引くことが多く、法案成立まで数年かかることも珍しくなかった。[3)]後で見るが、委員会のメンバーである議員たちはさまざまな法案提出を行っているが、実際に成立するのは委員会の活動が停止した後である。

そうした点を考慮した上で、この委員会の設立過程と活動を検証すると、委員会設立の際の議会審議での議論や、両委員会での議論において提案された諸施策は、後に何度も繰り返され、実際に採用されるものも多く、後に与えた影響は非常に大きい。したがって、本書ではこの二つの委員会をフランスにおける公的な「家族政策の始まり」と見なし、設立過程と活動内容を検証する。

1．第一人口減少院外委員会の設立過程

1902年1月18日のアレテによって、人口減退問題を扱う初の政府の公式機関として、「人口減少院外委員会」が設立された[4)]。これは、67名の有識者から成る議会外委員会であり、人口増加を目的とした諸施策について議論し、実行する機関である。まず、この委員会の設立過程を見る。

人口停滞問題に対処する公的機関の設立を提案したのは、上院議員ベルナール Gustave Bernard とピオである。左右両陣営を含む上院議員133名の署名とともに、1900年7月5日、人口減退問題を総合的に研究する特別委員会の設立を求める決議案を提出した[5)]。ベルナールは民主左派グループ le groupe de la Gauche Démocratique（急進左派に近い議員集団。当時まだ政党はない）所属の議員で、ヴァルデック＝ルソーの反教権主義政策を支持し、労災被害者救済法や多子家族に有利になるような税制改革法案の提出に関わった（Talmy 1962a: 100）。ピオは同じく民主左派グループに属し、第2章で見たように1900年に『フランスにおける人口減退問題』という著書を出版した。どちらも国民連盟のメンバーである。国民連盟は、この法案が提出された日付を、「7月5日は我々の社会の歴史において重要な日付として、また、おそらくフランスの人口学の歴史においても重要な日付として残るだろう」と高く評価している[6)]。第2章で見たラファルグもこの委員会を高く評価し、人口減少問題は「今や公権力の前に、国家の前に置かれ」、「人口減少問題は新たな局面に入った」と称賛している（Lafargue 1902: 252）。つまり、設立当時、少なくとも人口問題に関心のある人々からは、この委員会設立は国家がやっと人口停滞問題に取り組むようになった証と受け止められ、それだけで「画期的」という評価であり、期待も寄せていた。

以下、ベルナールによる提出理由を検討し[7)]、当時の政治家による人口停滞についての認識とその対策として考えられた施策を検証する。ベルナールは、まず人口データから、大革命後のフランスの人口増加率が同時期のドイツやイギリス、ロシアに比べて著しく緩慢であることを指摘し、「ドイツは毎年50万人ずつ増えているのに対して、フランスの増加は３万5000である」と述べ、「1872年のドイツの人口はフランスより400万人多いだけだったが、今では1400万人も多い」、このままだと「ドイツの人口は、数年のうちに我々の２倍になるだろう」とドイツとの差を強調する。その上で、「これがありのままの否定できない事実である。この重大さを無視することができるだろうか」と危機感を表明する。また、「数の弱体化は、知的・経済的・政治的・植民地的・軍事的弱体化をもたらす」と人口減少による弊害について述べ、その結果として「将来の不可避の紛争」と「対外政策の重要問題」に触れ、このようなフランスの「生死にかかわる重大問題」について無関心でいることは許されないと述べる。そして彼は、「祖国の永続に貢献することは、国防に協力することや財政上の負担に参加することと同様に、一つの義務」であり、祖国の永続に貢献したかどうかに応じて、国家は国民としての義務を「緩和あるいは増加させる権利を持っている」と主張し、多子家族には減税を、独身あるいは子供のいない家族には増税を提案している。つまり、人口は国家にとって重要問題であり、だからこそ国家は「国民の義務」である「子をもつこと」に対して優遇措置をとる、あるいは「子をもたないこと」に対して不利益を科すような措置を取る権利があると主張している。この論法によってベルナールは、「国家による私的領域への介入」を正当化した。

翌年１月25日にベルナールによる議会報告が行われた[8)]。内容は理由説明とほぼ同じである。違いは、自身も所属する国民連盟を「真の愛国心を持った人物が率いる」団体として好意的に紹介している点と、人口減少を食い止めるためには、「出生率の上昇と死亡率の減少、これが達成すべき目的である」と断言している点である。さらに具体的な出生率上昇のための方策として、税制改革、多子の父親に対する兵役優遇、相続法改革、子供数に応じた手当などを挙げる。また、出生率が低下しているフランスにおいて、生後１年以内の乳児死亡数が年間17万人にものぼり、その死亡率はスウェーデンの10％と比べてフランスは

20%であると述べ、これは「真の国家的災厄」であると強い表現を用いて、乳児死亡率の改善を訴えている。実際、1897-1898年の乳児死亡率は、嫡出子で13.0%、非嫡出子で19.7%であり、他国と比べて非常に高かった（河合:241 n.22）。理由の一つは、第1章で見たように里子の慣習があったためで、特に持ち帰り乳母に預けられた乳児は概して死亡率が高かった。

ベルナールの議会報告を基に、1901年11月22日に上院での審議が行われた。が、その前の10月31日に、商産業省の労働局長フォンテーヌ Arthur Fontaine による1900年の人口動態に関する公式報告が行われた[9)]。この報告で、1900年の出生数が死亡数より2万5988下回った事実と、前年より死亡数は増加し出生数は減少するという「出産の赤字」状態となっていることが明らかにされた。こうした状況は以前にも起こったことはあるが、1900年の数値は最悪だった1890年に次ぐもので、現在のフランスの人口状況は「停滞状態」であると結論づけた。この報告は、それまでに統計学者などから指摘されてはいたが、あまり深刻に捉えられていなかったフランスの人口停滞の状況を、政府が公式に認めたものであり、各方面に与えた衝撃は大きかった。

この報告によって、人口停滞という危機感が議員の間で共有されたこともあり、11月22日に行われた上院審議は、ベルナールの提案に対して好意的なものとなった。この審議で再びベルナールによる理由説明が行われ、内容はこれまでとほぼ同じであるが、人口動態報告を受けて人口停滞の危険をより深刻に論じ、さまざまな著書を引用した。ベルナールは、「もし一国の力が労働年齢男性の生産人口数で測られるということが真実ならば、私にとっては真実であるが、祖国は危機にある la patrie est en danger!」と述べ、人口問題は軍事面のみでなく経済面にも及ぶことを示した。何より「祖国は危機にあり」という表現は、大革命の際、立法議会が諸外国の侵略から革命フランスを守るために義勇軍を募った際の宣言と同じものであり、フランス人にとっては即座に外国による侵略の危機を思い起こさせるほどの強い表現である。

また、ベルナールは、ルソーの『エミール』やアダム・スミスの「一国の繁栄は、住民の増加で測られる」という言葉や、第2章で見たフラリの『国家的危機』（1881）やロシニョルの『独身者と一人息子の国』（1896）の書名や、経済学者ルヴァスールの「人口停滞はフランスの地位の低下を招く」といった見解を紹介し、ドイツのモルトケ将軍の「1871年以来フランス人は毎日戦闘に負けている」という言葉も引用した。

彼はこの時初めて「女性の役割」にも触れ、「母になることは女性の愛国主義である」という意見を表明した。これまで議会では、人口増加に関して男性の観点からしか述べられていなかったが、ここで初めて「出産による女性の国家貢献」という思想が示された。これは後にヴィシー政府がプロパガンダによって主張した思想であるが、1901年の時点ですでにこうした考え方が議会で表明されていたことは注目に値する。

この審議において、委員会設立に反対する意見はほとんどなかった。発言があったのは、保守派議員ド・ラマルゼル Gustave de Lamarzelle（右翼連合）による、人口減退の理由は「宗教的観念の欠如」によるものではないかといった理由に関することのみで、提案は圧倒的多数で可決された。[10)]

こうして第一人口減少院外委員会が1902年1月18日に内務省の管轄下に設立された。正確にいうと、「人口減退問題について総合的な研究を実行し、また人口減退と闘うための最も実際的な諸方策を探究するための」委員会である。同時に67名のメンバーが任命された。その内訳は、上院議員9名（ベルナール、ピオなど）、下院議員9名の議員18名、コンセイユ・デタの評定官2名、破棄院の裁判官2名、会計検査院評議官1名、アカデミー・フランセーズのメンバー1名、科学アカデミーのメンバー1名、倫理・政治学アカデミーのメンバー2名（1人は経済学者ルヴァスール）、医学アカデミーのメンバー3名（1人は国民連盟創設者リシェ）、医学博士1名、医師2名、パリ大法学部教授2名、県知事2名、人口学者1名（デュモン）、官僚11名（内務省5名、商業省3名、外務省1名、海軍省副局長1名（国民連盟創設者オノラ）、財務省1名）、パリ市公務員2名、パリ商業会議所所長1名、地方公務員3名、パリ市統計局局長1名（国民連盟創設者ベルティヨン）、統計上級評議会のメンバー2名、公的扶助上級評議会のメンバー1名、その他4名の計63名で、その他に事務官4名がいる。[11)] 63名のメンバーの中には、コンセイユ・デタや破毀院のトップ官僚が入っているのをはじめ、内務省の公衆衛生や公的扶助に関する官僚などの実務家を入れている点に、かけ声だけのお飾り的委員会ではなく、実際に活動することを念頭に置いた人選であるように思われる。

家族団体研究者タルミーは、この委員会のメンバーは、党派や信条に関係ない「幅広い構成」(Talmy 1962a:102) であるとしているが、委員長に任命された上院議員マニャン Joseph Magnin (共和左派) をはじめ、18名の議員は左派がほとんどである。これはヴァルデック＝ルソー内閣が議会内左翼に基盤を置いていたためであろう。後の第二委員会にも参加した8名の議員のうち、上院議員ゴーティエ Armand Gauthier とストロース Paul Strauss は民主左派、下院議員ドロンブル Paul Delombre は共和進歩派、ドロン Gustave Dron は急進左派、ボルヌ Charles Borne は急進共和派である。後に首相や法相を務める下院議員バルトゥもこの委員会のメンバーであり、法務大臣の時の1910年3月17日に下院に堕胎の取締り強化を求める法案を提出する (第4章で後述)。その他、第二委員会にも参加するのは、小児科医ピナール Adolphe Pinard[12)]や、雑誌『議会・政治評論』編集長フォール Fernand Faure である。

第一委員会のメンバーで特筆すべき点は、初回の会合に参加した68名のうち18名が国民連盟の会員で、全体の4分の1を占めていた点である (Becchia:243-245)[13)]。国民連盟の創設者4名をはじめ、委員長のマニャン、ストロース、1900年の人口動態報告を行った労働局長フォンテーヌ、パリ大法学部教授ジッド Chareles Gide などが国民連盟のメンバーである。このことからも、国民連盟の政策形成に対する影響力は明らかである。

2．第一人口減少院外委員会の活動

1902年1月29日に、ヴァルデック＝ルソー首相出席の下で、人口減少院外委員会の最初の全体会合が行われた[14)]。首相は開会演説でこの委員会の重要性について述べ、人口減少に関する問題は非常に広大であらゆる問題が関わってくるが、出生率と死亡率という二つの問題に集約できると述べた。これを受けて、委員会を出生率と死亡率に関する二つの下部委員会に分割した。出生率下部委員会は32名、死亡率下部委員会は24名、両方に属する者が12名となった。前者の委員長はベルナール、後者の委員長はラネロング Odilon Lannelongue[15)]である。出生率下部委員会には、国民連盟のピオ、オノラ、ジャヴァルの他バルトゥなどが所属し、死亡率下部委員会には、上院議員ストロースの他は主に医学アカデミーのメンバーや医師が所属した。両方に属したのは、委員長マニャン、国民連盟のベルティヨン、人口学者デュモン、小児科医ピナールなどであり、その他には内務省の官僚が多かった。

下部委員会に分割されたこともあり、委員会の全体会合はあまり頻繁には行われず、1902年に２回、1904年に２回のみであり、1903年と1905年から1907年にかけては一度も行われていない（Talmy 1962a：103, 105）。第一委員会のメンバーで会計検査院評議官ド・フォヴィル Alfred de Foville が1909年に書いた文章によると、1902年６月に病気で辞任したヴァルデック＝ルソーの後を継いだコンブ Émile Combes 首相（急進社会党左派、在1902.6-1905.1）は、人口停滞問題に関心が薄く、首相交代後は「さまざまな口実のもとに会合の招集は間遠になった」ということである（de Foville 1909：10）。この第一委員会は常に予算不足で悩んでいたことに加えて、主要メンバーが相次いで死去した。人口学者デュモンは1902年に死亡し、提案者の上院議員ベルナールは病気のため1904年頃から議会活動を停止し、1907年に死亡した。国民連盟のジャヴァルは1907年に死亡し、委員長マニャンも健康上の理由で1907年から活動を停止し、1910年に死亡した。もう１人の提案者である上院議員ピオは1909年に死亡した（Becchia：206）。

このような状況ではあったが、下部委員会の会合は全体会合より頻繁に行われた。死亡率下部委員会の会合は、1902年に11回行われており、出生率下部委員会の会合は、1902年に７回、1903年に３回、1904年に２回、1905年に２回の計14回行われている（Duchambon 1910：５）。

死亡率下部委員会では、０歳から１歳までの乳児死亡率と１歳から14歳までの児童死亡率とに分け、前者については母子の保護と育児学 Puériculture の普及、後者については伝染病の防止と公衆衛生の普及の必要性について議論された。特に育児学については、出産後ではなく出産前の、つまり受胎から誕生までの知識を母親に教えることが重視された[16]。このように死亡率下部委員会における議論は医学的なものが多いため、ここでは出生率下部委員会の議論と活動を見る。

出生率下部委員会の第１回会合は1902年２月５日に行われ[17]、出生率低下に対する有効な解決法を探求するには、正確な統計が必要であるということで意見が一致した。そこで必要な統計が集められ、死亡率も含めた人口動態についての統計表が作成された。[18]

これを基にして、出生率低下の原因について議論された。[19] それによると、出生率低下はフランス人の生物学的な生殖力の衰退ではなく、夫婦の意志によるものであり、出生率を改善するには夫婦の「意志を変えること」が必要で、「より多くの子をもちたいと思わせること」であると結論づけられた（Pinard / Richet 1903:10）。これは、「子をもつこと」という個人の領域に政府が介入する必要性を述べたもので、ベルナールの最初の法案提出理由の論理と同じである。他に出生率低下の理由として、結婚の減少、離婚や独身の増加、堕胎の多さ、猥褻文書やポルノの氾濫、売春や性病などが挙げられ、これらは「宗教感情と道徳的信仰の影響」に関連があるとされた（Gide 1903: 4-7, 16-22）。

さらに経済的要因として、特に多子家族の生活費の増大や税負担の大きさとともに、個人の安寧のために子供をもとうとしないケースが挙げられた（Neymarck: 3-4, 13-14, 20-21）。これは、多子家族の貧困の指摘と、生活の安定のための産児制限の多さの認識である。これらの改善策として、税金の再分配（多子家族への手当）、多子家族の父親の兵役緩和、相続法や間接税の見直し、婚姻手続きの簡略化、離婚制度の見直し、非嫡出子の扱いの見直しなどが提案された。[20]

以上のような出生率下部委員会において議論された施策が、すぐに実行されたわけではない。しかし、同様の議論がこの後も繰り返され、ここで提案された施策のほとんどは後に実際に採用されるか、採用について真剣に議論されることになる。言い換えると、後の家族政策の原型が、この下部委員会の議論に表れている。

出生率下部委員会の会合は、最初の2か月はほぼ毎週行われたが、4月から7月まで中断され、その後12月まで行われなかった。理由は、1902年6月にコンブ首相へ交代したため、事実上この委員会全体の活動が後退したからである。出生率下部委員会は、1903年は1月に1回、3月に2回会合を行ったのみで、それから翌1904年3月まで会合を行っていない。こうした状況を憂えた発起人のピオは、1903年10月28日付でコンブ首相に、この委員会設立の法案提出時にコンブも名を連ねていたことに言及し、予算増額を訴える手紙を送っている。[21] コンブは、首相となってからは、人口減少院外委員会の活動に冷淡であった。

この委員会で議論された人口停滞の理由の一つに「信仰心の低下」があったからである。これは、コンブが首相就任以来、強力に推進してきた反教権政策に対立するものであり、コンブにとって「政治的に危険な」ものであった（Becchia: 206）。

こうしてコンブ首相に代わってからは予算も減り、実質的な活動は縮小した。結局、出生率下部委員会は1905年に2回会合が行われた後は活動を中断し、1908年に再開されるまで3年間は休止状態であった。[22)]

1908年に人口減少院外委員会は再開される。1907年の人口動態報告が1908年6月に行われ、1900年以降起こっていなかった出生数が死亡数を下回る現象が1907年にまた起こったことが明らかになったからである。[23)] 1907年の出生数は前年より3万2878減少した。フランスの人口状況を表す言葉として、前述のモルトケ将軍の「フランスは毎日戦闘に負けている」という言葉とともに後に何度も繰り返されることになる「揺籠よりも棺桶の多い国」というフレーズは、この1907年の人口調査の結果を受けて、あるドイツ人教授が語った言葉と言われている（タイテルボーム／ウインター:24）。

国民連盟のメンバーでもある首相クレマンソー（第一次、在1906.10-1909.7）は、この1907年の人口動態報告を深刻に受け止め、1908年6月に委員会の再開を半年間の期限つきで指示した。[24)] 再開の理由の一つに、1905年3月にタンジール事件（第一次モロッコ事件）が起こり、独仏関係が緊張したことが挙げられる。[25)] ドイツと直接武力対立するかもしれない状況において、ドイツとの兵力差は、フランス政府にとって重大な関心事であった。前述のように1906年のドイツの徴兵数は約120万人であるのに対し、フランスはわずか36万8000人で、圧倒的な兵力差が存在した（タイテルボーム／ウインター:26）。

しかし、この再開は半年の期限つきであり、具体的な活動はほとんどなく、死亡率下部委員会の代表としてストロースが、出生率下部委員会の代表としてベルティヨンがそれぞれ報告書を作成し、1908年12月に提出したのみであった。ストロースは伝染病との闘いと堕胎の取締りの強化を主張し、ベルティヨンは出生率低下のあらゆる原因を「エゴイズム、倹約精神、子供をもとうとしない両親の欲求」に帰着させ、多子家族に有利な税制改革が第一にすべきことであると主張した（de Foville 1909: 10, Talmy 1962a: 106）。この報告を最後に、第一人口減少院外委員会は活動を停止した。[26]

が、委員会が中断・停止した後も、メンバーは個々に活動を続けた。たとえば、この委員会の会合で提案された諸施策を求める法案提出がメンバーの議員によって何度も行われた。それらは大別すると５種類に分類できる。①貧窮多子家族への扶助、②家族手当の創設、③多子家族への減税、④堕胎や避妊の取締り強化（たとえば前述のバルトゥの法案提出）、⑤家族投票権の付与[27]である。初期は①と②が結び付いている場合も多い。本章では①と②を含む多子家族扶助法の成立過程を、次章で④堕胎と避妊の取締り強化法の成立過程を検証する。

法案提出以外の活動には、委員会での議論を基にしたメンバーによる雑誌や新聞への寄稿や人口に関する本の出版などがある。たとえば、ド・フォヴィルがジッドらとともに1909年に出版した『フランスの人口減少』という著書（de Foville, Gide *et al.* 1909）や、国民連盟創設者ベルティヨンが1911年に出版した『フランスの人口減退』という著書がある（Bertillon 1911）。特にベルティヨンは、その著書で「いかにしてフランスが消滅しないようにするか、いかにしてフランス民族を地上に存続させるかという不安な問題は、フランス人のあらゆる思想を占める唯一のものとなっている」（傍点引用者）と人口減少に対する危機感について述べ、「何よりもまず祖国を存続させること」が重要であると訴えている（Bertillon 1911:I）。これは、1890年代から1900年代にかけての論調や、人口減少委員会設立における議論と同様のものであるが、「フランス存続に関わるもの」として、より強い表現となっている。

また、前述のド・フォヴィルは、倫理・政治学アカデミーの会長という地位を生かして、1906年に「フランスの出生率低下の道徳的・社会的要因とその結果」に関するコンクールを開催した。これに対して、22の論文の応募があった（Talmy 1962a:123）。これは出生率低下の事実を広く知らせ、人口停滞問題への関心を高めるための一種のプロパガンダでもあった。

３．第二人口減少院外委員会の設立

1911年に再び出生数が死亡数を下回ったことが1912年に分かったため、第二の人口減少院外委員会が設立された。この時期は、1911年７月にアガディール事件（第二次モロッコ事件）が、同年９月に伊土戦争（翌年10月まで）とそれに続く第一次バルカン戦争（1912.10-1913.5）が起こり、国際関係が緊張した時期である。特にアガディール事件は前述の1905年のタンジール事件と合わせて、モロッコをめぐるドイツとの対立が顕在化した事件であり、反独感情が刺激された。以後、ナショナリズムが台頭し、ドレフュス事件後は議会外に追いやられていた右翼の活動が活発になり、モロッコ問題においてドイツと和解したカイヨー Joseph Caillaux 首相（急進左派）に対して非難が高まった。一方、平和主義者ジョレス Jean Jaurès（SFIO）は戦争反対を唱え、外交をめぐって国論が分裂し、カイヨー内閣は1912 年1月総辞職した。後を継いだのが、ロレーヌ地方出身の対独強硬論者ポワンカレ（在1912.1-1913.1）である。ポワンカレは外務大臣を兼任し、モロッコの保護国化を完了させ、ドイツとの対決姿勢を明らかにした（柴田ほか編：157-161）。第二委員会が設立されたのは、こうした一連の騒動がやや落ち着いた1912年11月である。

国民連盟のメンバーでもある首相ポワンカレは、財務大臣クロッツ Lucien-Louis Klotz（急進社会共和派）に命じて、人口減退問題に対処するべく、1912年11月5日のデクレ[28)]によって、「フランスの人口減少に関してあらゆる国民的・社会的・税制問題を研究し、また人口減少を改善するための諸方策を探究する院外委員会」（第二委員会）を設立させた[29)]。1902年の第一委員会と名称も目的もほぼ同じである。

クロッツは議会報告において、「人口減退問題はこの数年、議会と政府の懸念の対象となってきた。しかし、現在まで、議会あるいは政府の主導は、部分的かつ断片的な諸方策にしか達していない」と述べ、政府の対策が不十分であると批判している。さらにクロッツは、人口減退を「真の社会的・国家的危険」と呼び、それと闘うためには「秩序ある体系的な全体計画を立てることが必要である」と述べ、1902年の第一委員会が関心の割に何も実りをもたらさなかったのは財政的な問題であると述べた。そのため、今回は予算獲得を容易にするため財務省の管轄とした。

しかし、この第二委員会の活動期間は短く、1913年7月に終了するまでわずか9か月間の活動であった（Talmy 1962a：128-129, Becchia：208）。

第二委員会のメンバーは、1912年11月12日のアレテによって決定された[30)]。メンバーは297名と事務官の10名で、計307名である（追加後は316名[31)]）。第一委員会の68名と比べると４倍以上の増員であり、委員会の人数としては異様に多い。その理由は、第一委員会のときより予算が多かったこと、クロッツ自身が述べたような遠大な計画を実行するためには幅広いメンバーを集める必要があると考えられたためである。297名のメンバーの内訳は、議員128名（上院50名、下院78名）、コンセイユ・デタの官僚５名、破毀院の判事５名、会計監査院の官僚７名、アカデミー・フランセーズのメンバー４名、学士院のメンバー６名、県知事５名、パリ市議長１名、セーヌ県議長１名、控訴院検事総長１名、パリ控訴院弁護士会会長１名、パリ大法学部学部長１名、医学部学部長１名、官僚42名（法務省２名、内務省５名、財務省14名、戦争省６名、海軍省３名、公教育省３名、通信・電信省１名、農業省２名、植民地省１名、労働・社会対策省５名）、セーヌ県第一審検事１名、商事裁判所所長１名、パリ商業会議所所長１名、セーヌ県官僚３名、破毀院弁護士会会長１名、弁護士などの法曹20名、農業関係の団体長など５名、戦争上級評議会元副会長１名、銀行関係３名、パリ大法学部教授５名（ジッドとフォールを含む）、パリ大医学部教授12名（１人はピナール）、医師15名、コレージュ・ド・フランス教授１名、労働上級評議会メンバー２名、広告業者15名（１人はビューロー）、その他家族団体関係者３名（ベルティヨン、メールなど）である。

今回は議員の多さが目立つ。前回は18名だったが、今回は128名である。それらの中には、元首相の上院議員メリーヌ Jules Méline（共和左派、在1896.4-1898.6）、後に首相となるヴィヴィアニ René Viviani（社会主義共和派、在1914.6-1915.10）、後に労働大臣となり家族手当の法制化を推進するランドリ（第５章で後述）、社会保険委員長のブルトン Jules-Louis Breton（社会主義共和派）、右翼ナショナリストのバレス Maurice Barrès（無所属）などがいた。

第二委員会のメンバーで、第一委員会のメンバーであった者は18名で、国民連盟のベルティヨン、オノラ、ストロース、ピナール、ジッドの他、雑誌編集長フォール（今回の肩書はパリ大法学部教授）、会計検査院評議官ド・フォヴィルなどである。なお、第一・第二委員会ともに人口減少は国防に関わる問題としながらもメンバーに軍人が少ないのは、ドレフュス事件によって陸軍の威信が地に墜ちたためと考えられる。

1912年11月23日に第二委員会の最初の会合が行われ、財務大臣クロッツが開会演説を行った。[32] クロッツは、「1901年の出生数は85万7274だったが、1911年にはもはや74万2114しかない。10年で10万以上の減少である」、「フランスは人口が増えないだけでなく、減少している」と述べ、第一委員会の時は「人口停滞」であったが、10年後の第二委員会では「人口減少」と明言した。さらに、1911年の出生数が死亡数を下回ったことに触れ、それは「我々の国にとって危険」であり、そうした状況は他国と比べて「軍事的劣位、経済的劣位」を招くと述べた。クロッツは、1902年にすでに「偉大な委員会」が設立されていたと述べ、「今こそ、一刻も早く着手されたこれらの研究を続行すべき」であるとして、第一委員会の継続を宣言し、「フランスの人口減少を食い止める最初の手段は、死亡率を減少させることである」と述べ、公衆衛生の発展と乳児死亡率の低下、さらに死産率の低下を目指すと主張した。またクロッツは、フランスの出生率低下の原因は子供の数を制限しようとする意志によるものとし、避妊の実践と堕胎の多さが原因であると指摘し、「ネガティヴな方法」ではあるがと断った上で、国家が出生率を上昇させるための方策として、犯罪的堕胎数を減少させること、新マルサス主義者のプロパガンダを抑制することを挙げている。また、夫婦が子供数を制限する理由として民法の均分相続規定を挙げ、その改正の可能性にも触れている。最後にクロッツは、「人口減少は我々の国にとって、漠然とした遠い脅威ではない。それは差し迫った緊急の国家的危機である」と述べ、早急の対策を訴えている。

クロッツの演説は、第一委員会の議論と比べると、内容はほぼ同じであるが、全体的により強い調子になっている。それは、第一委員会も含めて今まで行われてきた改善策が「残念なことに、これらの諸手段は十分に有効なものではなかった」からであり、人口停滞は改善するどころか、より深刻になっているからであろう。またクロッツは、出生率を上昇させるより、死産の回避や1歳未満の乳児死亡率の低下を目指すことに重点を置いており、第一委員会の死亡率下部委員会の議論をより多く受け継いでいる。

第二委員会は五つの下部委員会に分割された。①全体の計画を作成する「中央下部委員会」、委員長は元首相（在1892.12-1893.3, 1895.1-1895.10）の上院議員リボAlexandre Ribot（進歩派）、②多子家族への減税や出産ボーナスを研究する「税務下部委員会」、委員長は前首相（在1911.3-1912.1）の下院議員カイヨー、③外国人の帰化や結婚の簡易化、堕胎の取締りに関する法律改正を扱う「行政・法律下部委員会」、委員長は元公教育・美術・宗教大臣の上院議員ビアンヴニュ＝マルタン Jean-Baptiste Bianvenue-Martin（急進社会党左派）、④徴兵や軍隊と出生率低下との関連を扱う「軍事下部委員会」、委員長は元財務大臣で現予算委員長の下院議員コシェリ Georges Cochery（急進左派）、⑤人口停滞の社会的原因、特に乳幼児死亡率の研究や衛生問題、アルコール中毒や結核、住宅条件の改善などを扱う「社会下部委員会」、委員長は元公共事業大臣の下院議員ジョナール Auguste Jonnart（共和派）である。このうち、第一委員会にも属していたのはビアンヴニュ＝マルタンである。

各下部委員会の会合は1912年11月30日に開催された（Talmy 1962a:129）。そこで議論されたことは、すでに第一委員会で議論されてきたことの繰り返しである。全体会合でまとめられた出生率低下の原因は、避妊の実践、不十分な給与、住居問題、不公平な税制などとされた。第一委員会と異なる点は、堕胎の多さについてより多く議論された点である。これは1920年の堕胎と避妊の取締り強化法へとつながっていく。

こうして政府の大きな期待とともに始まった第二委員会であるが、タルミーによると人数が多すぎ、人選が雑多すぎた。税務下部委員長となったカイヨーは自らが新マルサス主義者であることを公言し、この委員会における多子家族優遇策にことごとく反対した。また、第二委員会のメンバーは活動にあまり熱心ではなく、最初の全体会合には半数以上が欠席した（Talmy 1962a:128）。

第二委員会は、人数が多すぎて機能不全に陥っていた面もあり、第一委員会と同様、実質的な成果は出していない。が、特に妊婦や子供の保護に関して後に実際に採用された施策があること[33)]、第一委員会の議論を継承して後の時代にも引き継いだことは、第二委員会の成果である。家族手当や堕胎の取締りなどはより具体的に議論され、そうした議論を基に、第二委員会の活動終了後も、メンバーであった議員たちはさまざまな法案を提出した。審議に時間がかかる場合もあり、採用されないものも多かったが、実際に採用された施策もあることから、この第二委員会が後の家族政策に対して与えた影響も否定することはできない。

法案提出以外では、第二委員会に参加したルロワ＝ボーリュー Paul Leroy-

Beaulieu が、1913年に著書『人口問題』を出版した。内容は、フランスの人口停滞の事実を述べ、新マルサス主義を批判し、フランスにおいては個人主義や野心の増大のため出産が減少していると分析している。また、「大国の人口停滞は、何よりもまず漸進的な政治的衰退である」と述べ、国際的な影響力の低下を懸念している（Leroy-Beaulieu 1913：289-292）。

以上、二つの人口減少院外委員会の設立過程と活動を検証した。その結果、政府が初めて人口停滞問題に取り組もうとした政策であるという点、実際の成果はなかったかもしれないが、人口停滞を脱するための具体的な方策が議論された点、家族団体などから非常に期待が寄せられていた点など、単なる「失敗」では片づけられない内容を含んでいた。特に両委員会での議論が後の家族政策に与えた影響は大きい。したがって、この委員会設立をフランスの家族政策の始まりと位置づけることができる。

第２節　家族手当の始まり

１．家族手当前史

国家制度としての家族手当制度が確立される前にも、多子家族の貧困救済措置として、19世紀後半から公的部門及び民間企業で独自の家族手当支給が始まっていた。先行研究では、フランスではまず民間企業において、社会カトリシズムの影響を受けた経営者が任意で追加賃金を支払うようになり、それが次第に広まったとされることが多い。しかし、近年の研究によると、同時期に軍人や公務員などで家族手当の支払いを規定しているところがあり、必ずしも民間先行とはいえない（深澤 2008a：24）。以下、公的部門と民間企業におけるそれぞれの家族手当支給の始まりを概観する。

公的部門における最古の家族給付は、第二帝政期の海軍省1860年12月26日通達によるもので、５年以上勤務する水兵や登録海員に、10歳未満の子１人につき１日10サンチームの手当を支給するものである（深澤 2008a：36）。

第三共和制下では1897年３月17日に間接税局長が、給与が2200フランを超えない職員全てに第四子以降１人につき60フランの手当を支給することを決定した（Messu：45）。その他、関税職員、初等教員、地方自治体職員などの公務員に対して、第三子あるいは第四子以降への手当支給が開始された。また1899年8月10日のデクレで、公共事業を請け負う民間の落札企業に対して、従業員に家族手当を支払うことが義務づけられた。これは、公的部門が民間企業に対して家族手当支給を誘導する措置である。その他、国からの営業譲渡制度によってさまざまな公的規制を受けていた鉄道会社においても、1890年にオルレアン鉄道（第四子以降）と北部鉄道（第三子以降）で「家族救助金 secours de famille」と呼ばれる家族手当が制度化されていった。こうして、公的部門では主に第四子以降への手当として拡大した（深澤 2008a:24-25）。

また、兵役に伴い、招集兵に支給される「兵士家族手当」も存在した。英仏の家族手当を研究したペダースンは、フランスで第一次大戦中に国家が支給した兵士家族手当を、大戦後に大規模に展開される家族手当の「先例」と見なしている（Pedersen:80）。この兵士家族手当とは、兵役を３年から２年に短縮し、かつ厳格な兵役義務を確立した1905年３月21日法で、兵役に服する貧困な多子家族に対して１日0.75フラン、年額270フランが支給される手当である。1905年の時点では、招集兵総数の12％に限定されていた。が、後述する多子家族扶助法の年間90フランの手当額と比べると、この兵士家族手当は相当高額である。さらに、３年兵役を復活させた1913年８月７日法で（多子家族扶助法の１か月後）、全ての招集兵の妻と家族に１日1.25フランの主要手当と、16歳未満の子供１人につき１日0.5フランの児童割増給付を規定した[34]。つまり、貧窮という制限を取り払い、全招集兵にこの手当が支給されることになった。その後、手当額は徐々に増額される（深澤 2008a:25）。

一方、民間企業における家族手当は、19世紀半ばの社会カトリシズムの影響を受けた企業経営者による温情として始まった。先行研究では、ル・プレの影響を受けたマルヌ県の工場経営者アルメル Léon Harmel が、1854年に自発的に子をもつ労働者に「追加賃金 sursalaire」を支給したのが家族手当の始まりとされることが多い（岡田 1996:105、宮本 1995:172など）。が、フランスの社会保障研究によると、アルメルの父が1840年にはすでに「家族賃金 paye familiale」を制度化していた（Leclerc:212）。アルメルは前述の教皇レオ13世の回勅『レールム・ノヴァルム』に呼応して、経営者のみの拠出で賄われ、労働者の委員会によって管理される「家族金庫 Caisse de Famille」を1891年に設立し、現在につながる金庫を介した家族手当支給システムを構築した（Leclerc：211-212、深澤 2008a：26）。アルメルが家族手当の創始者として有名になったのは、このためと考えられる。民間における最初の家族手当支給者や時期を正確に突き止めるのは困難であるが、本書ではこの時期にこうした動きがあったことを確認すれば十分である。

ただし、この時期の民間における家族手当は、現在の日本企業が個別に支給する配偶者手当や扶養者手当と同様のもので、その金額や条件などは企業・職種・地方によって異なっていた。当然ながら、全く支給しない経営者も存在した。しかし、次第に社会カトリシズムの思想をもたない経営者も、労働者からの賃上げ要求をかわす手段として家族手当を付加するようになり、民間企業における家族手当は徐々に広まった。経営者にとっては、家族手当を支払うことで基本賃金が抑えられ、そちらの方が安上がりという利点があったからである。また、出生率低下により労働力不足が懸念されていたため、労働者を確保する狙いもあった。実際は、第一次大戦前までの家族手当普及率はそれほど高くなく、1900年から1910年までに26の、1910年から1916年までに14の商工事業所が家族手当を設けたにすぎない。給付額の平均は、子供１人につき１日60サンチームであった（深澤 2008a：26、Ceccaldi：13）。

このように、普及率は低くとも、19世紀後半から20世紀初頭にかけて、家族手当は公的部門においても民間企業においても、徐々に広まっていた。両者の差は、民間では第一子から支給されることが多かったが、公的部門では第四子以降への支給が多く、多子家族扶助の意味合いが強かった点である。このようにすでに官民両方で開始されていた家族手当の存在が、多子家族扶助法の成立につながった。

２．1913年の「多子家族扶助法」

1913年７月14日の「多子家族への扶助に関する法律」（多子家族扶助法）は、４人以上の子をもつ貧窮家族に対して60から90フランの年間手当の支給を定めたものである。この法律は、４人以上の子及び貧窮家族という条件つきのせいか、日本では家族手当の範疇に入れない研究者もいる（たとえば上村 1999）。しかし、深澤は「限界があるとは言え」と断りつきではあるが、この1913年の多子家族扶助法は「特定の職種や公務員、招集兵に限定されない普遍的な家族手当への第一歩を踏み出したものとして重要である」(傍点引用者) として、家族手当の始まりと位置づけている (深澤 2008a:25)。本書においても、条件があっても、一定の職種や企業に限定せず「(多数の) 子をもっている」という理由で国家から手当が支給されるというのは、現在の日本の児童手当と同様に一種の「家族手当」であると見なし、この多子家族扶助法をフランスにおける公的な家族手当制度の始まりと位置づけ、以下において、その成立過程を検証する。

ベシアによると、多子家族扶助に関する最も古い法案提出は、国民連盟創設者ジャヴァルが1887年に下院に提出した、貧窮多子家族への公的扶助を要求したものである (Becchia:225)。その後、レイ Émile Rey (共和連合、第一委員会に参加) が1900年1月18日に下院に提出した貧窮家族の子供への扶助に関する法案や[35]、同じくレイが1903年3月27日に提出した同様の法案[36]など、採用には至らないものの、同様の法案提出が増加した。その中で最初に採用されたものは、1906年にアルジェリエス Jean-Baptiste Argeliès (共和連合) が下院に提出した「13歳未満の4人の子がいる貧窮家族への手当支給のための市町村への助成金を1907年の予算案に組み込むことを求める決議案」である。[37]

1913年の多子家族扶助法へ収斂される下院提出法案は以下の五つである。まず、1910年6月9日にアディガール Pierre Adigard (進歩共和派) とマラン Louis Marin (進歩共和派、第二委員会に参加) が提出した貧窮多子家族への扶助制定法案である。[38]内容は、13歳未満の4人以上の子をもつ貧窮家族に年間60から180フランの手当を国と県と市町村が支給するというものである。次にパチュロー＝ミラン Joseph Patureau-Mirand (民主左派) が1910年6月17日に提出した、13歳未満の4人以上の子をもつ貧窮家族に子供1人につき年間100フランの年金 rente を国家が与えることを求める法案提出である。[39]三つめは、ステーグ Théodore Steeg (急進社会左派) とメシミ Adolphe Messimy (急進社会左派、第二委員会に参加) が1909年11月15日に提出した「多子家族への扶助に関する法案」[40]と、その法案に関して1910年6月23日にビュイソン Ferdinand Buisson (急進社会共和派、第二委員会に参加) が提出した報告書である。[41]ステーグの法案は、4人以上の子をもつ貧窮家族に国、県、市町村から毎月手当を支給するというものである。四つめは、ドリアン Émile Driant (アクシオン・リベラル)[42] が1911

年2月16日に提出した多子家族を保護する法案である。五つめは、1911年4月8日にド・ラ・トレモイル Louis de la Trémoïlle（民主共和派）が提出した13歳未満の4人以上の子をもつ家族を子1人当たりの年金手当 allocation d'une rente によって援助する法案である[43]。

これら各法案の理由説明では、必ず出生率低下や人口減退が指摘され、多子家族扶助が出生率上昇策の一つと見なされていたことは明らかである。1905年7月14日に成立した、資力のない老人、病人、廃疾者に対する公的扶助「社会扶助法」を引き合いに出す場合もあり、これらの法案提出は、この時期に進展した「社会連帯」を実現するための扶助の一つであることは間違いないが、出生率上昇策としての意味合いも強い。

その後も、同様の法案が提出された。1911年1月30日にメシミが提出した3人以上の子をもつ母親に出産時に500フランの手当を支給する法案や[44]、デュビュイソン Louis Dubuisson（急進左派、第二委員会に参加）が1912年6月26日に提出した2人以上の子をもつ全ての女性に年金 pensions を支給する法案などである[45]。

また、国民連盟のメンバーで人口減少院外委員会のメンバーでもあったオノラ（第一、第二委員会に参加）とランドリ（第二委員会に参加）は1910年より下院議員となり、1911年3月に下院内に「多子家族を擁護し出生率低下に関して研究する議員グループ」（以下、出生率擁護グループ）を結成した。下院議員597名のうち100名近くが参加し[46]、6分の1を占めるほどであった。このグループは1914年6月に再編成され、さらに人数を増やし、第一次大戦中の1916年には半数を超える348名が参加した。上院にも同様のグループが第一次大戦中の1917年7月に結成され、その人数は143名であった（Talmy 1962a：158、ラボー：328-329）。これら一連の貧窮多子家族への扶助を求める法案提出は、こうした議会内の出生率擁護グループの活動とも無関係ではない。

五つの提出法案をまとめた議会報告が行われる前の1912年7月8日に、さらにヌオー Louis Nouhaud（急進社会共和派、第二委員会に参加）によって、貧窮多子家族に13歳未満の第三子以降に毎月10フランの手当を支給する法案が下院に提出された[47]。理由説明で、フランスの1911年の出生数が74万2114で死亡数より約3万5000も下回った事実を指摘し、出生数が1872年の101万8000から1911年には74万と減少していることを明らかにした。また、1900年の1000人当たりの

20歳未満の人口比率を各国と比べ、フランス173に対し、ドイツ222、イタリア229、ロシア240で、フランスの兵力数の低下を指摘した。ヌオーによる統計的事実の指摘も、多子家族扶助法成立に影響を与えた。

1912年11月12日に、五つの提出法案をまとめた議会報告が前述のデュビュイソンによって行われた[48]。この時期は第二委員会設立（1912年11月5日）直後であり、第二委員会のメンバーが決定した日である。この報告では、前述の五つの法案を整理し、最終的に「3人以上の嫡出もしくは認知した子を扶養し、かつその子らを育てるには収入が不十分であるフランス国籍をもつ家長」に対して、「第三子以降の13歳未満の子供につき年間手当を60フランから180フラン支給する」と修正した。この法案は上院での議論を引き起こし、下院に戻され、修正を経て可決された。それが、1913年7月14日公布の多子家族扶助法である[49]。内容は、「4人以上の嫡出もしくは認知した子を扶養し、かつその子らを育てるには収入が不十分であるフランス国籍をもつ家長」に、「第四子以降の13歳未満の子供につき年間手当 allocation annuelle を支給する」というものである。手当額は市町村議会と内務大臣の承認の下、各市町村によって決定されるが、子供1人につき年間60フランから90フランの間と定められた。第四子以降に支給で上限90フランとデュビュイソン修正案より厳しくなっている。この金額は、前述のように、兵士家族手当と比べると非常に低額である。

実際の適用としての手当分担は、市町村が29％、県が20％、国が51％である。これは市町村にとっては負担が大きいため、市町村はなるべく受給者を制限しようとした（Talmy 1962a：160-161）。受給要件は「収入が不十分であること」のみで、厳格な所得制限はなく、各自治体の裁量に任された。多くの自治体では受給を制限する目的で、前もって貧窮者リストに自ら名前を登録する方法を採用した。この方法は、受給者にとってはわざわざ役所に出向いて自ら貧窮者であることを証明しなければならず、屈辱感やスティグマが与えられやすいものであった。つまり、この多子家族扶助法は、少なくとも実際の適用において多子家族尊重の意味合いはない。それでもこの多子家族扶助法は、それまで主流であった「子供は両親によってのみ扶養されるべき」といった考えを、立法者が初めて覆したという点で画期的なものである。

このような多子家族扶助は、19世紀末から20世紀初頭にかけて展開された労働運動によって獲得されていった社会保険の一環である。前述のように1906年10月にクレマンソー内閣の下で労働・社会保険省が新設され、初代大臣ヴィヴィアニは老齢年金（1910年成立）の成立に奔走した。老齢と同様に、子をもつことは「相対的に収入が減少するリスクの一つ」と考えられた。これは現在の社会保障がカバーすべき対象を、「疾病、障害、出産、老齢、死亡」の五つとする考え方が、この頃から登場したことを示している[50)]。子供数が多いほど育児のコストがかかるため、子供の存在は収入の相対的な減少と考えられた。また、フランスでは、他国と比べて女性の労働が多く、女性の就業人口は1841年に約420万であったが、1911年には約770万と増加した（柴田ほか編:187）。この数字には農家や自営業の妻は入っていないため、実際はもっと多いと考えられる。つまり、労働者階級において、女性の労働は普通のことであった。ということは、妻が出産のために労働を中断することは、その間の賃金収入が停止するということで、直接の収入減を意味した。貧困階層ほど妻の賃金収入は生活費に不可欠であったため、収入が減少するリスクの一つに「出産」が入っている理由は、女性の労働中断という意味がある。

以上のように、この時期から、子供の有無によって生まれる経済格差は「社会的不平等」であり、国家制度によって是正されるべきと考えられるようになった。こうした考えは「社会的公正」を主張する社会カトリシズムにも支持される。それを実行に移した最初の国家制度が1913年の多子家族扶助法である。

まとめ

本章では主に、二つの人口減少院外委員会の設立過程とその活動と、1913年の多子家族扶助法について見た。二つの委員会は実際の活動期間は短く、具体的な成果は挙がっていないため、「失敗」と評されることが多いが、この委員会で行われた議論や施策の提案は、後の「多子家族扶助法」（1913）、「堕胎と避妊の取締り強化法」（1920）、家族手当の法制化（1932）など実際に採択されるものが多く、フランスの家族政策の原型を示している。また、後の家族政策に関わる人物は、この委員会のどちらかに参加していた場合が多く、以後の人的連続性を示す起点でもある。19世紀末から政治問題となっていたフランスの人口停滞に対処する初の政府の公的機関という象徴的意義も大きく、この両委員会は単に「失敗」と片付けられるものではなく、その重要性は高い。

多子家族扶助法は、これより先立つ民間と公的部門における家族手当の発展とともに、その内容を検討した。従来この手当は貧困対策であり、家族給付ではないとされてきたが、近年の研究では家族給付と見ることが増えているように、実際の法案提出理由を検討すると、出生率上昇政策の一つと考えられており、後の家族手当法制化にもつながる重要な法律である。

また、現在の日本の児童手当も、所得制限つきではあるが紛れもなく家族給付の一つと考えられるように、この多子家族扶助法は、特定の職種に限定されない国家による家族給付の始まりといえる。フランスの家族政策は20世紀初頭から開始された。

1） これらの訳語は定まっていない。廣澤は前者の委員会を「社会保障・保険委員会」と訳している（廣澤：102）。が、「社会保障」は第二次大戦後に確立されるSécurité socialeの訳語と同じになるので、本書ではassurance socialeは社会保険、prévoyance socialeは社会対策と訳す。

2） ドレフュス事件とは、1894年にフランス陸軍参謀本部で起きたスパイ事件でユダヤ人であるドレフュス大尉が有罪とされた冤罪事件をきっかけに、人権擁護派（ドレフュス支持派）と反ドレフュス派とでフランス世論が二分され大論争となった事件。反ユダヤ感情から有罪の証拠が偽造され、陸軍は自らの威信保持のため真犯人の再審請求をもみ消そうとした。それに対して作家ゾラが1898年1月13日に新聞『ローロール』紙に「私は弾劾する」という大統領への公開状を掲載し、軍部の不正を糾弾した。これによりゾラは陸軍から名誉棄損で訴えられイギリスに亡命し、ロンドン郊外滞在中に小説『多産』を執筆した。この事件でフランス陸軍の威信は地に墜ちた。

3） たとえば1928-30年に成立した社会保険法は、1921年の法案提出から成立まで10年近くかかっている（廣澤：108）。

4） JO, 21 janvier 1902：362. この委員会の日本語訳は、「人口停滞に関する委員会」、「人口減少調査委員会」、「人口減少問題を研究するための特別議会委員会」など統一されていない。設立時の名称は、直訳すると「人口減少問題を研究するための委員会」であるが、後の会合でCommission（extraparlementaire）de la dépopulationと自称するので、本書では「人口減少院外委員会」と訳す。

5） JO, Sénat, débats, séance du 5 juillet 1900:753-754.

6） *Bulletin de l'Alliance Nationale*, 1900, No. 7, juillet:121.

7） JO, Sénat, doc. séance du 5 juillet 1900, No.290:695-696.

8） JO, Sénat, doc. séance du 25 janvier 1901, No.28:129-132.

9） Arthur Fontaine, 'Rapport au Ministre du commerce et de l'industrie', JO, 2 décembre

1901:7489-7492.

10） JO, Sénat, débats, séance du 22 novembre 1901:1330-1338. 同時期に下院でも同様の法案提出があった。1901年11月26日に下院議員シャルル・ベルナール Charles Bernard（上院議員のベルナールとは別人）が、「フランスの人口減少と闘うことを目的とする法案」を下院に提出している。JO, Ch. débats, séance du 26 novembre 1901:2384-2385.（impressions no.2781）

11） 1902年１月29日に行われた最初の会合で、１名が交替し、１名が抜け、６名が新たに加わり、事務官を除いて全部で68名となった。新たに加わった中に国民連盟創設者のジャヴァルがいる。したがって、国民連盟創設者４名が全て参加することとなった。BN, L31-203, Commission de la dépopulation, Séance du 29 janvier 1902.

12） ピナール医師は「女性は子供を産まなければ健康を保てない」といった内容を繰り返し公言した人物である（クニビレール／フーケ：361)。1919年から1928年まで下院議員（急進社会党)。

13） ベシアはリストでは、委員会のメンバーを、事務官を除いて68名挙げ（おそらく初回の会合のリストを使用したため)、そのうち人口増加国民連盟の会員は15名としているが、本文では67名、国民連盟のメンバーは18名としている。

14） BN, L31-203, Commission de la dépopulation, Séance du 29 janvier 1902.

15） ラネロングは、後に「ラネロング法案」と呼ばれる1920年法につながる堕胎取締り強化法案を1910年６月16日に上院に提出する（第４章で後述)。

16） BN, L31-204, Commission de la dépopulation, Sous-commission de la mortalité, Séances.

17） BN, L31-205, Sous-commission de la natalité, Séance du 5 février 1902.

18） *Bulletin de l'Alliance Nationale,* 1902, No.14, avril:319.

19） BN, L31-205, Sous-commission de la natalité, Séance du 5 mars 1902.

20） *Bulletin de l'Alliance Nationale*, 1902, No.14, avril:320-321.

21） *Bulletin de l'Alliance Nationale*, 1903, No.20, octobre:513-514.

22） *Bulletin de l'Alliance Nationale*, 1911, No.50, avril:138.

23） JO, 16 juin 1908:369-385 (pour l'édition complète).

24） *Bulletin de l'Alliance Nationale*, 1908, No.39, juillet:423-424.

25） タンジール事件直前に、第二次ルーヴィエ Maurice Rouvier（共和連合）内閣の下、前任のコンブ首相が推進していた兵役期間を３年から２年に短縮する1905年３月21日法が成立した（JO, 23 mars 1905：1869-1881)。

26） 死亡率下部委員会のみ1910年に再び招集されたが、出生率下部委員会は招集されなかった。

27） 家族投票権とは、多子家族の父親は多数の子をもつことによって将来の国家を支えているのだから、子を１人ももたない独身者と同じ一票であるのはおかしいとして、子供数に応じた投票数をもつべきとするもの。国民連盟も同様の権利を要求していたが、民主政治の崩壊につながるとして反対が強く、最終的にこの家族投票権は採用されなかった。

28） デクレ décret は、大統領や首相が制定する政令のことで議会審議を経ない。アレテ arrêté は大臣や知事が制定する省令のこと。法律 loi は議会審議を経て議会で可決される必要がある。第三共和制期には、デクレを法律と同等とするデクレ・ロワ décret-loi も存在した。これは、政府が議会から目的と期間を限定した最小の立法権限を委任されて政府が制定する委任立法のことである。第三共和制では法律が可決されるまで長期間かかることが多かったため、デクレ・ロワが多く存在した。

29） JO, 6 novembre 1912：9403-9404.

30） JO, 15 novembre 1912：9663-9664.

31） 同年11月18日のアレテにより9名が追加された。その中には『独身者と一人息子の国』の著者ロシニョルもいる（JO, 19 novembre 1912：9766）。なおタルミーは、この第二委員会のメンバーを315名、事務官を11名の計326名としているが（Talmy 1962a：128.）、JOで確認したところ、事務官と追加分を合わせても316名である。

32） JO, 26 novembre 1912：9963-9965.

33） 第一・第二委員会ともに参加したストロースは、一貫して子供の保護や産前産後の女性の保護を求める法案を提出し、実際に採択された（河合：238）。代表的なものは、女性の分娩後4週間の労働を禁止し、その場合も雇用契約を解除しないことを保証した1913年6月17日の産時休業法である（JO, 19 juin 1913：5254）。出産休暇そのものは、1909年11月27日の出産女性に対して仕事または職を保証する法律によって8週間の休暇（無給）が保障されていた（JO, 28 novembre 1909：11386）。その後、出産休暇は1910年に8週間に延長され、1924年に有給休暇となった（服部／谷川編著：278, 293-294）。

34） JO, 8 août 1913：7138-7142.

35） JO, Ch. doc.séance du 18 janvier 1900, No.1350：184.

36） JO, Ch. doc.séance du 27 mars 1903：332.

37） JO, Ch. débats. séance du 13 avril 1906：1776.

38） JO, Ch. débats.séance du 9 juin 1910：2088; doc. No.26：851-881.

39） JO, Ch. débats. séance du 17 juin 1910：2199; doc. No.124：498.

40） JO, Ch. débats. séance du 15 novembre 1909：2680; doc. No.2838：93-97.

41） JO, Ch. débats. séance du 23 juin 1910：2258-2259; doc. No.1702：620. なお、このビュイソンの報告書は以前提出されたものの再検討である。以前の報告書は、JO, Ch. débats. 2e séance du 29 mars 1910：1772-1773; doc. No.3311：441-442.

42） 1901年から1919年まで存在した政党。カトリック系から始まったが宗教にこだわらず穏健共和派などを広く集めた。

43） JO, Ch.débats. 2e séance du 8 avril 1911：1891; doc. No.932：318-320.

44） JO, Ch. doc. 2e séance du 30 janvier 1911, No.711：671. これは後に「初産手当」や「出産手当」として採用される（第6章、第8章で後述）。

45） JO, Ch. doc. 2e séance du 26 juin 1912, No.2056：1424-1425.

46） *Bulletin de l'Alliance Natiomale*, 1911, No.50, avril：137, 151.

47） JO, Ch. doc. séance du 8 juillet 1912, No.2140：1510-1512.

48） JO, Ch. doc. 2e séance du 12 novembre 1912, No.2259：71-73.

49） JO, 15 et 16 juillet 1913：6278-6279.

50） 社会保障研究者デュペイルーは、現在の社会保障がカバーすべきものとして「家族の扶養」すなわち「子供をもつ」ことを、「リスク」という不幸な事態を連想させるような呼び方で呼ぶことは避けるべきとし、リスクではなく「事態 évènement」という用語を使用している（デュペイルー：3-4）。

第4章　戦間期の家族政策（1914－1931年）

本章では、1914年から1931年までの家族政策を対象とする。中心となるのは、1920年設立の出生率上級評議会と、同年の堕胎と避妊の取締り強化法である。フランスは第一次大戦で国内が戦場になり、膨大な戦死者を出し、戦後の世論は厭戦ムードが主流となった。

大戦後の政治課題は「安全保障」と「経済再建」で、安全保障に関しては、ヴェルサイユ条約によってドイツを抑え込むこと、経済再建に関しては、ドイツからの賠償金によって経済を立て直すことで、この二つが大戦後のフランス政治の基本路線となった。これらの前提として、兵力確保と労働力確保、すなわち人口増加が不可欠であった。第一次大戦後のフランスは、より一層人口の回復が要請された。その中心となったのは、別名「家族主義内閣」とも呼ばれるミルラン内閣（1920.1-1920.9）である。対外的には、大戦前から何度も首相を務めたブリアン Aristide Briand（共和主義社会党）が、1925年から約7年間外務大臣を務め、ロカルノ条約（1925.2）や不戦条約（1928.8）などの締結に尽力し、「ブリアン外交」と呼ばれる国際協調路線を推進した。

第1節で第一次大戦の人口への影響を見た後、第2節では第一次大戦中の家族手当の発展を確認する。第3節で、第一次大戦前、主に出産に関わる医学面での変化を簡単に見る。第4節では、民間の家族団体の動きを概観し、第5節で第一次大戦後に国家が推進した家族政策を検証する。

第1節　第一次大戦の人口動態への影響

フランスは第一次大戦の戦勝国でありながら、そのダメージは大きかった。4年という長期戦となったことから、食糧や物資の不足が激しく、インフレが進み、国民の生活は苦しかった。また、武器や兵器の発達によって大量殺害が可能となり、犠牲者の数は膨大なものになった。1916年の「ヴェルダンの戦い」[1)]に代表されるような激戦が続き、フランスの戦死者は約140万人（動員兵の約18%、ドイツは15%）に上り、全人口中28人に１人が戦死した（ドイツは35人に１人）。一般市民の死者は４万人に上る。さらに、約120万人が傷痍軍人となり、未亡人は約60万人、戦争孤児は76万人を数えた。戦場となった北部地方の被害総額は、1913年の国民所得の14か月分に相当する（柴田ほか編：242-243）。これらは、大戦後のフランスに深いトラウマを残した。

特に人口上の損失は大きかった。戦争中の犠牲者の多さに加えて、第２章で見たように、フランスは第一次大戦中に出生数と出生率ともに異常といえるほど低下し、戦後の回復においても後れをとったからである。敗戦国ドイツは多額の賠償義務を負い、未曾有のインフレを経験するという厳しい経済状況にありながら、出生率は戦後すぐに回復し、領土を一部失っても人口は順調に増加した。前述のように、1920年の出生数はドイツ約160万、イギリス約110万、イタリア約116万に対し、フランスは約83万で、フランスの第一次大戦後の人口動態は、他国と比べてかなり深刻な状況であった。

第一次大戦は「長い19世紀」の終わりを告げ、20世紀の始まりを告げる分水嶺であり、フランス社会は大きく変化した。農業国から工業国への転換が進み、特に自動車産業をはじめとする重化学工業が発展し、その結果、工場労働者が増加し、農村から都市へ流入する人口が増加した。また大戦中は男性労働者不足から女性の社会進出が進んだが、戦後の復員兵の帰還や復興に伴い、女性は再び家庭に帰るように促された。医学の発達も顕著であり、さまざまな場面で新しい時代の到来が感じられるようになった。これらは家族政策にも影響を及ぼすこととなる。

第一次大戦直後に出版されたシュペングラーの『西洋の没落』（シュペングラー、原著1918）は、ドイツ国内のみでなく世界的な反響を呼んだが、フランスにおいては、「西洋」ではなく「フランスの衰退」と受け止められる傾向が強かった。第一次大戦から第二次大戦までの戦間期において、フランスでは人口減退問題は以前よりもさらに厳しい表現、たとえば「民族の消滅」「緩慢な自殺」などが使用されるようになり、「フランス消滅の危機感」といったものがより強く表現されるようになった。1919年に出版されたオビュルタンの著書『危機にある祖国、出生率』では、「フランスは死に瀕している」という表現が用いられ、フランスの兵士がドイツと同じだけいたら1914年の戦争は起こらなかったと述べ、第一次大戦の原因を出生率低下に求めている（Auburtin 1919:20, 307）。

このような懸念は政治指導者にも共有されており、クレマンソー首相（第2次在1917.11-1920.1）は、ヴェルサイユ条約批准に関する1919年10月11日の上院審議において、人口上の懸念を強い言葉で表明した。

> この条約は、フランスが多くの子をもつことを約すとは記されていないが、それこそ第一にそこに記載されるべきであった。というのは、もしフランスが多子家族を非難するのであれば、あなた方が望むどんなすばらしい条項を条約に盛り込んでも無駄である。（中略）なぜなら、フランスにフランス人がいなくなったら、フランスは消え失せてしまうからである（傍点引用者）[2]。

この発言は議員たちから拍手喝采を浴びており、議会においても「フランス消滅の危機」という認識が共有されていたことが窺える。この「フランスにフランス人がいなくなったら、フランスは消え失せる」という表現は、その後何度も繰り返されることになる。

第一次大戦後のフランス社会では、なぜこのような大戦争が起こったのかという問いが大きな関心を占めた。家族主義者や出産奨励主義者たちは、フランスの人口がドイツと比べて少ないためと考えた。国民連盟は1915年の機関誌に「人口減退が戦争を引き起こした」と題する記事を掲載し、ベルティヨンが1897年から警告していた仏独の人口密度の差と侵略の可能性や、1913年にボヴラが述べた「人口減少、それは戦争である」という言葉を引き合いに出し、このように大戦前から何度も警告を発していたのに、誰もその警告を真剣に受け止めなかったとして政府の無関心を非難している[3]。

また、第一次大戦の頃から、「社会の害悪 fléaux socials」と呼ばれるものが、「フランスの出生率低下にとって危険なもの」という意味で頻繁に使用されるようになった。これは、当時正常な子供が得られにくくなる原因と考えられていたものの総称で、具体的には、堕胎、避妊、売春、性病、ポルノ、アルコール中毒、麻薬、結核などを指す。これらは生まれつきのものではなく、生活習慣の堕落で身につくと考えられ、世紀末のデカダンスや道徳の退廃と結びつけられ糾弾されるようになり、特に保守派にとっては撲滅すべき「悪徳」と考えられた。これらの悪徳を撲滅することが出産増加につながると考えられ、特に国民連盟は、早くから堕胎を中心とした「社会の害悪」の撲滅を主張した。このような考え方はヴィシー時代にも受け継がれ、「国家の害悪 fléaux nationals」と呼ばれるようになる。

こうした状況もあって、安全保障と経済再建の必要から、戦間期の政治課題は人口増加と出産増加が優先事項となった。それが、この時期に家族政策が進展した理由である。

しかし、戦間期のフランスの人口は、復帰したアルザス・ロレーヌ地方を含めても、1920年から1939年にかけて290万増加したにすぎなかった。ドイツは同時期に752万人増加している。第２章で見たように、フランスの出生率は、終戦直後のわずか２年間のベビーブームの後は再び低下傾向となり、人口は停滞した。そのため、労働力不足を補うために、移民の導入が推進された。1911年の入国移民は116万人で総人口の2.8％であったが、1921年には153万人で3.9％、1931年には271万5000人で6.6％と増加した。1931年の移民の主な出身国は、イタリア、ポーランド、スペインなどの近隣諸国である（柴田ほか編：244-245）。ただし、前述のクレマンソーの発言にもあったように、人口増加の手段としてまず考えられたのは出産増加であり、移民の増加は「フランスらしさ」を消してしまうといった「移民脅威論」も存在し、必ずしも移民が歓迎されていたわけではない。また、この時期の移民は「出稼ぎ移民」で、定住はあまり歓迎されなかった。

第２節　第一次大戦期における家族手当の発展

第一次大戦前から、国家が支給する兵士家族手当の存在があったことは前章で見たとおりである。1913年８月７日法では、それまで貧窮多子家族のみに限定されていた兵士家族手当を、全ての招集兵の妻と家族に拡大し、第一次大戦開始後は増額された。

同様に、国家公務員の家族手当も第一次大戦中に拡大した。1917年４月７日法によって、所得制限つきではあるが全ての国家公務員に、第一子から家族扶養手当が支給されることになった。所得制限は、子供が１人か２人の場合は年収3600フラン以下、子供３人以上の場合は年収4500フラン以下で、手当額は16歳未満の子供１人につき年100フラン、第三子以降に年200フランである。所得制限は第一次大戦後の1918年11月14日法によって撤廃され、全ての国家公務員に家族手当が支給されることが決定した。手当額は、第二子まで年330フラン、第三子以降は年480フランに増額された。これにより、国家公務員の家族手当の一般化が達成された（深澤 2008a：25-26）[4)]。

民間企業における家族手当は第一子から支給する場合が多く、ユニバーサル化はより進んでいた。しかし、子をもつ労働者の数が増えると経営者の負担が増すため、多子をもつ労働者の雇用を避ける経営者も存在した。さらに、仕事は同じなのに賃金が異なることから、子をもたない労働者から、「子をもつ労働者への優遇である」といった不満が出るようになった。

1895年９月に設立された左派系労働組合 CGT は、初期は家族手当に反対であった。CGT の主張は、家族手当のせいで基礎賃金が抑えられ、家族手当の受給者とそうでない者との間の利害が対立し、労働者が分裂する危険があるというものである。実際、経営者側にとって家族手当は全従業員に賃金を値上げするより節約できるという理由で、家族手当を導入する場合もあった。当初は反発していた CGT も、次第に家族手当を労使交渉の際のカードの一つと見なすようになり、労使双方にとって家族手当は取引対象の一つとなった。が CGT 内においても意見は割れ、「同一労働同一賃金」の観点から家族手当に強く反対する者もいた。

1919年11月に結成された社会カトリシズムの立場に立つ労働組合 CFTC（フランスキリスト教労働者同盟 Confédération Française des Travailleurs Chrétiens）は、カトリックの教えに沿うということで最初から家族手当に好意的であった（大塩：183）。したがって、家族手当をめぐって、左派系 CGT とキリスト教系 CFTC との労組間対立や労働者間の対立が存在した。

民間における家族手当の普及が進むのは、第一次大戦中である。理由は、戦争による男性労働者不足や、社会カトリシズムの思想をもつ経営者による多子をもつ労働者の困窮の救済などである。しかし、それらはあくまで経営者の恣意的な温情であり、職種や地域によって支給対象や手当額に格差が存在した。

このような企業間の不平等を緩和するシステムとして、第一次大戦末期から「家族手当均衡金庫」（以下、均衡金庫）が設立された。これは、地域あるいは業種ごとの共同金庫を設立し、子供の有無とは関係なしに雇用する労働者数に比例した拠出金を経営者がその金庫に払いこみ、そこから子供のいる労働者に手当を支払うシステムで、それまで各企業が個別に支払っていた家族手当の負担を、企業間で平均化する制度である。[5)] このシステムが全国に普及し、家族手当も全国に広まるようになった。

このような均衡金庫を最初に創設したのは、これまでの先行研究によると、グルノーブルの鉄工場の重役であるロマネ Émile Romanet であり、この功績からロマネは「家族手当の父」と呼ばれるとされる（大塩:180、上村 1964:50-60）。しかし、1930年に出版された『家族手当と均衡金庫』によると、ロマネによる設立は1918年5月1日であり、1918年4月1日に創設したロリアンのマルセッシュ Émile Marcesche の方がわずかに早い（Bonvoisin / Maignan 1930:14-15）。研究者によっても最初の金庫設立の時期は異なり[6)]、見解が分かれる状況であるが、近年の研究ではマルセッシュの方がわずかに早かったとされることが多い（深澤 2008a:28, 39, n.43）。両者の計画はほぼ同時期に進められ、互いの活動を知らずにそれぞれが単独で金庫設立を進めていたようである。

第一次大戦後に、こうした均衡金庫が急速に各地に普及した。1922年初めには75金庫、加入企業5200であったが、1930年には320金庫、加入企業3万2000と増加した（Ceccaldi:21）。民間で誕生し普及したこの均衡金庫のシステムが、後1930年代に国家制度にも取り入れられ（第5章で後述）、現在まで継続される。現在のフランスの家族手当の財源は企業拠出金が占める割合が高いと前述したが、それはこうした民間における家族手当の発展と均衡金庫の設立という歴史的発展経緯による。

こうして20世紀初めには、広く普及した家族手当を国家制度とすべきであると要求する声が強くなった。それは、多子家族扶助法の改正（貧窮家族という条件の撤廃）を求める形をとることもあり、国家制度としての家族手当や出産手当を求める法案提出が、第一次大戦中から行われるようになった。たとえば、1916年4月16日に、ベナゼ Paul Bénazet（急進左派）とオブリオ Paul Aubriot（社会党）が出産手当の支給を求める法案を下院に提出した。[7)] また、1917年11月6

日には、「フランスの出生率の質と量を上昇させることに関する法案」がペルーAmédée Peyroux（共和連合）とバシモン François Bachimont（急進社会党）によって下院に提出され、その方法として第一子からの家族手当の支給、多子の親には手当の増額や家族投票権などが提案された[8)]。これらは採用には至らなかったが、以後、国家制度としての家族手当の要求は強くなる。

第3節　医学の家庭への介入

第一次大戦による大きな変化の一つは、女性の社会進出が進んだことである。兵士の帰還とともに女性は労働市場から追い出されたが、青年男性の戦死者が多かったことから未亡人や独身女性が増え、自ら社会に出て働かなければならない女性が増えた。フェミニズムの影響もあり、こうした変化から自立を目指す女性が増えた。女性の社会進出は、保守派の男性にとって「望ましくない変化」と考えられ、彼らは「正常化」という名で全てを戦前の状態に戻すことを望んだ。こうした状況から、政府は家族への介入をより強化し、特に乳幼児死亡率の低下を目的とした「出産や育児への介入」を強化した。

18世紀までは出産や育児は女性が「自然に行う」ものと考えられており、妊婦の保護や乳児の保護という考え方はほとんど存在しなかった。第1章で見たように、フランスでは生まれた子をすぐ乳母に預ける里子の慣習があり、不衛生な環境でも気にとめることは少なかった。しかし、衛生学や産科学の発達に伴い、次第に「母親の責任」が強調されるようになるのと同時に、出産に対する医師の介入が始まった。それまでは助産婦の助けを借りて自宅で出産するのが一般的であったが、19世紀末から産院が各地に建設され、自宅ではなく男性医師のいる産院で出産することが増えた。19世紀末から、医師の間で「育児学」（出生前も含む）や「小児医学」といった新しい言葉が使われ始め[9)]、それまで女性の領域とされていた出産と育児に男性医師が介入するようになった（クニビレール／フーケ:371-372）。特に19世紀後半のパストゥールによる微生物や病原菌の発見により、環境を衛生に保つことを母親に教えることによって、乳幼児死亡率を低下させることが可能になった。

また従軍した兵士たちが戦場から結核や梅毒やスペイン風邪などの感染病を

持ち帰り、特に抵抗力の弱い乳幼児が死亡するといった戦争の影響もあり、大戦後は、こうした状況に対する早急な対策が望まれた。1916年のレオン・ブルジョワ法によって無料診療所が各地に設置されていたが、予算不足でその数は不足していた。大戦後、アメリカ赤十字が莫大な予算とともにフランスにやってきて、新しい無料診療所を各地に開設し、同時にそこに常駐する医師や訪問看護婦の養成学校も設立した。さらにアメリカ赤十字は、ポスターやチラシの配布、映画の無料上映などを介して、母親たちの啓蒙運動を行った。こうして、貧しい母親たちも無料診療所に検診に行くようになり、衛生に関する知識も増えるようになった。男性医師を嫌がる女性には訪問看護婦が家庭を訪問し、妊娠を安全に維持する方法や臨月の注意点、衛生観念の知識、授乳または人工哺乳の知識などを母親たちに教え、不衛生な環境は次第に改善された。そのため、戦間期に乳幼児死亡率はかなり低下した（クニビレール／フーケ：402-410）。つまり、第二人口減少院外委員会が第一の目標とした乳幼児死亡率の低下は、戦間期にかなり達成されたことになる。しかし、出生率は上昇せず、フランスの人口は停滞したままであった。したがって、1920年代以降は新たな出生率上昇策が必要とされた。1921年に社会保険法案が提出されたように、社会問題には国家が介入すべきであるという思想が第一次大戦後には醸成されていた。

第4節　民間団体による出生率会議の開催

1919年以降、民間の家族団体の主導によって、出生率上昇を目的とした全国規模の会議「出生率会議 Congrès de la natalité」が毎年開催されるようになった。最初の出生率会議は、1919年9月25日から28日にナンシーで開催された。この初回の会議が大きな成功を収め、以後毎年開催されることになった（以下、Talmy 1962a：206-210, Messu：23-25）。

この会議のきっかけは、ナンシー商業会議所の会長であるヴィルグラン Vilgrain が1916年に、戦争が終わったら出生率低下問題を扱う「出生率と人口に関する会議」の開催をナンシー商業会議所の会合で提案したことである。そこでの満場一致を受け、ヴィルグランは1916年6月26日にフランス商業会議所の全国会合で同様のことを提案した。そこには、カトリック系家族主義団体「最大家族」を率いるイザークがおり、ヴィルグランの計画は歓迎され、1919年9月に最初の会議がナンシーで開催されることが決定した。その準備には、家族主義団体「生命の同盟」の代表者ビューローも関わった。

この会議の目的は「フランスの出生率上昇」とされたが、主催者が「最大家族」のイザークであり、出席者も家族主義団体のメンバーが多かったことから家族主義の傾向が強かった。次第に出産奨励主義者の意向も取り入れるようになり、後の出生率会議は、「子供の数が何人だろうと、全ての家族の利益を追求する」という方針になった。

第2回出生率会議は1920年9月にルーアンで、第3回出生率会議は1921年9月にボルドーで開催された。第3回会議をきっかけに、「フランスの多子家族協会全国連盟 Fédération nationale des assosiations de la famille nombreuse de France」(以下、多子家族連盟) が創設された。入会条件は3人以上の子をもっていることで、この連盟は、出産奨励と多子家族の保護を目的とするライシテを基本とした全国規模の団体であり、県や地方の連盟を傘下にもった。初代会長はイザークが務め、1930年以降は政治家ペルノ Georges Pernot が会長を務めた (Talmy 1962a:230, 247)。ペルノは第三共和制末期に家族政策を推進する人物である (第6章で後述)。

ナンシー出生率会議の成功は、全国規模の新聞にも大きく取り上げられ、好意的に報道された。こうした世論のムードは、1919年11月の下院選挙にも影響を与えることになる。

第5節　第一次大戦後の家族政策

1. ミルラン「家族主義」内閣

大戦中に首相となったクレマンソーは、戦後その強権的手法がうとまれ、第一次大戦後の政治の起点となる1919年11月の選挙では、「出産奨励・出生率上昇」を前面に出した右派勢力「ブロック・ナショナル Bloc National」が票を集めた。ブロック・ナショナルとは、旧オポルチュニスト右派や旧進歩派から成る共和右派諸勢力が、急進社会党右派も取り込んで形成した勢力である。ミルラン、ポワンカレ、ブリアンなどのもとに団結したブロック・ナショナルは、

「子供の保護と多子家族の奨励、出生率上昇を保証するために適切なあらゆる措置の採用、家族の費用に応じた市民間の公的費用の均衡のとれた再配分」を綱領として打ち出し、選挙運動では候補者たちは多子の父親であることをアピールした（Talmy 1962b: 5）。政治史ではあまり触れられないが、この1919年の選挙は、出生率や多子家族が前面に出た珍しいものとなった。

結果、ブロック・ナショナルが急進社会党を破り、613議席中約4分の3に当たる437議席を占めて圧勝し、ミルラン内閣（第一次1920. 1-2、第二次1920. 2-9）が成立した。急進社会党左派は88（前回172）、統一社会党（SFIO）は68議席（前回101）と議席を大幅に減らし、左翼の没落は明らかとなった。この選挙結果は、大戦前に10年以上支配していた急進社会党の優越の終了を意味し、議会は1871年以来「最も右傾化した」議会となった（中木:12-14）。以後1924-26年を除いて、1932年まで共和右派勢力の支配体制が維持される。ミルラン内閣は、選挙の公約どおり、成立直後から積極的に家族政策を推進する。

ミルランは、前章で述べたように、1899年のヴァルデック＝ルソー首相による「共和制防衛内閣」に社会主義者として初めて入閣し、商産業大臣を務めた人物である。この時のミルラン入閣は社会主義陣営における左右分裂を引き起こし、その結果1905年に成立した統一社会党にミルランは参加していない。その後ミルランは、第一次ブリアン内閣で公共事業・郵便通信大臣を（在1909.7-1910.11）、第二人口減少院外委員会が設立された時の第一次ポワンカレ内閣で戦争大臣を（在1912.1-1913.1）、第二次ヴィヴィアニ内閣で戦争大臣を務め（在1914.8-1915.10）、戦争大臣を務めた頃から右傾化したといわれる。

1920年の組閣で首相ミルランは外務大臣を兼任し、6人もの家族主義者を入閣させた。財務大臣にフランソワ＝マルサル Frédéric François-Marsal（議員ではない。1921-30年上院議員）、公教育・芸術大臣にオノラ（民主共和左派）、海軍大臣にランドリ（社会共和派）、商産業大臣に「最大家族」のイザーク、衛生・社会保険・対策大臣（以下、社会保険大臣）にブルトン（社会主義共和派）、農業大臣にリカール Joseph-Honoré Ricard（議員ではない）を任命した。後者3名は、前述のナンシー出生率会議の執行委員会のメンバーである。オノラは第一・第二人口減少院外委員会に参加し、ブルトンとランドリは第二委員会に参加していた。この3名は国民連盟のメンバーであり、下院の出生率擁護グループのメンバーでもあった。その他、内務大臣のステーグは、前章で見たように多子家族扶助法の元となる法案を1909年11月に提出した人物である。

特筆すべきは、これらの大臣がそれぞれ多子の父親である点で、イザークは10人、ブルトンとフランソワ＝マルサルは５人、ミルランは４人、ランドリは３人の子をもっており、ミルラン内閣の閣僚は、合わせて40人近い子供をもっていた（Talmy 1962a：211-212）。一つの内閣に、これほど多くの家族主義者あるいは出産奨励主義者が結集したのは初めてのことである。家族団体研究者のショヴィエールは、ミルラン内閣において、「出生率の口実の下に、家族主義が文字通り、また初めて国家のドクトリンとなった」と述べている（Chauvière：80）。ミルランとステーグも含めれば８人の家族主義者が存在するこの内閣は、その構成と政策から、まさしく「家族主義内閣」といえる。しかし、こうした事実は、日本におけるフランス政治史研究ではほとんど指摘されない。なお、ミルランは首相在籍中に大統領選に出馬し、1920年９月からは共和国大統領を務めたため（在1920.9-1924.7）、ミルラン内閣は合わせて約８か月間という短いものであった。が、ミルランを除く７人の家族主義者の閣僚は、次の同じくブロック・ナショナルのレイグ Georges Leygues 内閣（共和左派、1920.9-1921.1）でも残留し、1921年１月まで同じポストを継続し、家族政策も継続された。なお、1920年10月にはSFIOから分裂して共産党が誕生するなど、左派政党にも動きがあった。

ミルラン内閣が推進した主な家族政策は、「出生率上級評議会」の設立、「家族メダル」の創設と、堕胎と避妊の取締り強化法である。

２．「出生率上級評議会」の設立

ミルラン内閣は組閣直後からさまざまな出生率上昇策を打ち出し、そのほとんどを担ったのがブルトン社会保険大臣である。そのため、ブルトンは「出生率大臣」というあだ名がついた。ブルトンは下院議員（1898-1921）から上院議員となり（1921-1930）、第一次大戦中の第六次ブリアン内閣では、トマ軍備・戦争製造大臣 Albert Thomas（戦争大臣とは別）の下で「国家防衛に関する発明品」政務次官を担当した（在1916.12-1917.3）。

ブルトンが最初に行った家族政策は、出生率上昇策の実行機関を設立することである。1920年1月27日のデクレにより、出生率に関する事柄を扱う公的機関である出生率上級評議会が社会保険省の下に設立された。[10)]

設立の経緯は以下のとおりである。商産業大臣イザークは、前述のように1919年9月のナンシー出生率会議を主催した。この会議の成功に手ごたえを感じたイザークは、「家族に関する常設の公的機関」が国家レベルでも必要と考え、社会保険大臣ブルトンに提案した。ブルトンは賛成し、議会審議が不要なデクレの形で進めることにした。が、ブルトンは社会主義者であり、必ずしもイザークのカトリック思想を共有していなかったため、ブルトンは自身もメンバーである国民連盟のベルティヨンに任せることにし、ベルティヨンに報告書の作成を依頼した。その報告書を基にして作成されたのが、出生率上級評議会設立のデクレである（Talmy 1962a：213-214）。

この出生率上級評議会の目的は、「人口減少と戦い、出生率を上昇させ、育児学を促進し、多子家族を保護し、多子家族に名誉を与える可能性のある全ての諸方策を探究すること」（傍点引用者）と、「あらゆる計画や法案において導入可能な出生率に関する諸措置の検討を実行すること」であり、月1回会合を開くことが定められた。メンバーは30名とされ、その任命はブルトンに任された。また、ブルトンの提案で各県に「出生率に関する県委員会 Commission départementale de la natalité」を設立することが決定した。メンバーを30名に絞ったのは、第二人口減少院外委員会が人数の多さゆえに機能不全に陥った失敗を、メンバーであったブルトンは見ていたからである。

出生率上級評議会のメンバーは翌日のアレテによって任命された。[11)] それによると、元労働・社会対策大臣のシェロン Henri Chéron（急進左派、在1913.3-1913.12）をはじめとする上院議員3名、医師ピナールやボカノウスキ Maurice Bokanowski（社会共和活動）を含む下院議員6名、国民連盟から会長ベルティヨンと副会長クラン A. Klein と事務局長ボヴラの3名、「生命の同盟」の会長ビューローや「最大家族」の副会長ラコワン Gaston Lacoin などの家族団体関係者4名、医師リシェを含む学士院のメンバー5名、ミシュランや銀行家などの企業家3名、官僚2名、『独身者と一人息子の国』の著者ロシニョルと女性1名を含むその他4名の計30名である。委員長はブルトンで、副委員長はシェロン、ピナール、ボヴラの3名が任命された。この中で、第一・第二人口減少院外委員会の両方に参加していたのはベルティヨン、ピナール、リシェの3名であり、第二委員会に参加していたのはブルトン、シェロン、ビューロー、クラン、ロシニョルの5名である。したがって、この出生率上級評議会の約4分の1が人口減少院外委員会に関わっていたことになる。また民間の家族団体のメンバーは全部で7名参加しており、中でも国民連盟のメンバーはベルティヨン、クラン、ボヴラの他に、委員長ブルトンを始め、リシェ、ミシュランと6名もいる。国民連盟の事務局長ボヴラは副委員長に任命され、ボヴラはこの肩書で機関誌やその他の新聞、雑誌などに多数寄稿した。なお、ブルトンは入閣後すぐに政府から2万5000フランの予算を獲得し、それを国民連盟の会長ベルティヨンに提供し、ベルティヨンはその予算で、戦争による物資不足で毎月の発行から年4回になっていた国民連盟の機関誌を1920年1月から毎月発行に戻した。以上から、国民連盟の政府への影響力の大きさとその特権的地位が確認できる。

出生率上級評議会の目的は、出生率を上昇させ、多子家族を保護する措置を研究し、関連する大臣や省庁に助言し、法案をまとめることである。出生率上級評議会の進言によって、後に見る家族メダルの創設や、堕胎と避妊の取締り強化法などの法案が成立することになる。出生率上級評議会は、1930年まで第三共和制期における家族政策の主要な実行機関であった。出生率上級評議会は、設立当初は社会保険省の管轄下であったが、その後1924年3月の第三次ポワンカレ内閣から労働省と合同の「労働・衛生省」の管轄となり、その後1930年3月に第二次タルデュー内閣において「労働・社会対策省 ministère du Travail et Prévoyance sociale」と「厚生省 ministère de la Santé Publique」が分割され、厚生省の管轄下となった。厚生省は新しい省であることから予算がつきにくく、新たな政策を行う十分な手段をもっていなかったため、1930年以降、出生率上級評議会は影響力を失うことになる（Rosental:31）。代わりに登場するのが、1938年2月に設立される人口高等委員会である（第6章で後述）。出生率上級評議会は、1940年10月に正式に廃止されるまで、形式上は存続した（第7章で後述）。

1920年2月6日に、出生率上級評議会の中に三つの下部委員会が設立された。一つめは、出生率上昇に関する問題を扱い、委員長はリシェ、二つめは母子の保護[12]を扱い、委員長は医師ピナール、三つめは多子家族の優遇を扱い、委員長はシェロンである（Talmy 1962a：215）。

出生率上級評議会の最初の会合は1920年3月1日に行われた。議題は家族への廉価住宅貸付金に関する請願と、出産ボーナスに関する請願についてである。[13] それ以降、会合は3月15日、29日、4月19日、5月10日、17日、31日と頻繁に行われた。6月と7月は月1回会合が行われ、家族メダルの創設やパンの値段に関して議論された。[14]

なお、この出生率上級評議会の注目すべき点は、名称には「出生率」のみで「家族」は冠されていないにもかかわらず、その目的として、多子家族の名誉を守ることが明確に規定された点である。これは、1913年の多子家族扶助法とは異なり、国家が初めて多子家族の尊重を明確に打ち出した政策であり、大戦前と比べて大きく変化した点である。こうして、家族主義者たちは政府の公的機関に参加し、公的な活動を開始した。

3．「家族メダル」の創設

出生率上級評議会の働きかけで、1920年5月26日のデクレによって、多子の母親に「家族メダル」が授与されることが決定した。[15] メダルの正式名称は「フランスの家族のメダル」で、5人の子を育てた母親に銅メダル、8人の子を育てた母親に銀メダル、10人以上の子を育てた母親に金メダルを、社会保険大臣と「出生率に関する県委員会」の意見を聞いた上で県知事から贈るというものである。なお、これらの母親はフランス国籍でなければならず、子供たちの世話を他人任せでなく自分で面倒を見ていることと、末子が1歳になるまで生きていることが条件である。この家族メダルの授与日は5月の最終日曜日とされ、この日を「母の日」として政府が1929年に公式に認定する。[16] それ以前から母の日はカトリック教会によって取り入れられていたが、一般には根付いていなかった。

家族メダルの管轄は社会保険省で、大臣のブルトンがこのデクレの理由説明を行った。それによると、この家族メダルは出生率上級評議会の満場一致の決定を受けたもので、多子の母親は自分の幸福しか考えないエゴイストと違い、「民族と祖国の永続」を考える「愛他主義者」であるから、両者を国家は公平に扱う権利はなく、「多子の母親に敬意を表する」ことが必要で、その手段が家族メダルの授与であると述べている。ここにも、人口減少院外委員会における議論と同じ主張、すなわち国家による介入の正当性が主張されている。

さらに、この家族メダルの創設によって、出生率と多子家族は結びつけられ、多子家族の母親は出生率上昇に貢献した「愛国者」として国家によって公式にその業績を称えられることとなった。第7章で後述するが、後のヴィシー時代に「母の日」は国家行事として式典が開催され、多くの観客の前で多子の母親にメダルが授与され、多子の母は「英雄」扱いされるようになるが、その原型はこの時から始まっている。なお、家族メダル授与は、修正を経て現在も継続されている。現在は「家族メダル」という名称で、4人以上のフランス国籍をもつ子を16歳まで育てた母親または父親に市町村長などから授与される。

4．堕胎と避妊の取締り強化法（1920年法）

1　年間堕胎数と1920年法の内容

フランスはカトリック国であることから、古くから避妊と堕胎は道徳的に禁忌とされた。堕胎は、1810年のナポレオン刑法317条によって重罪と規定され、堕胎を行った者と堕胎を受けた妊婦双方に対して、1年以上5年以下の禁錮刑と500フラン以上1万フラン以下の罰金という重い罰則規定が定められていた。しかし、重罪裁判所への起訴手続は煩雑で、実際の起訴件数は少なく、さらに起訴された場合でも判事や陪審員たちは「気の毒な女性たち」に同情して有罪判決を下すことは少なかった。たとえば1910年に法務大臣バルトゥが堕胎の抑圧を強化する法案を提出した時の報告によると、1903年に堕胎罪で起訴された48名のうち32名が無罪となり、1904年では49名のうち35名が無罪となり、1908年には66名のうち53名が無罪になった。[17)]

19世紀末から20世紀初頭にかけて出生率低下が政治問題となるにつれ、「堕胎によって失われている赤ん坊」に注目が集まるようになった。19世紀末のパリの大新聞には、堕胎屋の広告が堂々と載せられており、人口減少院外委員会においても、乳幼児死亡率の高さと同様に堕胎の多さが問題視されていた。両委員会のメンバーであった国民連盟のベルティヨンは、1904年7月の機関誌において、新聞に掲載されている堕胎屋の広告を取り上げ、強く非難している。[18)]

この時期に堕胎が頻繁に行われていたことは推測できるが、秘密理に行われる性質上、正確な堕胎数を知ることは困難である。本書は、堕胎数の正確な数値を探ることよりも、当時の政策決定者たちが堕胎数をどのくらいと見積もり、それに対してどのような態度で臨んだかを確認することが重要であるため、当時考えられていた堕胎数を紹介する。

医師ドレリス Dolérisの1905年の報告によると、出産数に対する堕胎率は、1898年には7.8％であるが1905年には17.7％となり、7年で倍増している。また、リヨンの医師ラカサーニュ Laccassagneは、1905年の調査から、フランスで年間50万件の堕胎が行われていると述べた（Talmy 1962a：130）。同じく1905年の調査から「ビュダン博士は1日500件、年間18万5000件の中絶例を報告した」という（クニビレール／フーケ：362）。ラボーによると、20世紀初頭の堕胎数は、パリで年間10万件、全国で100万件以上と当時言われていた（ラボー：326）。ばらつきはあるが、「年間40万から50万件の堕胎数」という数値が当時最も信じられていたようである。国民連盟のボヴラが1939年に刊行した堕胎を糾弾するパンフレット『無垢な子供の虐殺』では、「毎年40万人の小さなフランス人が生まれる前に殺されている」している（Boverat 1939b：2）。

1905年のフランスの出生数は80万7300であるから、当時推測されていた堕胎数が40万から50万とすると、年間出産数の半分あるいはそれ以上の赤ん坊が堕胎によって失われている計算になる。こうした事態は、出生率低下を懸念する政策決定者たちにとって容認できない「問題」であった。そこで、失われている出産を取り戻すための出生率上昇策の一つとして、堕胎や避妊の抑圧を強化する動きが出てくる。その背景には、その頃行われていた新マルサス主義のプロパガンダを抑制するという目的もあった。

それが法制化されたのが1920年法（正式名称「堕胎の教唆と避妊の宣伝を抑圧する1920年7月31日の法律」）である[19)]。前述のように堕胎行為の禁止そのものはナポレオン刑法ですでに制定されていたが、この1920年法ではさらに避妊の宣伝や堕胎の教唆、避妊や堕胎行為につながる薬品や器具の販売や宣伝までもが禁止され、これらに違反すると刑罰が科されることとなった。また、「出生率上昇に反するような contre la natalité」宣伝も禁止された。堕胎教唆者及び堕胎罪を犯す目的をもつ「何らかの薬品、物質、器具、物品」を販売あるいは頒布した者には、6か月以上3年以下の禁錮及び100フラン以上3000フラン以下の罰金が科されることになった。また、避妊方法や避妊を容易にする方法を提供した者、あるいは避妊方法の宣伝を行った者には、1か月以上6か月以下の禁錮及び100フランから5000フラン以下の罰金が科されることになった。この法律によって、それまで細々とではあるが販売されていたペッサリーなどの避妊器具の販売は禁止された。ただしコンドームのみは性病予防に役立つとの理由から販売は許可されたが、宣伝や広告は禁止された（ラボー:326, 335)。

成立当時、戦闘的フェミニストであるネリー・ルーセルは、この法律を「悪法のきわみ」と評したが、第2章で見たように、多くのフェミニストは当時積極的な反対行動を示さず、堕胎を余儀なくされた女性よりも、女性に望まない妊娠をさせた男性に厳罰を与えるべきと主張するに留まった（ラボー:333-334)。

2　1920年法の成立過程

この1920年法へつながる避妊と堕胎の取締り強化を求める法案の提出は、大戦前から複数の議員によって行われていた。それらには主に人口減少院外委員会のメンバーが関わっている。最初の法案提出は、1910年3月17日に、第一委員会のメンバーであった当時の法務大臣バルトゥ（第一次ブリアン内閣、在1909.7-1910.11）が下院に提出した刑法317条の改正と堕胎の教唆の禁止を求めるものである[20]。バルトゥはこの後、第三次ブリアン内閣と第四次ブリアン内閣でも法務大臣を務め（在1913.1-1913.3)、ポワンカレ大統領の下、第四次ブリアン内閣の後を継いで首相となる（在1913.3-1913.12)。

バルトゥはこの法案の理由説明において、判事や陪審員が堕胎を受けた女性に対して同情して無罪を宣告するのが半ば慣習となり、堕胎罪を重罪と規定している刑法317条が形骸化していることを非難し、陪審員制度が適用されない軽罪へ変更することを求めている。この法案は司法改革委員会へ付託されたが、その後進展がないため、バルトゥは1910年7月5日に再び同じ内容の法案を提出した[21]。

バルトゥの2度の法案提出の間に、第一委員会の死亡率下部委員会の委員長であった上院議員ラネロングが、後に「ラネロング法案」と呼ばれることになる「出生率の上昇に関する諸方策によって人口減少と闘う法律」の法案を1910年6月16日に上院に提出した[22]。この法案を原型として検討が重ねられるうちに内容が変化し、1920年法へと収斂する。

ラネロングは法案提出の理由説明において、フランスの「人口減少という危機」と出生率低下に触れ、その原因として、独身が増えたこと、結婚が遅くなったこと、相続の不自由さ、給与生活者の不安定さ、節約を好むことなどを挙げ、つまりは夫婦の意志によって子供数を制限していると述べる。また、ドイツとの出生数の差を挙げ、「あらゆる害悪の中で最悪のものは、妊娠しないこと stérilité」であり、その中でも「意志による不妊」が最も厳しく罰せられるべきであると非難する。また、多子家族に有利な政策を実行することによって、このような「個人のエゴイズムと闘う」べきであると主張する。ラネロングは、「フランスの家族と民族の永続の保証」のためには各家族が3人の子をもつことが必要であり、そのために若者の結婚と第三子の奨励を提案する。また、29歳以上の独身男性への兵役期間延長や、満25歳までに結婚していない者は国・県・市町村の公務員に採用しないなどといった抑圧的な施策も提案している。ラネロングの主張は、人口減少院外委員会の出生率下部委員会での議論とほぼ同じであるが、この法案では、明確には堕胎の取締りについて触れていない。

このラネロング法案は、ボーパン François Beaupin（民主左派）による1910年7月5日の議会報告において、この法案について検討する委員会の設立が要請された[23]。これにより、ラネロングを委員長とする9人のメンバーからなる委員会が1910年11月11日に組織され、出生率上昇策の研究計画を練った。その内容は、0歳から1歳児までの乳児死亡率の低下、堕胎の抑圧、独身者に対する抑圧、結婚手続きの簡略化と若者の結婚の促進、多子家族の奨励と優遇、子供が1人か2人しかいない家族への出産奨励などである。この委員会の計画において、最初のラネロング法案にはなかった堕胎の抑圧が主要な議題として登場した。

1910年12月20日に、この委員会の下に堕胎を減らす方策を研究する下部委員会が組織された。その中にはラネロングと、第二人口減少院外委員会のメンバーであったマルタン Loui Martin（急進社会左派）やベスナール Férix Besnard（民主左派）らがいる。

なお、ラネロングは1911年12月21日に死亡したが、この法案は、第一・第二人口減少院外委員会に参加し死亡率下部委員会の中心であったストロースが引き継ぎ、「ラネロング法案」という名称のまま審議が続けられた[24]。

堕胎に関する下部委員会で議論した内容に基いて、ベスナールは1912年11月21日に議会報告を行い、同時に堕胎に絞った新たな法案を提出した[25]。その内容は、刑法317条の改正と、地方自治体が管理する公立の「産院 maison d'accouchement」の設立、助産婦の資格授与の行政管理、堕胎の教唆や宣伝の罰則規定、避妊方法の周知の禁止などである。これらの内容の一部が1920年法へと結実する。またそれ以外の提案も、その後法制化されていく。

ベスナールは、この報告において、前述のリヨンの医師ラカサーニュが挙げた年間50万件という堕胎数が新聞で「出産ストライキ」として紹介されていることに触れ、フランスの年間出生数の比率からすると約40％が生まれる前に殺されていると主張し、堕胎は全階級における「社会的犯罪」であると非難し、早急の対策を訴えている。

同年12月19日の追加報告において、ベスナールは第一委員会の死亡率下部委員会での堕胎に関する報告を紹介し、ストロースが人口減少院外委員会で行った死亡率に関する報告を添付した[26]。これらのことからも、この堕胎に関する法案は、人口減少院外委員会の議論を受け継いでいることは明らかである。

この法案に関する上院での最初の審議は、1913年1月30日に行われた[27]。議論になったのは、堕胎行為を知った医師の報告義務の規定が医師の守秘義務に抵触するのではないかといったことで、堕胎や避妊の取締り強化そのものに対する反対は出ていない。翌日の審議では、保守右派のリウ Charles Riou が前年の出生数が死亡数を下回ったことに触れ、出生率低下を「問題」として提示し、さらに1912年の第二人口減少院外委員会の活動に触れ、出生率低下の理由はフランス人が意志的に家族数を制限しようとした結果であるという、これまで何度も主張されてきたことを繰り返した。つまり、左派が多かった人口減少院外委員会の議論を右派議員も共有しているといえる。この審議では、堕胎に関することのみでなく、人口増加の方策としてより広く、多子家族への援助や初等教育についても議論された[28]。しかし、議論がまとまらないまま第一次大戦が始まったため、審議は中断された。

1918年に入り、上下両院で審議が再開された[29]。第一次大戦による死者の多さから、人口減少問題は大戦前より深刻になったため、堕胎や避妊の取締りを厳しくすることに対しての反対は少なく、議論の内容も大戦前と同様に医師の守秘義務に関するものが多かった。

最初の法案提出から10年経った1920年7月23日に、下院においてイニャス Edouard Ignace（共和左派）が堕胎の抑圧に関する即時審議を要求し、同日審議が行われた。[30] イニャスは犯罪的堕胎行為や避妊の宣伝行為を「真の国家的危機」とし、戦争で約150万人が犠牲になった後で、堕胎や新マルサス主義の宣伝によって利益を得ることは許されない行為であり、この法案を一刻も早く採択すべきであると主張した。これに反対したのは、もっと時間をかけて審議すべきであるという理由で即時審議と即時採択に反対した社会党のベルトン André Berthon である。その他に、同じく社会党のモルーシ Fernand Morucci が、女性が妊娠を悲劇と見なさないようにすることが必要で、そのためには国家は子供を要求する前に揺籠を用意すべきであるとの理由から反対した。小児科医ピナールは、抑圧的な方法では出生率は上昇しないと反対した。即時採択が行われ、賛成521票反対55票の圧倒的多数で可決され、ミルラン内閣のロピトー Gustave Lhopiteau（進歩派）法務大臣の下で1920年法として公布された。

この1920年法は、出生率上昇・人口増加を目的とした「産児制限禁止法」であり、別の言い方をするなら「新マルサス主義のプロパガンダ禁止法」である。この1920年法は第二次大戦後も有効とされ、フェミニストから攻撃の的となったが、他国がピル（避妊経口薬）解禁や中絶許可に踏み切る中、フランスではかなり遅くまで避妊薬販売禁止が続いた。ピル解禁法（通称ヌーヴィルト法 loi Neuwirth）が成立するのは1967年であり、妊娠中絶法（通称ヴェイユ法 loi Veil）が成立するのは1975年のことである（第9章で後述）。

ただ、堕胎に関して、この1920年法にはラネロング法案に盛り込まれていた刑法317条の改正、すなわち堕胎罪を重罪から軽罪にする措置は省かれた。これは、3年後の「堕胎に関する刑法317条の諸条項を変更する1923年3月7日の法律」（以下、1923年法）によって達成される。[31] この法律は、第二次ポワンカレ内閣の下、バルトゥから法務大臣を引き継いだコルラ Maurice Colrat（在1922.10-1924.3、民主共和連合）の時に成立した。この法律によって堕胎罪は軽罪扱いとなるため起訴手続が簡単になり、軽罪は陪審員制ではないため、より多くの実刑判決が出ることが期待された。事実、この1923年法の施行以後、堕胎罪の有罪判決は急増した。1880年から1910年にかけて堕胎罪に対する無罪判決は平均72％であったが、1925年から1934年にかけては19％に減少した（クニビレール／フーケ:401）。しかし、有罪数が増加したとしても、政策決定者たちが真に目指した堕胎数そのものが減少したかどうかは不明である。

こうして1920年に、出生率上級評議会の設立と1920年法の成立という、一方では出生率を引き上げる方策が探究され、他方では堕胎や避妊の取締りを強化する抑圧的な方策が採用された。しかし、このような出産増加の努力にもかかわらず、1920代から1930年代にかけて出生率は上昇せず、むしろ低下した。さらに、堕胎や避妊の宣伝や避妊具の販売が禁止されたことによって、逆に医師でも助産婦でもなく専門知識のない闇の「堕胎屋」が増える結果となった。

5．その後の家族政策の動き

堕胎や避妊の抑圧の他に出生率上級評議会が議論したのは、家族手当や出産ボーナスの創設である。前章で見たように1913年の多子家族扶助法によって貧窮家族への手当は採択され、第一次大戦を経て公的機関・民間企業における家族手当の普及は進んだため、出生率上級評議会が次に目指したのは「国家制度としての普遍的な家族手当の創設」である。

家族手当の一般化を求める最初の法案は、ミルラン内閣成立直後の1920年2月24日に、前述の出生率上級評議会のメンバーでもあったボカノウスキによって、「家族追加賃金の制定による多子家族への援助に関する法案」として下院に提出された[32)]。内容は、1日5時間以上、年間150日以上就業する賃金労働者を雇用する全ての雇用主に対して、家族追加賃金を労働者に保証する職業金庫または地域金庫に加入することと、企業拠出金として労働者の賃金の5％を支払うことを義務づけ、その金庫から労働者に妊娠手当、出産費用手当、授乳手当、全ての子供に14歳になるまで毎月手当を支給するというものである。ボカノウスキは、後の第四次ポワンカレ内閣で商産業大臣を務めることになる人物である（在1926.7-1928.9）。

この法案の理由説明で、ボカノウスキはフランスの出生率低下問題に触れ、各地の民間企業で普及している家族手当や家族手当均衡金庫を紹介した上で、法制度による「一般化」を目指すべきであるとしている。しかし、当時の民間企業の均衡金庫への拠出金の平均は2.7％であったため（Ceccaldi:33）、5％は高率すぎるとして雇用主からの反発が大きく、この法案は労働上級評議会に付託されたが却下された。

その3日後の1920年2月27日に、ティブー Georges Thibout（無所属、後1924年にキリスト教系の人民民主党設立）が「多子家族への国家手当支給に関する法案」を下院に提出した[33)]。これは多子家族扶助法を改正して、「貧窮」の多子家族ではなく、全ての家族の第三子以降に年間360フランの手当を支給するという内容である。ここでも、理由は出生率の立直しのためと説明され、「人間の不足」を改善するための対策をすぐに選択しないと、フランスから人がいなくなりフランスという国がなくなると主張した。これは前述のクレマンソーと同じ主張である。その改善策として、国家による家族手当制度の確立を提案した。

ティブーの法案は、同様の法案とまとめられて、1920年7月9日に社会保険・対策委員会の名でドラシュナル Joseph Delachenal（民主共和協定 Entente républicaine démocratique）による議会報告が行われた[34)]。彼自身も同様の法案を提出しており、報告内容は家族手当法制化に好意的なものであった。この報告を受けて、これらの法案は1921年3月10日に審議にかけられたが、賛成37、反対518で否決された[35)]。この審議では、まず報告者ドラシュナルが「フランスのために多子家族への援助が必要不可欠である」と主張し、その理由を国防（兵力）と経済（労働力）面で必要であると説明し、1919年には出生数より死亡数が22万も多かったことを挙げ、出生率上昇の必要性を強調した。ドラシュナルは、「我々の国を存続させるためには（中略）各家庭に3人以上の子が必要である」と主張し、しかし子供にお金がかかるから両親は多子を避けるようになったのだから、「我々が両親にもつことを要求する子供たちを育てることができる十分な金額を、両親に分配することによって国家が介入することが不可欠である」と主張し、国家による家族手当を要求した。しかし、財務委員会のファリエール André Fallières（共和左派）は「予算の問題」からこの提案を否定し、出生率上昇が必要なことには理解を示すが、出生率を上昇させることのみでは十分ではなく、「子供をもつ人々に対して、子供たちが悲惨すぎる状況で暮らすことのない可能性を保証することが必要」であるから、多子家族扶助法で十分であると反論した。また、ファリエールはこの法案が提案する子供数に応じた累進的増額を、平等の観点から批判した。それに対して、出生率上級評議会に属する議員たちが家族手当の必要性を擁護するが、反対多数で可決されなかった。このように1920年代初めに提出された家族手当に関する法案は、予算や共和国原理の「平等」に妨げられ、採択には至らなかった。

その他、民間企業の金庫加入に対する国家の後押しとして、公共事業の入札業者に対して家族手当均衡金庫への加入を義務づけた1922年12月19日の法律がある。これは、国家・県・市町村の公共事業の入札業者に対して、彼らが雇用する労働者に家族手当を支給することを義務づけるものである（宮本 1995:178）。こうして少しずつ、民間企業に対しても家族手当支給と均衡金庫への加入を国家が強制する方向へ進むようになった。これは、ミルラン、レイグ、第七次ブリアン内閣の後を継いだポワンカレ内閣（第二次1922.1-1924.3, 第三次1924.3-1924.6）の時である。

第二次ポワンカレ内閣は、前のブリアン内閣がとっていた仏独宥和策から、対独強硬路線へと転換し、ドイツの賠償金支払いの不履行を理由に、1923年1月にルール地方を占領した。この時、社会党と共産党は反対したが、その他の政党からは議会で圧倒的支持を得ていた。しかし、英米の圧力を受けて、ルール占領は失敗に終わる。その後、増税や公務員削減を図り、親カトリック政策をとるポワンカレ内閣に不安を覚えた急進社会党は、社会党に接近して反ポワンカレ運動を組織し、1924年5月の選挙で「左翼カルテル」を結成する。結果、左翼カルテルが過半数の328議席を獲得し、右派勢力は226議席と半減し、左翼カルテルの勝利となった（渡辺ほか:85）。が、それで誕生したフランソワ＝マルサル内閣はわずか6日間で倒れ（1924.6.9-1924.6.14）、次のエリオ Édouard Herriot（急進社会派、在1924.6.14-1925.4）内閣は急進社会党中心で、社会党は閣外に留まり、左翼カルテルは弱体化した。その後、左翼カルテル政権は、1926年7月にポワンカレが第四次内閣を組閣するまでの2年間に5度交代し、パンルヴェ Paul Panlevé（共和主義社会党、第三次1925.4-1925.11）、ブリアン（第八次1925.11-1926.3、第九次1926.3-1926.6、第十次1926.6-1926.7）、エリオ（第二次、1926.7.19-1926.7.23）が首相を務めた。1920年のミルラン内閣成立後から1932年までの間、一時期の例外を除いて右派政権であったと前述したが、この1924年から1926年までの左翼カルテル政権がその例外の時期である。

ミルラン指導のブロック・ナショナルにも参加していたブリアンは、1910年代に何度か首相を務めており、左翼カルテルの第三次パンルヴェ内閣から継続して外相を務め、左翼カルテル崩壊後も1932年1月まで外相を務め（在1925.4-1932.1)、約7年間という長期にわたって「ブリアン外交」を築いた。ブリアン外交の基本は、ポワンカレの対独強硬路線から転換した対独協調路線である。1925年10月にはロカルノ条約が締結され、ラインラント非武装、ヴェルサイユ条約で定められた国境不可侵などが決定し、仏独和解が成立した。この時期、対外的には安定したが、国内ではインフレが進行し、財政危機とフラン危機が重なり、左翼政権に対する圧力が強まった。それが左翼カルテル政権崩壊の理由である。

その後、ポワンカレが再び首相となり（第四次1926.7-1928.11、第五次1928.11-1929.7)、社会党と共産党を除く諸政党から広く入閣を求め、急進社会党（極左を除く）から右翼ナショナリストまで含む「ユニオン・ナショナル Union nationale」内閣が成立した。ポワンカレは1928年6月のフラン切下げによってフラン危機を解消した。これによって、フランスは対外的な平和とともに、経済の繁栄と社会の安定も獲得した。1928年3月14日には、「社会保険法」、すなわち年間所得1万8000フラン以下の被用者全てに対して、病気、廃疾、老齢、死亡、出産などに給付を行う強制社会保険制度の法律が成立した[36)]。この1928年の社会保険法と関連して、家族手当の法制化が進められることとなる。

まとめ

本章では、1914年から1931年までの戦間期の家族政策について検証した。多くの犠牲者を出した第一次大戦後、人口減少に対する危機感は深刻になり、大戦前よりも人口増加のための家族政策が積極的に採用されるようになった。その代表的なものが、1920年1月の出生率上級評議会の設立と、この評議会が推進した1920年7月31日の堕胎と避妊の取締り強化法である。ヴィシー政府は堕胎罪に対して死刑を含む厳罰で臨むが、政府による堕胎と避妊の抑圧は1920年にすでに始まっていた。出生率上昇策としてのこれらの方策は、人口減少院外委員会で提案されていたものである。出生率上級評議会には、第一・第二委員会のメンバーが多くいたことから、人的連続性も存在する。第一次大戦前は急進社会党を中心とする左派政権が家族政策を推進したが、戦間期は右派政権が家族政策を推進した。ニュアンスの違いは存在するが、フランスでは左右どちらの陣営も、家族政策に対して強い反対はない。ただし、1920年に提出された二つの家族手当法制化法案は、高額の拠出金に対する企業の反発や、予算や共和国原理の「平等」の観点から反対が多く、成立には至らなかった。家族手当の法制化が実現するのは、1932年のことである。

1） フランス北東部の要塞地における仏独の激戦区。ドイツ軍の10か月に及ぶ猛攻に耐え、最終的にフランス軍が勝利したが、仏独両軍合わせて42万人の死者と80万人の負傷者を出し、近代戦の大量殺戮の象徴となった。このヴェルダンの戦いを指揮したのが、後に「ヴェルダンの英雄」と呼ばれ、ヴィシー政府の首班となるペタン元帥である（渡辺ほか：80-81）。

2） JO, Sénat, débats. séance du 11 octobre 1919：1625-1626.

3） *Bulletin de l'Alliance Nationale*, 1915, No.69, janvier：553-554.

4） 地方公務員への一般化が決定するのは1923年であるとする説と（大塩：179、宮本 1995：193）、地方公務員への家族手当の一般化・義務化は1934年6月30日法によるとする説がある（深澤 2008a：26）。

5） 第3章で見たように、アルメルが19世紀末にすでにこうしたシステムを開始していたが、規模が小さかった。

6） 江口はロマネの金庫設立を1918年4月、マルセッシュの金庫設立を1918年1月としている（江口：10）。フランス社会保障研究者の廣澤はロマネの金庫設立を1919年としている（廣澤：115）。

7） JO, Ch. débats. séance du 21 avril 1916：1111; doc. No.2096：661-663.

8） JO, Ch. débats. séance du 6 novembre 1917：2869; doc. No.3910：1593-1599.

9） 「育児学」「小児医学」の用語の普及には、産科医であり小児科医であるピナールが関わった。ピナールは第一・第二人口減少院外委員会のメンバー。

10） JO, 28 janvier 1920：1496-1497.

11） JO, 29 janvier 1920：1521-1522.

12） 母子の保護には、乳幼児死亡率低下の他に、堕胎や避妊の規制も含む。

13） *Bulletin de l'Alliance Nationale*, 1920, No.94, mai：337-340.

14） *Bulletin de l'Alliance Nationale*, 1920, No.98, septembre：448 457. 主食であるパンの値段に関しては、イザークが中心となって、3人以上の子をもつ父親と2人以上の子を育てている未亡人はパンを値引きした額で買えるという1920年2月3日のデクレ制定にこぎつけている。JO, 4 février 1920：1840-1841.

15） JO, 28 mai 1920：7814-7815.

16） 日本やアメリカでは母の日は5月の第二日曜日だが、フランスでは現在も5月の最終日曜日である。

17） JO, Ch. doc. séance du 17 mars 1910, No.3220：333.
18） *Bulletin de l'Alliance Nationale*, 1904, No.23, juillet：567.
19） JO, 1er août 1920：10934. 正式名称は、Loi tendant à réprimer la provocation à l'avortement et la propagande anticonceptionnelle.
20） JO, Ch. débats. séance du 17 mars 1910：1493; doc. No.3220：333-334; doc. No.311：963-965.
21） JO, Ch. débats. séance du 5 juillet 1910：2420; doc. No.256：646-647.
22） JO, Sénat, débats. séance 16 juin 1910：1526. この法案には、「連帯主義」を提唱した左派のレオン・ブルジョワ Léon Bourgeois（急進社会主義）元首相（在1895.11-1896.4）も署名している。
23） JO, Sénat, doc. séance du 5 juillet 1910, No.329：999.
24） JO, Sénat, doc. séance du 19 décembre 1912, No.402：143.
25） JO, Sénat, doc. séance du 21 novembre 1912, No.354：42-74.
26） JO, Sénat, doc. séance du 19 décembre 1912, No.402：143-144.
27） JO, Sénat, débats. séance du 30 janvier 1913：21-23.
28） JO, Sénat, débats. séance du 31 janvier 1913：25-37.
29） JO, Sénat, doc. séance du 10 janvier 1918, No. 3：1-10; JO, Ch. doc. séance du 7 août 1919, No.6679：2347-2353. JO, Ch. doc. séance du 25 mars 1920, No.616：512-516. JO, Sénat, débats. séance du 21 novembre 1918：775-782.
30） JO, Ch. débats.séance du 23 juillet 1920：3067-3075; doc. No.1357：2065-2066.
31） JO, 29 mars 1923：3122.
32） JO, Ch. débats. séance du 24 février 1920：295; doc. No.386：561-564.
33） JO, Ch. débats. séance du 27 février 1920：380; doc. No.426：383-382.
34） JO, Ch. débats. 2e séance du 9 juillet 1920：2960; doc. No.1273：1990-1993.
35） JO, Ch. débats. séance du 10 mars 1921：1184-1193.
36） この法律の実施は1930年2月5日からとされたが、法案可決直後から各方面で反対運動が起き、執行が延期された。主な反対者は、負担増加を嫌う経営者と、医療の自由の原則を守ろうとする医師たちである。結局、政府は1928年法が実施される前に修正法案を提出し、それが成立するのが1930年4月（施行は1930年7月1日）であることから、「社会保険法」は「1930年法」を指すこともある（廣澤：109-112、柴田ほか編：46）。

第5章　国家制度としての家族手当の発展（1932－1938年）

1930年代は国家制度としての家族手当が発展した時期である。特に普遍的な家族手当として初めて法制化された「家族手当に関する1932年3月11日の法律」（1932年法）と、家族手当の一般化と統一化を行った「家族手当に関する1938年11月12日のデクレ」（1938年デクレ）が重要である。本章ではこの二つの法令を中心に、1932年から1938年11月までの家族政策を検証する。

日本の先行研究では、1938年デクレは1932年法を補うもので、成立理由はどちらも「人口減少のため」とのみ説明されることが多い（岡田 1996、田端 1999、大塩、江口など）。1938年デクレに全く触れない場合もある（加藤、廣澤、上村 1999）。が、フランスでは、1938年デクレを1932年法より高く評価することが多い。「フランス社会保障の父」と呼ばれたラロックは、1938年デクレによって「家族手当は賃金や企業から独立した真の『家族手当』となった」(Laroque (ed.) 1985: 9）と評価し、家族政策研究者メスも、1938年デクレを「家族手当の歴史において新たな時代を切り開いた」(Messu:60) と高く評価する。日本でも、宮本は1938年デクレを「家族手当の一般化と統一化の両面でまさに画期的な改革を行ったもの」として、1939年の家族法典より高く評価し、日本でその重要性があまり認識されていないことを批判している（宮本1995:189-191）。

一般に、1938年デクレは、1932年法の適用における問題点の改善のために制定されたという説明が多い（Reggiani 1996, Watson 1954ab, Damon など）。もちろんそれは事実であるが、序章で述べたように、家族政策の「黄金時代」は1938年からとされることが多く、論者によっては1932から1938年までを「後退期」とすることもある。[1)]つまり、1938年デクレは一旦下火になった家族政策の再開であり、「黄金時代」の始まりと捉えられるほど重要な立法である。したがって、1938年デクレ制定には、何らかの積極的な理由が存在すると考えられる。また、

1938年デクレは、ミュンヘン会談後の緊迫した国際状況の中で国内の経済再建を目指した1938年11月12日公布の一連の「経済・財政再建デクレ」の一部である。が、家族政策研究で、この点に触れられることは少ない。

本章では、先行研究に欠けているこれらの点に注目し、1932年法と1938年デクレを比較する形で、二つの法令の差異と共通点を検証する。なお、日本で1938年デクレの研究が少ない理由として考えられることは、法律ではなくデクレであるため重視されなかったことと、議会審議がないため公式史料が少ないことである。本章でも周辺史料が中心となるが、単純な発展史観で語られてきた二つの法令の違いを明らかにする点に意義があると考える。

第１節　1930年代初めの政治状況

第一次大戦末期に「家族手当均衡金庫」というシステムが開始され、家族手当は急速に普及した。前章で見たように、家族手当を国家制度とするよう求めるボカノウスキ案やティブー案などの法案が1920年に提出されたが、採用されなかった。

前章で見たように、1924年から1926年までの２年間の左翼カルテル政権がインフレや財政危機で崩壊した後、1926年７月に成立した第四次ポワンカレ内閣（1926.7-1928.11）は、６人の首相経験者を集めたユニオン・ナショナル内閣となった。この時の商産業大臣は前述のボカノウスキである。財務大臣を兼ねた首相ポワンカレは財政立直しに力を入れ、1928年６月のフラン切下げによって通貨の安定を図り、ブリアン平和外交とともに、第一次大戦後最も経済発展した時期となった。この内閣の下で、社会保険法が1928年３月に成立し、その際、社会保険でカバーするリスクの一つに「出産」も入ったことから、以前から要求されていた家族手当の法制化が再び推進される。

1932年法は、法案提出から可決・公布まで第三共和制においては異例の早さで行われた。1929年１月に法案が提出され、下院では1931年３月に、上院では1932年１月に可決され、同年３月に公布された。つまり、法案提出からわずか２年あまりで成立した。ここで簡単に、この時期の政治状況を簡単に確認する。

第四次ポワンカレ内閣時の1928 年の総選挙では、急進社会党もポワンカレ体制維持を訴え、第一回投票では左翼諸党派の方が得票数が多かったものの、共産党が立候補取下げを拒んだため、第二回投票では右翼が過半数を占めた。急進社会党は第一回投票で社会党より得票数が少なかったことから閣外に去ることになり、ユニオン・ナショナル内閣は崩壊し、次に成立した第五次ポワンカレ内閣（1928.11-1929.7）は、より右寄りとなった。この時の労働・衛生・社会保険・対策大臣はルシェールLouis Loucheur（急進左派）であり、ルシェールは第四次ポワンカレ内閣の1928年6月から、第五次ポワンカレ内閣、第十次ブリアン内閣、第一次タルデュー内閣の1930年2月まで、1年半にわたって労働・社会対策大臣を務めた。また、この時の内務大臣は、第二人口減少院外委員会と出生率上級評議会のメンバーだったシェロンである。この第五次ポワンカレ内閣の時、1932年法となる家族手当法制化の法案が提出された。

その後、ポワンカレは病気のため1929年7月に辞職し（1934年死去）、1929年11月にはポワンカレのライバルであったクレマンソーが死去する。ポワンカレの後を継いだブリアン（第十一次内閣1929.7-1929.11）も1932年に死去し、1930年代初めは、第一次大戦期の政治指導者たちが相次いで死去し、時代の推移を感じさせる時期であった。

1929年11月の第十一次ブリアン内閣崩壊後、1932年6月に左翼同盟の第三次エリオ内閣（急進社会党、1932.6-1932.12）が成立するまでの約2年半の間は、議会の右翼多数派を背景に成立した中道右派政権であった。この間、六つの内閣が存在し、ショータン Camille Chautemps 内閣（急進社会党、1930.2.21-1930.3.2）はわずか2週間足らず、ステーグ内閣（急進社会党、1930.12-1931.1）は約1か月という短さであった。これは中道右派内閣が、上院の急進社会党によって不信任決議が出される事態が続いたためである。しかし、それ以外の期間は、タルデュー（第一次1929.11-1930.2、第二次1930.3-1930.12、第三次1932.2-1932.6）とラヴァル Pierre Laval（無所属[2]、第一次1931.1-1931.6、第二次1931.6-1932.1、第三次1932.1-1932.2）の2名が比較的長期間、首相を務めた。家族手当の法制化が進むのは、世界恐慌の影響がフランスにも次第に波及し始めるこの両内閣の時である。

第2節　家族手当に関する1932年3月11日の法律（1932年法）

1．1932年法の内容

1932年法の正式名称は「労働法典第1編3章及び5章と民法典第2101条を修正する1932年3月11日の法律」である。[3)] 家族手当に関する内容であったことから、後に「家族手当に関する1932年3月11日の法律」と呼ばれる。公布時の内閣は、中道右派の第三次タルデュー内閣（1932.2-1932.6）である。この1932年法に署名しているのは、首相兼外相タルデュー、労働相ラヴァル、農相ショヴォー Claude Chauveau、副首相兼法相レノーである。

内容は、工業・商業・農業・自由業の雇用主に（農業は将来の適用とされた）産業別・地域別の家族手当均衡金庫への加入と、労働者数に応じた割当金の拠出を義務づけ、14歳未満の子供（学生や見習いの場合は16歳まで延長）を扶養する全ての賃金労働者に、家族手当を第一子から支給するというものである。つまり、この1932年法は、19世紀後半から広がりつつあった家族手当を国家制度として追認し、雇用主に均衡金庫の加入と拠出金支払いを義務づけた。ただし、手当額に関しては、最低額のみ労働省が県別に決定するとし、支給額や支給方法の規定はなかった。そのため、実際の適用において、格差や混乱が生じることとなった（後述）。家族手当制度は労働法典に追加され、労働省の管轄となった。

この法律の特徴は、農業を除く全ての賃金労働者に家族手当を拡大した点と、それまでは雇用主による恣意的な温情でしかなかった家族手当が、全労働者の「社会的権利」として認められた点である。

2．1932年法の成立過程

第五次ポワンカレ内閣において、1932年法につながる法案が、同時期に二つ提出された。一つは、1929年1月24日に、中道右派のルロール Jean Lerolle（人民民主）が CFTC の支持を受けて19名の署名とともに下院に提出したルロール案である。[4)] ルロールは、キリスト教系の人民民主グループに所属し、社会保険・対策委員会に属していた。もう一つは、その翌日にランドリ（1930年から急進社会党）が下院に提出したランドリ案である。[5] ランドリは宗教に関係なく広い支持を集め、221名の署名とともに提出した。ランドリは、コルシカ出身の下院議員で、国民連盟のメンバーである（1923年から副会長）。前述のように、1911年にオノラとともに設立した下院出生率擁護グループの会長を務め、第二人口減少院外委員会にも参加した。1920年1月成立のミルラン「家族主義」内閣では、海軍大臣として入閣した。

ランドリは、この法案提出後1931年1月から1932年2月までの3度のラヴァル内閣で労働・社会対策大臣を務め、自ら提出した法案を成立へと導いた。そのため、1932年法は通称「ランドリ法 loi Landry」と呼ばれる。ランドリは、労働大臣となった時に、第二次大戦後に社会保障制度の確立を推進するラロック（当時コンセイユ・デタの官僚）を自分の官房 cabinet にした（Rosental:25）。日本ではあまり知られていないが、フランスではランドリは家族政策の推進者として有名である。後にランドリは、1939年2月設立の人口高等委員会のメンバーとなり、家族法典作成にも関わることになる（第6章で後述）。

ルロール案とランドリ案の内容は、どちらも全雇用主（農業、自由業、家内労働者を含む）に対して均衡金庫に加入することを強制し、全労働者に対して家族手当を支給することを義務づけ、家族手当の最低額を設定するというものであった。法案の名称は、ルロール案は「家族手当の義務化に関する法案」で、ランドリ案は「家族手当の一般化に関する法案」であるが、内容はほぼ同じで、ルロール案は第4章で見たボカノウスキ案の一部を採用している。

この二つの法案提出を受け、労働大臣ルシェールは翌26日に「家族手当上級委員会 Commission supérieure des Allocations Familiales」を設立し、この法案を検討させた。この委員会の構成は、議員12名、均衡金庫の代表者12名、民間企業と契約を交わす可能性のある行政機関の代表12名、雇用主2名、労働者2名、労働省と財務省の官僚2名である（Talmy 1962b:141）。

ルシェールは労働省の労働局長ピクナール Piquenard に命じて、「家族手当中央委員会 Comité Central des allocations familiales」[6] の協力を得て、新たに法案を作成させた。ルロール案とランドリ案を吸収したこの新法案は、家族手当上級委員会で満場一致で承認され（宮本 1995:178-179）、半年後の1929年7月25日に労働大臣ルシェールと農業大臣エネシー Jean Hennessy によるポワンカレ内閣の政府法案として提出された。[7] 内容は、全ての雇用主に家族手当均衡金庫加入を強制することと、家族手当の最低額を県別に定めることである。ただし、対象を工業・産業・自由業に限定し、農業労働者と家内労働者は除外された（将来のデクレによって補うとされた）。農業労働者を除外した理由は、一般に農村は都会よりも多子傾向にあると考えられたためである。

この政府法案に関して、下院で1930年７月11日に、ルロールが社会保険・社会対策委員会の名で議会報告を行った。[8] ルロールは、公的部門と民間企業における家族手当の起源と歴史の概略と均衡金庫の発展を説明し、現時点で家族手当が各地に広まっている事実を確認した上で、「家族手当の立法の介入原則と法的義務化に関する合意は今日得られている」とし、家族手当の一般化と均衡金庫の加入の義務化を急ぐべきであると主張した。その際、前述の家族手当上級委員会のみでなく、1920年設立の出生率上級評議会も家族手当の一般化を要求している点に触れるが、人口減少や出生率低下についてはほとんど言及しておらず、むしろ国家の介入の是非を問題にしている。ルロールは、国家の介入に関しては論争があるとした上で、両方の主張を紹介する。一方は「家族の扶養は、労働者の人生において、病気、事故、障害、老齢、死亡、失業と同様の一つのリスクである」から、他のリスクと同様に社会保険でカバーされるべきであり[9]、だからこそ家族手当の義務化が求められるという主張である。他方は、子をもつことは人生において「普通の出来事」で、「リスクとは見なせない」から、社会保険ではなく賃金の問題として現行の均衡金庫で解決できるとして国家の介入を否定する主張である。ルロール自身は前者支持であり、10年以上前から家族手当は民間主導で実施されており、金庫には毎年新たな加入者が増え漸次発展していることから、国家はそれを承認するのみでよく、それがこの法案の内容であると説明し、この法案の採択を訴えた。

その後、労働委員会と社会保険・対策委員会と家族手当上級委員会から修正案が出された。修正内容は手当の支給年齢の引き上げなど細部に関することのみで、基本的に家族手当の法制化には賛成であった。また、この法案のために設置された家族手当上級委員会を、家族手当に関する当事者が助言または参加する機関として労働省の下に残すという要請が出て承認された。

これらの修正案を取り入れた法案が作成され、２月11日に各委員会からの承認を取り付け、3月3日にルロールが修正案の追加報告を行い[10]、3月30日に議論なく可決された[11]。

上院では、多少議論となった。1931年6月11日に、家族手当賛成派のフランソワ＝サン＝モール François-Saint-Maur（無所属）が上院での議会報告を行い、下院で可決されたこの政府提出法案を修正なしにすぐに採択すべきであると主張した[12]。彼は熱心なカトリック教徒の家族主義者で、上院における出生率擁護グループの副会長である。彼はこの報告において、教皇レオ13世の回勅『レールム・ノヴァルム』に触れ、労働者に支払う賃金は労働者の家族を養う分も必要であると主張し、しかし実際にはエゴイストの経営者は家族持ちより独身労働者を好む傾向があり、だからこそ家族手当を立法化する必要性があると主張した。ここでも人口減少や出生率低下についてはほとんど触れられず、むしろ家族を扶養する父親に対して「家族賃金」を支払うのは、道徳面において「正義」であり、「同一労働同一賃金」の方が社会的に公正ではないという主張がなされた。

1932年1月21日の上院審議では、穏健派のファルジョン Roger Farjon（共和連合）が、雇用主側の立場から反対意見を表明した[13]。彼は企業経営一家の出身で、1936年から3年間上院議会の副議長を務める人物である。彼の主張は、すでに雇用主は社会保険の拠出金として賃金の4％を拠出しているのに、この法案が可決されればさらに家族手当拠出金2.7％が追加され、雇用主にとって負担増となり、それは労働者全体の賃金減額や解雇につながり、失業者が増加し、最終的には経済危機を引き起こす危険があるというものであった。

これに対して前述の議会報告者フランソワ＝サン＝モールは、悪化しつつある世界恐慌のため賃金は低下しつつあるこの時期、独身労働者と比べて2人または3人の子をもつ家族は貧窮に苦しんでおり、まずそれを救うべきであると主張し、すでに金庫に加入している企業において解雇が増えているわけではないと反論した。さらに彼は、国民生産の問題よりも「国民生産に協力する人々の生活状況」の方に注意を向けるべきであると主張した。

労働大臣ランドリは、ファルジョンの意見に反論を加えつつ、「家族手当は出生率上昇に有効である」という意見を述べ、人口上の観点から家族手当の義務化の必要性を主張した。彼は、フランスでは「言葉通りの意味の人口減少が潜在的に存在している」と述べ、「出生率上昇は必要である」と主張し、人口回復を促進する家族手当は「社会の進歩における偉大な一段階である」とまで表現する。が、この時、出生率上昇と家族手当を結びつけた主張を行ったのはランドリ１人であった。1932年法の議会審議において、家族手当は出生率回復手段として見なされていない。先行研究において1932年法成立の理由とされる人口減少問題は、遠因の一つではあるかもしれないが、直接の要因ではない。

この上院審議において反対意見を表明したのはファルジョンのみであり、下院が採択した法案が修正されることなく即日可決された。

３．1932年法の問題点と実際の適用状況

1932年法によって国家制度としての家族手当が開始されたが、さまざまな問題が残された。大きな問題点は三つある。

第一の問題点は、制度上、対象を賃金労働者に限定した点である。自営業者と農業労働者は除外されたため、1932年法は「家族手当の一般化」と言われてはいるが、厳密な意味での全労働者への一般化とはいえない。近い将来農業部門にも拡充するとされたが、世界不況の影響でなかなか進まず、実際の拡充は1935年以降となった。

第二の問題点は、この1932年法は、すでに全国各地に存在した家族手当均衡金庫に共通する最低限の原則を定めたものにすぎず、新たな統一基準を作ったわけではない点である。もともと均衡金庫は、財政面でも運営面でも政府から独立した自治団体であった。1932年法の成立によって、政府は財源の不足分を補填するとされたが、従来通り主要な財源負担は雇用主であったため、国家は管理と干渉だけすることとなり、金庫運営者の不満が増大した。また、各金庫の自治性は温存されたため、手当額の差など金庫間の格差が残った。いくつかの金庫では、妻が賃金労働をせず主婦として家にいる場合に手当を支払う「専業主婦手当 allocation de la mère au foyer」[14]（以下、主婦手当）を創設し、独自に支給していた。1938年には22の金庫が主婦手当を導入していた（宮本 1995: 185）。それは当然、労働者間における格差と不満を生んだ。この主婦手当に関しては、キリスト教系労働組合 CFTC が支持したのに対し、左派系の CGT は「女性の職業活動を断念させる」として、フェミニスト団体とともに反対の立

場を取った。家族手当を管轄する労働省も、２種類の給付体系が存在するのは法律上認められないと判断し、反対する態度を明らかにした。が、結局この主婦手当は、後の1938年デクレと家族法典によって、正式に採用されることになる（第６章で後述）。

第三の問題点は、実際の適用における最大の問題点で、義務とされた全雇用主の金庫加入がなかなか進まなかった点である。その理由は、上院審議で予想された雇用主側の抵抗によるものである。特にそれは、拠出金の負担が重く感じられた小規模製造業者や小売業者の間で顕著に見られた。具体的な方法は、金庫に登録しない、一旦金庫に加入した後に集団で脱退するなどである。1936年初めにおいて、雇用主の４分の３がどの金庫にも登録していない状況で、家族手当受給権者は労働者の約20％にすぎなかった。また、雇用主側はこの1932年法による家族手当支給を口実に、賃金を引き下げることもあった（宮本1995：182、大塩：188）。

こうした問題点が残ったとはいえ、この1932年法によって、それまで一部の限られた職種や地域でしか支給されなかった家族手当が、一部除外はあるものの全労働者に対して全国規模で拡大された点は、家族手当の発展において画期的なことである。このようなユニバーサルな家族手当制度の法制化は、ニュージーランド（1926）とベルギー（1930）に続く世界で３番目の早さであった（上村1964：59-61）。1932年法の欠点は、後の1938年デクレと家族法典によって補われることとなる。

第３節　家族政策の後退期と世界恐慌の影響

1932年法以降、新たな家族政策はほとんど採用されず、1938年11月まで家族政策は後退する。しかし、この間に人口減少はさらに進行した。第２章で見たように、出生数が死亡数を下回る現象は1935年以降毎年起こり、1935年、1936年、1939年には前年より人口が減少する事態となった。第一次大戦で失われた「くぼんだ世代」の結婚・出産時期と世界恐慌が重なったためである。世界恐慌の影響が遅れて到達したフランス経済は、他国の景気が回復に向かった1935年に最悪の状況となったため、1930年代前半と後半では、人口減少の深刻度が全く異なる。前述のように、1932年法の議会審議において、家族手当を出生率回復策として捉えているのはランドリのみであった。したがって、家族手当制度が整備されるのは人口減少のためとのみ説明するのは、こうした事情を正確に汲んでいない。

1932年法で除外された農業労働者に対する家族手当は、1936年以降のデクレによって補足されるが（後述）、全体的な新しい家族政策は1938年まで採用されなかった。第一の理由は、世界不況の影響である。工業部門への本格的な波及は1932年以降で、1934年の2月6日騒擾事件（後述）を経て、国内の経済危機は1935年に頂点に達した。経済危機にあっては、財源を必要とする新たな政策は採用されにくい。第二の理由は、内閣の脆弱性である。世界不況の影響で1932年には失業者が増大し、政府の早急な対策が必要とされたが、諸内閣は有効な対策を取ることができず、短期間でめまぐるしく交代した。1932年の総選挙は世界恐慌の本格的な影響を受けた初の選挙となり、エリオ率いる急進社会党が社会党と提携して左翼ブロックを形成し、368議席を占める圧倒的な勝利となった（中木:60）。1932年6月に成立した第三次エリオ内閣（1932.6-1932.12）は、社会党を排除した急進社会党中心の中道左派政権で、1926年以来続いていた右派内閣から転換した。以後、共和左派のフランダン Pierre-Étienne Flandin 内閣登場までの約2年間に、急進社会党は六つの内閣を経験し、平均期間は4か月という短さであった。これは1933年以降の政治的混乱と、本格的に到来した世界恐慌への対策としての経済政策失敗のためである。政治的混乱とは、主にスタヴィスキー事件と1934年2月6日騒擾事件である。スタヴィスキー事件とは、1933年12月にロシア系ユダヤ人のスタヴィスキーによる金融詐欺事件が発生し、政界の要人が多く関与していたことから政治スキャンダルに発展した事件である。時の第二次ショータン内閣（1933.11-1934.1）は厳しい批判にさらされ、1934年1月に総辞職に追い込まれた。後を継いだのは同じく急進社会党の第二次ダラディエ内閣（1934.1-1934.2）であるが、ダラディエの措置に不満をもった極右の扇動により、2月6日に、右翼やナショナリスト、反議会主義者、ファシストらによる大規模な反政府デモがパリで発生した。興奮した群集は議会を攻撃し、死者16名と2000名を超える負傷者を出す大事件となり（1934年2月6日騒擾事件）、第二次ダラディエ内閣もわずか1か月で崩壊した。この事件とドイツにおけるヒトラーの政権掌握によるファシズムへの警戒から、左派政党（主に共産党、社会党、急進党）は「反ファシズム」を掲げて接近し、左翼連合「人民戦線」を結成する。1936年春の総選挙では、この人民戦線が376議席を獲得し勝利を収める。こうして社会党のブルム Léon Blum を首相とする初の左翼政府の「人民戦線政府」（1936.6-1937.6）が成立した。この時、共産党は閣外協力という形をとり内閣には参加しなかった。この人民戦線政府は１年間継続し、この時期としては比較的長期の内閣となった。

この選挙後、「祝賀ムード」で１万2000件にのぼる全国規模の工場占拠ストライキが行われ、人民戦線政府はストライキ収拾に乗り出し、労使交渉を行った、６月７日に労使間の合意「マティニョン協定」が締結される。その内容は、平均12％の賃金引上げや団体協約の設定、週40時間労働、２週間の有給休暇（バカンス）[15]などであり、労働者にとっては労働運動を背景として獲得した成果であるが、この協定において、家族手当制度については一切触れられていない。

ブルムはその後、協定に基づき週40時間労働法や２週間の有給休暇法などの法案を次々と成立させ、「ブルムの実験」と呼ばれる労働政策を実行するが、家族政策に関する進展は見られなかった。一般に、左派は労働政策や社会政策に力を入れるが、キリスト教的な多子家族といった伝統的価値観やそれに関連づけられる家族手当制度には反対の立場を示すことが多い。人民戦線政府も例外ではなく、国民連盟の中心的メンバーであるボヴラは、1936年９月の機関誌に「社会主義者と出生率」と題する記事を掲載し、社会党の出生率問題に対する無関心を強く批判している[16]。が、ボヴラが共著で『フランスの人口』（Boverat *et al.* 1937）という著書を出版する際、ブルムが財政援助を行ったことから、必ずしもブルムは人口問題に関心がなかったわけではない（Rosental：64, 300 n.45）。しかし、ブルムに続く人民戦線政府の間は目立った家族政策は採用されず、家族政策が再び採用され始めるのは、1938年４月成立の第三次ダラディエ内閣（1938.4-1940.3）の下である。

ブルム内閣は、1936年７月に起こったスペイン内戦に対する援助をめぐる国内の分裂や、フラン切下げの失敗をはじめとする経済政策の失敗などにより支持を失い、1937年前半に頂点に達した財政危機に対処するため1937年６月に議会に財政全権を要求するが、急進社会党右派のカイヨー率いる上院の否決に遭い退陣した。

その後、急進社会党左派の第三次ショータン内閣（1937.6-1938.1）が成立し、形式的には人民戦線政府が維持されるが、ショータンは社会党から急進社会党主導へと転換を図り右傾化したため、社会党左派はショータン内閣の全面支持に疑義を表明した[17]。ショータンは上院の支持を得て、財政に関する全権委任を獲得し、事実上のフラン切下げと増税、公共事業の削減などを行うが、インフレのため切下げ効果は上がらず、工場労働者のストライキが増発し、1938年1月には共産党の協力拒否と社会党の閣僚引上げに遭い、再編した第四次ショータン内閣（1938.1-1938.3）を成立させるが1か月半で退陣した。

その後、第二次ブルム内閣（1938.3-1938.4）が成立し、経済恐慌改善とナチスに対抗するため準戦時国防経済の構築を企図して財政特別権限を議会に要求するが、再び上院の否決に遭い、1か月ももたずに倒れた。

1936年6月以来国防相であった急進社会党党首のダラディエがブルムの後を継ぎ首相となるが、社会党の入閣拒否にあい、急進社会党を中心に中道寄りの第三次ダラディエ内閣を組織した。この内閣は反人民戦線派の支持も基盤としており、ここにおいて人民戦線政府は実質的に崩壊した。この第三次ダラディエ内閣は、途中で第二次世界大戦が勃発したにもかかわらず1940年3月まで継続し（途中2度の内閣改造）、第三共和制下では約2年と最も長く継続した。家族政策が再開されたのは、この第三次ダラディエ内閣においてであり、次の首相レノー（1940.3-1940.6）とともに経済再建政策の一環として家族政策が推進された。両名とも国民連盟のメンバーである。ダラディエ内閣といえば、ミュンヘン会談に代表されるようにナチス・ドイツとの宥和政策を進め、第二次大戦を招いたとして批判を浴びることが多いが、ソーヴィは戦後、第三共和制末期に家族政策を開始した政治家としてダラディエとレノーを高く評価している（Sauvy 1959:73）。ただし、この2人は不仲であった。

1938年デクレ成立に先立って、1932年法で後回しにされた農業部門への家族手当の拡大が、1936年以降に順次行われた。

まず、1936年8月5日のデクレによって、前年に75日以上雇用された農業労働者が家族手当の支給対象とされ、1年に75日以上労働者を雇用する雇用主の農業経営者に、農業家族手当均衡金庫への加入を義務づけた。しかし、これは農業労働者とそれほど変わらない生活状況にある小規模農業経営者に、家族手当の支払いを義務づけることになり、彼らの反発を買った。小規模経営者は雇用する側でありながら、自らも家族手当を受給することを要求した。

こうした状況を受けて、1938年3月31日のデクレにより、年間75日未満しか農業労働者を使用しない小規模農業経営者にも農業均衡金庫への加入が義務づけられた。このデクレによって、労働日数にかかわりなく全ての農業労働者に家族手当が支給されることとなった。

さらに1938年6月14日のデクレによって、2人以上の子供を扶養する低所得の農業経営者と自作農にも家族手当が支給されるようになった。ここにおいて、所得制限つきとはいえ、農業家族手当制度は使用者側にも適用されるようになった。それは家族手当が労使双方に拡大されたことを意味する。農業部門においては、一般部門より先駆けて経営者や自営業者にまで家族手当が拡大され、後の一般化への道を開いた。以上のような農業部門の家族手当の拡大を踏まえた上で、1938年デクレは作成された。

第4節　家族手当に関する1938年11月12日のデクレ

1．1938年デクレの内容

1938年デクレは、正式名称「1938年11月12日の家族手当に関するデクレ」として、第三次ダラディエ内閣の下で公布された[18]。署名しているのは、首相兼国防・戦争相ダラディエ、財務相レノー、法相マルシャンドー Paul Marchandeau、内相サロー Albert Sarraut、労相ポマレ Charles Pomaret、商業相ジャンタン Fernand Gentin、国民教育相パタンノートル Reymond Patenotre、厚生相リュカール Marc Rucart である。

内容は、各県の家族手当の最低額を、県の月額平均賃金を基にした比率で決定するもので、子供数が増えるほど増額する累進型が導入された。手当額は、5歳未満の第一子には月額平均賃金の5％、第二子は10％、第三子は15％、第四子以降は15％追加と定められた。月額平均賃金は、県ごとに各県知事が成人男子の平均賃金を基に毎年決定するとされた。これによって、家族手当は経営者の恣意的な追加賃金ではなくなり、完全な社会制度となった。第一子には5

歳までの支給としたのは、第一子が5歳になるまでに第二子が生まれれば手当は継続されるが、第二子が生まれない場合、すなわち一人っ子の場合は家族手当の支給がなくなるということである。これは、累進的増額と合わせて、明らかに第二子以降の奨励である。この1938年デクレにおいて、家族手当は第二子以降の支給と、子供数による累進的増額が規定され、それらは現在も継続されている。こうしたことから、現在の家族手当の起源は、この1938年デクレとされることが多い。また、子供が学業を続けた場合の支給は、1932年法では16歳までであったが、17歳まで引き上げられた。

さらに、このデクレは、家族手当額に関して労使調停委員は何の権限ももたないことを明記し、それまで行われていた家族手当を労使交渉に使うことが禁止された。

その他に、このデクレは、「報酬活動を行っていない母親または祖母のいる家族」に対する追加手当の支給を定めた。この段階では金額等は具体的には規定されず、予告にすぎないが、これは前述のいくつかの金庫ですでに導入されていた主婦手当の法制化の試みで、翌年の家族法典で明確に規定されることになる。日本の先行研究では、主婦手当は家族法典で初めて導入されたとされることが多いが、すでに1938年デクレで決定していた。

この1938年デクレによって、家族手当額は県内で統一され、労使の交渉の道具とされることもなくなり、賃金労働のない専業主婦にも拡大が宣言され、家族手当制度は真の安定した国家制度として確立された。日本の多くの先行研究が評するような「1932年法を補うもの」というよりは、もっとダイナミックな変化である。

ダラディエは公布説明において、この1938年デクレの目的を、「家族を養う労働者への扶助」と「出生率の回復」という「二重の懸念」を解消するために1932年法の修正を行い、家族手当額を増額することによって家族の状況を改善すると明言した。すなわち、このデクレは「出生率の回復」を目標に掲げた「出産増加策」の家族政策であり、「社会的公正」を前面に押し出した1932年法とは明らかにニュアンスが異なる。実際この1938年デクレによって、家族手当全体の給付額は、それ以前と比べて約5割も引き上げられ、家族手当の拡大に大きく貢献した（田端 1999:113）。

また、家族政策・家族手当研究があまり触れない事実に、この1938年デクレは、ミュンヘン会談後、経済・財政再建のため議会から全権委任を受けて政府が作成した一連の「国家の経済・財政再建デクレ」の一部であるという点がある。政治経済史では有名なこの一連のデクレの中で最も有名なのは、ブルム率いる人民戦線政府が導入した週40時間労働法を修正するデクレである（後述）。なお、厳密にいうと、1938年デクレは、この一連の経済再建デクレに直接属するものではない。この一連のデクレに属するものは「出生率の促進に関するデクレ」[19)]であり、3か月以内に出生率と多子家族向けの国家のあらゆる助成の改革手続きを取るという予告のみの内容である。1938年デクレは、この予告を具体的に定めたもので、両者は同日の公布となっているが、官報掲載日は前者が11月13日、後者は14-15日である。前者のデクレが予告のみの理由は、一連のデクレを作成したソーヴィによると、13日当日の官報を見て初めて家族に関する部分を忘れていたことに気づき、慌ててその日に作成し、翌日の官報に掲載したということである（Sauvy 1972:77）。

この予告デクレの公布説明において、政府は「3年前からの死亡数の出生数に対する超過」に見られる出生数の減少を「深刻な人口状況」と見なし、さらに「現在の漸進的な老齢化」と合わせて「深刻な脅威 un péril aussi sérieux」と認識しているが、現行の「出生率の回復と多子家族への扶助」の制度は、短期間の人口の急激な凋落を改善するには十分ではないとし、より実効的な手段の必要性を訴えている。そのための予算として年間2億フランの追加予算がついたことが明記された。したがって、1938年デクレが「出生率回復」を目的に作成されたことは疑いない。

2．1938年デクレの成立過程

1938年デクレは、首相ダラディエと、彼が任命した財務大臣レノーによって作成が進められた。レノーは中道右派の民主同盟の副委員長であったが、ミュンヘン協定後に副委員長を辞任した（竹岡 2007:492, 351-352）。レノーは1930年3月から第二次タルデュー内閣で財務大臣（在1930.3-1930.12）を務め、第一次・第二次・第三次ラヴァル内閣で植民地大臣（在1931.1-1932.2）、第三次タルデュー内閣で副首相兼法務・行政管理大臣（在1932.2-1932.6）を務めた。その後、しばらく閣僚から外れるが、第三次ダラディエ内閣で最初は法務大臣（在1938.4-1938.10.30）を、次いで財務大臣（在1938.11.1-1940.5）を務めた。この後、ダラディエの後を継いで、第三共和制の最後から２人目の首相となる（在1940.3.21-1940.6.15）。ヴィシー時代にはドイツ軍に拘束されていたが、戦後救出された後、再び議員となり、第四共和制でも財務大臣などを務めた。

デクレは法律と異なり議会審議は行われない。このデクレも、レノーとその側近が内容をチェックしただけで首相と大統領の許可を得てすぐに公布されたため、このデクレ成立に関する議事録等の公文書は存在しない。ここでは、このデクレ作成に関わった人物の自伝や伝記や周辺資料から成立過程を探る。

このデクレ作成のきっかけは、1938年４月に首相となったダラディエが、世界不況の影響からなかなか脱することのできない国内経済の立直しを図り、人民戦線政府によって実施された週40時間労働法をはじめとする一連の労働政策を修正することを企図したことによる。ダラディエは８月21日のラジオ演説で、「フランスを労働に戻す必要がある」と述べ、週40時間労働を修正する意向を国民に告げた。これは左右双方の支持を得て首相に就任した急進社会党党首ダラディエの「右旋回」の宣言であった（竹岡 2007:333-334）。

その背景には、徐々に国外へ勢力を広げつつあるナチス・ドイツへの警戒があった。ドイツは1938年３月にオーストリアを併合し、９月24日にはズデーテン地方の割譲をチェコスロヴァキアに要求した。これを受けてダラディエは、チェコスロヴァキアとの相互援助条約に基づいて国内に総動員令を発し、一時は２度目の世界大戦勃発の危機が懸念された。しかし、ダラディエは英チェンバレン首相とともに対独譲歩を基調とする宥和政策を展開し、事態の収拾を図るための英仏独伊４か国の首脳によるミュンヘン会談に出席し、1938年９月30日にドイツへのズデーテン割譲を承認するミュンヘン協定に調印した。それは同盟国チェコスロヴァキアを見捨てることに他ならなかったが、フランス国内で反対したのは共産党のみで、圧倒的に賛成多数であった。動員は解除され、帰国したダラディエは国民から戦争を回避した首相として熱狂的に迎えられたが、ダラディエは熱狂した民衆のことを「正気か」と評したと伝えられており、ダラディエ自身はミュンヘン協定を戦争までの単なる時間稼ぎにすぎないという冷めた見解をもっていた（Tellier:441-443）。

ダラディエが宥和政策を選択したのは、第一次大戦の犠牲の大きさから世論の厭戦気分が強く、それに配慮したためと説明されることが多い。また、世界不況の影響によるフランス経済の悪化も理由に挙げられる。が、ここにも人口減少・出生率低下問題が横たわっている。厭戦気分は確かに存在した。が、その元となった犠牲の大きさ、すなわち死者の多さは、ドイツのように戦後出生率が回復し、人口が順調に増加すれば、それほど大きな問題にはならなかったはずである。第2章で見たように、フランスは大戦後も出生率低下が続き、1930年代に最も深刻な人口減少状況となった。ナチス・ドイツの台頭が著しく、国境を接するフランスにとって国防が最も重要な政治課題となった時期に、独仏の兵力差という事態が眼前にあった。1935年の動員可能数は、ドイツ1310万人に対して、フランスは671万人で約半分であった（渡辺 2003:50）。ダラディエは1936年6月から約2年間国防大臣を務めており、このような兵力差を知っていた。

また、経済の悪化も事実である。ミュンヘン会談に出発する直前、ダラディエは外務大臣ボネ Georges Bonnet から「我々には飛行機がない」から「戦争するのは不可能である」という内容の手紙を受け取っており、空軍参謀長から「もし戦争になったら、2週間でフランスの飛行機はなくなるだろう」といわれていた（竹岡 2007:344-345）。フランス経済はそれほど悪化していた。この生産力の低下も、出生率低下と人口減少による影響とも考えられる。前章で述べたように、第一次大戦後に掲げられた安全保障と経済再建という目標は、その前提である人口増加が果たされなかったために、どちらも失敗に終わった。

ミュンヘン協定後のフランス国内は、ダラディエ支持のミュンヘン支持派とミュンヘン反対派に分裂し、急進社会党内においても意見が割れ、閣僚の間でも対立が生じ、議会は複雑な様相を呈した。急進社会党の閣僚の中で、国民教育相ゼー Jean Zay は反対派、外相ボネと副首相ショータンは支持派であった。社会党内では、党首ブルムは戦争もやむなしとしたが、書記長フォール Paul Forre は絶対平和主義者として反対派であった。保守派はおおむね支持派であったが、右翼・左翼の反ファシストは反対派となり、共産党は一貫して反対派であった（柴田ほか編:287）。

ミュンヘンから帰国したダラディエは国民の圧倒的な支持を背景に、10月4

日に再開された議会において、国際情勢の深刻化のため、財政と工業生産の分野で異例の措置を緊急に取らねばならず、そのためには議会から委任立法の特別権限の譲渡が必要であると訴え、11月15日までの経済・財政問題に関する政府に対する全権委任を要求した。共産党は反対票を投じ、社会党は棄権した結果、下院では賛成331票、反対78票、棄権203票で、上院では賛成280票、反対2票で全権委任が可決された。これに基いて、1938年10月5日に「国家の経済・財政状況の即時立直しを実現する諸権限を政府に認める法律[20]」が公布された。

10月末に、ダラディエは反対票を投じた共産党との関係を断絶することを決め、人民戦線は完全に崩壊した。前述のようにミュンヘン会談前の8月の時点ですでにダラディエは「右旋回」の宣言を行っていたが、これにより右寄りの政策が可能になった（竹岡 2007:345-352）。

全権委任を受けて、ダラディエが最初に取り組んだのが経済再建策である（以下、竹岡 2007:430-435）。財務相マルシャンドー（急進社会党）は、10月30日の閣議において財政金融計画を提案した。が、その内容は、為替管理を含む政府の統制と干渉を含むもので、10月27-29日に開催されたマルセイユの急進社会党大会での決定と矛盾するものであったため、閣僚からの賛同が得られず、マルシャンドーは辞任を申し出た。この時、マルシャンドーの計画に強く反対したのが法相レノーである。

全権委任は11月15日までであり、急ぐ必要のあったダラディエは、11月1日に法相レノーと財務相マルシャンドーの交代を要請し、新財務相レノーに経済再建策を一任した。レノーの財務相就任は、急進社会党右派の勝利宣言ともいえるもので、通常の内閣改造よりはるかに重要な意味をもつ。

レノーは、さっそく週40時間労働法の修正をはじめとする一連の経済再建策の法令作成に取りかかった。この時レノーに協力を要請され、中心的な役割を果たしたのが、経済学専門の官僚ソーヴィと、当時国務院の検査官で後に第五共和制の首相となるミシェル・ドブレである。ソーヴィは、フランス統計局 Statistique général de la France[21] の官僚であり、1936年にパリ統計協会 Société de Statistique de Paris[22] へ移った。ランドリはそこの会長で、ソーヴィの伝記作家レヴィは、経済学の専門官僚であったソーヴィを人口学へ接近させたのはランドリであると述べている（Lévy:27）。ソーヴィは、第三次ショータン内閣

（1937.6-1938.1）の財相ボネ Georges Bonnet の経済政策顧問として協力していた（Sauvy 1981：72-78）。

ソーヴィの自伝によると、1938年11月３日、新財務相レノーに官邸に呼ばれ、11月12日までに「国の経済を変える」一連のデクレ作成を全面的に依頼され、少人数で急いで作成が進められた（Sauvy1981：72-77）。

こうして作成された週40時間労働法の修正を含む一連の経済再建策のデクレは、「そのほとんど全てが人民戦線によって取られた政策の方向に反するもの」であり、他の閣僚たちからも抵抗が出る内容であった。署名のために呼ばれた閣僚たちは反対する者もいたが、全権委任の期限に追い詰められたダラディエは、この一連のデクレの採択以外に解決の途はないと考え、閣僚のうちの幾人かについては署名を受け取らないまま印刷に回した（竹岡 2007：434-435）。

こうして一連の11月12日のデクレが、11月13日の官報に掲載された[23]。その量は膨大なものであった。レノーは公布日に、このデクレ説明のラジオ演説を行い、フランスの「状況は非常に深刻である」が、「あなた方に勇気があれば、そこから脱することができる」と述べ、そのためには経済を立て直す必要があり、労働時間を延長し、生産力を上げる必要があると説明した。この時レノーは、人口に関して、「揺籠の方を見てみよう。我々の国が年老いているのは、揺籠が不足しているためである。今日から我々が最初の打開策を提供する」と述べ、この一連のデクレが出生率上昇にも有効であることを強調した（Reynaud：239-240）。

しかし、この一連のデクレは左派議員を憤慨させる内容であり、厳しい批判を浴びた。作成者ソーヴィによると、1938年11月の時点でこの一連のデクレが成功するとは誰も信じていなかった（Sauvy 1965：333）。共産党と社会党と CGT はこの一連のデクレに抗議し、ダラディエ内閣の辞職を要求して激しいキャンペーンを開始した。11月30日には CGT 指導のゼネストが決行されたが、これは失敗に終わった。個人的な職場離脱はあったが、公共業務は正常に機能し、民間企業でもスト参加者は少数であった。政府は、官公庁などでストライキを実行した者に重い罰を科すことを決定し、約1000人の公務員が停職処分になった（竹岡 2007：436-437）。従来の家族手当研究では、前述のように先行研究では1938年デクレは1932年法を補うもので、家族手当の統一化が実現されたものと肯定的に紹介する場合が多いが、関連する一連の経済再建デクレに対する当時のこうした抵抗や緊迫した雰囲気についてはほとんど触れていない。家族手当研究や家族政策研究が、政治史研究と乖離していると指摘する所以である。

前述したように、この1938年デクレはデクレであるがゆえに議事録は存在せず、短期間で少人数によって作成されたため、その成立過程に関する記録はほとんど存在しない。当事者であるレノーやソーヴィの自伝や伝記においても、週40時間労働法修正については多少出てくるが、家族手当に関するデクレについてはほとんど触れられていない。が、この経済再建の一連のデクレは、ミュンヘン協定後に作成されたものであり、戦争の可能性や国防とも無関係ではない。

したがって、当時の政策決定者たちの国防と人口に関する思想を探るため、1937年1月26日から3日間、第一次ブルム内閣の下で、下院議会で行われた「国防に関する質疑」におけるレノーやその他の議員の発言を見る。この時の国防大臣はダラディエである。

レノーはまず、戦闘を支配する「新たな重要な事実」、すなわち「技術の発展がもたらした戦争の技術における革命」について指摘し、ドイツがすでに取り入れている機甲化がフランスでは進んでいないことを批判する[24)]。レノーは、ドゴールが著書『職業軍に向けて』（de Gaulle 1934）で主張した陸軍の機甲化にいち早く賛同した数少ない政治家の1人で、議会でも軍の近代化と再組織化の必要性を主張しているが、それ以前のフランスの「所与の問題」として「人口問題」を挙げる。「全てを支配する基本的な事実がある。それは人口学的事実である」と述べ、4100万人のフランスに対しドイツは6700万人、イタリアは4300万人であると総人口を比較し、さらに、フランスの新兵は21万2000であるのに対し、ドイツの新兵は42万1000とフランスの2倍であると述べ、「いかなる政府もこのような事実の重要性を無視することはできない」はずであるが、フランスは日々の心配事に忙殺され、「まるで仕事に忙しすぎて健康を損ね、死に至るかもしれない病気になってしまったビジネスマン」のようであるとたとえ、フランスが人口に対して「何もしないという一つの政策」を採用した結果、「死に至る」ことになると警告している。

陸軍の機甲化の主張には反対が多く、フランスでは防衛線建設の意見の方が主流であった。ドイツとの国境に防衛線「マジノ線」を建設する計画は1920年代から始まり、第一次タルデュー内閣の1929年から工事が始まっていた。第三共和制が崩壊することになる1940年5月のフランスのあっけない敗北は、マジノ線に頼りすぎたためという批判があるが、マジノ線が採用された理由は、第一次大戦の犠牲の多さによる国民の厭戦感情に配慮したためとも言われるが、何よりも兵力不足を補うためであった（渡辺 1994:30-31）。なお、ソーヴィによると、こうした旧式の方法を選択するのも、出生率低下によって起こった人口高齢化の間接的影響の一つである。仏英合同軍司令官のガムラン将軍（1940年6月時点で68歳）やペタン元帥（84歳）やヴェガン将軍（73歳）など軍のトップの人物がいずれも老齢であり、老人特有の保守的思考、現状維持、新しいことを嫌うといった傾向が、第一次大戦における勝利の思い出とともに作用して、軍の機甲化ではなくマジノ線建設という旧式の方法を選ばせ、1940年の敗北を招いた（Sauvy 1979:102）。

国防に関する質議では、最も保守的な右派である共和独立派に属するフェルナン＝ローラン Jean Fernand-Laurent は、レノーよりも強い調子で人口問題について述べた[25]。彼は、物資や技術の議論以前の問題として、「フランスにとって国防を保障するのに必要なものは、数十億フランであり、軍需品であるが、揺籠もまた必要である」（傍点引用者）と述べ、拍手喝采を受けている。彼は「出生率低下は悪である」と断言し、出生率に対する「一般的な無関心の中で、フランスは死にかかっている。揺籠の不足のせいで、我々の国は間もなく自分の土地の防衛を保障することが絶対的に不可能となるだろう」と述べ、出生率低下のせいで安全保障が脅かされていると強調した。また、出生率低下は「第一級の、またおそらく最重要の国防問題である」（傍点引用者）と述べ、出生率を回復させる努力が一刻も早く必要であり、その手段の一つが家族手当の増額であると主張した。最後に彼は、出生率を再建しなければフランスは二流国家の地位に堕ち、政治や外交にも影響を及ぼすと述べ、中道と右派から拍手喝采を受けている。

ただし、右派の中でも、フランスの出生率低下は認めてもそれが即国防の危機にはつながらないと主張する議員もいた。たとえば、中道右派の独立民主急進左派グループに属し、1930年代に海軍大臣を何度か務めたド・シャプドラン

Louis de Chappedelaineは、ドイツの人口がフランスより多い事実は認めるが、「兵力の価値はその数のみによってではなく、それを構成する人間の質によって決まる」と主張し、フランスの若者は完璧な身体教育を受けており、数で勝るドイツ兵より優秀であると主張した。[26)]

また、急進社会党のアルシャンボー Léon Archimbaudは、フランスの年間出生数が「1930年の74万8000から35年には63万8000まで落ちた」と指摘するが、国防問題に関しては「我々は、我々の素晴らしい植民地の領域から兵力を引き出すことができる」として植民地からの兵力確保を提案し、家族手当の増額よりも植民地からの兵力確保の方がより良い解決法であると主張した。[27)] 実際にすでに第一次大戦において、フランスは北アフリカを中心に60万近い植民地兵を徴用した（平野:210）。

以上から、議会において、フランスの兵力数がドイツより劣っているという事実は広く認識されていた。その事実が必ずしも国防問題と直結しないという意見も少数ながら存在したが、大半は出生率低下と国防問題は密接に関連すると認識しており、人口減少に対する危機感は1932年法の議会審議と比べると非常に強くなっていた。1938年デクレ作成の前年からすでにこのような議論が、しかも議会の「国防に関する質疑」において行われていたことは注目に値する。しかも、1938年に入るとナチス・ドイツの膨張政策が明らかになり、戦争の可能性が高まっていた。つまり、1938年デクレ作成前の時点で、国家にとって出生率低下・人口減少問題は国防に直結する重要な問題であるというコンセンサスが確立されていた。1938年デクレの公布説明では、目的は「多子家族扶助」と「出生率上昇」であるとし、それらが何のために必要であるかまでは説明していないが、時代背景と作成時の経済・財政再建の一連のデクレとの関連、及びこの「国防に関する質疑」から、出生率上昇は国防と経済という国家にとって重要な政策に直接関連することであるという認識はすでに共有されていたと考えられる。

次章で後述するが、1939年2月に家族法典作成のための人口高等委員会が設立される。設立のきっかけは、1938年2月8日に、上院議員ペルノ（民主同盟）が、出生率を上昇させるための機関の設立を上院に要求したことであり[28)]、1938年デクレよりも前のことである。ペルノはこの時、最新の人口調査の結果から

1935年以降の死亡数が出生数を超過している事実を述べ、「公権力はこの問題に関心を払わなければならない。一つの出生率上昇・家族政策を研究し、確立しなければならない」と「家族政策の必要性」を強調し、特に経済面での家族政策で最も重要なことは「家族手当の一般化」であると主張した。このペルノの要求も、1938年デクレの形成に深い影響を与えた。ペルノの意見に賛同する手紙や請願書が首相に多数届いたからである[29)]。また、この時期には、共産党員でさえも議会内の出生率擁護グループに参加しており、取るべき手段について相違があったとしても、出生率上昇政策の必要性は、左右どちらの陣営でも共有されていた。

したがって、1938年デクレは、「ダラディエ独裁」とも呼ばれる方法で作成されたデクレの一つではあるが、周囲の支持が全くないまま作成されたものではなく、出生率低下という左右両陣営で共有された危機感に対する対策として採用された措置であった。1938年デクレによって家族手当制度は大きく発展し、金庫加入企業数は1932年の３万から1938年末には45万と急増し、家族手当受給者の数も急増した（Ceccaldi:51）。

まとめ

本章では、現在の家族政策の中でも重要な位置を占める家族手当が大きく発展した1930年代に焦点を当て、家族手当を国家制度として法制化した1932年法と、家族手当の統一化と一般化を図った1938年デクレの成立過程を検証した。

先行研究ではどちらも成立の動機は「人口減少のため」とされることが多いが、比較すると、1938年デクレ作成時の方が人口減少・出生率低下問題を国防問題と関連づけてより深刻に捉えられている。1932年法の議会審議で、家族手当と出生率上昇を関連づけていたのはランドリ１人であり、家族手当は「子をもつことによって貧困に陥る家庭の救済」と捉えられていた。人口減少問題の認識はあったが、出生数が死亡数を下回る現象は直近には起こっておらず、人口問題を深刻な国防問題とまでは捉えられていなかった。

その後、世界不況の影響と国内の政治的混乱により1938年まで新たな施策は特に採用されず、1935年以降３年連続で出生数が死亡数を下回り、人口が減少する事態となり、経済立直しの一環として1938年デクレが公布された。直接は生産力向上のための「労働力確保」としての出生率上昇政策である。が、国防問題と人口減少問題を関連させる見方は強まっており、ドイツの対外進出という実際の国際状況と1935年以降悪化した人口状況の影響から、人口問題は国家安全保障と不可分であるとの論調が主流となっていた。

したがって、1930年代の家族手当に関する二つの立法の成立理由は、どちらも出生率低下問題への対策という根底は同じであるにせよ、1932年法は社会保険として、1938年デクレは国防上の観点から安全保障の一つとして要請されたという差異が存在する。

1）タルミーはこの時期を「より地味な時期 une période plus austère」と表現し（Talmy 1962b：148）、国民連盟は、1934年から1937年を「家族政策の後退期」としている（*Vitalité Française*, 1946, Numéro spécial：19）。

2）ラヴァルは、1914年から社会党に属していたが、1920年の社会党分裂で離党し無所属となり、右傾化した。ヴィシー時代にはペタンに次ぐナンバー2として副首相と首相を歴任する（第7章で後述）。

3）JO, 12 mars 1932：2626-2628.

4）JO, Ch. débats. séance du 24 janvier 1929：231; doc. No.1135：97-99.

5）JO, Ch. débats. séance du 25 janvier 1929：257; doc. No.1159：119-121.

6）家族手当中央委員会は1920年にパリで作られた家族手当に関する中枢機関。家族手当均衡金庫の代表者会議を開催し、家族手当関係の資料を収集して家族手当制度の発展を促進する役目を負っていた（大塩：184）。

7）JO, Ch. débats. 2ᵉ séance du 25 juillet 1929：2602; doc. No. 2171：1235-1237.

8）JO, Ch. doc. séance du 11 juillet 1930, No.3827：1391-1399.

9）ここで挙げられた「家族の扶養」以外のリスクは「職業リスク」として社会が補償すべきと考えられ、失業を除いて、労災補償法（1898年）と社会保険法（1928年、1930年）でカバーされている（廣澤：90-115）。

10）JO, Ch. doc. 2ᵉ séance du 3 mars 1931, No.4682：390-392.

11）JO, Ch. débats. 2ᵉ séance du 30 mars 1931：2416-2417.

12）JO, Sénat, débats. séance du 11 juin 1931：63; doc. No.545：1035-1046.

13）JO, Sénat, débats. séance du 21 janvier 1932：36-42.

14）直訳すると「在宅母手当」であり、家族手当に追加支給された。

15）この時認められた年2週間の有給休暇は、その後も労働者の権利として継続され、1956年に3週間、1969年に4週間、1989年に5週間の連続休暇が認められ、フランスのバカンス文化を促進した。週40時間労働は、1982年に週39時間、2002年には週35時間に短縮された。2007年から2012年まで大統領を務めたサルコジは、「もっと働きもっと稼ごう」をスローガンに掲げ、この週35時間労働の撤廃を目指した。

16) *Revue de l'Alliance Nationale*, 1936, No.290, septembre：268-271.

17) ショータンはブルムを副首相としたが、その他の閣僚は、社会党9名と急進社会党10名で、その中には急進社会党右派が多く、反人民戦線派も含んでいた（中木：109-118）。

18) JO, 14 et 15 novembre 1938：12978-12979.

19) JO, 13 novembre 1938：12871.

20) JO, 6 octobre 1938：11666.

21) フランス統計局は、5年毎に人口調査を行い、それを元に経済的側面から統計的分析を行い、将来の人口予測なども含めた人口統計学を研究する機関である。ソーヴィはもともと経済学専門の官僚であったが、この統計局での経験を通じて人口学に接近した。

22) パリ統計協会は、学界と行政・経済界とをつなぐために設立された機関。

23) JO, 13 novembre 1938：12855-12871.

24) JO, Ch. débats. séance du 26 janvier 1937：168-179.

25) JO, Ch. débats. 1er séance du 29 janvier 1937：246-248.

26) JO, Ch. débats. 1er séance du 28 janvier 1937：193-194.

27) JO, Ch. débats. 2e séance du 28 janvier 1937：214.

28) JO, Sénat, débats. séance du 8 février 1938：93-103.

29) たとえば、国民連盟のボヴラの手紙がある。AN, F60 605, Lettre du 26 février 1938 de Fernand Boverat à Président du Conseil.

第6章　「黄金時代」の始まり（1938－1940年）

本章では、1938年11月から1940年6月までの第三共和制末期の家族政策を検証する。約1年半という短い期間であるが、前章で見た1938年デクレ公布から「黄金時代」と呼ばれるように、さまざまな家族政策が次々に採用された時期である。中心となるのは、1939年2月設立の人口高等委員会と、この委員会が作成した家族法典（1939年7月公布）である。家族法典は、出生率上昇を目的とした世界でも珍しい家族に関する法令で、家族手当の一般化や出産手当の創設などをはじめ、さまざまな家族政策を規定した大部の法令であり、「家族政策の集大成」とも呼ばれ、現在でも高い評価を得ている。

第三共和制において家族政策が最も積極的に推進されたこの時期は、対外的には激動の時代であった。かろうじて保たれていた「ミュンヘンの平和」が1939年3月ドイツによるチェコスロヴァキア併合で崩壊し、1939年9月には第二次世界大戦が勃発し、フランスは再びドイツとの戦争に突入した。1940年5月にフランスはドイツに敗北し、第三共和制は崩壊する。この時期の内閣は、第三次ダラディエ内閣（1938.4-1940.3）とレノー内閣（1940.3-1940.6）、そして短期間のペタン内閣（1940.6-1940.7）のみである。

第1節　人口高等委員会

1．人口高等委員会の設立

1939年2月に、家族法典作成のための準備機関として人口高等委員会が設立された。前章で見たように、出生率上昇策を専門的に扱う公的機関の設立を最初に要求したのは、上院議員ペルノである。1938年2月8日に、ペルノは出生率上昇に関する機関設立を上院に要求した[1)]。その理由説明においてペルノは、最新の人口調査の結果から60年前と比べてフランスの年間出生数の減少と、1935年以降、毎年死亡数が出生数を超過している事実に触れ、「出生率上昇・家族政策」の必要性を主張した。ペルノは、家族政策は道徳・経済・社会の三つの面において取り組まなければならないとし、特に経済面では「家族手当の一般化」が家族政策で最も重要であると主張した。このような道徳・経済・社会に分類して取り組むべきとする議論は、人口減少院外委員会の議論と同じものである。また、ペルノは、出生率上昇には「家族に好意的な雰囲気を作ること」が必要で、「家族のプロパガンダを組織すること」が必要であると主張した。その他に、農村の若者に対する結婚貸付金や、人口に関する教育の必要性なども提案した。ペルノの提案のほとんどは、後の家族法典に実際に盛り込まれる。

ペルノがこのような提案を行ったのは1935年以降の出生率低下が深刻になっていたことが第一の理由であるが、前章で述べたように、家族政策の実行機関である出生率上級評議会の影響力が1930年以降低下していたからである。人口減少や出生率低下は深刻になっているのに、それに対する対策が十分にできていない状況を打開するために、ペルノは家族政策を立案・実行する総括的な公的機関の設立を新たに求めた。

前述のようにこのペルノの提案以降、賛同の手紙や請願書が首相に多数届くようになり、世論も人口減少問題に関心をもつようになった。ペルノ自身が理由説明において、新聞やメディアにおいて、フランスの出生率低下の事実とそれに対する政策の必要性を政府に訴えるキャンペーンが増加していることを述べ、しかもそれらが共産党も含む全ての政党から出ていることを指摘している。

先行研究の多くは、この1938年２月のペルノの提案によって翌年２月に人口高等委員会が設立されたとする（Watson 1954a:270, Talmy 1962b:225, Coutrot:247）。確かにペルノの要求が最初のものであり、ペルノ自身がこの委員会の中心的なメンバーとなって家族法典作成に熱心に取り組むことから、それは間違いではない。が、これだけでは設立の理由として不十分と思われる。人口高等委員会の設立は、法律ではなくデクレによるものである。つまり、議会審議は不要であり、本来であれば短期間で設立することが可能であったはずだが、ペルノの提案から実際の設立まで１年もかかっている。第４章で見た出生率上級評議会もデクレによる設立であったが、この時は提案から約４か月で設立に至っている。したがって、提案から1年もかかるのは長すぎるため、他にも設立を促すきっかけがあったと考えられる。ペルノの提案は、家族政策に冷淡とされる人民戦線政府の第四次ショータン内閣の時に行われ、人口高等委員会は第三次ダラディエ内閣の時に設立された。前章で見たように、ダラディエ内閣が右旋回するのは1938年8月以降である。1938年デクレと同様に、人口高等委員会の設立も、この右旋回以降になんらかのきっかけがあったと考えられる。人口政策研究者ローゼンタールは、直接のきっかけとして二つの覚書に注目し、特に二つめの覚書を重視する（Rosental:28-31）。

一つは、首相官房長 Secrétariat général de la Présidence du conseil が作成した1938年11月12日付の「人口についての覚書」である。[2] この覚書は1938年デクレと同じ日付であり、また週40時間労働撤廃を含む経済・財政再建の一連のデクレとも同じ日付である。この覚書の作成者は役職名のみで個人名の記載はないが、当時の首相官房長は1938年1月からコンセイユ・デタの官僚のドゥーブレ Jacques Doublet であるため、作成者はドゥーブレと考えられる（Rosental:30, 290 n.73）。

この覚書の内容は、早急の人口政策の実行と、人口政策の調整機関として人口問題に関する常設委員会の設立を首相に求めるものである。さらに、フランスの人口減少は、ドイツの脅威について懸念する同盟国に対してフランスの信用を損なうとして、外交上の問題も訴えている。これは、前章で見た1937年1月の国防に関する質疑で出た議論と同じ考え方である。

もう一つの覚書は、1938年12月29日付で提出された無記名の「人口に関する覚書」である。[3] それによると、人口問題を扱う機関は複数あるが（出生率上級評議会、労働力評議会 Conseil national de la main-d'oeuvre、移民に関する大臣間常設委員会 Commission interministérielle permanente de l'immigration、税制改革委員会 Commission de réforeme fiscal）、それらの調整機関が欠けているとして、調整機関の設立を要求している。その機関の仮名として「人口高等委員会 Haut comité de la population」が使用されている。この覚書は、前の覚書で提案された機関設立を前提として、より具体的かつ実務的な提言を行っている。たとえば、機関の構成人数を絞ることを提案している。実際、後に設立される人口高等委員会のメンバーはわずか5名であった。この覚書の作成者は、役職名すら記名されておらず不明であるが、ローゼンタールはこれもドゥーブレではないかと推測している（Rosental:30）。

以上から、ペルノの提案より後に提出された二つの覚書、特に後者は内容がより具体的であり、委員会の名称も実際に採用されたことから、人口高等委員会設立の直接のきっかけとなったと考えられる。その背景には、前章で述べたように、ペルノの提案に賛同する手紙や請願書が多数首相に届いていたこと、新聞・雑誌などによる「出生率低下の危機」といった記事が増加するなど世論の支持があったこと、さらに共産党でさえも議会内の出生率擁護グループに参加しており、家族政策に対する左右対立はなかったことなどがある。

こうしてペルノの提案と二つの覚書を経て、1939年２月23日のデクレによって、ダラディエ首相の下に人口高等委員会が設立された[4)]。その役割は、「出生率の発展、農村の人口増加、都市の脱集中化、外国人の領土内への侵入・滞在・定着と彼らのフランス国民への統合に関するフランスの政策に関連するさまざまな省によって採用される諸方策の努力を調整することと、その実行に従事する」と定められた。この人口高等委員会には、首相と首相官房長の他に、法務省、内務省、厚生省、労働省、農業省、財務省（後に外務省も追加され計７省）の代表がそれぞれ参加することが定められ、人口高等委員会はこれらの七つの省の間の調整という役割も担った。

２．人口高等委員会のメンバー

人口高等委員会のメンバーは1939年２月25日のアレテで決定された[5)]。ペルノ（上院議員）、ランドリ（下院議員、元労働大臣）、ボヴラ（国民連盟会長）、セール Philippe Serre（下院議員）、ルジュー Frédéric Roujou（コンセイユ・デタの調査官）の５名である。人口高等委員会の委員長はダラディエ首相で、事務局長は首相官房長であるドゥーブレが任命された。以下、この５名のメンバーについて紹介する。

ペルノは、７人の子をもつカトリックの保守派上院議員であり、国民連盟のメンバーで、1930年からカトリック系家族主義団体である多子家族連盟の会長でもある（Talmy 1962b:223）。第一次タルデュー内閣では公共事業大臣（在1929.11-1930.2）、フランダン内閣で法務大臣（在1934.11-1935.6）を務めた。この第三次ダラディエ内閣においては、第二次大戦勃発後の1939年9月13日に新設される封鎖大臣 Ministre du Blocus（在1939.9.13-1940.3）になる。また、ペルノは、1939年10月28日のアレテによって、人口高等委員会の副委員長に任命された[6)]。

ランドリは、第5章で見たように、急進社会党の下院議員で、労働大臣として1932年法成立を推進した。第二人口減少院外委員会のメンバーで、国民連盟のメンバーでもある。人口に関する著書も出版し、家族政策や人口政策の専門家と見なされていた。ランドリの著書『人口革命』（Landry 1934）は、このタイトル自体が今でいう「人口転換理論」を意味しており、近代化が進むと多産多子から少産少死へ転換することを指摘している。この著書でランドリは、「人口減退は、人間のあらゆる行動を緩慢にさせる無気力や麻痺状態へと導く」と述べ、出生率上昇政策の必要性を訴えている。そのための方策として、家族手当や出産ボーナス、教育と宣伝を通じた産児制限の緩和などを提案している（Landry 1934：85-105, 155-157）。これらの提案は、第一人口減少院外委員会のものとほぼ同じであり、ランドリは第二委員会のメンバーとして、第一委員会の議論を受け継いでいる。これらは、実際に家族法典に盛り込まれることになる。

なお、1920年代後半から国際的にも人口に対する関心が高まり、1928年から「国際人口会議 Congrès international de la population」が開催されるようになった。1937年に第4回目の国際人口会議がパリで開催された際には、ランドリが議長を務めている（Landry *et al.* 1945：20-21）。

また、ランドリはさまざまな人材を繋ぐ役割も担った。第5章で見たように、ランドリはソーヴィと親交があり、第二次大戦後には、ソーヴィらとの共著『人口学概論』を出版する（Landry *et al.* 1945）。ランドリは小児科医ロベール・ドブレとも親交を持ち、ソーヴィやボヴラをドブレに紹介し、彼らをレノーやペルノなどの政治家たちに引き合わせた（Debré：602-604, Lévy：30-32）。ランドリは自ら家族政策を推進した他に、家族政策の実務領域において後に活躍する人材を広く集め、政界と仲介した。それによって家族政策がより推進されたことを考えると、ランドリの功績は大きい。ソーヴィは、第三共和制末期に家族政策を推進した政治家としてダラディエとレノーを高く評価するが、この2人に大きな影響を与えたのはランドリであると述べている（Sauvy 1959：73）。

ボヴラは、国民連盟の会長（在1937-1940.6）であり、1920年設立の出生率上級評議会の副委員長でもあった。ボヴラは国民連盟の機関誌の他にも多くの新聞や雑誌に寄稿し、人口減少や出生率低下に関する対策の必要性を早い時期から訴えていた。1930年代以降は国民連盟から出生率低下問題に関するパンフレットを多数刊行している。また、ボヴラは1937年に統計局の官僚たちと共著『フランスの人口』(Boverat *et al.* 1937) を出版し、その序文はランドリが書き、前述のように社会党のブルムが出版の財政援助をした。この共著は5年後に再版され、その後20年間、人口学の重要な入門書の一つとなった (Rosental: 64, 300n.45)。

セールはこの時まだ39歳の独立系左派の下院議員である。第三次ショータン内閣と第二次ブルム内閣で労働省次官を務め、第四次ショータン内閣では移民・外国人局担当の首相官房を務めた。

ルジューはコンセイユ・デタの官僚であるがほとんど無名で、1940年4月11日のアレテによってメンバーから外されている。代わりに、会計検査院評議官のド・ラ・ランド・ド・カラン de La Lande de Calanが加わったが、同じく無名の人物である。[7] 同じアレテによって、フランス統計局の官僚ソーヴィが人口高等委員会に加わった。前章で見たように、ソーヴィは第三共和制で財務省の経済顧問も務め、1938年11月12日の一連の財政・経済再建デクレと1938年デクレの作成に関わった人物である。

したがって、人口高等委員会のメンバーとして主に活躍したのは、ダラディエ、ペルノ、ランドリ、ボヴラ、ソーヴィ、ドゥーブレの6名であり、そのうちソーヴィとドゥーブレを除く4名が国民連盟のメンバーであった。ここからも、国民連盟の家族政策実行に対する影響力の大きさが分かる。なお、ヴィシー時代あるいは第二次大戦後も活躍するのは、ランドリ、ボヴラ、ソーヴィ、ドゥーブレの4名である。[8]

第三共和制末期の家族政策の主な実行機関は、この人口高等委員会であった。出生率上級評議会の副会長であったボヴラが人口高等委員会のメンバーとなったことから、1930年頃から影響力の低下していた出生率上級評議会の活動は、ボヴラを通じて人口高等委員会に引き継がれた。第4章で見たように、出生率上級評議会にはボヴラの他にベルティヨンやリシェなど6名の国民連盟のメンバーが参加しており、人口高等委員会には4名の国民連盟のメンバーが参加していたことから、引き継ぎは円滑に行われた（Rosental:33）。

その他の家族政策の実行機関としては、フランス統計局と全国経済評議会 Conseil national économique が存在した。前述のようにソーヴィはフランス統計局の官僚であり、ボヴラはこの統計局の官僚たちと人口に関する共著を出版している。全国経済評議会は、人口高等委員会の設立直前の1939年2月6日に、人口問題を研究する「人口問題研究委員会 Commission chargée de l'étude du problème démographique」を創設した[9)]。この機関は人口高等委員会のライバルとなるところであったが、ダラディエ首相の配慮により、この人口問題研究委員会の扱う範囲は、住居問題や住居手当など特定のものに限定された。この人口問題研究委員会は、1939年4月28日に人口高等委員会のメンバーであるボヴラを招いて住居問題に対する意見を求めていることから、あからさまな敵対関係はなかったと考えられる[10)]。

以上から、フランス統計局も全国経済評議会も、人口高等委員会に敵対する関係ではなく、むしろ人口統計などのデータを人口高等委員会に提供するような協力関係にあった。これら二つの機関は、ヴィシー時代にも活動を続ける。

3．人口高等委員会の活動

人口高等委員会の役割は、出生率上昇などの人口政策の準備とその実行と定められたが、実際の主な仕事は、家族手当を含む体系的な家族政策に関するデクレ、すなわち家族法典を作成することであった。家族法典はデクレであるため議会審議は行われず、人口高等委員会の会合において20名程度の少人数で内容が議論され、大部の法令であるにもかかわらずわずか5か月という短期間で作成された。

人口高等委員会の最初の会合は1939年3月4日に行われ、以後、家族法典公布までの間、3月に4回、4月に5回、5月に3回、6月に4回、7月に1回、計17回の会合が行われた[11)]。家族法典の完成は1939年7月12日である。家族法典公布後、人口高等委員会の公式会合はほとんど開かれず、ヴィシー時代に入ると全く行われなくなり、活動を実質上停止したが、形式上は1941年6月に正式に廃止されるまで存続した（第7章で後述）。

人口高等委員会のボヴラは、家族法典作成の仕事は非常に困難であったと述べている（Boverat 1939a:245）。理由は、関連する七つの省の代表がそれぞれ発言権と投票権をもっていたため、委員会の作成案に反対したり、度々修正を求めたりしたからである。また、各省間における利害対立や、メンバー個人の信条による意見の対立、予算の分配などから会合は毎回紛糾した。たとえば、予算の関係から第一子への家族手当を全廃したい会計検査官のクラフト Krafft は、出産奨励の立場から第一子にも手当を支給すべきだと主張するペルノ、ランドリ、ボヴラたちと対立した。[12] ボヴラは家族法典を全体的に高く評価する一方で、第一子への家族手当が廃止されたことに不満を述べている（Boverat 1939a:248）。出産奨励主義者たちの強い反対にもかかわらず、第一子への家族手当は、費用のわりに出生率上昇に効果がないこと、予算の制限などを理由に廃止された。

なお、家族法典の公布は、第二次大戦勃発の１か月前であり、作成準備の時期は戦争直前の時期に当たる。1938年９月末のミュンヘン協定によってなんとか保持された「ミュンヘンの平和」は、1939年３月のドイツのチェコスロヴァキア併合によって瓦解し、以後、フランスはイギリスとともに対独強硬路線に転じた。つまり、戦争の危機がより現実的に迫っていた時期である。

第２節　家族法典

１．家族法典の目的

人口高等委員会が作成した家族法典は、正式名称は「フランスの家族と出生率に関するデクレ Décret relatif à la famille et à la natalité française」といい、1939年７月29日に公布された。[13] 全部で167条の条文から成る大部の法令である。名称に「家族」と「出生率」を冠した法令の制定は世界でも類を見ないものであり、人口増加と出生率上昇を主目的としたその内容の斬新さと家族手当の手厚さ等から、現在でも評価は高い（岡田1984:229-230、上村 1999:165、Messu:61-69）。作成に関わったソーヴィは主著『人口の一般理論』において、家族法典の制定を「フランスの制度の中で真実の革命、深遠な革新」、「世界のどんな国もなお考え及ばなかった革新的手段」（ソーヴィ:579）と高く評価している。さらに1959年出版の著書『若者の増大』では、ソーヴィは「1939年にフランスで大事件が起こった。それは戦争ではない。（中略）その大事件とは家族法典の制定である」（Sauvy 1959:72）とし、第二次世界大戦勃発よりも家族法典制定の方が大事件であるとまで述べている。

公布報告において、家族法典の目的は、特に「家族に対する物質的な援助」すなわち現金給付や多子家族への優遇策などの立法措置を通じて、「出生率の上昇」と「フランスの人口増加」を目指すことであるとしている。以下、ダラディエ首相による公布報告を概観する[14)]。

ダラディエはまず、フランス人の「家族の規模が減少しつつある」こと、すなわち家族の子供数が減っていることを懸念し、具体的な出生数減少と出生率低下の数字を挙げる。50年前にはフランスは年間100万の出生数があったが、数年前から約60万に減少し、出生率は35‰から14‰まで低下し、「50年間で半分以上の減少」であると述べ、1935年以降は出生数が死亡数を下回り、「毎年フランスは約3万5000人のフランス人を失っている」と述べる。こうした「フランスの出生率の弱体化」の結果として、「外的危機の増大」、つまり周辺国の侵略の危機を挙げ、「出産の欠如は我々の国を惨めな道に陥らせる」と警告する。前述のように、この時期、ドイツとの戦争の可能性は高まっていた。

こうした危機を避けるため、「物質的観点から多子家族を支援すること」と「道徳の観点から家族の細胞 cellule familiale を守ること」（傍点引用者）に関心を払わない公権力はその使命を怠っていると述べ、政府による家族への物質的援助の必要性を強調する。そのための施策が、家族手当や出産ボーナスをはじめとする現金給付や多子家族に有利な税制である。なお、「道徳の観点から家族の細胞を守る」という表現は、後にヴィシー政府の首班ペタンが主張する「家族は社会の基本的な細胞である」という表現と非常に似通っている。また、ダラディエは、「家族」とは人口を増加させることができる家族、すなわち「少なくとも子供が3人いる家族」のことであると断言しており、これもヴィシー時代にペタンが理想の家族モデルとして推奨した「子供は3人以上」と同じである（第7章で後述）。

また、「家族への援助は全てのフランス人にとって公平である」（傍点引用者）とし、「子供たちは国有財産の重要な一部分を構成する」から、「各個人が子供たちの費用を分担するのは公正なことである」（傍点引用者）と主張し、家族という領域への国家介入を正当化する。こうした「社会的公正」といった考え方は、人口減少院外委員会の議論や1932年法の審議の際に出た「子をもつ労働者と子をもたない労働者との間に存在する格差の是正」と同じものである。

ダラディエは、この家族法典の計画のための予算が145万フランあると述べ、この額は非常に多いが「フランスの人口を増加させるために」必要であると述べる。実際、世界不況の影響から脱しきれておらず。ドイツとの戦争が近いと考えられたこの時期に、家族政策に大規模な予算が充てられるというには、通常では考えられないことである。が、その背景には、前章で見たように、出生率低下・人口減少問題は国防と直結した問題という認識が議員の間で共有され、世論もそれに賛成していたことがある。

最後にダラディエは、「フランスの家族政策 la politique de la famille は今からすでに開始されたということができる」と述べ、「家族政策」という用語を法令で公式に使用した。

このデクレに署名している大臣は、ダラディエ首相兼国防大臣をはじめ、人口高等委員会に関与した七つの省の大臣（法務、内務、厚生、労働、農業、財務、外務）の他、海軍、空軍大臣を含む19名の全閣僚である。このことからも、家族法典の重要性が分かる。前章で見たように、1932年法に署名しているのは、首相（兼外相）、労働相、農相、副首相（兼法務・行政管理相）のみで、1938年デクレに署名しているのは、首相（兼国防・戦争相）と財務相、法相、内相、労相、商業相、国民教育相、厚生相である。

以上から、この家族法典は制定当時、単に出生率上昇や人口増加という現代の「家族政策」の枠組みに収まり切らないほどの重要性をもっていると考えられており、対外政策や国防にも影響を及ぼす国家存亡に関わる根幹的な政策として作成されたといえる。こうした面も、先行研究で指摘されることは少ない。

2．家族法典の内容

日本において家族法典はその存在に言及されることは多いが、条文が多く内容も多岐にわたるためか、知名度のわりに内容を詳細に検討した研究は少ない。また、家族政策研究において、家族法典は「黄金時代」を代表する家族政策の頂点のように紹介されることが多いが、堕胎に関する抑圧的な規定や独身税などの差別的な規定が指摘されることも少ない。後のヴィシー時代における抑圧的な家族政策はフェミニスト研究者たちによって批判されることが多いと序章で述べたが、ヴィシー時代も家族法典は基本的に継続され（部分的に廃止もしくは修正）、第二次大戦後には家族法典が完全復活することから、家族政策の「連続性」を検証する上で非常に重要である。したがって、ここでその内容を詳細に検討する。

家族法典は4編に分かれている。第1編は「家族の援助」であり、「初産手当 prime de première naissance」「家族手当」「農村家族に対する特別措置」「家族への扶助」から成る。第2編は「家族の保護」であり、「母性の保護」「子供の保護」「民族の保護」「家族と教育」から成る。第3編は「税制措置」であり、「登記料」「直接税」「間接税」から成る。第4編は「その他」である。

1　第1編「家族の援助」

第1編は家族への現金給付についての規定である。第1章では、結婚2年以内に第一子が生まれた場合、「初産手当」を支給することが規定された（1条）。ただし、フランス国籍をもつ嫡出子のみである。額は県平均賃金の2倍（2000人以上が住む都市地域では上限2000フラン）である。生まれてすぐと6か月後の2回に分けて支給され、6か月後もその子供が生きていることが要件である（5条）。初産手当は、第一子への家族手当廃止の代替措置である。初産手当は母親に支給されると規定された（6条）。

第2章は「家族手当」である。この家族法典によって家族手当は経営者や自営業者にも拡大され、「職業活動から主要な生計費を得ている全ての人」に支給されることになった（10条）。つまり、これにより家族手当制度の一般化と統一化がほぼ完全に達成された（失業者は除く）。家族手当は、住民が2000人以上と2000人未満の地域で分けられ、さらに一般と農業に分類された。「農業家族手当」は以前から通常の「一般家族手当」とは別制度として発展しており、それが継続された（25-33条）。また、それまで独自に発展していた公務員の家族手当制度も統一された（38-40条）。これにより、家族手当のユニバーサル化はほぼ達成されることとなった。

さらに「家族手当はフランスに住んで扶養される第二子以降に支給される」と規定された（11条）。それまで5歳未満の第一子に支給されていた家族手当は廃止され、一人っ子には全く支給されないこととなった。以来、現在に至るまで家族手当は第二子以降の支給である。

また、家族手当の受給権者は、家長 chef de famille、すなわち父親であると明記された（15条）。家族手当の支給対象年齢は、1938年デクレと同じで、子供が義務教育を終えるまで、あるいは学業を続けるか職業見習いをする場合は17歳になるまでと規定された（12条）。

家族手当額は、1938年デクレと同様に、月額県平均賃金が基準とされ、それは各県ごとに労働大臣と農業大臣と財務大臣の同意によって決定するとされた（14条）。支給額は、第二子に月額県平均賃金の10％、第三子以降には20％ずつ追加と規定された（13条）。1938年デクレでは、第二子に10％、第三子に15％、第四子以降に15％ずつ追加と規定されていたため、３人以上の子をもつ家族には相当の増額となる。つまり、子供数に応じた累進的増額が強化された。これは多子家族の奨励であり、ダラディエが理想とした「家族」、すなわち「少なくとも３人以上の子をもつ家族」を奨励するための措置である。家族法典では、もし６人の子をもてば、県平均賃金の90％が支給されることになった。1932年法と1938年デクレと家族法典の家族手当額を比較したのが表６である。

その他の手当として、1938年デクレで予告された「専業主婦手当」が正式に導入された。これは、人口2000人以上の都市部において、フランス国籍をもつ子供を１人以上育てている家庭で賃金収入が一つしかない場合、県平均賃金の10％が家族手当に追加して支給される手当である（23条）。主婦手当の目的は、女性を職場から家庭に戻して出産と育児に専念させることによって出産及び多子家族を奨励するというものである。これは、後にヴィシー時代の単一賃金手当へと受け継がれる（第７章で後述）。これは、現在の福祉レジーム論の分類によると、夫が外で働き、妻は専業主婦として家事と育児を担当して、男性が家族を扶養するという「男性稼ぎ手モデル」に当たる。序章で述べたように、フェミニスト研究者たちは、ヴィシー時代のこうした性別役割分業を強固に批判するが、それは第三共和制においてすでに始まっていた。

第３章「農村家族への特別措置」では、農村の若い世帯に対する貸付金制度が設けられた（50条）。返済は、子供が１人生まれる毎に一部が免除され、５人の子をもてば全額免除される（56条）。この規定の目的は、ダラディエによると「家族の増加」のみでなく「大地への回帰」である。この「大地への回帰」

表６ 家族手当額の比較（県平均賃金月額に対する比率）

	第一子（５歳未満）	第一子（５歳以上）	第二子	第三子	第四子以降
1932年３月11日の法律	統一基準なし				
1938年11月12日のデクレ	５％	なし	10％	15％	15％追加
家族法典	なし（初産手当）	なし	10％	20％追加（計30％）	20％追加（計50％）

出典：JOより筆者作成

という表現は、ヴィシー時代にペタンが帰農政策を進めた際に同じ表現を用いている（渡辺1994:103）。ただし、これは農業国フランス保守派の伝統的思想である。

第４章「家族への扶助」では、家族手当とは別に、子供のいる貧困家庭に支給される「家族扶助手当 allocation de l'assistance à la famille」が定められた。フランス国籍をもつ子供を育てている家長に十分な資力がない場合、子供１人につき最低月25フランが支給される（75、77条）。なお、これらの規定によって、1913年の多子家族扶助法は廃止された（81条）。

２ 第２編「家族の保護」

第２編の第１章「母性の保護 protection de la maternité」では、主に堕胎と避妊に関する規定が定められた。堕胎と避妊の取締りを強化することを「母性の保護」と表現していることからも明らかなように、これらは出産促進が目的である。

堕胎に関しては、基本的に刑法317条と、1920年法と、1923年法が継続されたが、堕胎実行者に対する罰則規定が変更された。妊婦に対する堕胎行為実行者への通常の罰則規定は、１年以上５年未満の禁錮及び500フラン以上１万フラン以下の罰金で刑法317条の規定と同じだが、常習的に堕胎行為をする者、つまり職業として常習的に堕胎を行っている者に対しての罰則は、５年以上10年未満の禁錮及び5000フラン以上２万フラン以下の罰金と重くなった。一方、堕胎行為を受けた女性もしくは自身で行った女性に対する罰則は、６か月以上２年以下の禁錮及び100フラン以上2000フラン以下の罰金とされ、やや軽くなった。また医師や助産婦、薬剤師などの職業の者が堕胎行為を行った場合は、前記罰則に加えてさらに5年以上の営業禁止と職業資格の取り消しが規定された(82条)。

避妊方法の教唆や産児制限の宣伝を行った者には、3か月以上2年以下の禁錮(1920年法では1か月以上6か月以下)及び500フランから5000フランの罰金(同100フラン以上5000フラン以下)とされ、これも罰則が重くなった(91条)。

堕胎の取締りに付随して、産院や出産を扱う診療所の開設は必ず県の認可が必要となり、県の衛生に関する調査官の検査も受けなければならないと定められた(93-95条)。これは出産の際の衛生状況の改善を図るものであり、それによって新生児の死亡率を下げるという目的の他に、しばしば産院において密かに行われていると考えられていた堕胎を取り締まる目的もあった。

さらに、妊娠7か月以上の女性あるいは新生児の母を手続きなしで受け入れる公的機関「出産センター maison de maternité」を各県に設立することが定められた。これは産院とは別の出産場所であり、市役所発行の貧窮証明書をもっている場合は、妊娠のどの段階でも受け入れるとした(98条)。また、妊婦が希望する場合は秘密保持が認められるとされたことから、条文に明記はされていないが、未婚の母を受け入れることも想定しているようである。

第3章は「民族の保護」であり、内容は、「公序良俗違反について」(ポルノなどの規制)、「有毒物質の密売について」(麻薬販売などの規制)、「アルコール中毒との闘いについて」(アルコール類の販売の規制、カフェなどの営業規制)であり、これらは当時「社会の害悪」と呼ばれていたものの規制である。公布報告においてダラディエは、「社会の害悪」とは「フランス民族の将来にとって危険を構成する」ものと説明しているが、第4章で述べたように、特にこの表現は第一次大戦の頃から頻繁に使用されるようになり、正常な子供が得られにくくなる原因と考えられていた。ヴィシー時代の「反アルコール・キャンペーン」は有名だが、これも家族法典ですでに始まっている。

その他の規定として、第2章は「子供の保護」で、養子や非嫡出子の法的地位などを定めている。第4章「家族と教育」においては、公立・私立を問わず小学校での人口学教育の義務化が定められた(142条)。

3　第3編「税制措置」

第1章「登記料」では、多子家族に有利となる税制が確認された。所得税に関しては、すでに子供数によって免除される額が大きくなるという多子家族を優遇する措置がとられていたが、さらに相続の際の譲渡税や登記料に関して、故人が何人子供を残したかによってその額が変わり、子供数が多いほどその金額が低くなると規定された（151-158条）。これも多子奨励の一環である。

さらに、第2章「直接税」においては、子供のいない独身者、離婚者、死別者及び結婚後2年以上経っても子供のいない夫婦には、「家族均衡税 taxe de compensation familiale」を課すことが定められた（159-160条）。その率は収入に応じて累進的に高く設定され、80万フラン以上の収入がある場合には20％の家族均衡税が課されることとなった。結婚2年以上で子供のいない夫婦には、その率は多少低く設定され、80万フラン以上の収入がある場合は14％と規定された。これは、「子供がいない」世帯に対する所得税の増税であり、いわば「独身税」や「子なし税」である。この家族均衡税は、これまでに制定された多子家族に対する減税とは根本的に性質が異なっている。「子供がたくさんいる」ことを理由とした減税措置は、子育てには費用がかかる点を国家が配慮するという福祉的な政策であり、貧困救済という意味合いも付与できるが、「子供がいない」ことを理由とする増税措置は、国家によってペナルティーが科される罰則的政策である。子供がいない夫婦の中には病気等で子供がほしくてもできない場合もあるはずであるが、そうした事情は一切考慮されていない。つまり、この規定は、子供のいない人々に対する国家のあからさまな差別待遇である。家族法典は現在でも高く評価されていると前述したが、家族法典におけるこうしたあからさまな差別規定に触れている先行研究はフランスでも少なく、日本においてはほとんどない。

以上が家族法典のおおよその内容である。この家族法典によって、全国民への家族手当の一般化がほぼ達成された。「ほぼ」というのは有職者のみが支給対象であり、失業者には家族手当は支給されないからである。もともとフランスの家族手当は労働者に対する追加賃金として始まったため、失業者には家族手当が支給されないという欠点があった。フランスでは、人口減少による労働力不足から、失業保険も第二次大戦後まで存在せず、失業対策は伝統的にあまり検討されてこなかった。

家族法典について、人口政策・家族政策研究者のグラスやワトソンは、不足部分を挙げて国家福祉として不十分であると批判する。たとえば、失業者手当がない点、失業者には家族手当が支給されない点、住宅手当がない点、主婦手当も外での労働を断念するほどには十分な金額ではない点などである（Glass 1940：217-218, Watson 1954a：274）。しかし、そもそもダラディエ自身がすでに公布報告においてこの家族法典は「完全とは言い難い」ことを認めており、住宅問題など「重要な措置が欠けている」とも述べている。ダラディエは、こうした欠点は将来において補われると述べ、近い将来の改正を示唆している。また、グラスやワトソンの批判は、家族法典の不足部分に対するものであって、家族法典に対する根本的な批判ではない。

家族法典は明白な出産奨励・多子家族優遇策であるとともに、家族均衡税のように子供のいない世帯に対する差別規定も設けている。家族法典はヴィシー時代にも継続され、同様の差別的規定をさらに拡充していくことから、序章で見たように、フェミニスト研究者たちは、ヴィシー政府の差別的な面も第三共和制末期から継続したものであることは指摘するが、国家による価値判断の押しつけや子をもつことの強制といった観点からヴィシー政府を批判するほどには、第三共和制を批判することは少ない。また、第二次大戦後も家族法典は継続されることから、戦後もこうした差別規定は継続されるが、そうした点を指摘する先行研究はさらに少ない。差別的な規定も含めて、家族法典は第三共和制末期からヴィシー時代を経て第二次大戦後まで継続する政策である。

ところで、この家族法典の効果、すなわち出産増加や出生率上昇が実際に達成されたかどうかについては、公布1か月後に第二次大戦が勃発したため、正確な測定は困難である。一般に、戦争が始まると出生数及び出生率は低下する。事実、1940年と1941年の出生数と出生率は低下した。が、1942年に出生率は上昇に転じている（第7章で後述）。これを家族法典の効果と見るかどうかは判断が困難である。ここでは、政策の実際の効果の測定より、第三共和制の政府が出産増加・出生率上昇という目的を達成するために、「家族」という単位を基礎として家族法典という大部の法令を作成したこと、その法令がヴィシー政府と戦後の臨時政府にも継続されたこと、中には抑圧的で差別的な規定が存在するにもかかわらず、現在でも家族法典の評価は高いことを指摘することの方が重要である。なお、これほど出産増加を全面に押し出し、「家族」の利益を謳っている家族法典であるが、女性の地位向上や母親の賞賛といった観点はない。

第3節　家族省の設立と第三共和制の崩壊

家族法典公布の約1か月後の1939年9月1日にドイツはポーランドに侵攻し、イギリスとともにフランスはドイツに宣戦布告し、第二次世界大戦が始まった。マジノ線に信頼を寄せたフランスは防衛戦略をとり、前線で敵と睨み合うが戦闘らしい戦闘はないという「奇妙な戦争」が1940年4月まで続いた。そのため、家族法典は予定通り施行されたが、戦争の影響が全くなかったわけではない。多くの男性が動員され、兵士として前線に送られた（第7章で後述）。生活面においても、1939年秋から生活物資は部分的に配給制となり、1940年4月からは全面的に配給制となった。

開戦前、ダラディエ首相は高い人気を維持していたが、閣内には好戦派と反戦派が混在していた。1939年9月13日に内閣改造が行われ、ダラディエが首相と国防大臣と外務大臣を兼任した。9月27日にワルシャワが陥落し、翌日ソ連とドイツがポーランド分割を行った。この時、共産党はモスクワへの全面的忠誠を表明したため、ダラディエ内閣は共産党とその系列組織を非合法化し、40名を逮捕するなど弾圧した。また、ソ連がフィンランドに侵攻するのを見捨てたことによってダラディエは批判を浴び、1940年3月20日に辞任し、戦争推進派のレノーが後を継いだ。

1940年5月10日、ドイツ軍は西部戦線における電撃戦を開始し、オランダ、ベルギー、ルクセンブルクに侵入する。5月13日にはマジノ線が突破され、ドイツ軍はフランスに侵入する。フランス軍は苦戦を強いられ、敗退の連続となり、5月15日にダラディエ国防大臣はフランス陸軍の敗北を認めた。5月18日にレノーは内閣改造を行い、自ら国防大臣を兼ね、ダラディエを外務大臣とし、休戦派のペタンを副首相とした。この時、休戦派のペタンを副首相に任命したことから、対外的にもフランス政府は休戦の可能性を考えていると認識された。5月28日にはベルギーがドイツに降伏し、政府内では休戦派が優勢となる。ドイツ空軍によるフランス国内の空襲が始まり、北部の住民のみでなく、パリの住民も南へ脱出するようになった。レノーは6月5日に再び内閣改造を行い、ダラディエを解任して自らが国防大臣と外務大臣を兼任する。

このようなフランス敗北のさなかの6月5日に、レノーは厚生省の代わりとなる「フランス家族省 Ministère de la Famille française」（以下、家族省）を新設し、初代家族大臣にペルノを任命した[15)]。翌日ペルノは、家族省の官房長 chef de cabinet としてドゥーブレを任命した[16)]。前述のように、ドゥーブレは人口高等委員会の事務局長を務め、家族法典の作成にも関わった官僚である。ドゥーブレはヴィシー時代及び戦後にも家族政策に関わる人物である。この家族省は、設立後間もなく第三共和制が崩壊するため、ほとんど何も活動していない。が、戦争が始まり、フランス敗戦が濃厚なこの時期に、「家族」という名前を冠した独立した省を創設した象徴的意義は大きい。レノーがわざわざこの時期に家族省を設立した理由は、前章で見たように、1938年デクレの作成に財務大臣として関わり、家族政策の重要性を認識していたレノーが首相となって、人口高等委員会よりもっと強い権限をもつ省が必要と考えたためと推測できる。

6月10日に政府はパリからトゥールに移り、14日にはドイツ軍がパリに入城する。政府はボルドーに移り、6月15日に抗戦派のレノーは辞職し、代わりに副首相であった休戦派のペタンが第三共和制最後の首相となる。このペタンの組閣において、家族省は「在郷軍人・フランス家族省 ministère des Anciens Combattants et Famille française」と名称を変更されるが継続され、家族大臣には、右翼政党「フランス社会党 Parti social français」の議員イバルネガレ Jean Ybarnégaray が任命された。イバルネガレは、もとは右翼団体「クロワ・ド・フー（火の十字団）Croix de Feu」（1927-1936）に属しており、1936年に人民戦線政府によって解散させられた後は、指導者であったラ・ロック大佐 François de La Rocque が再編した右翼政党「フランス社会党」の幹部となった（パクストン:167）。

6月17日にペタンはドイツに降伏を申し入れ、6月23日に仏独休戦協定が締結され、パリを含むフランス国土の約半分がドイツ軍占領下に置かれた。7月1日に政府はヴィシーに移り、7月10日に両院合同の国民議会が開かれ、圧倒的多数で第三共和制憲法は廃止され、ペタンへの全権付与が決定した（第7章で後述）。ここにおいて第三共和制は完全に崩壊し、ドイツ軍占領下でヴィシー政府が誕生する。第三共和制最後のペタン内閣はわずか1か月のみの内閣であった。

第4節　第三共和制のプロパガンダ

人口高等委員会は、家族法典作成の他に、人口に関するプロパガンダを行う任務を負っていた。人口増加や出産増加に関するプロパガンダはヴィシー政府が大規模に行ったことで有名であるが、第三共和制末期、特に1940年前半に同様の計画が存在したことは指摘されることが少ない。計画はあったものの、戦争が始まり計画の大部分は実行されないまま終わったため、ヴィシー政府のプロパガンダのみが目立つことになったが、第三共和制政府が出産増加に関するプロパガンダを全く計画していなかったわけではない。むしろ、第三共和制が計画した映画やラジオ番組などをヴィシー政府が継続したともいえる。ペルノが1938年2月に人口高等委員会設立を要求した際に、「家族のプロパガンダを組織すること」が必要であると述べていたように、プロパガンダの必要性はすでに提唱されており、実際に人口高等委員会の会合でプロパガンダに関する議論が行われていた。1940年3月成立のレノー内閣は、戦時下ということから検閲を含む情報管理の省である「情報省 Ministère de l'Information」を置き、この情報省と協力して、人口高等委員会は人口に関するプロパガンダの計画を立てていた。

人口高等委員会のペルノは、1939年12月19日付の手紙で、情報省に属する「情報委員会 commissaire général à l'information」の委員長宛てに、政府は「家族法典によって開始された家族政策の推進」に力を入れていると述べ、「こうした運動に有利となるような影響を与えることができる映画」の製作を依頼している[17)]。同時に、ペルノはそうした直接的な内容の映画製作は困難であろうが、映画監督たちに「母性的な思想や感情、家族の暮らしの美しさ、多子家族の強さを強調する場面を彼らの作品に滑り込ませる」よう要請することは可能ではないかと述べている。つまり、ペルノは母性の強調や多子家族の称賛を盛り込んだ作品を依頼しており、家族法典には盛り込まれていなかった「母性」を前面に押し出している。こうした考え方は、後のヴィシー政府のプロパガンダの基本方針と同じである（第7章で後述）。

また、ペルノは、人口高等委員会の1940年1月6日の会合で「ラジオによる家族の思想に好意的なプロパガンダ」について話し合ったことを、同日付の手紙で国家ラジオ放送局長に知らせている。[18)]

こうして情報省の協力を得てプロパガンダ計画は進み、1940年4月10日に一つのラジオ番組の放送を決定した。その内容は、「フランスの母」に捧げられた作品を朗読するというもので、放送は4月18日午後9時45分から毎週木曜日に放送する予定で、6月20日までの10回分の放送はタイトルも含めて決定していた。[19)]このラジオ番組は、戦局が厳しくなったため予定通りには放送されなかったようであるが、こうしたプロパガンダ計画が存在したことは、ヴィシー時代との「連続性」という面から注目に値する。

こうした積極的なプロパガンダと並行して、戦時下という状況から、第三共和制末期には家族政策に関する検閲も存在した。たとえば、『ジュヴェナル Juvénal』という新聞が1940年5月11日付の記事で家族法典を批判したことに対して、人口高等委員会の事務局長ドゥーブレは検閲を厳しくするよう要請している。[20)]国家によるマスメディアへの介入もすでに始まっていた。戦時下という状況から検閲は必要であろうが、軍備や戦力に関する検閲のみではなく、家族法典の批判に対する検閲も行っていたという事実は、その是非はともかくとして、政府が家族法典をいかに重視していたかが分かる。

また、政府のみでなく、民間の家族団体によるプロパガンダも行われていた。機関誌の発行や、パンフレットやビラの作成と配布などである。中でも国民連盟は、その活動目的の一つにプロパガンダも挙げていたように、実際にさまざまなプロパガンダを行った。たとえば、国民連盟のベルティヨンやボヴラは人口減少や出生率低下に関する著書やパンフレットを多数出版し、ベルティヨンは新聞『女性と子供』も発行した。さらに国民連盟は、ドキュメンタリー映画も製作した。最初の映画『危機にあるフランス』は1930年3月に完成した。二番目の映画は『出生率』であり、三番目は『人口減少の危険』である。いずれも短編であるが、国民連盟はこれらの映画を公共のホールでの講演の際に上映し、「何百万人の観客」の前で上映したとしている。[21)]

特にボヴラが会長となってから、国民連盟は機関誌とは別に、出生率低下の危機に関するパンフレットを多数刊行した。前述のように、ボヴラは出生率上級評議会の副会長であり、人口高等委員会のメンバーでもあった。人口高等委員会には国民連盟のメンバーが多くいたことから、国民連盟のプロパガンダは政府のプロパガンダ政策にも影響を与えたと推測できる。次章で後述するが、ボヴラはヴィシー政府のプロパガンダにも携わるようになることから、第三共和制末期の国民連盟によるプロパガンダはヴィシー政府のプロパガンダにも影響を与えることになる。そのため、ここで、ボヴラが作成した国民連盟のパンフレットをいくつかを紹介する。

1937年3月刊行の国民連盟のパンフレット『なぜフランス人は子供をもたなくなったのか』では、フランスにおける出生数の減少について述べ、独身の場合と結婚して子供がいる場合の生活レベルをイラスト入りの表で比較し、給料が同じである場合、独身者の生活レベルを100とすると、既婚者で子供がおらず妻が専業主婦の場合は66、子供が1人だと50、子供が2人だと40、子供が3人だと33、子供が4人だと28という数字を挙げ、「『同一労働同一賃金』、それが『平等』と呼ばれている。しかしその結果はこうである」と述べ、子供がいる場合といない場合の「不平等」を批判している（Boverat 1937）。その対策として「子供のいない家庭と子供のいる家庭の生活レベルを平等にすることを保証すること」、つまり家族手当の充実を主張する。ボヴラは現行の家族手当ではまだ不十分であると主張し、増額を要求した。

1939年にボヴラが刊行した国民連盟のパンフレット『無垢な子供の虐殺』は、強烈な反堕胎の内容である（Boverat 1939b）。表紙には、赤ん坊の写真とともに「生まれる前に殺される小さなフランス人は毎年40万人にのぼる」と書かれている。この数は、第4章で見たように当時考えられていた平均的な年間堕胎数を示している。ボヴラはこのパンフレットにおいて、「堕胎は殺人である」という主張を展開する。その根拠として、当時行われていた堕胎の方法を、昔の中国の残酷な拷問になぞらえ、両方をイラストで示している（図5）。たとえば妊婦の腹部を押して子宮を圧迫して胎児を押しつぶす方法は、「ひき臼による圧殺」という題で中国人が巨大な石で潰され血を流しているイラストを隣

図5　「我々はどうやって彼らを殺すか」ボヴラ『無垢な子供の虐殺』

COMMENT ON LES TUE

HIER, LA MORT DANS LES SUPPLICES DES CRIMINELS CHINOIS

AUJOURD'HUI, LA MORT DANS LES TORTURES DE 400 000 PETITS FRANÇAIS

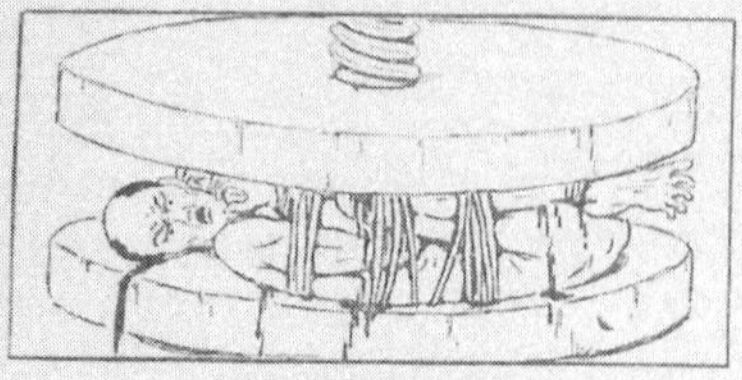

L'écrasement par la meule.

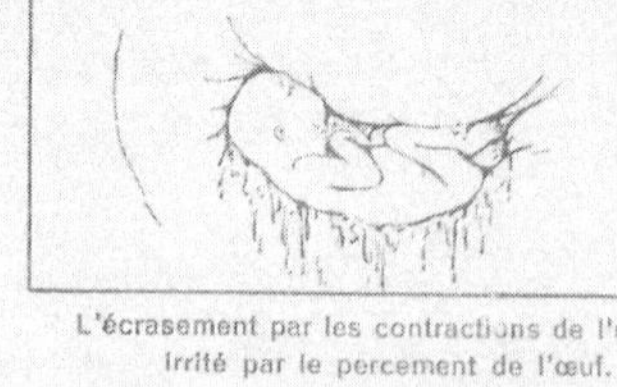

L'écrasement par les contractions de l'utérus irrité par le percement de l'œuf.

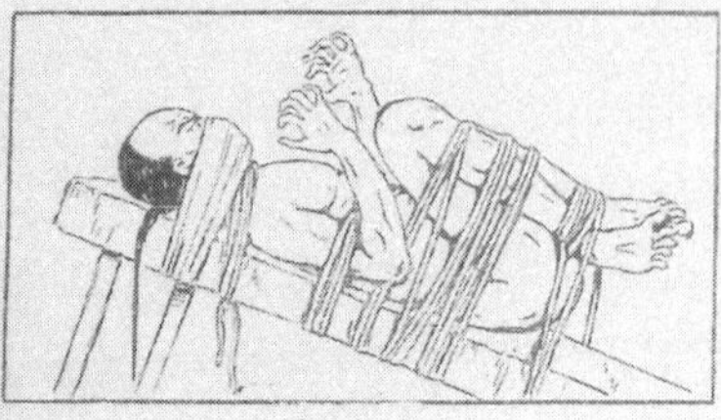

L'asphyxie.

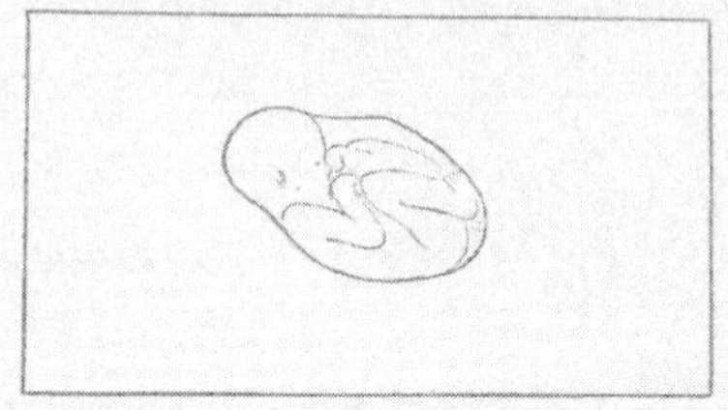

L'asphyxie par le détachement de l'œuf qui arrête l'afflux de sang oxygéné.

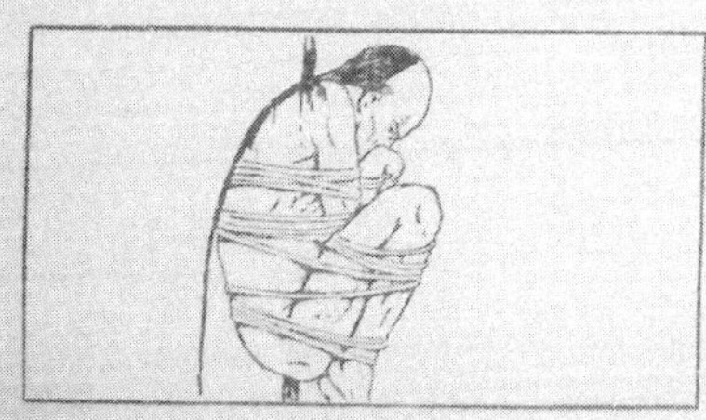

Le pal.

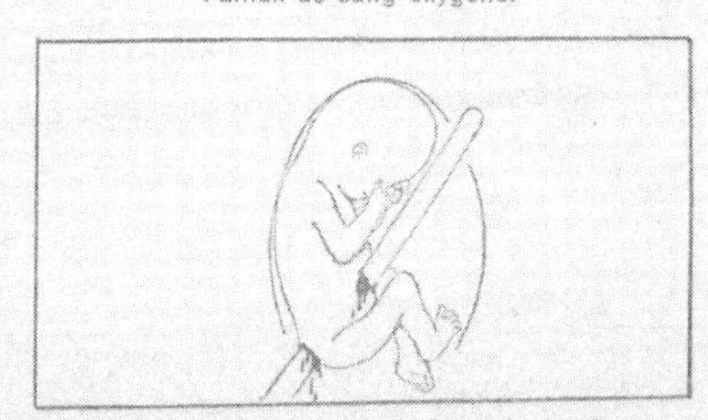

L'enfant prénatal transpercé par la sonde.

Le feu.

L'enfant prénatal brûlé vivant dans le poêle de l'avorteuse.

出典：Boverat 1939b：5

に並べている。また、ゾンデという棒状の金属製の器具を体内に入れて胎児を貫通する方法は、中国の串刺しの刑のイラストを隣に並べ、これらの堕胎方法はそれぞれ中国の刑罰や拷問と同じであるということを示している。

最後のページには、赤い血しぶきの絵とともに、「フランス人よ、もしあなた方が無垢な子供の虐殺をやめなければ、その血はあなた方自身にはね返ってくるだろう。なぜなら堕胎とは出生率低下であり、出生率低下は戦争であるからである」と結論づけている。第4章で見たように、すでに堕胎に対する抑圧は強化されていたが、このパンフレットにおけるボヴラの主張はさらに激烈である。

ボヴラは国民連盟の出版物のみでなく、他の新聞や雑誌にも多数寄稿した。たとえば1939年2月28日付の新聞『ル・ジュルナル』に、「フランスは消滅する」という題の記事を掲載した[22)]。それによると、ドイツの人口は8000万、イタリアは5000万であるのに対してフランスは「揺籠より棺桶の方が多く」、人口は4200万しかいないと述べ、このまま出生率が低下し続けるならフランスの人口はどんどん減少し、いずれ絶えてしまうだろうと述べている。

このように第三共和制末期において、政府による家族に関するさまざまなプロパガンダは計画され、一部は実行された。半官半民の家族団体である国民連盟も第三共和政期から積極的にプロパガンダ活動を行っていたことは、今まで指摘されることは少なかったが、これらは後のヴィシー政府のプロパガンダに受け継がれることとなり、プロパガンダの分野でも「連続性」が存在する。

まとめ

本章では、1938年11月から1940年6月までの第三共和制末期における家族政策を検証した。1939年2月に人口高等委員会が設立され、家族法典の作成に当たった。1939年7月29日公布の家族法典において、家族手当の一般化はほぼ達成され、家族手当の他にも多岐にわたる出産奨励策や多子家族の優遇策が規定された。その一方で家族法典は、第一子への家族手当廃止や堕胎の取締り強化、子供のいない世帯への増税など、抑圧的な施策も含んでいた。こうした面も含めて、家族法典の規定は後のヴィシー政府に継承される。ヴィシー政府の抑圧的な家族政策は批判されることが多いが、批判の対象となる政策のほとんどは、すでに第三共和制末期から始まっていたことを確認した。

タルミーは、家族法典の公布をフランス人の「心性の変化」と見ており、フランスの将来を救うために、それまでの「個人主義の世紀との断絶」を表現する意志だと見ている（Talmy 1962b:241）。家族法典における子供数に応じた家族手当の累進的増額や、独身者や子供のいない世帯に対する増税は、共和国原理である「個人の平等」に明らかに抵触するが、こうした措置を国家が行うことは「社会的公正」の実現であり、それはむしろ「国家の義務である」とする考え方は、すでに人口減少院外委員会の議論で出ており、この時期に急に出現したものではない。したがって、家族法典以前からの連続性が存在する。また、1920年設立の出生率上級評議会の議論も継続されており、家族法典におけるいくつかの規定は、以前に提案されながら実現に至らなかったものが実現したといえる。なお、家族法典では「母性の賛美」は直接盛り込まれていないが、政府によるプロパガンダの計画では、そうした観点も取り入れられている。母性の賛美はヴィシー政府によって積極的に行われることになる。

1） JO, Sénat, débats. séance du 8 février 1938:93-103.
2） AN, F60 605, Note au sujet de la population, 12 novembre 1938.
3） AN, F60 495, Note relative à la population, 29 décembre 1938.
4） JO, 24 février 1939:2550-2551.
5） JO, 26 février 1939:2654.
6） JO, 1er novembre 1939:12789.
7） JO, 20 avril 1940:2859.
8） ランドリとセールは、ヴィシー時代には公職から外された（第7章で後述）。
9） AN, CE 146, Commission chargée de l'étude du problème démographique, séances, I, 1939.
10） AN, CE 146, Séance du 28 avril 1939.
11） AN, F60 494, Séances du Haut comité de la population.
12） AN, F60 494, Séance du Haut comité de la population du 12 juin 1939:10-15.
13） JO, 30 juillet 1939:9607-9626. 後に「デクレ・ロワ」と呼ばれるようになり、法律と同等の扱いとなる。
14） JO, 30 juillet 1939:9607-9609.
15） JO, 6 juin 1940:4294.
16） JO, 11 juin 1940:4438.

17） AN, F60 496, Lettre du 19 decembre 1939 du vice-président du Haut Comité de la Population au commissaire général à l'Information.

18） AN, F60 496, Lettre du 10 janvier 1940 du vice-président du Haut Comité de la population au directeur de la radiodiffusion nationale.

19） AN, F60 496, Lettre du 5 mars 1940 du directeur général de la radiodiffusion général au secrétaire général du Haut Comité de la Population, Lettre du 10 avril 1940 du secrétaire général-ajoint des émissions artistiques au secrétaire général du Haut Comité de la Population.

20） AN, F60 496, Note du 11 mai 1940, de Jacques Doublet à Grouzon.

21） *Vitalité française*, 1946, Numéro spécial：42.

22） Boverat, Fernand 'La France s'éteint', *Le Journal*, 28 février 1939.

第7章　ヴィシー政府の家族政策（1940－1944年）

本章では、ヴィシー政府が実行した1940年7月から1944年8月までの家族政策を検証する。序章で述べたように先行研究の少ない分野であるため、詳細に検証する。ヴィシー政府はドイツ軍占領下の政府であり、主権が完全に保全されていたわけではないが、家族政策に関しては、ドイツは基本的に無関心で妨害はしなかった。ヴィシー時代の家族政策はフランスの自発的なものである。

第1節では、ヴィシー政府の成立過程と、首班ペタンが推進した「国民革命 Révolution Nationale」と家族の関連について概観し、1942年に出生率が上昇に転じた事実を確認する。

第2節では、ヴィシー政府の家族政策の実行機関を確認する。

第3節では、ヴィシー政府が行った家族政策について具体的に検証する。

第4節では、ヴィシー政府が行った出産奨励・多子奨励・母性賛美のプロパガンダを検証する。

第1節　ヴィシー政府の成立と「国民革命」

1．フランスの敗北とヴィシー政府の成立

ペタンは84歳でヴィシー政府の国家主席となり、解放までの4年間その地位にいた。政治家としてのペタンの経歴は、1934年2月の騒擾事件後に成立した第二次ドゥーメルグ Gaston Doumergue（急進社会党、在1934.2-1934.11）内閣で戦争大臣として初入閣し、第一次ブイッソン Fernand Bouisson（共和主義社会党、在1935.6.1-1935.6.6）内閣では、短期間だが3人いる国務大臣の1人となった。1939年3月にはスペイン大使に起用され、スペイン内戦の際の外交に当たった。フランス敗北後の1940年5月18日のレノーによる内閣改造で、ペタンは休戦派

の副首相として4年ぶりに入閣した。レノーは6月5日に2度目の内閣改造を行い、国防相と外相を兼任し、国防省次官としてドゴールを入閣させた。

6月10日に政府はパリからトゥールに移動し、12日にはイギリスのチャーチル首相と仏英協議を行い、フランス政府は休戦派と抗戦派で割れる中、無防備都市宣言をしたパリに14日ドイツ軍が入城した。政府はさらにボルドーに移り、翌日抗戦派のレノーは辞職し、副首相ペタンが大統領ルブランから組閣要請を受けて首相となり、翌日抗戦派を排除した組閣を行った。

6月17日にペタンはドイツに降伏を申し入れ、ラジオ演説で国民に向けて休戦の必要性を説明した。ドゴールはロンドンに亡命し、翌日にラジオで対独抵抗（レジスタンス）を呼びかけ、最も早くからレジスタンス活動を行った人物として「6月18日の男」と呼ばれた。

6月22日にペタンはドイツと休戦協定を締結し、24日にはイタリアと休戦協定を締結した。イタリアとの休戦協定は軍事面に限られており、イタリア占領地区はフランス南東部の極めて限られた地区のみであったが、ドイツとの休戦協定は、軍事・経済・政治の広範囲にわたる厳しい内容であった。フランス本土は南北で分割され、パリを含むフランス北部と中西部の約半分がドイツ軍の占領地区となった。北部の工業地帯ノール＝パ・ド・カレー地域圏とアルザス・ロレーヌ地方はドイツ併合地区とされ、英仏海峡沿岸と大西洋沿岸数マイルとともに立入禁止となった。南フランスは非占領地区（自由地区[1]）とされたが、占領地区と自由地区の自由な往来は禁止され、通行にはドイツ軍の通行許可証が必要とされた。正式な講和条約が締結されるまで、フランス人捕虜は解放されないと定められ、約150万人の捕虜がドイツに留め置かれ、フランス軍兵士の動員解除と武装解除が求められた。フランスはドイツ軍の占領経費として1日4億フランの支払いが義務づけられ[2]、フランスの行政機関は、「ドイツ軍当局の制定する規則に服し、当局に協力し、これに違反してはならない」と要求された（渡辺 1994:76-78、デフラーヌ:11-17）。

このような状況ではあったが、国民に休戦協定締結を知らせた6月25日の演説でペタンは次のように述べ、フランス政府の主権が温存されたことを強調した。

休戦協定において我々が署名せざるを得なかった条件は、確かに厳しいものである。しかし、少なくとも我が国の名誉だけは守られた。政府には依然として行動の自由があり、これからもフランスを統治していくのはフランス人自身以外の誰でもない(Pétain 1989:65)。

さまざまな制約があるにせよ、植民地は温存されたこと、オランダやベルギーなど他の被占領国と違って政府をもつことが許可されたこと、自由地区が確保されたこと、主権国家としての権利がある程度残されたことなどから、当時のフランス国民は、「ヴェルダンの英雄」ペタンが再び「救国の英雄」として登場したことを熱狂的に歓迎した。「4000万人のペタニスト」と呼ばれるペタン崇拝の始まりである。実際、当時のペタン人気は非常に高く、自由地区ではペタンのポスターがあふれ、ペタンの顔写真が印刷されたカレンダーや絵葉書、マグカップ、メダル、パイプなどが販売され、飛ぶように売れた。1941年10月の政府の発表によると、ペタンの肖像つきの品物の売上金額は1684万8000フランもあり、この利益は国家予算として使われた(Atkin:76)。詩人ジャン・コクトーは「元帥は大衆が慣れ親しんでいた君主のイメージに近かった。また、フランスでは高齢は人を安心させる」と述べて、ペタン人気を説明している(渡辺 1994:85)。

7月1日にペタンは、政府を自由地区の中部の温泉町ヴィシーへ移した。この地名から、ヴィシー政府と呼ばれる。

ペタンは、7月10日に上下両院合同の国民議会を開くと決定し、両院議員を招集した(以下パクストン:49-54)。パリからヴィシーに来るには議員といえども通行許可証が必要であったが、ほぼ全員が集結した[3)]。この両院合同国民議会において、第三共和制憲法を廃止してペタンに全権を委任する法案に対する投票が行われた。この法案を提出したのは、6月23日に副首相として入閣したラヴァルである。結果は、賛成569票、反対80票、棄権17票という圧倒的多数をもってペタンへの全権委任が採択された[4)]。この時の議員たちの態度は、戦後厳しく追及されることになる[5)]。反対票を投じた議員は、一種のレジスタンス活動を行ったとして、戦後「勇気ある80名の議員」として称えられるが、ヴィシー時代には冷遇された。この80名の中には、社会党員36名、急進社会党員13名が含まれる。その一方で社会党議員168名のうち90名は賛成票を投じた(欠席36名、棄権

6名)。戦後この90名は党から除籍される（渡辺1994:75, 256（注45））。前章で見た人口高等委員会の5名のメンバーのうち議員であったランドリは棄権票を投じ、セールは反対票を投じたため、ヴィシー時代には公職から外された。[6)]

翌7月11日、ペタンは国家の正式名称を、「共和国」を除いた「フランス国」と変更し、大統領を廃止して自ら国家主席 chef de l'État（在1940.7-1944.8）に就任した。ペタンは前半のみ首相を兼職し（在1940.7-1942.4）、後半はラヴァルを首相に任命する（在1942.4-1944.8）。このことから、ヴィシー時代の前半を「ペタンのヴィシー」期、後半を「ラヴァルのヴィシー」期と呼ぶ。

第二憲法的政令により、改めて第三共和制の1875年憲法は廃止され、ペタンは閣僚と文官の任命、法律の制定、予算の編成と財政、軍隊の統帥、条約締結の全権をもつと決定した。[7)] ここにおいて第三共和制は完全に崩壊し、ペタン1人に多くの権限が集まる体制が成立した。[8)] 将来新たな憲法がペタンによって作成され、それに沿った新たな議会が成立するまで、上下両院とも議会は延期とされた。[9)] 1941年1月に国民議会に代わる「国民評議会」が設けられたが、ペタンの諮問機関に留まり、結局ヴィシー時代の4年間、議会は1度も招集されることはなかった。したがって、ヴィシー政府の「法令」は、全て議会審議を経ずに作成されたものである。

7月12日にペタンは最初の組閣を行い、副首相にラヴァルを任命した（在1940.7-1940.12）。第5章で見たように、ラヴァルは社会党から無所属となり、次第に右傾化した人物で、第三共和制下で何度か首相を務め、1度目の首相の時（在1931.1-1932.2）に労働大臣ランドリとともに1932年法成立を推進した。2度目の首相の時は（在1935.6-1936.1）は外務大臣を兼ね、1935年10月にイタリアによるエチオピア侵攻の際、イタリアに対する宥和外交を行い、左派から批判を浴び、人民戦線政府の間は権力から遠ざかっていた。ラヴァルは政治的立場が左右に振れたこともあり、ペタンと違って国民にあまり人気がなかったが、ドイツからは気に入られていた。

なお、ペタンとラヴァルは常にうまくいっていた訳ではない（以下、パクストン:106-124、渡辺1994:83-84,106-109）。前半期に、ペタンは一度ラヴァルを政権から強制排除した。1940年12月13日に、突如ペタンは内閣改造を行い、特殊治安部隊による武力の脅しを背景にラヴァルを自宅に軟禁し、副首相を解任した。

この「ペタンのクーデタ」は、ヴィシー時代で唯一武力を伴うものであった。フランダン（在1940.12-1941.2）がラヴァルの後継となるが、連合国派であるとの噂を立てられ2か月で去り、1941年2月10日に海軍大臣のダルラン提督François Darlanが副首相となった（在1941.2-1942.4）。ダルランは外相、内相、海軍相、情報相、国防相を兼任した。ラヴァルが遠ざけられたこの時期は、「ダルランのヴィシー」（1941.2-1942.4）と呼ばれることもある。ダルランは個人的な反英感情から対独協力を推進したが[10)]、軍事面が主で、政治的には1942年1月にドイツからの労働力要求を拒否するなど非協力的であったため、ラヴァル更迭に怒りをもっていたドイツ大使アベッツの意向もあり、ペタンは1942年4月にラヴァルを首相として政権復帰させた。

ヴィシー政府には、ラヴァルをはじめ第三共和制末期に政権から遠ざけられた人物が多く集まった。特に前半には、カトリック系の王党派や保守派、伝統的右翼が多く、一方でかつての左翼政党や労働組合出身の人物もいるという雑多な構成だった。ヴィシー政府の基本路線は、第三共和制の断罪と共和制秩序の一掃による社会改革を目指し、ドイツと協力することでドイツ・ヨーロッパにおけるフランスの地位を確保するというものである。家族政策が推進されたのは、「ペタンのヴィシー」期においてである。ペタンは伝統主義者で、自身はそれほど敬虔なカトリック教徒ではなかったが、カトリック思想にフランスの道徳的再生を期待し、カトリック教会に接近した。ラヴァルは元社会党員ということもあり、国民革命や親カトリック政策や家族政策には冷淡で、ラヴァルが政権復帰した後半は、カトリック系や反独派の閣僚を更迭した。しかし、それは新たな家族政策を実行しないというだけで、それまでの家族政策を中止させたわけではない。連合国軍の北アフリカ上陸を機に1942年11月以降フランス全土がドイツ軍占領下に置かれ、以後ヴィシー政府に対する国民の不満は広がるが、全土占領後も家族政策は継続された。

2.「国民革命」と「家族」

降伏直後の6月20日の演説で、ペタンは敗北の原因を「あまりに少ない子供、あまりに少ない武器、あまりに少ない同盟国」とし（Pétain 1989:60）、フランス敗北は出生率低下すなわち人口減少によるものと明言した。同時に、「享楽の精神が犠牲の精神に打ち勝った。我々は奉仕することより要求することの方が多かった。（中略）だから今日の不幸に遭遇した」とも述べ、個人主義のせいで生じた道徳的衰退も敗北の原因とし、第三共和制を非難した。これは、敗戦と占領の原因を、人口増加や出生率上昇を達成できず、戦争を避けることができなかった前政権に帰すことによって、国民の不満を逸らし、同時に現政権の正統性を高めることができる都合のよいレトリックである。なお、敗北の原因を人口減少や出生率低下に帰すことは普仏戦争時にも行われていた。

休戦後の第一の課題として、ペタンは「フランスの再建」を掲げた。その具体的内容は、「人口の再建」と「道徳の再建」である。そのために共和制原理の「自由・平等・友愛」を否定し、新たに国民革命という概念を用い、そのスローガンとして「労働・家族・祖国 Travail, Famille, Patrie」（傍点引用者）を掲げた。これらから分かるように、ペタンは家族を非常に重視し、フランス再建の鍵とした。

この国民革命とは何を指すのか。ペタンは、精神的な政府の行動計画と捉えている。ペタンが初めて国民革命という言葉を使用した1940年10月9日の演説で、国民革命の特徴を、「外交においては国民的で、内政においては階層化され、経済においては調整と統制がとれ、とりわけその精神と諸制度においては社会的である」ものと説明した（Pétain 1989:60）。1941年7月8日の演説では、ペタンは「国民革命によって生まれる国家は、権威主義的で位階制でなければならない」、「国民革命は、生まれ変わろうとする意志を意味する」（傍点引用者）と述べており、精神的なものを指していることが分かる。

このように国民革命とは、フランス再建のために国家が上から国民に押しつけようとしたものである。そのスローガンである「労働・家族・祖国」という単語は、1940年7月10日の憲法的政令において「この［将来の］憲法は、労働と家族と祖国の諸権利を保障する」（傍点引用者）[11]とあるように、すでに登場していた。この中で特に家族が重視された理由の一つは、ペタンの個人的見解にある。ペタンは社会の基礎は家庭にあると考えていた。1940年8月13日の演説において、ペタンは実行すべき方策として「家族への援助」を挙げ、家族は「社会の、また祖国の基本的な細胞である」と述べている（Pétain 1989:72）。また、1940年9月に発表した「将来の社会政策」と題する論文で、ペタンは「家族は社会的建造物の土台である」と述べ、ここでも家族の重要性を主張している。さらに、「家族の権利は、個人の権利と同様に国家の権利より先行し、優先される」、「もし家族が揺らいだら全ては失われる。したがって我々がまず配慮しなければならないのは家族である」と述べ、家族の権利が個人より優先され、国家による配慮が必要であると明言した（Pétain 1940）。1940年10月9日の演説では、「家族に回復される名誉や、家族に与えられる援助と支援は、家庭の再建と出産の再興に貢献する」（Pétain 1989:82）と述べ、家族政策の導入と家族への名誉付与によって出生率を回復させることができると考えている。これは第三共和制の家族法典と同様の考えであり、ペタンのいう「家族」とは伝統的な多子家族を指していることが分かる。

ヴィシー政府が家族を重視した第二の理由は、現実的な政治判断による。ヴィシー政府はドイツ軍占領下という特殊な状況で成立した政府である。このような状況では、軍事的・産業的再建といったドイツが許可しそうにない政策は実行不可能である。ドイツに反対されずに、フランス再建のシンボルとして国民に訴えることができるものは、家族しかなかった。それはまた、敗戦の原因を第三共和制に押しつけるのにも好都合であった。第三共和制下における個人主義のため人々は子供を１人か２人しかもたないようになり、その結果人口が減少し、フランスは敗北したとペタンは考えており、多子家族の賞賛はそのまま第三共和制への批判となった。こうしてヴィシー時代において「家族は神聖化され」（Chesnais:193）た。

以上から、ヴィシー政府は家族を重視し、出生率上昇を目的とした家族政策を積極的に実行した。その際、言説としては第三共和制に対する批判をちりばめながら、実際には第三共和制と同様の政策を継続した。

第三共和制との大きな違いは、ヴィシー政府は母性を称賛した点で、その象徴が「母の日」である。第４章で見たように、第三共和制下でも多子家族の母親への家族メダル授与はあったが、母親や女性の地位の向上に結び付けられることはなかった。「母の日」を積極的に取り上げ、母性と多子家族を賛美する国民的な行事を行ったのはヴィシー政府である（後述）。

それは、カトリック思想とも結びついていた。ペタンは国家主席となってからは教会を尊重する行動をとり、カトリック教会から歓迎された。国家元首は

1905年の政教分離法以来、宗教的儀式に公式に参列することは避けていたが、ペタンは積極的に参列した。カトリック教会は夫婦が多くの子をもつことに賛成であり、「労働・家族・祖国」のスローガンやヴィシー政府の行動を歓迎し、第三共和制下で失われた教会の政治力を取り戻そうとした。ヴィシー時代は、教会と政府の「一種の蜜月状態」であった（渡辺 1998:85-89）。こうして、カトリックの聖母マリア信仰とも結びついて「母性信仰」が盛んになった。

3．ヴィシー時代の人口事情

1940年6月にドイツと休戦協定を結んだとはいえ、戦争そのものは終結しておらず、フランス国内や植民地へのイギリス軍の空襲は続いた。イギリスに近い港町ル・アーブルでは、4年間に1000回の空襲があった。[12] ヴィシー時代後半になると、レジスタンスやマキ（山にこもってゲリラ的抵抗運動を行う若者の集団）に身を投じる男性も増加した。休戦したとはいえ、フランス国内に平和な状態が戻ったわけではなく、食糧不足や物資不足など、苦しい生活状況が続いた。また、出征兵士は休戦になっても帰国しなかった。こうした状況下でのヴィシー時代の出生数と出生率の数値を、表7と図6に示す。

第二次大戦が始まると出生数と出生率は低下し、1941年には出生率13.1‰、出生数52万と最低値となった。しかし、1942年には出生率は14.5‰、出生数57万3000と反転し、以後上昇する一方で、1943年には出生率が15.7‰（出生数61万3000）となり、戦前の1935年（15.3‰）から1939年（14.6‰）までの水準を超えた。1944年はさらに上昇して16.1‰（出生数62万7000）となり、これは1933年と1934年の16.2‰（出生数約68万）と同水準である。戦争中で占領下という状況下での「1942年の反転」は、人口学的には驚くべき現象である。この反転は、18世紀後半から続いていたフランスの出生率低下傾向が上昇に転じたというだけ

表7　1939－1944年のフランスの年間出生数と出生率

	出生数	出生率（‰）
1939年	612,400	14.6
1940年	559,000	13.6
1941年	520,000	13.1
1942年	573,000	14.5
1943年	613,000	15.7
1944年	627,000	16.1

出典：フローラ編:53から筆者作成（1940年-44年の数値は86ないし87県の統計とその他の県の利用可能な情報に基づく公式推計値）

図6　1939−1944年のフランスの出生数と出生率グラフ

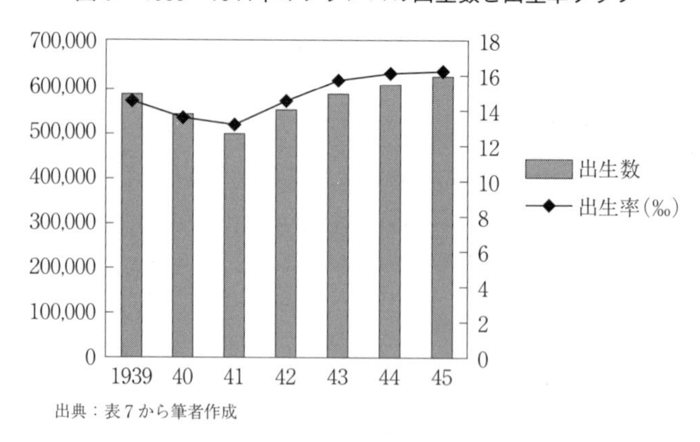

出典：表7から筆者作成

でも画期的なことであり、単に戦争が始まったから1940年と1941年の出生率が低下し、戦闘が終了して社会が落ち着いたから出生率が上昇しただけとは言い切れない。1930年代後半は、戦争もないのに出生率は低下していたからである。戦争がなければ出生率は必ず上昇するというものではなく、1930年代後半に問題となった「くぼんだ世代」の影響が1940年代に全くなくなったわけでもない。

ここで、同じく戦争中であった第一次大戦の状況を見ると、第2章で見たように、戦時中の1916年の出生率は最低値9.5‰（出生数48万）となり、翌1917年の出生率は10.4‰で出生数は過去最低の38万2000であった。戦後のベビーブームはわずか2年で終了し、その後再び出生率は低下し始め、1922年には大戦前の1909年とほぼ同水準となった。第一次大戦は、第二次大戦と異なりフランス国内が主戦場となり、最後まで激戦が続き、終戦までに800万人が動員され、戦死者は140万人と膨大だった。それに対して、第二次大戦は開戦して半年後に休戦となり、イギリス軍の空襲を除けば国内の戦闘状態はほぼなくなった。第二次大戦当初の死者は民間も含めて約54万人であり、第一次大戦よりはるかに少ない（デフラーヌ:145）。人口に関しては、確かにヴィシー時代は第一次大戦時と比べて有利な状況であった。しかし、だからといって、それが1942年の反転を説明することにはならない。ヴィシー時代に戦闘はなくなっていたかもしれないが、戦争は継続中でドイツ軍占領下という特殊な状況にあり、平時と全く同じ状況ではなかったからである。食糧や生活雑貨は配給制で、多額の占領費を支払い、インフレが進み経済状況は悪化し、ドイツ軍による政治犯の逮捕や処刑も多数あったヴィシー時代に、戦争がなかった1930年代には起こらなかった出生率の回復が起こったのは注目に値する。

何よりも、ヴィシー時代は平時より男性不在の状況であった。前述のように、休戦協定において、正式な講和条約が締結されるまでフランス人捕虜は釈放されないと定められたため、多くの捕虜がドイツに留め置かれたままであった。第二次大戦時には500万人の男性が動員され、そのうち277万6000人が前線に送られた（竹岡 2004:20）。1940年6月に休戦協定が締結された時点で、戦争捕虜となっていたフランス人は265万人である。混乱期に逃亡した捕虜も相当数いたようだが、1940年末に公式発表された捕虜の数は149万人で、1942年春の発表では115万人であった。1944年末の段階でもまだ94万4000人のフランス人捕虜がドイツ国内に留められていた（Sauvy 1988:158-159）。つまり、1940年末の段階では、死者と捕虜を合わせると約165万人の男性が家庭に不在であった。彼らのうち半数以上は既婚者である（エック:335）。1940年のフランスの人口は約4200万人であるから、単純に半数が男性と計算すると、赤ん坊から老人まで含めた男性全体に対して7.8％の男性が不在だった。さらに重傷者や行方不明者なども含めると、それ以上の男性が家庭に不在であった。したがって、ヴィシー時代は、第一次大戦ほどには男性不在ではなかったが、少なくとも動員前の1930年代後半よりは出産には「不利な状況にあった」（Sauvy 1988:161）。

また、1942年以降は労働者としてドイツに行く男性が多かった。ドイツが自国のための労働力を必要としたためで、高給に惹かれて自発的に行く場合もあったが、1942年9月に「交替制度 la Relève」が導入され、フランス人の熟練労働者3名をドイツに送ることと引き換えに、フランス人捕虜1名が釈放されることとなり、1943年2月には強制労働局（STO）が設置され、多くの男性がドイツで働くようになった（パクストン:288）。ドイツにいるフランス人労働者の数は、女性も含めて1941年9月の時点で7万2475人、1942年秋には134万1000人であった（Pollard:165）。ドイツで働くフランス女性労働者の数は1941年10月で1万4525人、1944年6月で4万4835人であったことから（エック:341）、ドイツにいたフランス人労働者は男性の方が圧倒的に多い。単純に捕虜の数と国外労働者の数を合わせると、1942年の段階で約250万人の男性がフランス国内に不在であった。この数は1940年末よりむしろ増えている。そしてヴィシー時代後半になると、交替制度や強制労働を嫌ってレジスタンスやマキに身を投じる男性が増え、さらに男性は家庭に不在となった。

以上の事実から、単に、1930年代後半の出生率が異常に低かっただけであり、ヴィシー時代に入って戦闘がなくなったから出生率が上昇しただけと言うことはできない。

なお、ヴィシー時代に出生率が上昇したのは、非嫡出子の増加によるものではない。非嫡出子の出生数が全出生数に占める割合は19世紀半ばとほぼ変わっていない。1938年の非嫡出子の割合は6.3%で、1941年には8.1%とやや上昇しているが、1942年には7.7%と下がり、1943年には7.9%となっている（Sauvy 1988:171）。これは一見するとヴィシー時代に非嫡出子の割合が増加しているように見えるが、1841-45年の非嫡出子の割合は7.7%であり、1942年と同水準である。また19世紀前半には非嫡出子の割合は約10%であったといわれていることから（クニビレール／フーケ:345, 301）、ヴィシー時代に大きく増加したとはいえない。占領下ということからドイツ兵の子を身ごもった女性が多くいたことは事実であるが、他の時代と比べてヴィシー時代のみ非嫡出子の割合が急増したわけではない。したがって、ヴィシー時代に出生率が上昇したのは、夫婦間の出生数が増加したためである。

第2節　ヴィシー政府の家族政策実行機関

ヴィシー政府の家族政策の主な実行機関は、「家族委員会 Commissariat général de la Famille」、「家族諮問委員会 Comité consultatif de la famille」、及びこの委員会が1943年6月に改編される「家族上級評議会 Conseil supérieur de la famille」の三つである。後者二つは政府の諮問機関であり、実際に活動したのは家族委員会である。これらを支える機関として公立の人口問題研究施設の「カレル財団」（後述）と、民間の家族団体である国民連盟（1935年に「人口減少阻止国民連盟」に改称）が存在した。家族政策の実行機関が確立するのは、家族委員会が設立される1941年9月であり、それまでは政策担当者が変わるたびに組織改編が行われた。以下、家族政策の実行機関を概観する。

１．家族・青年省（1940.7-1940.9）と健康・家族事務局（1940.9-1941.2）

ヴィシー政府最初の組閣が行われた際、家族政策を扱う省として「家族・青年省 Ministère secrétaire d'État à la famille et à la jeunesse」[13]が置かれ、大臣にはイバルネガレ（在1940.7-1940.9）が任命された。この省は、前章で見たように1940年６月５日にレノーが新設した「家族省」と、その後ペタンが「在郷軍人・家族省」として引き継いだ省を改編したものであり、大臣も前任のイバルネガレが引き継いだ。この家族・青年省の予算は１万フランと定められたが[14]、わずか２か月で解体される。

1940年９月６日に内閣改造が行われ、家族・青年省は「健康・家族事務局 Secrétariat général à la santé et à la famille」と「青年事務局」に分割され、内務省の管轄となった[15]。これは、省としての地位を失う降格である。健康・家族事務局長には、パリ病院の医師であるユアール Serge Huard（在1940.9-1941.2）が任命された[16]。

ユアールは1940年９月18日の法律によって、健康・家族事務局の下に「家族部 direction de la famille」（1940.9-1941.9）を置いた[17]。この「家族部」が、家族手当を含む家族政策を扱う機関となった。この時、家族手当に15万8000フラン、その他の手当に７万5000フラン、プロパガンダ費用として200万フランが割り当てられた。またユアールは、家族法典の「家族の援助」に関する部分と「家族手当」に関する部分についての規定を継続することを明言した[18]。

10月15日には、第三共和制期に多数存在していた内務省管轄の衛生や公的扶助や母子保護などに関する上級評議会や委員会が廃止され、代わりに「衛生」と「扶助」に関する二つの委員会に統合・再編された[19]。この時、出生率上級評議会が正式に廃止された。

ユアールが実行した政策は以上のような組織編成が主であり、新たな政策はほとんど行われていない。この時期は、ペタンとヒトラーのモントワール会見（1940年10月24日）や、ラヴァル更迭（1940年12月13日）などの政治的事件が起こった時期であり、家族政策を実行する余裕がなかったためと考えられる。半年後にまた組織改編が行われた。

2．家族・健康庁（1941.2-1942.5）と家族諮問委員会（1941.6-1943.6）

ラヴァル失脚後、ダルラン体制が始まり、それに伴う1941年2月23日の内閣改造によって、内務省管轄下の健康・家族事務局の代わりに「家族・健康庁 Secrétariat d'État à la Famille et à la Santé」が置かれ、家族・健康庁長官にはそれまで公教育大臣だったシュヴァリエ Jacques Chevalier が任命された（在1941.2-1941.8）[20]。シュヴァリエはグルノーブル大学の哲学教授であり、強固なカトリック思想の持ち主で、公教育大臣であった1941年1月に共和制の大原則であった政教分離を破り、公教育に宗教教育を復活させたことで有名な人物である。また、シュヴァリエは1941年1月に死亡したユダヤ人哲学者ベルクソンに対して弔辞を公表し、ドイツの怒りを買ったため、シュヴァリエの家族・健康庁長官への移動は降格処分である（渡辺 1994：93-95）。

家族・健康庁長官としてのシュヴァリエは、組織の権限の拡大を目指した。1941年4月12日の法律によって、「家族・健康庁は政府の家族政策を実施する」と規定し、関連する各県の活動を調整する権限も規定した[21]。これによって、家族・健康庁を家族政策の実行機関とする法的地位が確定し、その後、1941年9月に家族委員会が設立されるまで続いた。

さらにシュヴァリエは、1941年6月5日の法律によって、家族政策の諮問機関として、家族・健康庁の下に「家族諮問委員会」を設立した[22]。第三共和制の出生率上級評議会は、前述のように1940年10月に廃止され、人口高等委員会は実質上活動を停止していたため、新たな機関が必要とされたからである。この家族諮問委員会は、出生率上級評議会と人口高等委員会の権限を引き継ぐと明記され、その役割は、「家族の物質的・道徳的利益に関するあらゆる問題について審議する」と定められた。

家族諮問委員会のメンバーは、1941年7月18日に決定された[23]。全部で41名で、家族団体の代表者や家族政策に関わる官僚などが多い。第三共和制の人口高等委員会に参加した7名のメンバーのうち、ペルノと官僚のドゥーブレとソーヴィの3名がこの家族諮問委員会に参加した。ランドリとセールは故意に外された。その他に、出生率上級評議会のメンバーだった「最大家族」の副会長ラコワンが参加した。また、CFTC 系の労働組合活動家で、戦間期は労働者の家族運動に関わっていた「キリスト教労働者同盟 Ligue ouvrière chrétienne」

の事務局長プリジャン Robert Prigent が参加した。プリジャンは後にレジスタンスに参加し、戦後の臨時政府において初代人口大臣を務める人物である（第8章で後述）。予算委員会の家族部代表のモンサンジョン Monsaingeon もこの家族諮問委員会に参加した。その他に、1941年に『国家の中の家族』という本を出版するパリ大法学部教授ルアスト André Rouast や、家族手当中央委員会の委員長ボンヴォワザン Gabriel Bonvoisin、出生率上級評議会の元委員長のルファ Lefas、国民連盟の会長ルフェーブル＝ディボン Lefebvre-Dibon などが参加した。

この家族諮問委員会の全体会合は、1941年10月と1942年6月の2回しか行われず[24]、活動はあまり活発ではなかった。家族諮問委員会はラヴァルの政権復帰後1943年6月に廃止され、家族上級評議会に継承される（後述）。

3．家族委員会（1941.9-1944.8）

1941年2月から家族・健康庁長官を務め、家族諮問委員会を設立したシュヴァリエは1941年8月11日の内閣改造で去り、代わりに前述の健康・家族事務局長だったユアールが家族・健康庁長官となった（在1941.8-1942.4）。

1941年9月7日の法律で、ユアールは家族・健康庁の下に新たな機関「家族委員会」を設立した[25]。これによって、健康・家族事務局の家族部は廃止され、家族部が扱うとされた家族手当を含む家族政策全般は、この家族委員会が引き継ぐこととなった。1941年9月以降、ヴィシー時代の家族政策の主な実行機関はこの家族委員会となる。

家族委員会は、研究と立法、実行と管理、社会・家族扶助の三つの部門に分けられた。役割は、「関連する省の課の意見を聞いた後で、政府の家族政策を表現する立法を研究し、提示する」こと、家族政策に関わる立法や規則のあらゆるテキストに関して意見を言うこと、「家族と家族の観念に好意的なプロパガンダ活動を全国で行う」こと、家族を保護し、道徳・社会・経済的秩序において家族に関するあらゆる問題に携わることと定められた。委員長は、コンセイユ・デタの調査官ルノーダン Philippe Renaudin が任命され、その他に国民連盟のボヴラやオリー Paul Haury が参加した（Pollard:106）。ヴィシー時代の家族政策研究者ボルドーは、それ以外に20人ほど名前を挙げているが（たとえば Maurice Denis, Maurice Bertrand, Gilbert de Véricourt など）、ほとんど無名の人物である。ただし、ガルサン William Garcin、デモット Georges Desmottes、セカルディ Dominique Ceccaldi は、前述の家族部に属しており、そのまま家族委員会に移った。この３名は戦後も社会保障関連の公職につく（Bordeaux: 29)。なお、家族委員会と家族諮問委員会のメンバーは重複していないが、家族上級評議会とは重複する場合があった。

家族委員会は、1941年９月の設立以降、1944年８月の解放まで継続し（形式上は1945年４月まで継続)、解放までメンバーもほとんど変わらず、積極的に家族政策を実行した。

４．家族・健康庁の改編（1943.3-1944.8）

1942年４月にペタンはダルランを解任し、ラヴァルを首相に任命し、「ラヴァルのヴィシー」期が始まった。これにより、家族政策の機関も改編された。ラヴァルによる1942年４月18日の最初の組閣は、ペタンの意向を無視したもので、閣僚は専門知識をもった官僚やラヴァルの友人らで占められた。家族・健康庁長官のユアールは解任され、新長官にはラヴァルと同郷の医師グラセ Raymond Grasset（在1942.4-1942.5）が任命された。[26] １か月後、1942年５月18日の法律によって、家族委員会は内務省から首相直属の組織に変更され、家族・健康庁は「健康庁」と名称を変え、グラセは健康庁長官（在1942.5-1943.3）となった。[27] また、首相直属の「家族代表 délégué â la famille」が作られ、プラトン A. Platon が任命され、家族委員会と健康庁を仲介するようになった。家族委員会が首相直属機関となったことは、内務大臣の意向を気にしなくてもよくなったということであり、権限の拡大を意味した。健康庁長官としてグラセは、1942年８月18日の法律により家族委員会の再編を行い、ユアールが設立した時より部門数を増やし、全体予算も415万1920フランと増額した。[28] このことからも、ラヴァルのヴィシー期に家族政策が後退したわけではないことが分かる。なお、1943年３月26日の法律によって健康庁は再び「家族・健康庁」になり、家族委員会は首相直属から家族・健康庁及び内務省の管轄下に戻された。[29] 長官はグラセが解放まで務めた（在1943.3-1944.8)。したがって、途中で組織変更はあるが、グラセが家族・健康庁長官として1942年４月からパリ解放までの２年４か月間、家族委員会を指揮した。

5．家族上級評議会（1943.6-1944.8）

家族諮問委員会は、家族・健康庁長官グラセが1943年6月28日の法律で廃止し、代わりに「家族上級評議会」を設立した[30]。目的はほぼ同じであり、メンバーも大部分が継続され、職務もほぼ継承されたため、名称が変わっただけといってよい。メンバーは50名で、1944年7月27日のアレテによって決定された[31]。前の家族諮問委員会のメンバーであったペルノやソーヴィ、モンサンジョン、パリ大法学部教授ルアスト、家族手当中央委員長ボンヴォワザン、出生率上級評議会のルファ、国民連盟会長ルフェーブル＝ディボンはそのまま継続された。新たに加わったのは、「最大家族」のコレ夫人 Mme. Collet や、家族委員会に参加していた国民連盟のボヴラとオリーなどである。これらのメンバーのうち何人かは、戦後の人口・家族高等諮問委員会に参加することになる（第8章で後述）。

以上、ヴィシー政府の家族政策の実行機関を見てきたが、組織変更が多くかなり複雑である。要約すると、1941年9月の設立以降、家族政策の中心機関は内務省の下の家族・健康庁管轄の「家族委員会」であった。それを補う形で、諮問機関である「家族諮問委員会」が存在し、これは後に「家族上級評議会」に改編された。その他に、後述する国立の人口研究機関「カレル財団」と、民間の家族団体の国民連盟が家族政策を支援した。

6．カレル財団

ヴィシー政府は、1941年11月17日の法律によって、家族・健康庁に属する公的機関として、初の国立の人口に関する専門研究機関であるカレル財団（正式名称「人間問題研究財団 Fondation française pour l'étude des problèmes humains」）をパリに設立した[32]。理事長はノーベル生理学・医学賞受賞者である医師カレル Alexis Carrel である。カレルは当時ベストセラーとなった著書『人間―この未知なるもの』（カレル原著 1935）における優生学思想で有名であった[33]。カレル財団の目的は、1942年1月14日の法律によって、「あらゆる側面から、フランス国民のあらゆる活動においてフランスの人口を保護し、改善し、発展させるために最適な手段を研究すること」（傍点引用者）と定められた。[34] 設立の動機は、1940年の敗北の理由、すなわち出生率低下の理由を探ることである。カレル財団の「人口学チーム sous-équipe Démographie」では、戦後著名な人口学者となるヴァンサン Paul Vincent やブルジョワ Jean Bourgeois（後ブルジョワ＝ピシャ Bourgeois-Pichat と名乗る）らが働いていた（Rosental:74-75）。

カレル財団は、目的に「人口の改善」が明言され、理事長カレル個人の優生学思想と反ユダヤ主義や親ナチの思想に加えて、財団で働く職員に秘密保持の契約書を要求するなど、財団自体がかなりの秘密主義であったことから、設立当初から良くない噂があった。しかし、このカレル財団は年間4000万フランという豊富な予算と財政自治が与えられたため、さまざまな分野から研究者や専門家を広く集めることができ、たとえば、後に国際的に活躍する社会心理学者のステゼル Jean Stoetzel や建築家のル・コルビュジエ Le Corbusier などもこのカレル財団で働いた（Reggiani 2002:344-346）。カレル自身は財団設立時68歳で、1943年以降は病気がちになり、ほとんど活動しなかったが、財団自体は常時400人程度の職員が働く活発な組織であった。特に財団が行った乳幼児の栄養不足による弊害や、妊婦や授乳女性の栄養不良が子供に与える影響の研究は、戦時中ということから、政府の食糧配給や公的扶助の計画に大きく貢献した（Reggiani 2002:348）。戦後もカレル財団は廃止されることなく継続され、再編を経て INED となり、現在も継続している（第8章で後述）。

なお、カレル財団設立1か月前の1941年10月11日の法律で、人口統計を専門とする新しい機関「全国統計局 Service national des statistiqus」が設立された。[35] これはフランス統計局と、国民経済・財務省内の「人口局 Service de démographie」（1940年11月4日設立）が統合されてできたものである。役割は、「人口・経済・社会政策に必要な統計の情報を集める」こととされた。この全国統計局の監査官にソーヴィが任命された。[36] ソーヴィは1940年11月からフランス統計局の副局長となり、1941年4月に財務大臣ブーティリエ Yves Bouthillier に経済政策顧問を要請され、占領下における食糧の補給と割当の仕事に携わっていた。この全国統計局は、戦後1946年4月27日の法律により、経済情勢分析研究所と統合され、現在も続く「国立統計経済研究所 Institut national de la statistique et des études économiques（INSEE）」となった（Lévy:54-56, 83）。

第３節　ヴィシー政府の家族政策

１．既婚女性の労働制限

ヴィシー政府は、成立直後から「家にいる女性 femme au foyer」というスローガンを掲げ、既婚女性は外で働かず家庭で家事と育児に励むべきであるという政策を打ち出した。それを抑圧的な方法で後押ししたのが、既婚女性の労働制限である。これは厳密にいうと労働政策だが、背景には出生率上昇のために女性を家庭に戻すという目的があるため、間接的な家族政策といえる。

ヴィシー政府成立直後の1940年７月７日に、政府は企業経営者に対して、戦争未亡人や家計維持者、収入減のない独身女性、未帰還兵の妻、伝統的に女性のものである産業（女性が多く働く製造工場など）の従業員以外の女性を徐々に解雇するよう指示する勧告を出した。つまり、収入のある夫がいる既婚女性の解雇要求である（ラボー:382）。さらに、1940年９月28日付で、労働大臣ブラン René Belin は各県知事宛てに農民と女性の解雇を促す指示を送った。これは、ドイツとの休戦条約締結によって復員兵が大量に帰還してくると予想し、彼らに職を空けなければならないと考えたためである。実際にはそれほど多くは帰還せず、予想は外れたが、当初は敗戦直後で社会も経済も混乱し、産業を再開する準備をしなければならないと考えられた。労働大臣ブランは、以前は左派系労組 CGT の指導者を務め、「社会的公正」の観点から、十分な収入を得ている既婚女性は労働市場から排除すべきであり、その分を多子家族の父親に回すべきと考えていた（Pollard:150-151）。

そうした考えから採用された政策が、1940年10月11日の法律による既婚女性の公務員追放である[37]。これは、「失業対策の観点から」、すなわち帰還兵士の就職のために、既婚女性を国家・地方を問わず公務員に採用することを禁止した法律である。すでに採用され現在働いている女性公務員には、50歳の早期退職が義務づけられた。ただし３人以上の子を扶養し、夫に十分な生活資力がない場合と、この法律の公布前に公務員試験に合格した女性は例外とされた。また、既婚女性でもパートタイムで働く場合や、家の近くで働く場合は除外された。家庭での責任を放棄していないと見なされたからである。この法律に署名しているのは、ペタンの他、労働大臣ブラン、内務大臣ペルートン、財務大臣ブーティリエの３名である。

ヴィシー政府の女性政策研究者ポラードは、この法律を、前述の既婚女性解雇の要請の他に、復員兵の雇用に関する1940年９月13日の法律や、多子家族の父親の雇用に関する1940年10月８日の法律とセットで考えるべきだと主張する(Pollard:152)。つまり、これら一連の立法は、男性に「職を空けるため」既婚女性が解雇されるというあからさまな労働差別であり、国家がそれを主導した点をポラードは厳しく批判する（Pollard:145-149)[38]。

しかし、こうした女性公務員の解雇や追放は、ヴィシー時代に初めて行われたことではない。第三共和制末期、世界恐慌の影響で経済状況の悪化が深刻になった時期にも行われた。第二次ドゥーメルグ内閣（1934.2-1934.11）は、デフレ政策として、公共事業部門の女性公務員や女性職員を大量に解雇した。この時、郵便・通信・電話省で解雇された1600名のうち1400名が女性であった。また、パリの公共交通機関では、市街電車からバスへの切替えに伴って、女子従業員の全面廃止を実行した（ラボー:378)。この時の労働大臣は、フランス社会党のマルケ Adrien Marquet である。このように、女性の労働制限を行ったのはヴィシー政府のみではない。第一次大戦の時も、戦時中は兵役に出た男性の代わりの労働力として女性が活用されたが、終戦後は帰還した男性のために職を空けるべきとされた。

ヴィシー政府によるこの既婚女性の公職追放は非常に不評で、あまり効果はなかった。この法律は民間企業を対象としていなかったため、多くの既婚女性は民間企業で働いた。休戦になっても捕虜は釈放されず、政府が当初考えたほどには復員兵の帰還は多くなかった。むしろフランス国内では男性労働者は不足し、1940年から1944年までのヴィシー時代は、女性雇用の最盛期であった。また、実際には、公務員である教育機関や郵便局や国鉄でも、労働力不足から多くの女性を臨時雇いにしていた（エック:340, 344)。ドイツ占領軍は1941年３月以降、男女ともにドイツで働くようフランス人に呼びかける宣伝を行い、前述のように、高給に惹かれてドイツで働く女性もいた。つまり、実際には多くの既婚女性が家庭の外で働いた。

そのため、公布８か月後の1941年５月には、労働大臣ブラン自らが「この法律はもはや現実の状況に合致していない」と発言し、この法律の修正を審議する会議を開催し、1942年７月にはこの法律は「中断」(事実上の廃止）された(Pollard：159-162)。したがって、既婚女性の労働制限という政策は完全な失敗に終わった。

その後、ヴィシー政府は、1942年９月４日の法律で、21歳から35歳までの独身女性と、18歳から50歳までの男性は働くことを奨励し[39]、末期になると既婚女性にも働くことを奨励した。1944年２月１日の法律において、労働大臣デアMarcel Déatは、16歳から60歳までの男性と、18歳から45歳までの子供をもたない女性に、フランスでの労働を義務づけた[40]。ここでは、女性を既婚か未婚ではなく子をもっているかどうかで区分し、既婚女性であっても子がいなければ労働を義務化している。ただし、「子をもつ女性」すなわち「母親」は除外されていることから、育児の奨励は最後まで継続されたといえるが、既婚女性の労働制限は完全に撤廃された。

２．離婚の制限

ヴィシー政府が次に取り組んだ出生率上昇を目的とした政策は、離婚制限である。ヴィシー政府にとって、「家族」は道徳的価値の再建者であり、その「家族」とは「正式な婚姻夫婦と彼らから生まれた複数の子供たち」から成る家族であった。したがって、離婚はあるべき理想から逸脱する行為であり、憎むべき「悪徳」の一つである。また、そこには、離婚の増加に伴う出生率の低下という第三共和制以来の認識も継続されていた。

1941年４月２日の法律によって、結婚後３年間の離婚が禁止された[41]。この法律には、法務大臣バルテルミ Joseph Barthélemy（在1941.1-1943.3）と家族・健康庁長官シュヴァリエが署名していることから、家族政策の一つと位置づけられていることが分かる。この法律は、結婚後３年経てば離婚できるとしているが、離婚手続きは第三共和制において慣習的に緩和されていたものをより複雑化したため、単に期間のみの制限ではなく、実質的な離婚制限となっている。

フランスはもともとカトリック国であり、大革命前まで婚姻は神の前で誓う神聖な行為であり、その解消、すなわち離婚は認められていなかった。が、大革命によって非キリスト教化が推進され、婚姻も「神との契約」から「民事契約」へと変わり、離婚が認められるようになった。1792年9月20日の離婚法によって、夫婦双方の合意による協議離婚と、夫婦の一方が裁判所に申立てを行い許可を得て成立する離婚（裁判離婚）が認められることになった（ラボー:241-243）。が、1804年のナポレオン民法典によって妻は未成年と同じ「無能力者」とされ、妻は夫に従属すると規定され、法律行為を行う際には夫の同意が必要とされた。つまり、一旦は認められた離婚の自由が、再び制限された[42]。協議離婚については条件がより厳しくなり、結婚期間が2年以上20年以下であること、夫は25歳以上、妻は21歳以上45歳以下であること、親族の同意が必要であることなどが追加された[43]。王政復古期には、カトリック教会が再び力を増し、1816年5月8日の法律によって、離婚は再び全面禁止となった。

第三共和制期に入って世俗化が進み、再び離婚の自由化を求める声が強くなり、1884年7月27日の法律（通称ナケ法）によって再び裁判離婚が認められるようになったが、双方の合意による協議離婚は認められなかった。この法律は、急進派の下院議員ナケ Alfred Naquet が最初に法案を提出してから、成立まで8年かかっている。1882年に下院で可決された後も、上院で保守派の強い反対に遭い、上院可決までさらに2年を要した[44]。

実際の適用においては、ナケ法における離婚要件の定義が曖昧であったため、次第に広く解釈されるようになり、第三共和制末期には慣習的に離婚が広く容認されるようになった。離婚件数は、1884年に1657件、1900年に8220件、1938年に2万3377件となり、約40年間に約3倍と急増した（稲本:34-35）。第3章で見たように、人口減少院外委員会の議論においても、離婚の増加が出生率低下の原因の一つと考えられていた。ヴィシー政府による結婚後3年間の離婚禁止も、第三共和制以来の考えを引き継いだものといえる。

では、このヴィシー政府の離婚制限によって、実際の離婚数は減少したのだろうか。表8は、1884年以降のフランスの公表離婚数を示したものである。

ヴィシー時代の離婚数は、1938年より減少しているが、毎年増加傾向にあり、1944年の数値は1938年に近い。離婚制限法の公布は1941年4月であるが、1941年以降も離婚数は減少せず、むしろ増加していることから、ヴィシー政府の離婚制限法は効果がなかったといえる。また、ヴィシー時代の離婚数の減少は、夫が兵役あるいは国外労働に出ていたため、わざわざ正式に離婚する必要がなかったからとも考えられる。戦後1945年と1946年の離婚数が爆発的に増加しているのは、復員兵が戻ってきたからである。戦後離婚数が急増した時期は、戦後のベビーブームの時期であり、離婚数と出生率の間に負の相関関係はない。ヴィシー政府の離婚制限の目的は、出生率上昇というより正式な婚姻制度の保護と、それによる嫡出子の増加を目指したものである。[45]

表８　フランスの公表離婚数

年	離婚数
1884年	1,657
1900年	8,220
1938年	23,377
1940年	13,600
1941年	15,900
1942年	17,800
1944年	21,500
1945年	37,300
1946年	62,800

出典：1938年までは稲本:35、1940年以降はSauvy 1998:171（数字は87県の合計。1943年は６県の数字が欠けているため不明）

３．堕胎の厳罰化

ヴィシー政府が、抑圧的な家族政策として積極的に推進したのは、堕胎の取締りである。第４章で見たように、第三共和制下でも1920年法の成立以来、堕胎の取締りは強化され、家族法典において職業的堕胎屋には刑罰を厳罰化した。ヴィシー政府はさらに、職業的堕胎屋は「国家反逆罪」扱いとして、死刑を含む厳罰を科すこととした。1942年２月15日の法律によって、「常習の、あるいは金儲けの目的で妊婦あるいは妊娠していると思われる女性に対して堕胎を施した、あるいは堕胎を試みた者、あるいは堕胎の方法を教えた、あるいは手を貸した者」は、「フランス国民を害する性質の行為」を犯したと見なし、重大事件として通常の裁判所とは異なる「国家裁判所 Tribunal d'État」（後述）で刑事手続きを進めることとした。[46]この法律に署名しているのは、ペタンの他、法務大臣バルテルミ、内務大臣ピュシュー Pierre Pucheu と家族・健康庁長官ユアールであり、家族政策の一環である。

国家裁判所とは、1941年９月７日の法律によって、通常の事件ではない重大で特別な「フランス国民を害する」結果となる事件を審議するために創設された特別裁判所である。[47]設立理由は、「祖国の安全」を守るためと、「国家の物質的・道徳的統一」のためである。国家裁判所は、パリ（占領地区）とリヨン（自由地区）の２か所に設立された。この国家裁判所設立は、ペタンの1941年８月12日の有名な演説である「悪しき風が吹いている」(Pétain 1989:164) という「悪しき風」に対応するためのものと考えられる。この「悪しき風」の意味は、ペタンが目指した社会改革が思ったよりも進んでおらず、「国民革命が実行に移されていない」ことに対して失望を表現したものと考えられている。この国家裁判所で裁くことが予定されていたのは主に政治犯であるが、堕胎犯を政治犯と同等に扱った点がヴィシー政府の特徴である。ただし、国家裁判所で扱われたのは、特に悪質と見なされた常習の職業的堕胎屋のケースのみで、通常は従来通り軽罪裁判所で審理された。

ヴィシー時代の４年間にパリの国家裁判所が扱った堕胎事件は39件、リヨンでは８件で、計47件の堕胎事件が国家裁判所で審理された。そのうち２名が死刑宣告され、実際に執行された[48)]。残りの45名のうち16名が無期徒刑[49)]、24名が有期徒刑、１名が無期懲役、１名が有期懲役、３名が有期禁錮の判決を受けた(Boninchi:288)。ヴィシー政府は、かなり厳しい態度で堕胎に臨んだ。

この法律の目的は、堕胎数の減少と、それに伴う出生数の増加である。正確な堕胎数の計測は不可能であるが、参考として、国家裁判所で扱われた47件以外の、軽罪裁判所で審理された堕胎事件の有罪判決数を見る（表９）。

1940年以降、堕胎の有罪件数は急増した。堕胎厳罰化法は1942年２月公布であるため、それ以降を見ると、1942年と1943年の有罪数は微増しているが、1944年は前年より減少している。むしろ公布前の1940年と1941年に、堕胎有罪数は急増している。その理由は、ヴィシー時代になって堕胎の起訴数が急増したからで、起訴数が増加した理由は、密告が増加したためである。ヴィシー時代にはあらゆる密告が奨励され、堕胎に限らず、ユダヤ人、フリーメーソン会員、共産主義者、レジスタンス活動家と疑われた者は匿名で密告された（スピネル:113-115)。特に職業的堕胎屋の場合は、多くの人が占領下で苦しい生活を強いられている中、高い料金をとって派手な生活をしている人間として妬まれ、身近な人間に密告されることが多かった[50)]。したがって、堕胎の有罪件数が増加したからといって、実際の堕胎数も増加しているかどうかは不明である。同時に、ヴィシー政府の堕胎厳罰化によって、実際の堕胎数が減少したかどうかも不明である。確かなことは、堕胎の増加が出生率低下の原因の一つと考えたヴィシー政府は、出生率上昇策の一つとして堕胎の取締りを厳しくし、特に職業的堕胎屋には死刑を含む厳罰で臨んだという事実である。実際にはおそらく堕胎数は減らなかったと考えられ、出生率上昇は1942年に起こっているため、1942年2月公布のこの堕胎厳罰化の影響ではない。ただ、重要なのは、第4章から第6章で見たように、堕胎を「社会的犯罪」と捉え、出産増加を損なっているとする考え方は、第三共和制期から始まっていたという点である。19世紀末から、堕胎はアルコール中毒や麻薬などと同列の「社会の害悪」と考えられ、それがヴィシー時代になって「国家の害悪」と考えられるようになった。確かに堕胎に対する死刑判決は行き過ぎではあるが、その前段階は、第三共和制の出産奨励主義者や家族主義者たちによって始まっており、その延長線上の厳罰化であるといえる。

表9　軽罪裁判所における堕胎の有罪判決数

1920年代	300前後
1937年	453
1938年	537
1940年	1,225
1941年	2,135
1942年	3,851
1943年	4,055
1944年	3,701
1945年	3,820
1946年	5,151
1947年	4,602
1948年	3,845

出典：Olivier：151-153から筆者作成

なお、軽罪裁判所における堕胎の有罪件数が最大となったのは、戦後の1946年と1947年であり、ヴィシー時代の最大数値を示した1943年よりも多い[51)]。理由は、戦争末期の混乱や、復員兵の帰還による離婚数の増加などが考えられるが、正確には不明である。この時期は戦後のベビーブームの最中でもあり、出生数自体はヴィシー時代よりはるかに多い。このことからも、堕胎の有罪件数と出生数に相関関係はない。

また、戦後になっても、堕胎の禁止は継続された。戦後、ヴィシー時代の死刑を含む堕胎厳罰化法は廃止されたが、1920年法と家族法典の規定が復活したため、堕胎禁止は継続された。中絶の権利が法的に認められるのは、1975年のことである（第9章で後述）。

4．家族給付の増額と拡大

1　家族手当の増額と拡大

ヴィシー政府が最も力を入れた家族政策は、家族給付の増額と拡大である。

表10　第三共和制とヴィシー政府の家族手当の比較

	第一子	第二子	第三子	第四子以降
1932年３月11日の法律	統一基準なし			
1938年11月12日のデクレ	５％ （５歳未満）	10％	15％	15％追加
1939年７月29日のデクレ（家族法典）	なし （初産手当）	10％	20％追加 （計30％）	20％追加 （計50％）
1941年２月15日の法律（ヴィシー政府）	なし	10％	20％追加 （計30％）	30％追加 （計60％）

出典：JOより筆者作成

序章で述べたように、家族政策研究者や家族手当研究者たちは、ヴィシー政府の特殊性には触れずに、ヴィシー時代に実施された家族手当の増額や適用の拡大を好意的に紹介することが多い。中でも上村や田端は、ヴィシー政府の特殊性には触れず、ヴィシー政府の家族給付拡大は、より「社会福祉」的なものへ拡大した「画期的なもの」と評価している（上村 1999:166、田端 1999:113）。主なものは家族手当の拡大と単一賃金手当の創設である。以下、順に見る。

1941年２月15日の法律によって家族法典を一部改正し、家族手当の増額を決定した。第一子には支給なし、第二子には月額県平均賃金の10％、第三子には20％追加とここまでは同じであるが、第四子以降には30％追加（家族法典では20％追加）とした[52]。第三共和制とヴィシー政府の手当率を比較したのが表10である。1938年デクレ以来、家族手当は子供数に応じた累進的増額となっていたが、ヴィシー政府はさらに第四子以降の累進性を強化し、子を４人もつと、子供が３人の時より２倍の手当を受給できるとした。目的は多子奨励である。

さらに、この法律によって、病気のため労働が中断した期間と、女性労働者の出産休暇中（10週間）も継続して家族手当が支給されることが決定した（８条）。これまで家族手当は労働がその支給条件であったが、この規定によって、労働を介さない場合にも支給されることが決定した。これは、家族手当がより拡大され、福祉的な意味をもつようになったことを示している。失業保険がまだ存在しないこの時期に、長期の労働中断期間にも家族手当を支給するとしたこの規定は画期的である。この法律に署名しているのは、ペタンの他、副首相兼内務大臣ダルラン、国民経済・財務大臣ブーティリエ、農業大臣カジオ Pierre Casiot、戦争大臣アンツィジェール将軍 Charles Huntzier、工業生産大臣ピュシュー、労働大臣ブラン、交通・通信大臣ベルトロ Jean Berthelot、家族・健康庁長官シュヴァリエである。

さらに1942年9月9日の法律によって、夫が家族手当を受給していた場合は、夫の死後もその未亡人に継続して家族手当が支給されると規定された。また、夫が病気やけがなどで死ぬ1年以上前から働いていなかった場合も同様に、家族手当の支給が定められた[53]。この規定は、前述の病気や出産による労働中断時の家族手当支給よりさらに労働との関連性を断ち切り、家族手当の概念を拡大したものである。この法律によって、家族手当はさらに福祉的な性格をもつようになった。この法律の公布は、家族委員会が首相直属となっていた時で、署名しているのは、ペタンの他、首相兼内務大臣ラヴァル、財務大臣カタラ Pierre Cathala、農業・食料供給大臣ル・ロワ・ラデュリ Jacques Le Roy ladurie、労働大臣ラガルデル Hubert Lagardelle、首相直属の家族代表プラトン、健康庁長官グラセである。

2　単一賃金手当の創設

1941年3月29日の法律によって、第三共和制の主婦手当を元にした単一賃金手当が創設された[54]。シュヴァリエが家族・健康庁長官の時である。これは、14歳未満のフランス国籍をもつ子を扶養する世帯の中で賃金収入を得る者が1人しかいない場合、子供数に応じた手当が家族手当に追加支給されるというものである。その額は、子供が1人しかいない世帯には、その子が5歳未満の場合は月額県平均賃金の20％、5歳以上は10％、子供が2人いる世帯には25％、3人以上の子供がいる世帯には30％である。家族法典の主婦手当は一律10％であったことと比べると、大幅な増額である（表11）。この単一賃金手当の財源は家族手当と同じである。

この法律の目的は、主婦手当と同じく既婚女性を家庭に戻すことと、それによる出産増加である。単一賃金手当も子供数に応じた累進的増額であり、これは家族手当と同じく明白な多子奨励で、主婦手当よりそれは強化されている。この法律は前述の既婚女性の労働制限とも関連しており、労働賃金の代わりという意味がある。既婚女性の労働制限は撤回されたが、この単一賃金手当は戦

表11　主婦手当と単一賃金手当の比較

	第一子（5歳未満）	第一子（5歳以上）	第二子	第三子
主婦手当（家族法典）	一律10%			
単一賃金手当（1941年3月29日の法律	20%	10%	25%	30%

出典：JOより筆者作成

後も継続される（第8章で後述）。この法律の公布は、前述の家族手当増額の法律の約1か月後であり、署名している大臣も同じである。

さらにこの単一賃金手当は、1941年11月17日の法律によって「子供のいない若い世帯」にも拡大された[55)]。フランス国籍をもつ給与所得者に、結婚後2年間は子供がいなくても県平均賃金の10%が支給され、また、夫が動員されて子供がいない世帯にも、この法律の公布前に結婚式を挙げた世帯にも適用されると定められた。「若い世帯」という表現には年齢制限がなく、実際には夫の年齢がかなり高い場合でも受給することができた（Bordeaux：88）。この法律に署名しているのは、ペタンの他、国民経済・財務大臣ブーティリエ、家族・健康庁長官ユアール、労働大臣ブラン、農業大臣カジオである。つまり、シュヴァリエが単一賃金手当を創設し、ユアールが拡大した。

子のいない世帯にも支給した点から、単一賃金手当の目的は出産奨励のみでなく、むしろ正式な婚姻の促進と考えられる。「道徳の再建」を掲げたヴィシー政府にとって、離婚を防ぎ結婚を奨励することも重要な家族政策の一つであった。

人口学者シェネによると、当時二児をもつ母親の4分の3以上が、また三児をもつ母親の90%以上が賃金労働をせず子供の養育に専念していたため、それらの大部分の母親がこの単一賃金手当の支給を受けた（Chesnais：193）。特に1943年以降、この単一賃金手当は、支給される家族給付のうち半分以上を占めるほどになった。

なお、ここで注目したいのは、単一賃金の取得者は父親でも母親でもよいとされた点である。第三共和制の主婦手当の受給者は、法律の文言上、家にいる「母か祖母」でなければならないと規定されたため、夫の不在のため働かなければならない未亡人や離婚者や戦争捕虜の妻たちは、「家にいない女性である」という理由で主婦手当を受給できなかった。しかし、単一賃金手当はこうした女性たちも受給できた。世帯の中で賃金収入を得る者がその女性1人であるなら、要件を満たしているからである。したがって、この単一賃金手当は、主婦手当よりも支給対象を拡大したことになる。

ここで第三共和制末期の家族法典とヴィシー時代の家族給付総額の比較をする（表10と表11参照）。3人の子供がいる家族を例にとると、家族手当は県平均賃金の30％で、さらに単一賃金手当が30％追加され、計60％が支給される。家族法典では、家族手当が30％と主婦手当が10％で計40％である。パリの1941年の平均賃金2500フランで計算すると（エック:345）、ヴィシー時代では総額1500フランで、家族法典では1000フランである。地方の賃金はパリより低く、地方都市クレルモンフェランの1941年の県平均賃金1150フランで計算すると（Sweets:18-19）、子供3人の場合、ヴィシー時代では総額690フラン、家族法典では460フランである。月額県平均賃金60％の家族給付というのは、現在の福祉政策から見ても相当高額である。さらに子供が4人の場合だと、ヴィシー時代では家族手当が平均賃金の60％、単一賃金手当が30％で計90％になり、県平均賃金に近い家族給付を受給できることになる。家族法典の場合、子供が4人だと家族手当50％と主婦手当10％で計60％である。

これらの家族給付は、既婚女性を労働市場から家庭に戻すことが目的であり、そのために既婚女性の労働賃金の代わりを支給するという意味があった。しかし、給付の計算基準となる県平均賃金は、実際に調査した上での平均値ではなく、各県の知事が推測で挙げた額で低すぎるという批判がある（Watson 1954b:55）。また、戦時中のインフレに伴って物価は上昇したが県平均賃金は据え置かれたままだったので、家族給付は子供を育てるのに十分な金額とはいえない、あるいは実際の賃金収入に代わるほどの金額ではないという批判もある（Pollard:124-126）[56]。これは、1943年にヴィシー政府は県平均賃金を引き上げようとしたが、ドイツ占領軍によって阻止されたという経緯がある（Alliance Nationale 1945:1）。何をもって子供を育てるのに十分な金額かどうか判断するのか不明だが、たとえ平均賃金が低いままであったとしても、ヴィシー政府が第三共和制より給付額を大幅に増額したことは事実であり、また労働がない場合にも家族給付の支給対象を拡大し、より福祉的な性格をもたせたのも事実である。

これらの経済支援策が、実際に出産増加にどれほど効果があったのかを測定するのは困難であるが、人口学者ソーヴィは1942年以降の出生率の上昇は、第二子と第三子の増加によるものとし、それには経済的な家族政策が効果を挙げたと述べている（Sauvy 1959:92-93）。実際に、ヴィシー時代に二児をもつ世帯数は増加した。1940年に二児のいる世帯は43万9272世帯であったが、1944年には54万1455世帯となり、10万以上の増加である（Pollard:123）。また、ヴィシー時代に5人以上の子をもつ家庭が増加している。1939年と1942年の出生順別の出生数を比較してみると、出生数自体は1939年の方が多く、第一子、第二子、第三子の出生数は1939年の方が多いが、第四子はほぼ同数で、第五子は1939年の1万9702人に対して1942年は2万247人と増加し、第六子は1939年の1万2693人に対して1942年は1万3401人、第七子以上は1939年は2万660人で、1942年は2万2222人となっている（Institut National de la statistique et des études économiques 1946:31, 34）。つまり、第五子以降は1942年の方が多い。微増ではあるが、出生数自体が違うことを考えると、ヴィシー時代に5人以上の子をもつ家庭が増えた事実は注目に値する。第三共和制期には、子育てはお金がかかるという理由から子供は1人か2人でよいと考える家庭が多く、多子家族は減っていた。ヴィシー時代における多子家族の増加は、第四子以降に大幅増額するヴィシー政府の家族給付が影響している可能性が高いと考えられる。

3　多子家族優遇策

経済援助の他に、日常生活における多子家族優遇策が採用された。その筆頭は、多子家族の母親と妊婦に支給される優先カードである。

家族・青年大臣イバルネガレは、1940年8月7日付で全国の県知事に「食糧品と生活必需品の引き渡しに関する回状」を送り、多子家族（子供が3人以上）の母親や妊婦は、家族手帳か鉄道カードを提示すれば、店で並ばなくても優先的に食糧品や生活必需品を手に入れられる措置をとるよう要請した[57)]。この時、そうしたことを可能にする「特別優先カード carte spéciale de priorité」の作成を予告している。

1940年8月14日の法律によって、優先カードが作成され、13歳未満の子供が

３人以上、または４歳未満の子供が２人以上いる母親と、５人以上の子をもち家族メダルを授与された母親に配布されることが決定した。[58] この法律に署名しているのは、ペタンの他、家族・青年大臣イバルネガレと内務大臣マルケ Adrien Marquet である。優先カードは120万枚配布された。この優先カードを提示すると、行政の窓口や公的機関、公共の乗り物に乗るとき、また商店で品物を買うとき、行列の一番前に行けるとされた。これは、家族給付とは異なる種類の、日常生活における可視的な多子家族優遇策である。なお、この優先カードは、第１章で述べた現在の「大家族カード」に引き継がれている。

さらに、1941年６月18日の法律によって、優先カードの配布対象がより拡大された。[59] 家族メダル授与者の規定はそのままで、16歳未満の子供が４人以上、または14歳未満の子供が３人以上、または４歳未満の子供が２人以上いる母親と、妊娠４か月以上の妊婦と授乳中の女性に配布されると決定した。ただし、母親がフランス国籍を持っていること、母親が外国人であっても全ての子供がフランス国籍であること、子供たちが嫡出子であるか認知を受けていることが要件とされた。この法律に署名しているのは、ペタンの他、内務大臣ダルラン、法務大臣バルテルミ、家族・健康庁長官シュヴァリエ、食料供給大臣アシャール Jean Achard である。

この優先カードは国民に非常に歓迎され、頻繁に利用された。優先カードが最も効力を発揮したのは、商店の行列での優先である。戦争による物資不足から、どの店も行列をしなければ商品が手に入らず、行列の最後の方に順番が回ってくる頃には品物がなくなる場合が多かった。ヴィシー時代の日常生活を研究したヴェイヨンは、パリに住む女性の日記から、1942年10月のある日、朝の７時半からパン屋を始め６つの食料品店に合計４時間半並んで何も買えなかった女性の半日の行動を紹介している（Veillon：631-632）。実際、1940年10月11日付の政府の報告において、「多子家族の母親への優先カードは非常に歓迎された」という記述がある。[60] さらに、1940年11月21日から28日の週間報告では、優先カードに関して、母親が病気の時、あるいは授乳などまだ小さい赤ん坊の世話をするために家にいなければならない母親を助けるために、「夫や祖母や年長の娘などの近親者にこの優遇を認めてほしいという要求」が数多く寄せられていることが報告されている。[61] つまり、「代理カード」の発行の要求である。このような要望が多数政府に届くほど、この優先カードは市民に活用されていた。こうした要望は、1941年9月18日のアレテによって、母親が死亡した場合や身体的に優先カードが使用できない場合などに他の家族に配布するよう定められた[62]。このアレテは、家族・健康庁長官ユアールと食料供給大臣シャルバン Paul Charbin の2名によって出されている。

また、第三共和制期に慣習化していた「犬と子供はお断り」という掲示を掲げていたアパートの大家に対して、ヴィシー政府は1941年2月5日の法律によって、子供がいることを理由に部屋を貸さないことを禁止した[63]。これは、逆にいうと、第三共和制期には子供のいる家族に部屋を貸さない大家が多数いたということであり、「子供嫌い」の社会を表している。

また、1942年12月29日の法律（通称グノー法）では、初めて政府による家族団体の全国組織「全国家族連合 fédération nationale des familles」が組織された[64]。各市町村または各小郡にその地域の家族を代表する家族協会 association de familles を置き、各県（場合によっては各地域圏）にその家族協会を統合した家族連合 union familiale を置き、その家族連合をまとめる全国組織が全国家族連合である。この法律によって、家族協会は公権力に対して家族を代表する権利と、家族問題に関して意見や提案をする役割を得た。ここにおいて、家族はもはや単に国家に援助され保護されるのみではなく、国家によって承認され、公的制度の中に公的地位を容認されたことになる。しかし、クトロによると、この家族団体の全国組織化は、ヴィシー時代には完成を見なかった。なぜなら解放の時点で、県の家族連合は三つしか設立されていなかったからである（Coutrot:256）。したがって、ヴィシー時代には試みられただけで終わったが、戦後このグノー法の枠組みは、臨時政府による UNAF 設立に受け継がれることになる（第8章で後述）。

ヴィシー政府によるこれらの多子家族優遇策の実際の効果の測定は困難であるが、これらの措置の最大の効果は可視化である。家族給付の受給は他人には分かりにくいが、行列の先頭に行ける優遇策は他人の目にはっきりと分かる。人口学者ソーヴィは、ヴィシー時代に起こった変化を次のように述べている。

> 5人の子をもつ母親は、戦前は市場で主婦たちに嘲笑されたが、今では時に少し羨ましがられる。もはや彼女が笑いものにされる恐れはなくなった。彼女は、一種の地

位の向上と敬意を自分に与える現金の支払いを受け取るだけでなく、雨の中待っていた他の人たちよりも先に、警視庁の高官と同じ権威をもって、バスに乗り込む（傍点引用者、Sauvy 1959:94）。

ソーヴィは家族給付のみでなく、行列の先頭に行ける優先カードの使用によって、多子の母親の地位が向上したと明言し、ヴィシー政府の家族政策によって起こった社会の変化を指摘している。人口学者アルマンゴーも、優先カードを指して「子供の存在が制度によって初めて具体的に認められた」と述べ、制度の存在が与える「心理的影響」について指摘している（Armengaud:78-79）。こうした多子家族優遇策が、それまで蔓延していた多子家族に対する軽蔑を緩和し、その結果、子供を多数もつことに対するためらいや「恥ずかしい」という感情を消し去るのに有効に働いた可能性は否定できない。

第４節　ヴィシー政府のプロパガンダ

ヴィシー政府は、「家族」や「母性」に関するプロパガンダに力を入れた。それは、1940年９月にユアールが家族部を置いた時に、プロパガンダ費用として200万フランが割り当てられたことからも明らかである。さらにユアールが設立した家族委員会の任務の一つは、「家族と家族の観念に好意的なプロパガンダ活動を全国で行う」ことであった。ヴィシー政府のプロパガンダ政策は、第三共和制末期のプロパガンダよりはるかに大規模である。以下、具体的に検証する。中心となるのは、「母の日」のプロパガンダと、1941年10月から1942年２月にかけて行われた「人口増加に関する宣伝キャンペーン」である。なお、プロパガンダ政策には、「宣伝局 Office de Publicité Générale」も協力した。占領下であることから、これらは全てドイツ軍占領軍の検閲下にあったことはいうまでもないが、ドイツ軍は特に妨害などはしなかった。

１．「母の日」のプロパガンダ

フランスにおける「母の日」は、前述のように、一般には根づいていなかった。ヴィシー政府が「母の日」を積極的に取り上げ、母性と多子家族を賛美する国民的な行事とした。

ヴィシー政府は、成立後初となる1941年の「母の日」に向けて、「母の日」を普及させるためのポスターを作成・掲示し、「母の日」には、政府主導で各市町村が盛大な式典を開催した。会場は各市町村の公会堂や市民ホールや学校などの公的な場所が使用され、式典では各地の名士が母親を称える演説を行った。さらに、この式典において、5人以上の子をもつ母親に家族メダルを授与した。このメダルの起源は、第4章で見たように、1920年5月に創設された家族メダルである。第三共和制下ではこの行事はそれほど大規模に行われていなかったが、ヴィシー政府は「母の日」そのものを国家行事として位置づけ、多子の母親へのメダル授与も公式行事として多くの市民が出席する前で行った(Sweets:42-43)。これも可視的な多子家族優遇策の一つであり、これによってそれまで軽蔑されがちであった多子家族に「公的な名誉」が与えられることになった。

ペタンも1941年5月25日の「母の日」のラジオ演説において、母親を称えた。ペタンは、「フランスの家族の母親たちよ、今日フランスは家族を祝福する。フランスは何よりもまず母親たちに敬意を表さなければならない」と呼びかけ、「家族は社会の基本的な細胞であり、我々に再建の最良の保証を与えてくれる」と述べた。さらに、「フランスを存続させるためには、まず家庭が必要である。家庭とは人々が集まる家であり、愛情が強まる避難所である」と家族の価値について触れ、その家庭を束ねるのは「家庭の女主人である母親」であるとして、母親の重要性を強調する。ペタンは、「フランスの母親たちよ、あなた方の使命は最も重い。しかしそれはまた最も美しいものである」と母親を美化し、最後に「戦死者の母よ、捕虜の母よ、子供たちを飢えから救うために命をも投げ出すであろう都会の母よ、農場で1人刈り入れをする田舎の母よ、栄光の母よ、苦悩の母よ、今日私はあなた方にフランス中の感謝を表明する」と述べて演説を締めくくった(Pétain 1989:133)。これは、子を生み育てるだけでなく、戦争によって子を失うという悲嘆を経験した母親たちの姿を、国家元首が公的に褒め称え、感謝を捧げ、公的にその地位を認めたということである。法的には未成年者と同じ「無能力者」として扱われていた既婚女性は、母となることによって、ヴィシー時代において初めて公的な「名誉」を受けることとなった。この大規模で公的な「母性賛美」が、第三共和制と最も異なるヴィシー政府の家族政策の特徴の一つである。

また、家族委員会によって「母の日」のポスターが作成された。1942年の「母の日」のポスターは、母親が赤ん坊を両手に載せて自分の頭上に高々と掲げ、赤ん坊は正面を向いて笑い、母親は赤ん坊を誇らしげに見つめるという構図である（図７）。これは、母親が赤ん坊をまるで獲得した貴重なもののように誇示しており、母親は英雄的な扱いである。実際、ヴィシー政府にとって「多子の母親」とは、国家のために公的任務を果たした「国民的英雄」と考えられた（Giolitto：50）。

図７　1942年の「母の日」のポスター（家族・健康庁、家族委員会作成）

出典：AN, 2 AG 498

翌1943年の「母の日」のポスターは、部屋の奥で生まれたばかりの赤ん坊を抱いている母親を、手前のドアから３人の男の子が嬉しそうに覗いている図である。ここでは、すでに３人の子をもちながらさらに４人目の子を生んだ母親への賛美が表現されている。1942年11月のフランス全土占領後も、ポスターのコンセプトは変わっていない。

以上から、ヴィシー政府は「母の日」を重視し、「母性」や「多子の母親」を賛美したことは明らかである。ポラードによると、ヴィシー政府の下で母となることは、「個人的意義と国家的意義の両方の意味が与えられ」、さらに、フランスにおいてヴィシー政府が初めて、「女性は母となることによって、国民としての義務を遂行できる」という「出産による公的義務」や「母性を通じた公的役割」という考えを導入した（Pollard：38, 45, 49）。ただし、こうした考えを表明したのはヴィシー政府が初めてではない。第３章で見たように、人口減少院外委員会設立を求めた上院議員ベルナールは、1901年11月22日の上院審議において、「母になることは女性の愛国主義である」と述べている。この考えが、当時どれだけの人に共有されていたかは分からないが、第4章で見た家族メダル導入のように、「母性を賛美する政策」はすでに第三共和制期に採用されていた。家族メダル導入を議論した際の出生率上級評議会は、多子の母親は自分の幸福しか考えないエゴイストと違い、「民族と祖国の永続」を考える「愛他主義者」であるから、「多子の母親に敬意を表する」ことが必要であるとして、満場一致でメダル導入に賛成した。つまり、多子家族の母親は出生率上昇に貢献した「愛国者」として国家によって公式にその業績を称えられるべきであるという見解は、政策決定者たちの中で共有されていた。

2．マスメディアによる「家族に好意的な宣伝キャンペーン」

家族委員会は、1941年10月から1942年２月にかけて「家族に好意的な宣伝キャンペーン」を全土で行った[65)]。その実行案である覚書によると、この宣伝キャンペーンの目的は「フランスの家族の再生」であり、そのために「フランスの雰囲気と我々市民たちの意識を変える」ことが必要とされた。「フランス再生」のためには「家族の再建」が必要で、そのためには「家族に関する感情」を変えることが必要で、その結果として「出産の増加」もついてくると考えられた。そのためには、「道徳革命」と「フランス人の心性を変化させること」が必要とされた。これは第6章で見たように、人口高等委員会の創設を求めたペルノが、道徳面において「家族に好意的な雰囲気を作ること」と「家族のプロパガンダを組織すること」が必要であるとの主張と同じである。そして、このプロパガンダは、「あらゆる近代的表現手段を使って」行うとされ、実際にラジオ、映画、新聞、雑誌、ポスター、パンフレットなどあらゆるメディアを通じて行われた。

まずこのキャンペーンの一環として行われた「出生率低下の原因についての国民調査」を概観した後、メディアの種類別に、ラジオ、映画、新聞、雑誌、パンフレット、ポスターの順に、具体的なプロパガンダの内容を見る。

1　「出生率低下の原因についての国民調査」

ヴィシー政府は、1941年11月に「出生率低下の原因についての国民調査」と題する大規模なアンケート調査を国民に対して行った。これは、人々に出生率低下の事実を知らせることと、その原因を考えさせ関心をもたせるという二つの目的をもったプロパガンダ政策である。調査形式は、「あなたの意見では出生率低下の原因は何だと思いますか」という質問に対して、15の回答リストから三つを選択して回答を送るという選択式アンケート調査である。回答リストは、「若い世帯は映画に行くことや自動車を運転することを好む」、「子供がいない離婚は容易で、子供がいると離婚が困難である」、「宗教心の欠如あるいは不十分」、「子供がいると暮らし向きが悪くなる」、「若い女性はスタイルが崩れるのを恐れる」、「女性が商店や工場など家の外で働くようになった」、「田園の放棄」、「多子家族の住居の困難」、「子供にお金がかかりすぎる」、「遺産分割や土地の細分化への恐れ」、「失業の恐れ」、「結婚する人々の健康状態の悪化」、「子育ての困難と苦痛」、「出産の苦痛への恐怖」、「複数の子供を育てることがうまくできないのではという恐れ」である。

多数の新聞がこの質問と回答リストを掲載し、国民に参加を呼びかけた[66]。新聞以外にも、地方にネットワークをもつ多子家族連盟などの家族団体に30万部、地方の家族団体に30万部、教会関係者に約6000部、女性雑誌に10万部、スポーツ団体に100万部配布され、広く回答を募集した。回答者の中から抽選で総額40万フランの賞金をつけると告知したこともあって、約50万通の回答が寄せられた[67]。なお、この時賞金の告知をした1941年11月18日付の『ル・マタン Le Matin』紙の記事のタイトルは、「揺籠がフランスを救う」というもので[68]、告知をしながら出生率上昇を促す内容となっている。

調査結果として最も多く選択された回答は、「宗教心の欠如あるいは不十分」であり、約22万3000票であった。次が「子育ての困難と苦痛」、「女性が商店や工場など家の外で働くようになったこと」である（Bordeaux：50）。この回答は選択式で限定されたものではあるが、それでも「遺産分割や土地の細分化への恐れ」、「子供がいない離婚は容易で、子供がいると離婚が困難である」、「子供にお金がかかりすぎる」などの他の回答ではなく、宗教心の低下や育児の困難、女性の労働増加という三つの回答が最も多く選ばれたことは注目に値する。それまで専門家が主張していた財産の均分相続が出生率低下の原因であるという説は、回答リストにあるにもかかわらず上位にならなかったことから、国民には共有されていなかった。この国民調査は1941年11月に行われ、ヴィシー政府の家族政策はすでに始まっており、この調査結果を基にヴィシー政府の家族政策が全て構築されたわけではないが、ある程度参照された可能性はある。ヴィシー政府の親カトリック政策や、既婚女性の労働制限、子育ての困難と苦痛を緩和するため多子の母親に名誉を与え家族給付を増額するなど、ある程度国民の要求に沿った政策といえないこともない。

2　各メディアによるプロパガンダ

①ラジオ

ヴィシー時代はまだテレビのない時代であり、ラジオが新しいマスメディアであった。開戦当時、フランスには520万台のラジオがあった。占領後ドイツ軍は、五つあった放送局を全て接収し、占領地区では「ラジオ・パリ」１局（ドイツ軍将校向けのドイツ語放送局は数局存在）に、自由地区では「ラジオ・ヴィシー」１局に統合した。それぞれの放送局で、ドイツ軍が提供するニュースを流させる一方で、フランス側が各種の娯楽番組を提供することも許可した（渡辺1994:86-87、長谷川:74-75）。

家族委員会の宣伝キャンペーンにおけるラジオ部門では、『昨日、今日、明日』というラジオ番組の放送計画を立てた。[69] その内容は、週に２回、月曜と金曜（あるいは木曜）に夜７時から８時のラジオ・ニュースの間の15分間に、フランス家族の輝かしい過去や出生率低下の現状、それに対してなすべきことを放送し、家族の喜びを強調し、家族に関する政令や決定について知らせるというものである。これを３か月、計26回放送する予定であったが、このラジオ番組は「さまざまな困難が生じた」ため、放送されなかった。[70] これは、前章で述べたように、第三共和制末期1940年４月からペルノが計画していたラジオ番組とよく似たものである。

実際に放送されたラジオ番組として、『フランス・家族 France-Famille』がある。この番組は週３回、夜７時20分から家族の団欒の時間帯に放送された。内容は、子育てに悩む両親の育児相談に乗り、心理学に基いて子育ての助言を与え、子育ての困難を軽減するというものである（Muel-Dreyfus:133）。

また、ペタンの演説のほとんどはラジオ放送され、翌日にその要約が新聞に掲載された。フランスの新聞は宅配ではなく、紙不足から発行部数が減っていたため、ヴィシー時代においてはラジオが重要なプロパガンダ装置であった。

②映　画

ヴィシー時代の映画館は全てドイツ占領軍の監視下に置かれ、英米の映画は上映禁止であったが、ドイツ軍はフランス映画の自主製作の援助に力を入れたため、フランス人による映画が多数作られ、上映された。ヴィシー時代の4年間に合計220本の映画が製作されている。この時期に、マルセル・カルネ監督の『天井桟敷の人々』（1943-45製作）をはじめとする名作が作られた（長谷川：69-71）。対独協力が前面に押し出された映画もあったが、全体の中では数が少なかった。こうした映画の合間にニュース映画が上映された。

家族委員会は、宣伝キャンペーンの一つとして、映画産業組織委員会 Comité d'organisation de l'industrie cinématographique とともに、1941年10月17日に「フランスの家族」をテーマにした長編映画と短編映画のコンクールを行うと発表した[71]。審査員は家族・健康庁長官ユアール、家族委員会のルノーダン、ボヴラ、オリー、家族諮問委員会のペルノらが務めた。入選映画は1942年7月に映画館で上映するとされ、賞金は長編に25万フラン、短編に15万フランとされた。そうした応募映画の中から、映画『花のない庭 Jardins sans fleurs』が短編映画部門で入選作となった。内容は、子供のいない女性のみじめさや寂しさを描いたものである。同様の内容の短編映画に『警告 Alerte』や『生きる Vivre』などがある。これらの映画は実際に映画館で上映された（Giolitto：61）。

③新　聞

家族委員会は1941年9月7日に設立されてすぐ、宣伝キャンペーンの一環として、占領地区と自由地区の両方において全部で825社の新聞社に呼びかけて、多子家族擁護の記事を掲載するよう指導した[72]。それに応じて、設定されたテーマ「家族への警告」と題する新聞記事が、全国紙、地方紙など合わせて500以上の新聞で掲載された[73]。政府に協力的な新聞社には、優先的に紙が多く支給されるなどの優遇策が取られた。以下、そうした新聞記事をいくつか紹介する。

主要紙の一つである『ル・マタン』紙は、1941年9月18日付で、「『出生率低下、この国家的災厄に立ち向かわなければならない』とユアール医師は宣言した」と題する記事を掲載した[74]。ユアール医師とは、家族委員会を設立した家族・

健康庁長官ユアールのことである。この記事では、フランスの出生率低下の危機的状況を示し、フランス人は今すぐ子供をたくさんもたなければならないと訴えている。

同じく主要紙の一つである『フィガロ』紙は、1941年9月25日付で「真のエリートたち」と題する記事を掲載し、「子供のいない家庭は人口を破壊する。一人っ子の家庭は人口の発展を損なう」と主張し、子供たちは親よりも進化していくものであるから、真のエリートたちは「多くの多子家族の中に幸せとともに生まれる」、したがってたくさん子をもつべきだと主張した[75]。

地方紙『ボルドーのフランス』にも1941年10月11日付で、「フランス、君の子供たちはどこ？」というシリーズで「家族は危機に瀕している。我々の国にとって、人口増加は死活問題である」と題する記事を掲載し、子供のない家族を「太陽のない昼間、花のない庭、芝生のない公園」にたとえて、祖国を救うために子を4人もつべきであると主張した[76]。

政治色の薄い経済専門紙『産業生活』では1941年11月1日付で「家族賃金の必要性」と題する記事を掲載した[77]。それによると、出生率低下はフランス人口の高齢化を招き、フランスの国力を失わせ、将来を損ない、それを招いたのは経済自由主義であり、多くの子をもつ家族は経済的に不自由を強いられてきたので、多子家族に「家族賃金」を供給すべきであるとしている。

これらの記事は、家族委員会が指導したとはいえ、政府に命令されて渋々掲載したとするには数が多すぎる。ある程度は自発的な意思が存在したと見ていいのではないだろうか。検閲があることから、自由に記事を書けないという制約があるにせよ、これだけ多く出生率低下や人口減少や家族に関する記事が掲載されるということは、書き手と読み手双方に関心があったということである。それは、前章で見たように、特に1930年代後半以降、広く共有されてきたものである。

その他に新聞によるプロパガンダ手段として、新聞記事の合間のスペースに、家族に関するペタンの言葉の抜粋を「格言」のように随時掲載した。たとえば、「家族、それは社会的建造物の土台である」、「花のない庭は悲しい、子供のいない女性は悲しい」といったフレーズである。

同様に、ユーモア・イラストと呼ばれる風刺画も新聞や雑誌によく掲載された。その一つに、ある女性が「貸家、子供のいない人に限る」という掲示を家の前に貼ろうとしているところへ、通りすがりの子供が「子供のいない人だって？　元帥は子供をたくさんもちなさいといっているよ」というものがある。これは、それまでの「子供嫌い」のフランス社会とペタンの出産奨励主義が子供にまで行き渡っていることが表現されている。

また、孫２人連れの老人と１人で歩く老人のイラストとともに、孫が「なぜあの人は悲しそうなの？」と聞き、老人が「それはね、あの人には私のように一緒に散歩してくれる孫がいないからだよ」と答えるセリフがついたものがある（図８）。これは独身あるいは子をもたない場合、老人となってからさみしい思いをすることになるということを表現している。

④雑　誌

新聞と同様、雑誌も家族に関する特集記事が多く掲載された。一般誌のみでなく、職業雑誌や農業雑誌、経済誌などにもそうした記事は登場し、中でも特に女性向けの雑誌には、家族に関する記事が多く掲載された。たとえば『真実』

図８　ユーモア・イラスト「孤独な老人」

出典：AN, 2 AG 498 cc 79 bis, Dessin humoristique.

という月2回発行の雑誌の創刊号の特集は「出生率問題」で、家族・健康庁長官のユアールと編集長の対談記事が掲載された[78]。女性雑誌『あなたの美』の1941年10月の特別号は、表紙に「女性、家族、フランス」と書かれてあり、明らかに国民革命のスローガン「労働、家族、祖国」を意識している。この雑誌の最初のページには、幼い子が3人いる中心に1人の女性がほほえんで座っている写真とともに「まずはあなたの家族から」という題で、女性の使命は家庭を子供たちの避難所にし、未来の人間を作ることであると述べている[79]。また女性週刊誌『モードの声』の第41号の表紙は、赤ん坊を抱いている女性とその周りに3人の子供がいる絵であり、特集記事は「家族への警告」である[80]。その特集記事において、「わが国では一家庭につき平均2人の子供しかもたなくなった。国が死なないためには3人の子供が、国が生きるためには4人の子供が必要である」と述べている。女性雑誌には、大人の服をリフォームして子供服を作るといった実用的な記事が載る一方で、こうした「子供を3人以上もちましょう」というメッセージも頻繁に掲載された。

1941年10月出版の若者向けの『若きフランスの手帳』という雑誌には、メグレの「このままだとフランス民族は消滅してしまう」と題する論文が掲載された。婚姻率の低下と出生率低下を挙げて、「もし強力な打開策が今すぐ適用されなければ、20年後にはフランス民族は消失してしまうだろう」と述べている(Megglé 1941:43)。この「フランス人がいなくなると、フランスは消滅してしまう」という表現は、第4章で見たクレマンソーの演説と同じもので、新聞などでも何度も繰り返されたものであり、ヴィシー時代にも継承されている。

⑤パンフレット

ヴィシー政府は、産業部門において、経営者、技術者、労働者が産業や職業の部門ごとに同業組合（コルポラシオン）を組織し、協力してその産業の発展に寄与するというコルポラティスムを採用した。このコルポラシオンは職業別であることから、ターゲットを絞った有効な宣伝が可能であるとしてプロパガンダに利用された。家族に関するプロパガンダの対象は、教師、薬剤師、ソーシャル・ワーカー、母親が挙げられた。家族委員会は、これらの対象向けに、宣伝局と共同で職業別のパンフレットを作成し、無料で配布した。これらの職業は、いずれも出生率上昇に貢献できるとヴィシー政府が考えた「社会的エリート」

である（パクストン：206-207、Jennings：108-111）。この「社会的エリート」の中に母親が入っている点が、ヴィシー時代の特徴である。

前述の宣伝キャンペーンに則って、出産増加のために家族委員会が母親向けに作成したパンフレットに、『母性は改善する La maternité s'améliore』と『ママン Maman』がある[81)]。これらはイラストを多く使用した短いもので、『母性は改善する』では、「子をもつことは女性を改善する。若者と接することで、夫婦は若さを保つ」とされ、子をもつことは女性にとって良いことであると説いている。また、「母親は家族を作る、家族は国家を作る、家族は国家の尊敬と保護を受けるだろう」というペタンの言葉を引用し、母親と家族の重要性について訴えている。

もう一つの『ママン』では、子供のいない女性について、着飾ってダンスをする女性やバーで煙草を吸いながらお酒を飲む女性のイラストとともに、「子供のいないコケットな女性の居場所はない。彼女は無益な存在である」という文章がつけられている。それに対比する形で、子供のいる母親は、赤ん坊の世話をし、食料品を買い、子供に本を読んでやるなどのイラストとともに、「彼女は世話をする、養育する、教育する、日用品の値段を知っている、真実の価値を知っている。彼女は有益である」という文章をつけて、母親の美点を強調している。これら二つのパンフレットは各40万部作成され、官公庁や金融機関、保険会社や食料品店などで働く女性に配布され、流行品を扱う店や靴屋、婦人服仕立店や美容院などにも無料で置かれた。『ママン』は全国家族連合によっても配布された。

こうしたパンフレットは、宣伝キャンペーンが終わってからも作成された。母性の賛美一辺倒ではなく、子を産まない女性に対する抑圧的な内容が含まれることもあった。たとえば1943年に家族委員会が作成したパンフレット『花のある人生 La vie en fleur』[82)]では、「母性は女性に落ち着きを与える」、女性にとって「子をもつことは生理学的に必要である」などの医師のメッセージとともに、別の医師による「子のいない女性は不完全な体であり、魂は満たされない」、「若さや美しさを維持するために母となることを拒む女性は、望みとはまったく反対の結果となるだろう」といった「警告」も掲載している。そこには病気などで子供を産みたくても産めない女性に対する配慮はない。

⑥ポスター

ヴィシー政府が行ったプロパガンダ政策の中で最も影響力が大きかったのはポスターである。なぜなら、映画や新聞・雑誌は有料であり、映画は映画館に足を運ばねば見ることはできず、新聞や雑誌も店で買わなければ読むことができないが、ポスターは公共の場所や通りに掲示されるため、特に見たいという意志がなくても普通の日常生活を送っているだけで目にする機会が多いからである。そのため、ヴィシー政府はポスター作成に力を入れた。

家族委員会は、家族に関するポスター三部作を作成した。『フランスを再生したい君、まずは子供をもうけなさい』、『命を与えること、それは喜びを創り出すこと』、『家族、過去の果実、未来の種』の三点である[83]。

最初のポスターは男性向けで、男性の手の平に笑っている赤ん坊が乗り、ランプの光が当たって赤ん坊は輝いているという図で、「フランスを再生したい君、まずは子供をもうけなさい」という文章が書かれている。その中の「子供」は複数形で書かれており、他の字より大きく強調され、複数の子をもつよう示唆されている。

第二のポスターは、母親が赤ん坊を抱いて赤ん坊の頬にキスしている図で、「命を与えること、それは喜びを創り出すこと」と書かれている。ここでは「喜び」という文字が大きく強調され、子を生むことは喜びであることが強調されている。

第三のポスターは、妻が赤ん坊を抱いて夫に寄り添い、夫は舵を握り、その手前で子供が3人笑っている図である（図9）。中央に「家族」と大きな文字で書かれ、下の方に「過去の果実、未来の種」と書かれ、子供たちのことを示している。この図では家族全員がにこやかに笑い、子供が4人いる「幸せな家庭」を表している。

これらのポスターは、80×120cmサイズが各30万部、120×160cmサイズが各7万5000部、200×300cmサイズが各3000部印刷され、1941年12月10日から自由地区に配布され、次にドイツ軍の許可を得て占領地区と禁止地区に配布された。

ポスターはパンフレットと違って一目でメッセージを伝えなければならないため、ストレートに多子家族や母性を賛美するものが多い。パンフレットと違って否定的な面はあまりなく、ただ多子家族を賞賛し、「複数の子をもつことは良いことである」というイメージを前面に押し出している。そしてこれらのポスターこそが、印刷部数の多さからして、市民が日常生活で最も頻繁に目にしたものである。これらの多子や母親を称賛するポスターは、今までの「子供は厄介者」というイメージを払拭するものであった。心理学的にも視覚から受ける影響は大きく、特に見たいという意志がなくても街中で目にする機会の多かったポスターは、人々の意識に大きな影響を与えたと考えられる。

図９　ポスター『家族　過去の果実、未来の種』（家族・健康庁、家族委員会作成）

出典：AN, 2 AG 498

３．教育現場におけるプロパガンダ

ヴィシー時代には、特に人口学教育に力が入れられた。教育も間接的なプロパガンダ政策の一種である。第三共和制末期の家族法典でも小学校での人口学教育の義務化は規定されていたが、さらにヴィシー政府は1942年３月11日のアレテによって、全ての小学校で「人口学教育を含む道徳・市民・愛国教育」を義務化することを定めた[84]。家族委員会は、教材用のパンフレットを多数作成した。そのうちの一つである『学校と家族』は、国民連盟の副会長オリーが書いたもので、最初の章は「最大の危険」と題し、「フランスにとって最も危険なものは、戦争でも占領でも植民地喪失でもなく、人口の減少である」と述べ、人口減少に関する注意を促している（Haury 1943）。オリーは歴史学の教授で、

主に教育面で活躍し、1927年には『フランスが存続するために』という本を出版し、出産奨励的な教育の重要性を説いた（Haury 1927）。ヴィシー時代に入ってからは、政府の家族委員会と家族上級評議会のメンバーとして積極的に家族政策を推進した。

出産奨励と多子家族賛美は、ペタンへの個人崇拝と結びついて強化された面もある。前述のようにペタンは国民に人気が高く、ヴィシー政府発足当初、国民から熱狂的に迎えられた。国民にとって、「ペタンは国家の父親であり、保護者であり、国家の統一とナショナル・アイデンティティを保証する指導者であり、救世主」であった（Laborie:228, 233）。

それは、歴史教育の場で大いに活用された。フランスの偉大な過去を教えることは、フランス人に自信を取り戻させ、再建への活力となるからである。中でも特に重要な歴史上の人物として取り上げられたのは、ジャンヌ・ダルクである[85)]。ジャンヌはペタンとともに、祖国の危機に現れた「救国の英雄」であり、国家統一のシンボルとして、ナショナリズムと結びついて語られた（Atkin:78-79）。その際に強調されたのは、ジャンヌ自身は19歳の若さで子をもたないまま火刑に処されたが、ジャンヌの両親は５人の子をもっていたことである。二つの世界大戦の時期のフランスを「家父長的」視点から研究したチャイルダーズによると、ジャンヌは５人きょうだいの末っ子であったことがヴィシー時代に喧伝され[86)]、「もし彼女の両親が４人の子しか望まなければ、彼女は決して存在しなかった」として、多子の奨励に利用された（Childers:96）。

その他に小学校では、毎朝生徒にペタンを称えるペタン頌歌を歌わせて、ペタン崇拝を推進した。『元帥、我らはここに Maréchal, nous voilà』というその歌の歌詞は、「元帥よ、私たちはここにいます。フランスの救世主であるあなたの前で、私たち、あなたの息子は誓います。あなたに仕え、あなたに従うことを」（作詞 A. Montagnard quoted in Pollard:100）というものである。また、ペタンが演説で述べた家族にかかわる言葉、たとえば「個人は家族によってでしか存在しえない」、「家族の権利は個人の権利に先行し優先する」、「家族は基本的な細胞である」などの「格言」を、小学校で子供たちに暗唱させた（Atkin:89）。小学校の教室にはペタンの肖像が掲げられ、子供たちはペタンに手紙や絵を送ることを奨励された（渡辺 1994:86）。

こうしたプロパガンダやペタン崇拝に対する国民の反応はどのようなものであったか。ペタンは国民からの手紙を毎日2000通近く受け取っていた（ミシェル：61-62）。その中で、マルセイユに住む22歳の女性が1941年４月29日付でペタンに宛てた手紙を紹介する。

私はあなたをフランス人全ての父だと思っています。（中略）私は22歳ですが、家族に基く家庭を作る準備はいつでもできています。私はまだ理想的な婚約者を見つけていませんが、それは簡単だと思います。（中略）私はまだ若いということは分かっていますが、美しいフランスを再建するために早く動き出したいと思っています。（中略）あなたは私を理解してくださるでしょう。元帥、あなたはとても父親的です。[87)]

この女性は、ペタンの思想へ賛同を熱狂的に示している、国民が全てこのように好意的であったとは限らないが、少なくともヴィシー時代初期はペタン人気は高かった。後半になると、特にフランス全土占領後はペタン人気は衰えたといわれるが、それでもヴィシー時代末期の1944年４月から５月にかけてペタンが国内視察に出た時、パリやオルレアンやナンシーで住民から熱狂的な歓迎を受けている（Flonneau：512）。ペタンは自らの人気をうまく利用して、出産奨励策や多子家族賛美のプロパガンダと結びつけて、家族政策の一助とした。

４．国民連盟のプロパガンダ

国民連盟は、第三共和制末期からヴィシー時代にかけて最も活発に活動した民間の家族団体である。前述のように国民連盟の中心人物であるボヴラは、ヴィシー時代には家族委員会と家族上級評議会のメンバーでもあり、カレル財団にも参加し、ヴィシー政府の家族政策に積極的に関与した。したがって、政治家でも官僚でもない民間人ではあるが、ボヴラがヴィシー政府の家族政策に与えた影響は非常に大きい。そこで、ヴィシー時代にボヴラが国民連盟の機関誌とは別に刊行したパンフレット等を検証し、その思想とともに民間のプロパガンダを確認する。

1942年にボヴラは、『多産か隷属か、フランスの出生率をいかにして上昇させるか』と題するパンフレットを刊行した（Boverat 1942）。冒頭で「なぜフランスはドイツに負けたのか。それは、何よりもまず、1940年に4000万人のフランス人に対して8000万人のドイツ人がいたからである」と敗北の原因を人口の多寡で説明する。さらにボヴラは、「出生率低下は地震のような自然災害ではない。それは数百万人のフランス人の個人の行動の結果である」と述べ、出生率低下は自然に起きたことではなく、人々が意図的に避妊した結果であり、そのせいで戦争に負けたとして個人主義を非難する。そして、この敗北から教訓を得て、子を２人以上もつべきと主張する。また、ボヴラは「いかにして出生率を上昇させるか」という問いに対して、多子家族への援助や家族手当の増額、人口学教育や家族道徳の教育、さらに「堕胎と社会の害悪との闘い」などの手段を提案する。

さらにボヴラは、このパンフレットにおいて、「もし我々が手順よく、また辛抱強く出生率に関する不屈の政策を続行するなら、必要な出生数の上昇は確実に得られるだろう」と家族政策の有効性を強調し、実際に1941年の４月から６月は、同年１月から３月までと比べて出生率が上昇している事実を挙げ、その理由を「ペタン元帥の政府が家族に名誉を与えたこと」（傍点引用者）と「未だに非常に多いとはいえ、堕胎数が新しい刑罰の恐れによって減少したこと」としている（Boverat 1942:29）。

まとめ

本章では、ヴィシー政府の具体的な家族政策を詳しく検証した。主なものは、家族給付の増額及び拡大と多子家族優遇策とプロパガンダの展開である。既婚女性の労働制限や堕胎の厳罰化など抑圧的な政策もあったが、それらも含めてヴィシー時代の家族政策は、第三共和制末期の家族政策を基本的に引き継ぎ、拡大したものである。では第三共和制末期とヴィシー政府の家族政策の違いは何か（表12）。

第三共和制と異なる点は、ヴィシー政府は抑圧的な政策を強化した点と、家族手当を増額・拡大した点、多子家族優遇策を採用した点、プロパガンダを大規模に行った点である。このうち、抑圧的な政策はほぼ失敗に終わった。全般的にヴィシー政府の行った政策は批判されることが多いが、家族給付の増額と拡大は、現在の家族政策研究において評価されることが多い。

人口学者ソーヴィは、前述のように、ヴィシー時代の家族政策について「採

表12　第三共和制とヴィシー政府の家族政策の違い

		第三共和制末期 （家族法典）	ヴィシー政府
抑圧的政策	女性の労働制限	なし	あり
	離婚の制限	なし	あり
	堕胎の禁止	あり	あり（より厳罰化）
経済援助	家族手当	第二子10％ 第三子以降20％追加	第二子10％ 第三子20％追加 第四子以降30％追加
	疾病家族手当	なし	あり
	未亡人家族手当	なし	あり
	主婦手当 （単一賃金手当）	一律10％ 対象は専業主婦のみ	10～30％ 対象を拡大
	初産手当	あり	あり
多子家族優遇策	優先カード	なし	あり
プロパガンダ		なし（計画はあり）	あり

出典：筆者作成

用された諸政策は効果をもった」（ソーヴィ:551）と明言している。「いろいろな形での物的援助は、以来子供が社会に歓迎されている、少なくとも以前と同じ厳しさで拒否されていないという印象を与え」、さらに「社会が子供を以前よりずっと大切にするという集団感情は、物質的援助によって直接には影響されない社会的環境にまで浸透できた」（ソーヴィ:552-553）と述べ、プロパガンダによる影響を示唆している。また、ヴィシー研究者パクストンは、1942年以降の出生率上昇と戦後のベビーブームに触れて、「フランスの大衆は、深層心理においては、家族はより多くの子どもをもつべきだと考えるようになった」と述べ、「このような意識変化が重要であることは、どんなに強調してもしすぎることはない」と、ヴィシー時代に起きた人々の意識の変化を強調している（パクストン:326）。

以上のように、第１章で述べた「子供に無関心な社会」であったフランスが、ヴィシー時代に変化したと指摘する研究者は少なからず存在する。その要因は、ヴィシー政府の家族政策である。そのうち、特に家族給付の拡大や優先カードなどの物質的支援策は効果があったとする研究者は多い。

では、それ以外のプロパガンダ政策は効果があったのか。プロパガンダの効果を正確に測定することは困難である。ただ、家族手当は1932年から法制化され、1938年には県内の最低額も固定され、物質的援助は戦前から存在したにもかかわらず出生率はすぐには上昇しなかった。ヴィシー政府が行った多子家族と母性賛美のプロパガンダは、「子供をもってもよい」と人々に思わせる一つのきっかけとなり、人々の意識を変化させた可能性は高いと考えられる。現金給付のみを当てにして、子供嫌いな人が子をもとうとするとは考えられないからである。家族給付の拡大などの物質的支援とともに、プロパガンダという心理的な施策が有効であったため、ヴィシー時代に実際に出生率が上昇したと考えられる。

なお、人々がヴィシー政府のイデオロギーを全て受け入れていたとは考えられない。ペタン人気も後半には薄れ、特に全土占領後、生活が苦しくなるにつれ、国民はヴィシー政府に批判的になり、レジスタンスやマキに参加する人々も増加した。

ただ、ここで重要なのは、国民革命のスローガンに掲げた「労働、家族、祖国」というフランスの伝統的な諸価値そのものに反対する人は少なかったという事実である。レジスタンスに身を投じたカトリック信者もこれらの諸価値には反対ではなかった（渡辺 1998:86）。イギリスの詩人 T·S. エリオットも、ヴィシー政府に対する敵対心は明らかにしたが、ヴィシー政府の「労働、家族、祖国」は「永続的な価値をもっている」と記している（トドロフ:281）。次章で後述するが、「レジスタンスの英雄」ドゴールでさえも、これらに好意的な評価を行っている。したがって、この中でも特に「家族」に関しては、家族給付を増額・拡大して家族を保護するヴィシー政府の態度に反対する意見は少なかったと考えられる。

確かにヴィシー政府が行った家族政策は抑圧的なものもあり、現在は許されない施策も多く、それらに対する批判はもっともである。が、これらの抑圧的な政策は、程度の差はあれ、ヴィシー政府が起源ではなく、第三共和制期から始まっていた。ヴィシー政府の家族政策及びその背後にある思想は、第三共和制期から継続しており、明らかな「連続性」が存在する。そして、それは戦後も継続されていく。

1）　正式には「非占領地区」だが、フランス人は「自由地区」と呼んだ。ドイツ軍は自由地区の名称を歓迎しなかった。

2）　支払いは10日ごとの前払いとされた。これはフランスの兵士1000万人を養い得る額である。占領費は、1941年6月に3億フランに減額されるが、フランス全土が占領された1942年11月からは5億フランに増額された（渡辺1994:78, 257（注53））。

3）　レノーを含む27名の議員は、船で植民地アルジェリアに亡命を図ったが、船上で逮捕され収監された。また、72名の共産党議員は、1940年1月にダラディエ内閣によって議員資格を剥奪されていた（パクストン:51）。

4）　JO, 11 juillet 1940:4513.

5）　この時賛成票を投じた議員は戦後、長期にわたって批判されることになる。

6）　CAC, 860269 1, Lettre du 22 mars 1963 de Rachine à Mauco.

7）　Acte constitutionnel No. 2. JO, 12 juillet 1940:4517-4518.

8）　ただし、「多元的な独裁」（ホフマン:21）という形容矛盾の言葉で形容されるように、ペタン政権の内実は複雑であり、ファシズム的独裁とはいえない。

9）　Acte constitutionnel No. 3. JO, 12 juillet 1940:4518. 1940年10月に県議会も廃止され、任命制の「行政委員会」となり、市町村も同様のシステムが導入された（渡辺1994:75）。

10）　ダルランは、1940年7月3日にアルジェリアで起きたメル＝セル＝ケビル事件（仏植民地アルジェリアに停泊していたフランス艦隊がドイツの手にわたることを恐れた英海軍がフランス艦隊を壊滅した事件。仏海軍死者約1300名）に激怒し、かつての同盟国を攻撃したイギリスに不信感をもっていた。この「ダルランのヴィシー」期に、ユダヤ人迫害や仏植民地のドイツ軍使用などの対独協力が進められた。ダルランは副首相解任後の1942年11月に病気の息子を見舞うためアルジェリアに行き、そこで連合国軍の北アフリカ上陸作戦に関与し、北アフリカにおけるフランス代表者として連合国軍と停戦協定を結んだ。が、1か月後レジスタンス派の青年に暗殺された。ダルランの地位を引き継いだのが、アメリカの後ろ盾をもつジロー Henri Giraud 将軍である。

11）　JO, 11 juillet 1940:4513.

12）　英軍はフランス敗北直後から、かつての同盟国フランスに対して攻撃を仕掛けていた。特にフランス北部の軍港や鉄道施設や工業施設（ドイツ軍の飛行機や軍需用品を作っていた）を中心に空襲を行い、1942年から激しさを増した。パリ空襲は1943年から始まった（デフラーヌ:143-144）。

13）　JO, 13 juillet 1940:4521-4522. この時点では官報に「青年・家族省」と記載されており、「青年」の方が先になっているが、この後の官報では全て「家族」が先に来ているので、本書では「家族・青年省」で統一する。

14）　JO, 29 juillet 1940:4591.

15）　JO, 7 septembre 1940:4917-4918. 内務大臣はペルートン Peyrouton（在1940.9-1941.2）。

16） JO, 11 septembre 1940：4958.

17） JO, 19 septembre 1940：5060.

18） JO, 13 octobre 1940：5275. 具体的な額などの修正は1940年11月18日の法律で定められた。JO, 19 novembre 1940：5715-5716.

19） JO, 20 novembre 1940：5742-5743.

20） JO, 25 février 1941：891. なお、官報ではヴィシー時代の全ての省は最初 secrétariat d'État と表記されている。この訳語は「閣外省」が一般的で、大臣も「閣外大臣」と訳すことが多いが、後には「Ministère」と表記されることから、本書では「省」「大臣」と訳す。ただし、「家族・健康庁」は常に厚生省の下の Secrétariat d'État と表記されるため、本書では省の下である「庁」と訳す。

21） JO, 29 avril 1941：1822.

22） JO, 7 juin 1941：2358.

23） JO, 19 juillet 1941：3043.

24） AN, 2 AG 605 cm 19 E, Séances du Comité consultatif de la famille.

25） JO, 9 septembre 1941：3830-3831. なお、この家族委員会のメンバーは、ルノーダンを委員長に任命するデクレが同日の官報に掲載された（JO, 9 septembre 1941：3846）以外、官報には掲載されておらず、官報では正確なメンバーは確認できなかった。

26） JO, 19 avril 1942：1496. Olivier：281.

27） JO, 19 mai 1942：1814.

28） JO, 8 septembre 1942：3057-3058.

29） JO, 27 mars 1943：882.

30） JO, 28 août 1943：2261.

31） JO, 11 août 1944：2024.

32） JO, 5 décembre 1941：5251.

33） たとえば、著書においてカレルは、「精神異常や精神薄弱が増えることは防止しなければならない」、「隠れた遺伝的欠陥に悩んでいる人とは、誰も結婚すべきではない」などと主張している（カレル：322-323）。

34） JO, 1er février 1942：450-451.

35） JO, 20 décembre 1941：5466-5467.

36） JO, 6 janvier 1942：91.

37） JO, 27 octobre 1940：5447.

38） ポラードによれば、ヴィシー政府がこのような政策を採用した理由は、ペタン主義者たちが、家父長主義と関連づけて「男らしさを保持する」ために「労働者は男性でなければならない」と考えたからである。それは、敗戦によって傷つけられた「男らしさ masculinity」の早急の回復のためであった（Pollard：3-6, 73）。

39） JO, 13 septembre 1942：3122.

40） JO, 2 février 1944：358-359.

41） JO, 13 avril 1942：1587-1588.

42） この時、婚姻が破綻した場合、一定の法的手続きを経て裁判所から許可を得た上で認められる「別居 séparation du corps」が併設された。

43)　ナポレオン法典における離婚の条件として女性にのみ年齢の上限があるのは、子供のいない夫婦の場合は、離婚して相手を変えて子を作るべきという考えが背景にあったからと考えられる。ナポレオン・ボナパルトは1809年末、「子供ができない」という理由で13年連れ添った6歳年上の妻ジョゼフィーヌと離婚した。

44)　保守派の反対理由は、離婚手続きを容易にすると「道徳秩序が崩壊する」ということの他に、「別居」を選択すれば離婚は必要ないというものや、別居は女性に有利な制度であるのに対して、離婚は男性により有利な制度であるため、民主主義社会においては強者よりも弱者の保護を図るべきという意見もあった（ラボー:242)。

45)　この点が、ナチス・ドイツの人口政策と最も異なる点である。ナチス・ドイツは独身であっても親衛隊員の子作りを奨励し、「人種的エリート」の子を妊娠した場合は、未婚女性であっても出産を支援した（ボック:274)。なお、その一方で、ヴィシー政府は不義によって生まれた子を嫡出子と認める1941年9月14日の法律（通称「庭師の法」）によって民法の改正を行った。これは結婚制度を保護するヴィシー政府の態度と矛盾するもので、子供（非嫡出子）の保護という観点からかもしれないが、当時の国民革命支持者に衝撃と困惑を与えた（Pollard:64-65)。

46)　JO, 7 mars 1942:938.

47)　JO, 10 septembre 1941:3850, 3857.

48)　一件は、シャブロル Claude Chabrol 監督の映画『主婦マリーがしたこと』（原題 *Une affaire de femmes* 1989年公開）およびその原作（スピネル原著1986）のモデルとなった39歳のシェルブールの女性である。27件の堕胎を行った罪（うち1人は彼女の処置が原因で死亡）で1943年6月8日に死刑が宣告され、同年7月30日に執行された。もう一件は、堕胎罪で前科2犯のある46歳の男性で、3件の堕胎を行った罪と、常に堕胎用の道具を持ち歩いていたことから職業的に堕胎を行っていたとして1943年8月12日に死刑が宣告され、同年10月22日に執行された（Olivier:191, Pollard:179-181)。

49)　徒刑 travaux forcés は懲役の強制労働より厳しい労働を科す刑罰。1950年に有期徒刑が、1960年に無期徒刑が廃止された（ステファニほか:308-309)。

50)　前述の死刑宣告された堕胎屋の女性は、匿名の密告によって逮捕され、その後、夫が積極的に警察に協力している（スピネル:115-126)。

51)　ヴィシー政府の堕胎に対する態度を厳しく批判する研究者ポラードやオリヴィエらは、戦後の堕胎有罪数の増加については何も論考していない。

52)　JO, 9 avril 1941:1522-1523.

53)　JO, 14 et 15 septembre 1942:3138-3139.

54)　JO, 11 avril 1941:1555.

55)　JO, 29 novembre 1941:5141. なお、この法律は、官報の表題では「法律」となっているが、第3条の条文中では「デクレ」と表記している。そのため、「1941年11月17日のデクレ」と呼ぶ研究者もいるが、本論では表題に従って法律とする。

56)　ポラードは、フェミニストの立場から性別役割分業の強制や私的領域への介入といった観点でヴィシー政府の女性政策全般を批判しているが、家族給付についてはもっと高額の給付、すなわち国家の介入をより多く求めているようであり、矛盾している。

57)　JO, 15 août 1940:4704.

58) JO, 15 août 1940：4766.

59) JO, 2 juillet 1941：2774.

60) AN, 2 AG 605 cm 19 E, Famille divers, Code de la Famille, compte-rendu de Famille-Santé-Jeunesse, 11 octobre 1940.

61) AN, 2 AG 605 cm 19 E, Famille divers, Code de la Famille, compte-rendu de Famille-Santé-Jeunesse, semaine du 21 novembre au 28 novembre 1940.

62) JO, 21 septembre 1941：4054-4056.

63) JO, 21 février 1941：834.

64) JO, 31 décembre 1942：4246-4247.

65) AN, 2 AG 498, cc 79, Note d'information, 'La campagne de propagande en faveur de la famille'.（日付なし）

66) たとえば、1941年11月15日から25日にかけて、*Le Petit Parisien, Le Matin, Le Journal, Le Petit Journal* などの主要新聞（1936年の発行部数は合わせて約246万部（渡辺 2003：127-129））をはじめ、その他に夕刊紙 *Paris-Soir, Les Nouveau Temps* や、左翼の急進社会党左派新聞 *L'oeuvre*、右派カトリック系夕刊 *La Croix*、経済専門紙 *La vie industrielle*、左翼系週刊誌 *l'Atelier* など幅広く掲載された。AN, 2 AG 498 cc 79.

67) AN, 2 AG 498 cc 79, Concours-referendum national sur les causes de la dénatalité. この賞金にも「未成年の子が２人以上いる場合は5000フラン追加」など複数の子をもつ家族への優遇があった。

68) 'Les berceaux sauveront la France' *Le Matin*, 18 novembre 1941.

69) AN, 2 AG 498 cc 79, Plan d'utilisation de la radiodiffusion nationale pour la mise en application du plan de propagande en faveur de la reconstruction de la Famille française.

70) AN, 2 AG 459, Note pour M. le Directeur du Cabinet Civil du chef de l'Etat.

71) AN, 2 AG 498 cc 79, Projet de concours pour un film à intrigue de long métrage exaltant le thème de la famille française. Comité d'organisation de l'industrie cinématographique, le 17 octobre 1941. Concours national du meilleur film d'amateur 16 m/m de thème familial.

72) AN, 2 AG 498 cc79, Presse.

73) AN, 2 AG 459, Note pour M. le Directeur du Cabint Civil du Chef de l'Etat：２.

74) '"La dénatalité, Fléau national va être combattre" déclare le Dr. Huard', *Le Matin*, 18 septembre 1941.

75) André Rousseaux, 'Les vraies elites', *Le Figaro*, 25 septembre 1941.

76) Th. Gouin, 'La famille est en danger! La repopulation est, pour notre pays, une question vitale', *La France de Bordeaux*, 11 octobre 1941.

77) René Blondel, 'La nécessité du salaire familial', *La vie industrielle*, 1er novembre 1941.

78) *Vrai*, 15 octobre 1941, 1.

79) *Votre Beauté*, octobre 1941, Numéro Spécial 107, 'Femme, Famille, France', 'D'abord, votre famille...'.

80) 'Alerte à la famille!', *Le petit écho de la mode*, 12 octobre 1941, 41.

81) AN, 2 AG 498 cc 79 bis, Tracts.

82）　*La vie en fleur*, (CGF, 1943), quoted in Jennings：109, 123-124.

83）　AN, 2 AG 498 cc 79 bis, Triptyque tricolore, *'Toi qui veux rebâtir la France, Donne lui d'abord des ENFANTS', 'Donner la vie, Engendre LA JOIE',' LA FAMILLE, Fruit du passé, germe de l'avenir'*.

84）　JO, 12 mars 1942：1005.

85）　ジャンヌ・ダルクはイギリスに殺された少女というイメージから、ドイツ軍からはフランス人の反英感情を掻き立てるのに役立つと判断され、ジャンヌ礼賛は禁止されなかった。1941年５月にはパリで、翌1942年５月にはフランス全土で「ジャンヌ・ダルク祭典」が開催された（渡辺1994:170-171）。

86）　ジャンヌ・ダルク研究者の高山は、ジャンヌは兄３人と妹１人をもつ５人きょうだいの第四子としている（高山:82-83）。

87）　AN, 2 AG 605, une lettre au Maréchal, le 29 avril 1941.

第8章　臨時政府の家族政策（1944－1946年）

本章では、1944年8月のパリ解放から、第四共和制へ移行する1946年12月までを対象とし、第二次大戦後の臨時政府が採用した家族政策について、特にヴィシー時代との比較の観点から検証する。臨時政府は、ヴィシー政府の正統性を批判しつつも、家族政策の領域ではヴィシー政府の政策をほぼ継続した。

また、臨時政府は社会保障制度の確立を推進し、家族政策で中心的な位置を占める家族給付制度は、社会保障制度の一部門に組み込まれた。その際、「家族手当金庫の分離独立」をめぐって激しい政党対立が起きたことは、政治史研究や社会保障研究では取り上げられるが、家族手当・家族政策研究ではあまり取り上げられない。これは、19世紀末以降、家族政策に関しては左右対立がほとんどなかったフランスにおいて、初めてといっていいほどの激しい政治対立であり、注目に値する。こうした対立がなぜ起こったのかを確認しつつ、戦後の臨時政府が採用した家族政策を実証的に検証する。

第1節では、臨時政府成立と第四共和制憲法が成立するまでの政治過程を概観し、第2節では、家族政策に関する臨時政府内での対立する態度を確認し、新たに設立された家族政策の実行機関を検証する。

第3節では、社会保障制度確立の過程で起きた家族手当金庫をめぐる政治的対立と、新たに整備された家族給付について検証する。

第4節では、家族給付以外の家族政策を確認し、第5節では、家族政策に関わった人材の人的連続性や思想の連続性を検証する。

第6節では、家族政策に関与した政府外の組織の連続性について検証する。

第1節　臨時政府の成立と憲法制定

1．レジスタンス組織と解放

第二次大戦中最も早い時期から抵抗を呼びかけ、フランスを解放に導いた「レジスタンスの英雄」ドゴールは、レジスタンスの功績を政治権力の正統性の最大の根拠として、戦後の政治指導者として1944年8月から1946年1月まで首相を務めた（以下、中木:141-160、ミュラシオル:48-75、渡辺 1994:212-232）。ドゴールは、第7章で見たように、1940年6月にレノーが兼職した国防大臣の下で国防省次官に任命されたが、その直後に休戦派のペタンが首相となりドイツに降伏を申し入れたことを不満に思い、ロンドンに亡命して徹底抗戦を呼びかけた。ドゴールはロンドンで「自由フランス」を組織し、その代表としてレジスタンスを指導した。フランス国内には初期レジスタンス組織が多数存在し、連携もなく各地でばらばらに活動していた。主な諸派は、ロンドンを拠点とする「自由フランス」、共産党を筆頭とする国内レジスタンス諸派、仏植民地アルジェリアの首都アルジェを拠点とするジロー派である。当初ドゴールは無名で、英米はジローをフランス代表と見なしていた。国内で分散していた諸組織を、ドゴール派のムーラン Jean Moulin が努力の末にまとめた[1]。ムーランの呼びかけで、1943年5月27日に、国内の主なレジスタンス組織の代表者17名がパリに集まり、統一に向けての会議を開催した[2]。これにより発足したのが、国内レジスタンスの統一組織「全国抵抗評議会 Conseil national de la Résistance（CNR）」（以下 CNR）である。この時 CNR は、将来ドゴールを議長とする臨時政府の樹立と、ドゴールがレジスタンス唯一の指導者であることを確認した。以後 CNR はフランス解放と、解放後のフランス再建策を検討する。ドゴール自身は強固な反共思想の持ち主であったが、CNR 内は共産党色が強かった。

ドゴールは1943年5月30日にアルジェに渡ってジローと会談し、6月3日に「フランス国民解放委員会 Comité français de la Libération nationale（CFLN）」（以下 CFLN）を組織した。CFLN は声明を発表し、自らを「フランスの中央政府」として、今後戦争を指導し、解放後は共和国再建を目指すと宣言した。CFLN の議長はドゴールとジローの2名と決定した。1944年6月3日に、CFLN は「フランス共和国臨時政府 gouvernement provisoire de la République française」と名称を変更し、同時に、将来フランスが解放され、選挙による正式な議会が成立するまでの暫定議会として「臨時諮問議会」を設立した。議会審議も行われ、解放後を見据えたさまざまな法令が公布された。1943年11月にはジローを排除し、名実ともにドゴールが唯一のフランス代表となった。

こうして統一レジスタンス内に、CNR とCFLN という二つの組織が成立した。CNR の評議員は互選で選出され、CFLN が設立した臨時諮問議会の議員の大半は CNR の指名で決定した。ドゴールは、CNR は CFLN で決定したことをフランス国内に適用する執行部と考えていたが、CNR は自らが将来の政府になると考えており、対立が存在した。

6月6日にノルマンディー上陸作戦が開始され、レジスタンス傘下のフランス国内軍はそれに呼応して各地で軍事行動を展開し、連合国軍の進撃を助けるとともに、各地の解放を推進し、8月25日にパリを解放した。この時ドゴールは、パリ市庁舎で解放の演説を行い、「共和国はいまだかつて存在をやめたことがない。（中略）ヴィシーは常に無効であったし、いまも無効である」（ドゴール1966:144）と述べ、ヴィシー政府の正統性を明確に否定した。同時に「私こそが共和国政府の首班である」と宣言し、ドゴールはレジスタンス指導者から中央政府首班へと自らを転換した。これらのことは解放に先立つ8月9日のオルドナンスによってすでに宣言されており、ヴィシー政府が発布した法令を原則的に全て無効とする措置を取っていた[3)]。ドゴール及び臨時政府は、ヴィシー政府の正統性を否定し、共和国との「断絶」を強調した。これが後にレジスタンス神話とヴィシー・バイアスを作り出す元となる。

8月31日に臨時政府はアルジェからパリに移り、ドゴールは9月10日に改めて臨時政府首相として組閣を行った。この時入閣したのは、レジスタンス指導者と既成政党の代表が中心である（後述）。

なお、解放の混乱期、ヴィシー政府やドイツ軍協力者には、民間人による逮捕やリンチや処刑などの「粛清」が行われた。裁判なしで処刑された人数は約9000人といわれ、正規の裁判にかけられたのは12万4613人である。そのうち76％が有罪となり、約1600人が処刑された。有期刑となったのは4万4000人以上で、公務員は約2万8000人が罷免された（パクストン:303-304）。ヴィシー政府の閣僚全員とその他に関与した政府高官計108名が裁判にかけられ、ペタンとラヴァルを含む８名に死刑判決が出た（うち５名は減刑）。ペタンは高齢を理由に終身禁固刑に減刑され、1951年に流刑先のユー島で死亡した。ラヴァルは被告人も弁護人もいない欠席裁判で1945年10月９日に死刑判決が下り、10月15日に処刑された。[4)]

ヴィシー政府の家族政策に関与した大臣クラスの政治家は、イバルネガレ、ユアール、シュヴァリエ、グラセの４名である。1944年に死亡したユアールを除く３名が裁判にかけられたが、実刑判決が出たのはシュヴァリエ１名のみである。シュヴァリエには1945年３月11日に20年の強制労働の判決が出たが、後に減刑された。イバルネガレはレジスタンス参加を理由に執行猶予がつき、グラセはレジスタンス参加を理由に免訴となった（Olivier：279-283）。

このように、全般的にヴィシー政府に関与した政治家は多数「粛清」されたが、家族政策の領域に関してはほとんどそのようなことはなかった。官僚レベルでは、ヴィシー政府に関与した人物は公職追放されることもなく、戦後も同様の職種を引き継いで、同様の仕事を続けた（後述）。

2．臨時政府と憲法制定

1944年９月10日のデクレで首相ドゴールが組閣した内閣は、22名の閣僚のうち８名が第三共和制の議員で、共産党から２名、社会党（SFIO）から３名が入閣した。[5)] この時入閣した共産党員の１人が厚生大臣ビユー François Billoux（在1944.9-1945.11）である。戦後直後は、このビユーの下で、臨時政府の家族政策が推進される（後述）。また、社会保障制度の確立は、新設の労働・社会保障大臣パロディ Alexandre Parodi（在1944.9-1945.11）が、社会保障局長ラロックとともに推進する（後述）。他に、社会党のティクシエ Adrien Tixier（在1944.9-1947.1）が内務大臣となった。

この時期、全国各地にまだレジスタンス諸派が残っており、それらの中央政府への権力委譲という課題が残っていたが、1944年10月にはほぼ全土が解放され、臨時政府の行政機構が全国に確立された。10月23日には、米英ソ連が臨時政府をフランスの正式な唯一の政府として承認した。

前述のように、臨時政府はヴィシー政府の正統性を否定し、「断絶」を強調した。にもかかわらず、家族政策に関しては、臨時政府は早い段階からヴィシー政府の諸施策を継続することを宣言した。1944年10月17日のオルドナンスによって、「フランス国の政府と自称していた事実上の権威のいわゆる法律、デクレ、アレテといった家族手当の領域に関する法律行為を法的に有効とする」（傍点引用者）と定められた[6]。「自称」「事実上の権威」「いわゆる」などのあいまいな表現を使用してはいるが、これはヴィシー政府を正統な政府とは認めないという表れであり、内容はヴィシー政府が実施した家族手当制度を戦後も継続するという宣言である。これは、ドゴールがヴィシー政府の正統性を否定したパリ解放時の演説から2か月も経たないうちのことである。

戦後初めて選挙が行われるのは1945年10月で、それまではCNRが指名したCFLNの議員が臨時政府諮問議会議員として活動した。したがって、解放後約1年間の議会と内閣は、正式な選挙を経て国民の承認を得たものではない。臨時政府の最大の正統性はレジスタンス参加、すなわちヴィシー政府に敵対していたことである。だからこそ、臨時政府はヴィシー政府との「断絶」を強調する必要があった。にもかかわらず、家族手当の領域に関してはヴィシー政府のものを継続すると宣言したということは、そこに積極的な理由が存在すると考えられる。家族手当以外の家族政策に関しても、正式な議会選挙が行われる前の1945年4月から主に組織編成の面で積極的に開始された（後述）。戦後の臨時政府が家族政策全体を積極的に推進し、ヴィシー政府の施策を継続したことは明白な事実である。

ここで、戦後の制憲議会選挙と第四共和制憲法制定の過程を概観する（以下、中木:162-182、渡辺ほか:150-152）。

ドゴールは、解放後1946年1月に辞任するまで約1年5か月首相を務めた（無所属、在1944.9-1945.11, 1945.11-1946.1）。臨時政府最初の選挙は、1945年10月21日に、第三共和制存続の是非を問う国民投票と、憲法制定議会総選挙の2種類が行われ、この時初めて女性参政権が認められた。選挙の結果、第三共和制の存続は96%の圧倒的多数で否定され、第三共和制憲法の失効・無効化が決定した。制憲議会は、レジスタンス活動を権力資源とした三党、すなわち「銃殺された7万人の党」をスローガンにした共産党[7]、レジスタンス参加者を中心に再建された社会党（SFIO）[8]、カトリック系レジスタンス活動家が新たに結成しドゴール派に近いと考えられていたMRP（Mouvement Républicain Populaire 人民共和運動）[9]が全議席の8割を占めた。その内訳は、第一党が共産党で159議席（得票率26%）、第二党は150議席（得票率25%）を獲得したMRP、第三党は146議席（得票率24%）を獲得した再編社会党である。第三共和制への復帰を主張した急進社会党は惨敗し、その地位は著しく後退した。この時、第三共和制の議員たちは、1940年7月のペタンへの全権委任に賛成票を投じたかどうかが厳しく問われ（一種のレジスタンス活動と見なされた）、レジスタンスに参加していたかどうかが戦後政治の正統性を決める決定的な権力資源となった。この選挙結果を踏まえ、1945年11月13日にドゴールが全会一致で臨時政府首相に指名され、11月21日に三党による連立政府が発足し、制憲議会による第四共和制憲法の作成が進められた。

が、当初からドゴールと諸政党との対立及び政党間の対立は明らかであった。第一党となった共産党は、組閣の際、外務・内務・国防の主要3ポストを含む全閣僚の3分の1のポストを要求し、これはドゴールに拒絶されるが、共産党書記長のトレーズ Maurice Thorez を副首相格の国務大臣として入閣させた他、前厚生大臣ビユーを国民経済大臣に、CGT 系議員クロワザ Ambroise Croizat（共産党、在1945.11-1946.1）を労働大臣にするなど、軍備大臣とともに4人の共産党員を入閣させた[10]。このように共産党の影響の大きい政府として出発したドゴールの三党連立内閣は、社会保障制度の確立を進める（後述）。この時社会保障を担当する労働大臣となったクロワザは、その後内閣が交代しても、第四共和制になっても共産党が政権から離れるまでの間、一時期を除きずっと労働・社会保障大臣を務め（在1946.1-1946.12.16、1947.1.22-1947.5）、約1年半にわたって戦後の社会保障制度の確立を推進した。

なお、この時の組閣で厚生省が廃止され、代わりに「人口省 Ministère de la population」が新設され、初代人口大臣には CFTC 系活動家プリジャン（MRP、在1945.11-1946.1）が任命された（後述）。

当初から対立のあったこの三党連立内閣は、発足1か月後の12月の議会で、社会党が政府の軍事予算に反対の立場を示したため、政党政治への不信をもつドゴールと、立法権の優位を主張する諸政党との対立が決定的になった。軍事予算には妥協案が成立するが、第三共和制の欠点であった議会における政党政治の混乱に再び陥ったと見たドゴールは、1946年1月20日に突如辞任する。後任に社会党のグーアン Félix Gouin が首相（在1946.1-1945.6）となり、「ドゴールなき三党体制」が始まった。

憲法制定に関しては、最初の憲法草案が国民投票で否決され、二度目の国民投票でやっと可決された。最初の憲法草案は、共産党と社会党の左派政党の意向を強く反映した内容で、議会は一院制、大統領の権限弱体化（首相指名権の廃止など）を定めたものであった。これは1946年5月5日の国民投票で、投票率81％、賛成47％、反対53％で否決される。

これを受けて、6月2日に新たな制憲議会選挙が行われ、その結果、反共産党票を集めたMRP が166議席（得票率28％）を獲得して第一党となり、153議席（得票率26％）の共産党と、128議席（得票率21％）の社会党は前回より議席を減らした。MRP の議長ビドー Georges-Augustin Bidault（MRP、在1946.6-1946.12）が首相となり、MRP 主導の新たな三党連立内閣を組閣し、第二次憲法草案作成に当たった。その内容は、三党妥協の産物となり、二院制議会、大統領の首相指名権復活など、第三共和制憲法と近い内容になった。1946年10月13日に第二次憲法法案への国民投票が行われ、投票率69％、賛成54％、反対46％という圧倒的多数とは言いがたい結果で可決され、10月27日に第四共和制憲法として公布された[11)]。

新憲法に基づく国民議会選挙が11月10日に行われ、共産党が182議席（得票率29％）を獲得して第一党に返り咲き、MRP は166議席（得票率26％）で第二党となり、社会党は102議席（得票率18％）であった。ブルム暫定内閣（1946.12.16-1947.1.22）を経て、第四共和制最初の首相は、社会党のラマディエ Paul Ramadier（在1947.1-1947.11）となった。

以上見たように、本章で扱う時期は約2年3か月と短期間ではあるが、戦後の混乱もあって政党対立の激しい時期であった。後述するが、家族政策に関しては、家族手当金庫をめぐる対立は存在したものの、家族政策を継続するという方針は一貫していた。しかし、そこには、ヴィシー時代の「国民革命」や「家族」に関する思想に対する反感が全くなかったわけではない。

第２節　臨時政府における家族政策に関する合意

１．ドゴールの家族政策に関する思想

ドゴールは人口問題に関心をもっていた。ロベール・ドブレは、レジスタンス時代にドゴールが来客たちと人口問題について話し合った際、来客たちの関心の薄さや、第三共和制期の出産奨励主義者たちの努力に対して来客たちが示す懐疑主義に驚いていたことを記している（Debré:605）。また、戦後1945年３月２日の演説で、ドゴールは人口に関して次のように述べている。

> フランスは人間が不足している。そしてこの恐るべき欠乏は単に数についてのみでなく、質についても感じさせる。まさしくこの点に、わが国の不幸の根深い原因が、またわが国の再建を妨げる主要な障害がある。（中略）フランスの人口がもはや増加しないということが決定的に確実になれば、その時フランスはもはや消えゆく光にすぎない（傍点引用者、ドゴール1960:282、訳文変更あり）。

フランス人がいなくなればフランスは消えてしまうという見解は、第一次大戦後の首相クレマンソーと同じものである。戦争で多大な犠牲を出した直後の政治指導者として、国家再建のために人口増加を考えるのは当然かもしれない。それは、第二次大戦のフランス敗北後のヴィシー政府の首班ペタンも同様である。ただ、ドゴール独自の見解として、フランスは偉大でなくてはならず、その偉大さには人口の多さも含まれていた。また、ここで注目すべき点は、ドゴールは人材の量のみでなく質の不足についても言及している点である。これは、第７章で見た優生学的思想をもつヴィシー政府設立のカレル財団と似た主張である。続けてドゴールはいう。

> これからの10年間にフランスが必要とする1200万の赤ん坊を誕生させるために、また乳幼児の死亡率と発病率の嘆かわしい高さを引き下げるために、フランス国民の中に相当数のすぐれた移民を導入するために、いま大規模な計画を作成中である。国の生死にかかわる神聖な成果をぜひとも達成するために、この計画にしたがって、ある人たちには利益が付与され、また他のある人たちには犠牲が課されるであろう（傍点引用者、ドゴール1960:282、訳文変更あり）。

ここでいう「10年間で1200万の出産」を実現させるための「大規模な計画」

とは、出産奨励策を含む家族政策であることは明白で、ドゴールはそれを「国の生死にかかわる」問題として非常に重視している。1944年のフランスの出生数は約62万であり、相当の出産増加を目指していることが分かる。また、ドゴールは「移民の導入」にも触れているが、人口増加のための手段としてまず挙げているのは出産増加で、導入を考えているのも「すぐれた移民」であり、選別移民の考えが見てとれる。

ドゴールは、1941年1月9日の時点では、ヴィシー政府は「いわゆる国民革命を遂行するという口実で、多くの国民の権利と自由を蹂躙している」と述べ（モーリヤック:130-131、訳文変更あり）、国民革命を批判していた。しかし、『大戦回顧録』においてドゴールは、「『国民革命』の社会理論―協同組織組合・労働憲章・家族の特権―には魅力がなくもない観念が含まれていた」（傍点引用者、ドゴール1960:93）と述べ、やや慎重な言い回しではあるが、国民革命の観念の一部を評価している。「家族の特権」とは、ヴィシー政府が実行した家族給付の拡大や多子家族優遇策などの家族政策のことであると考えられる。ドゴールが、ヴィシー政府の家族政策とその背後にある観念を、全面的にではないかもしれないが、評価していることは確かである。さらに、ドゴールは家族手当の有効性を確信している。

> 完全な家族手当体系が実施される。国が家族に対して、子供の数に応じた扶助料を与え、この扶助料は子供の一人一人について出生の徴候の表れた日から自分で生活必需品を賄い得るようになる日まで継続される。この事実ゆえに、フランスの出生率は立ち直りを見せることになる（傍点引用者、ドゴール1960:95）。

ドゴールは、「子供数に応じた扶助料」すなわち家族手当の累進的増額を肯定し、そのような家族手当が出生率上昇に有効であると断言している。

以上から、ドゴールはヴィシー政府と異なり移民の受入れも検討しているが、人口増加にはまず出産増加を考えており、その有効な手段として家族手当を考えていたことが分かる。

2．CFLN と臨時政府内における家族政策に関する合意と対立

臨時政府は、1944年10月17日のオルドナンスによって、ヴィシー政府の家族手当制度を継続するとし、同時に家族手当の増額も決定した。1944年9月1日

から半年間、子供が２人または３人いる場合は県平均賃金の80％（ヴィシー時代は第二子に10％、第三子には20％追加）、４人以上の子がいる場合は50％追加（ヴィシー時代は30％追加）という大幅増額である。これは、戦時中からのインフレと、第７章で見たように、家族手当の基準額となる月額県平均賃金が実際よりも低く固定されていたためである。臨時政府内で家族手当の廃止は全く議論されず、むしろ早急に家族手当を増額すべきと考えられていた。

このような家族手当を容認する思想は、レジスタンス時代から共有されていた。戦後の課題は人口増加であり、それを達成するためには家族手当が有効であるとの認識は、ドゴールのみでなく、臨時政府内で広く共有されていた。それはCNR綱領にも表れている。CNRが1944年３月に採択したCNR綱領は、戦後の社会保障制度の起点となるもので、その内容は共産党色が強く、労働者とその家族の生活水準の保障、すなわち家族手当の必要性が肯定されていた。

同時期のCFLNにおいても同様の見解が存在し、家族手当や家族政策に対する必要性は共有されていた。1944年１月６日のアルジェ議会で、CFLN内で家族政策を扱う「社会問題委員会commissariat aux Affaires sociales」の委員長である社会党のティクシエは、「本質的な努力が、とりわけ子供と家族にもたらされなければならない。この数日私は家族法典を読み直した。それは確かに金字塔である」（傍点引用者）と発言し、家族法典を高く評価した（Rosental: 78）。さすがにヴィシー政府の家族政策については触れていないが、CFLN内では、解放後の人口増加と家族政策の必要性については共有されていた。

ただし、細かく見るなら、CFLN内の家族政策に対する態度には対立する部分もあった。家族主義的な家族政策推進派（主にドゴール派）と、家族主義を排した人口政策推進派（主に共産党）の対立である。この二つを調整したのは折衷案のドブレ派である。以下、この三つを順に見る。

家族主義的な家族政策の計画の存在は、1944年１月作成の「家族政策の将来の方向性に関する覚書」（無記名）において明らかである[12)]。この覚書は具体的な組織の設立とそれらが扱う職務について提案している。この覚書の基本姿勢は、「フランスの人口にとって、人口上の問題は家族を基礎とするべきである」、「出生率の発展は、正式な家族の枠組みにおいてのみ奨励される」（傍点引用者）というように、ヴィシー政府と同様の法的婚姻を前提とした家族主義的なものである。また、「人口政策の発展と家族という細胞の強化は、国家の道徳的・物質的再建の根本的な一条件である」（傍点引用者）というヴィシー政府の主張とよく似た表現も見られる。この覚書で設立を提案された組織は、「人口に関する大臣間委員会 Comité interministériel de la population」と、その諮問機関である「人口上級評議会 Conseil supérieur de la population」と、大臣間委員会の事務局「人口高等委員長 Haut-Commissaire à la population」である。これらは、いずれも名称に「家族」を追加して後に実際に設立される（後述）。そのため、この覚書は無記名ではあるが、家族政策の実務に詳しい人物が作成したと考えられる。人口政策研究者ローゼンタールは、この作成者を、第三共和制末期からヴィシー時代にかけて家族政策の実務に関わった官僚ドゥーブレではないかと推測している（Rosental:79）。

なお、この覚書において、提案されている組織の名称からいずれも「家族」が排除されている理由は、この覚書自体の中で、1940年以来「家族」という用語によって「家父長的で反動的で宗教的な共鳴によって、たやすく不快にさせられる」経験をしたと述べているように、ヴィシー政府への非難が込められているためである。家族主義的な家族政策を推進しようとしていても、ヴィシー政府に対する批判が全くなかったわけではない。が、提案内容を見ると、人口上級評議会の職務に「社会の害悪との闘い」「民族の改良」といったものが挙げられ、ヴィシー政府の主張とそれほど隔たりはない。何よりこの覚書は、ヴィシー政府が採用した家族政策の諸施策を紹介し、それらを「不十分な方策」と表現している。つまり、ヴィシー政府の家族政策を肯定した上で、まだ不足であるためさらに拡大する必要があると述べている。したがって、前述のヴィシー政府への非難や「家族」という用語の排除は、ヴィシー政府と同じ家族政策を継続すべきと主張する際の言い訳のようなものであるとも考えられる。

一方、共産党の考える家族政策の計画は、1943年４月からCFLNの社会問題委員会の委員長となったビユーが1944年５月に設立した「人口の保持と発展に関する諸問題研究委員会 Comité d'études des questions relatives à la préservation et au développement de la population」（以下、人口研究委員会）の目的において明らかである。ビユーは共産党員として国内でレジスタンス活動を行っていたが、1944年３月にCFLNに参加し、同年４月からティクシエの後を継いでCFLNの社会問題委員長となり、公衆衛生や人口に関する問題を扱った。ビユーは人口問題に強い関心を持っており、社会問題委員長の権限で、5月に人口研究委員会を新設した（Rosental:78-82）。

1944年5月4日付のビユーへのインタビューによると[13]、「栄養失調は恐ろしい荒廃を作り出す。フランスから届くあらゆる情報が、貧血と結核が人口全体を襲い、特に子供たちに対して恐ろしいほど蔓延していることを我々に知らせる」、「解放の暁には、人口の大部分が病人と障害者から構成されているのを見出すだろう」と述べ、栄養不足や感染症や衛生問題について懸念している。人口研究委員会については、「この委員会は、解放の翌日には、人口の保持と発展という全体的な計画を準備する任務を負っている」（傍点引用者）と述べ、人口増加が目的であることを明言している。さらにビユーは、具体的にこの委員会が研究すべきものとして以下のものを挙げる。保健、出生率、住居と都市化と公衆衛生、野外の生活（特にスポーツやバカンス）、人口の新たな流入と帰化、社会保険・家族手当・老齢労働者年金である。つまり、この委員会は、公衆衛生や社会保障などの社会政策に重点が置かれているが、出生率や家族手当も挙げ、人口増加の必要性と家族手当の有効性を明確に肯定している。

が、前述の覚書と比べると、ビユーの計画は、家族手当や出生率をそれほど強調していない。委員会の名称にも「家族」が冠されておらず、家族手当以外に家族主義的な内容は含んでいない。後述するが、ビユーは後に議会審議で、「家族」という用語は多くの問題を引き起こすのでこの言葉を好まないと発言している。そのため、ビユーの計画では家族という用語はほとんど使用されていない。この違いが、後の社会保障制度確立の際の対立につながっていくと考えられる。

ここで、同時期に進められていた社会保障制度における家族給付の位置づけを確認する。詳細は後で見るが、社会保障計画案は1944年10月からラロックを中心に作成が進められ、当初から家族給付は社会保障制度に組み込まれることが決定していた。ラロックは、社会保障制度の基礎を確立する際に、家族手当の現行の制度は地域差や職種による差が激しすぎ、これは「容認し難い不平等」であり、早急に改革すべきであるという見解をもっていた（Laroque 1946: 9-10）。また、ラロックは、「社会保障は一人の個人のみの観点から考えることはできないという事実は、いくら強調してもしすぎることはない。社会保障は根本的に家族概念である」（傍点引用者、Laroque 1948:582）と述べ、フランスの立法は「国の全人口に対する家族手当の支給」を供給することに努力すると述べている。社会保障の父と呼ばれるラロックも、家族手当には賛成であり、むしろ現状では不十分と認識していた。

以上から、CNR や CFLN や臨時政府において、現行の家族手当は不十分であるという認識と、戦後も家族政策が必要であるという認識は共有されていたことは確かである。その一方で、家族主義的な家族政策推進派と、家族主義を排した人口政策推進派の二つが存在した。前者はドゴール派と MRP が中心で、後者は共産党が中心である。両者が決定的な対立を避けられたのは、人口問題に関心をもつ医師レジスタンス参加者ロベール・ドブレの尽力によるところが大きい。ドブレは戦前から医学アカデミーのメンバーで、パリ大医学部教授で、近代小児医学の創設者として有名であった。1942年末から国内のレジスタンスに参加し、1943年末にレジスタンス医療委員会で「人口学研究」の報告を行い、1944年1月にアルジェの CFLN に伝えられた（Rosental:84）。これを基にしてドブレは、厚生省と統合した「人口省」の創設を求める覚書を提出した。[14)]

ドブレの覚書によると、今まで人口問題を扱う省は、労働省や内務省、外務省、厚生省、農業省と多すぎてまとまりがなかったが、フランスの人口再建という重要な任務は一つの省が担当すべきであり、人口省が必要であると主張している。また、人口省が扱うべきものは、人口統計、予防医学、治療医学、社会保険、人口と家族、移民と帰化、人口増加であるとし、ドブレは医学を加えることによって公衆衛生や社会政策と「人口と家族」を繋げようとした。これは共産党のビユーの見解に近いが、そこには臨時政府内で対立する共産党と家族主義者との仲介を果たそうとする意思が感じられる。戦前ドブレは都市問題や住居問題についてあまり発言していないことから、ドブレ自身の思想が変化したというより、政治的配慮から共産党が受け入れやすい形で家族政策を保持することを模索した結果と考えられる。ドブレの覚書において、「家族」という用語が控えめにしか使用されていないのも、おそらく共産党への配慮のためである。ドブレの計画は、より抑圧の少ない方法で、公衆衛生など社会政策を整備することによって、結果的に出生率を上昇させることを目指している。これは、戦後における家族政策のニュアンスの変化ともいえる。こうしたドブレの折衷案と仲介があったからこそ、共産党も家族政策を受け入れることができた。

なお、ドブレが対立する共産党とMRPやドゴール派を仲介できた理由は、共産党とドゴール派の両方にパイプをもっていたからである。ドブレは、医師レジスタンスを通じて共産党とも近く、息子ミシェルを通じてドゴール派とも関係が深かった。[15] 戦後ビユーが厚生大臣になった時、ドブレは専門的助言者としてビユーに協力しており（Rosental:84-85）、その関係からINEDの設立にも関わっている（後述）。

以上、CNRとCFLNと臨時政府内における家族政策に関する態度を見た。家族手当増額や家族政策による人口増加には合意が共有されていたが、「家族」に対する態度は異なっており、ニュアンスの差は存在した。

３．臨時政府における家族政策の実行機関

1944年９月に解放後の暫定政府として出発した臨時政府は、1945年10月に戦後最初の議会選挙が行われ、11月に三党連立政府が発足するまでの約１年間、国民の選挙を経ない閣僚によって構成されていた。この間、家族政策を実行したのは、人口問題に関心をもつ共産党の厚生大臣ビユーである。

ビユーは、まず1944年12月26日 のデクレによって、厚生省の権限を拡大した。厚生省は「政府の家族政策を実行する」、「人口の保持と発展に関するあらゆる諸問題に精通する」とし、[16] 家族政策及び人口政策の実行機関は厚生省であることを明確にした。

1945年４月に、ビユーは家族政策の実行機関を三つ設立した。「家族・人口事務局Secrétariat géneral à la Famille et à la Population」、「人口と家族に関する大臣間委員会Comité interministériel de la population et de la famille」、「人口・家族高等諮問委員会（HCCPF）」である。中でも重要な機関は、HCCPFである。これらの設立過程を検証し、ヴィシー時代との組織的連続性と人的連続性を検証する。

なお、これら三つの機関は全て、前述の1944年１月の「家族政策の将来の方向性に関する覚書」で提案された組織と名称も役割もよく似ていることから、

この覚書の提案を基に設立されたと考えられる。

1　家族・人口事務局（1945.4-1945.10）

1945年4月4日のオルドナンスによって、厚生省の管轄下に「家族・人口事務局」が設立され[17]、事務局長にソーヴィが任命された[18]。ソーヴィは第三共和制の人口高等委員会のメンバーで、またヴィシー政府の家族諮問委員会と後の家族上級評議会のメンバーでもあった。厚生大臣ビユーとソーヴィは不仲であり、ソーヴィが事務局長に任命されたのはビユーの意志ではなく、ロベール・ドブレの強い推薦によるものであった（Lévy：78-79）。この家族・人口事務局は、ヴィシー政府の家族委員会を統合すると明記され、家族委員会はこれによって正式に廃止された。

この事務局の目的は、「人口の保持と発展に関するあらゆる問題」に従事し、「関連する全ての省との関係」を打ち立て、「家族の保護と、フランスの人口の質的・量的改良に関わるあらゆる問題の解決を準備し推進する」（傍点引用者）とされた。解放後の政府組織であっても、「家族の保護」と「人口の質的改良」が明記されている点は、注目すべきである。これは、前述のビユーがCFLN内に設立した人口研究委員会の目的、「人口の保持と発展という全体的な計画を準備する」とよく似ている。「人口の質的改良」については、第7章で見たカレル財団との類似性も感じさせる。

この事務局の設立は、厚生省の家族部門に関する予算を審議する1945年2月7日の議会で議論された。この時ビユーは、ヴィシー政府が設立した家族委員会を家族・人口事務局に作り直すべきであると提案した。さらにビユーは、この事務局内に人口学研究所を作り、それをカレル財団と置き換えればよいという意見も述べている。この事務局の目的がカレル財団と似ているのは、こうした思惑があったためである。

ビユーはこの審議において、「家族は他の多くの問題を引き起こす」ので「この言葉を私は好まない」と明言した。しかし、その直後に、「母の日に母親を祝うだけでは十分ではない、または年に一度だけ母親たちに賞状やメダルを授与するだけでは十分ではない」と主張し、「公的な明示的な場で母親に名誉を与えなければならない」、「母親には交通機関の優先を認めるべきである」と提案している。その理由は、7人または8人の子をもつ母親は「フランスの母」

と呼ばれる権利をもっているからであると述べ、他の議員から拍手喝采を浴びている[19]。

また、ビユーは、ヴィシー政府が採用した1942年12月16日の母子の保護に関する法律を評価し、これをさらに改良すべきと主張し、ここから産前手当の必要性を主張している。この産前手当は、後に実際に採用される（後述）。

つまり、共産党員であるビユーは、「家族」という用語を嫌い、ヴィシー政府の家族主義的な思想を批判する一方で、ヴィシー政府の実行した家族政策を評価し、かつヴィシー政府が示した家族政策の背景にある思想を共有している。周囲の議員も共感を示していることから、それはビユーのみでなく、多くの議員が共有しており、ヴィシー時代からの思想の連続性が確認できる。

こうして設立された家族・人口事務局は、特にこれといった活動もしないうちに、わずか半年後の10月19日の厚生省再編に伴って廃止された[20]。ソーヴィは自身が局長を務める事務局の廃止を官報によって知ったとのことで、事前にビユーから連絡を受けていなかった（Sauvy 1981：128）。その理由は、ソーヴィがヴィシー時代に対独協力者であったとする匿名の告発状がビユーに届き、それ以来ビユーはソーヴィに対してあからさまに「敵意ある態度」を見せるようになったからである（Sauvy 1972：176）。レジスタンス参加者のビユーは、ヴィシー政府に敵意をもっていた。ソーヴィによると、ビユーにとって「家族」は何の価値もなく、むしろ「家族」という用語の周辺には、ヴィシー的なものやブルジョワ的道徳の痕跡があるとして批判的に見ていたという（Sauvy 1981：127）。それは、前述のビユーの議会発言にも現れている。しかし、ビユーは「家族」の用語は嫌ったかもしれないが、「母親の賛美」はヴィシー政府と同様の政策をとるべきと考えており、ヴィシー政府への矛盾する感情が見てとれる。

ビユーはもともとこの事務局設立に賛成でなく、近いうちに同様の目的をもつ機関が設立予定であることを理由に、当初からこの事務局の権限をなるべく縮小しようと考えていた（Rosental：91）。ローゼンタールによると、この家族・人口事務局の設立理由は、ドゴール派が共産党員であるビユーを「マークするため」の牽制で、それがソーヴィを事務局長に就任させた理由でもある。それは事務局の名称に、ビユーが嫌った「家族」を「人口」より前に冠したことにも現れているとローゼンタールはいう（Rosental：92-93）。確かに同時期に設立された三機関の名称には、どれも「人口」と「家族」が冠されているが、「家族」が「人口」より前に置かれているのは、この家族・人口事務局のみである。ドゴール派は、レジスタンスへの貢献度から共産党を政府から排除するわけにはいかなかったが、政府内における共産党の力が増大するのを懸念していた。そのため、厚生省内に同様の目的をもつ機関を設立し、共産党員の厚生大臣とは主義・信条の異なる人物をトップに据え、機関の名称には共産党が嫌う「家族」を先に出した。つまり、この時点で共産党とドゴール派の対立は顕在化しつつあったといえる。

なお、わずか半年でのこの事務局の廃止は、家族政策の後退を意味しない。もともとこの事務局はそれほど大きな権限をもたず、同様の役割をもつ組織が直後に設立されたからである。

この事務局が廃止された1か月後、戦後初の選挙を経た後の11月21日の組閣において、厚生省自体が廃止され、代わりに人口省が創設され、厚生省の役割は全て人口省に引き継がれた[21)]。これは、前述のドブレの提案が実際に採用されたもので、初代人口大臣は、MRPのプリジャンである。

プリジャンは、第7章で見たように、ヴィシー政府の家族諮問委員会に参加していたが、後にレジスタンスに参加し、1943年9月からCFLNの「青年・社会問題委員会 Commissions de la Jeunesse et des Affaires sociales」の委員長を務めていた。プリジャンは家族政策に詳しい専門家と見られ、解放後、家族・人口事務局ができるまでの間、家族委員会の活動を監督した(Rosental：68, 301-302,n.64)。選挙後の組閣の際、ドゴールはこの時35歳の旧知のプリジャンに「人口の再建」を依頼し、新設の人口大臣を引き受けるよう要請した(Bethouard / Steck：85)。

人口省の役割は1945年12月24日のデクレによって規定された[22)]。その目的は、「フランス住民の衛生的・社会的保護と、人口の発展・家族・社会相互扶助・子供に関する政府の政策の実行のために、人口大臣は人口計画の諸要素を準備し、(中略) 関連する省の活動を調整する」(傍点引用者)、またその使命を実行するために「人口計画の諸要素の準備と、場合によっては一般的関心をもつ民間団体の参加を伴うようなこの政策の実現に関連する行政活動の調整に責任をもつ」ことである。こうして家族政策は1945年11月以降、人口省の管轄となった。

以後プリジャンは、ドゴール辞任後も、一時中断を挟むが[23]、グーアン内閣、ビドー内閣、第二次ラマディエ内閣の途中までの計２年近く人口大臣または厚生・人口大臣を務めた（在1946.1-1946.12, 1947.5-1947.10.22）。このプリジャンの指揮下で、家族給付の拡大と整備を中心に戦後の家族政策が実行される。

以上から、最終的に家族・人口事務局は半年で廃止されるが、代わりに人口省が誕生し、家族政策の実行機関がなくなったわけでも、家族政策が後退したわけでもない。名称における「家族」は後退したといえるかもしれないが、逆にいうと、CFLN内の覚書において、ヴィシー政府を想起させるからという理由で避けられた「家族」という用語を、臨時政府が厚生省内の公的機関の名称に使用し、しかも「人口」より先に冠したという象徴的意義は大きい。

2　人口と家族に関する大臣間委員会

家族・人口事務局設立８日後の1945年４月12日のデクレによって、「人口と家族に関する大臣間委員会」（以下、大臣間委員会）が設立された[24]。これは、首相のほか、厚生、国民経済、労働・社会保障、内務、農業の５人の大臣で構成される委員会で、目的は「人口と家族に関するあらゆる諸方策の準備と実行において関連する省の活動を指導する」ことである。家族・人口事務局長も会合に参加すると定められたので、1945年10月までソーヴィも参加した。1945年11月に人口省が創設されてからは、人口大臣も参加した。

この大臣間委員会は実際にはあまり活動をしていない。最初の会合は、設立後半年も経った10月８日に開催された。理由は、各省の利害対立が大きく、関連する大臣の協力がなかなか得られなかったためである。最初の会合から欠席者が多く、５人の大臣のうち、国民経済、内務、農業大臣の３名が欠席し、実質的には「骨抜き」の会合であった（Rosental:94）。この大臣間委員会は形式上は継続するが、1964年に再び会合の招集があるまで、1946年以降１度も会合は開催されず、その間活動は行われなかった[25]。したがって、この大臣間委員会は実際にはあまり機能しなかった。

3　人口・家族高等諮問委員会（HCCPF）

1945年４月12日のデクレによって、前述の大臣間委員会と同時に、「人口・家族高等諮問委員会（HCCPF）」が設立された。1945年４月に設立された三機関のうち、最も活発に活動したのはこのHCCPFである。

HCCPFの役割は、「家族の保護、出生率の発展、農村の人口増加、都市の脱集中化、外国人のフランス領土における地位の確立と外国人のフランス国民への統合に関するあらゆる諸方策に関して政府から諮問される」(傍点引用者)こととされた。メンバーは9名である(後述)。

その名称及び役割から、HCCPFは第三共和制末期の人口高等委員会の再建であるとよく指摘される(Pollard:201, Rosental:92, Lévy:78)。名称に「家族」と「諮問」を追加しているが、「高等委員会 Haut comité」という同じ名称から、再建の意志は明らかであるとされる。実際、人口高等委員会の役割と比較すると、「出生率の発展、農村の人口増加、都市の脱集中化、外国人の領土内への侵入・滞在・定着と彼らのフランス国民への統合に関するフランスの政策に関連するさまざまな省によって採用される諸方策の努力を調整することと、その実行に従う」ことであり、ほぼ同じである。違いは、HCCPFは諮問の役割しか持たなかったことである。人口高等委員会は、人口に関する政策の実行と調整の役割をもっていたが、HCCPFはその機能を失った。が、人口高等委員会の持っていた調整と実行の機能は、それぞれ大臣間委員会と家族・人口事務局へ分割譲渡されている。つまり、人口高等委員会がもっていた権限を、戦後三つに分割したということであり、これが同時期に似た役割と名称をもつ機関が複数設立された理由である。つまり、規定上は、HCCPFは大臣間委員会の補完機関である。

補完的諮問機関とはいえ、1945年4月に設立された三機関のうち、最も活発かつ最も長期間活動を続けたのは、このHCCPFである。1985年10月に「人口・家族高等評議会(HCPF)」に改編されるまで継続した[26]。HCCPFを人口高等委員会からの継続とするなら、第7章で見たように、人口高等委員会はヴィシー政府の家族諮問委員会と家族上級評議会に吸収されたため、第三共和制からヴィシー時代を経て戦後までの連続性が存在する。

HCCPFの最初の会合は、1945年4月30日に行われた。これは、前述の大臣間委員会の会合が設立半年後であったことと比べると非常に早い。この会合にはドブレも参加し、この時人口省の創設が提案され、家族手当の改革について議論された。これらは、いずれも後に実行される。

HCCPFの会合は毎月１～２回のペースで行われ、同年９月までの５か月間に計11回開催された。人口問題に関心のあったドゴールは、そのうち７回個人的に出席している[27)]。６月８日の会合でドゴールは、現状では不十分であるため、もっと頻繁に会合をもつべきだと要求した[28)]。

初回の会合で、フランスの人口を増加させるためにこの委員会がすべきことは「死亡率の低下、出生率の上昇、移民」であることが確認された。出生率上昇のための施策として、「産前手当、母親の産前ケア、税制、堕胎との戦い、子供たちへの手当（家族へのさまざまな物質的援助）、結婚の奨励」（傍点引用者）などが挙げられた。死亡率低下のための施策としては、「公衆衛生の対策、住宅、アルコール中毒の減少、社会保障制度、衛生学と育児学の教育と普及」などが挙げられた[29)]。これらは、第三共和制及びヴィシー時代に議論され、採用された政策とほぼ同じである。したがって、HCCPFの活動内容にも、第三共和制からヴィシー時代にかけての連続性が存在する。

HCCPFがヴィシー時代と最も異なる点は、移民の受入れを検討している点である。ただし、HCCPFの会合で移民受入れの必要性が議論される際には、必ず「選別された移民 immigration sélectionnée」という表現が使用され、「民族の選択」あるいは「国籍の選択」が重要であるという意見が繰り返されている[30)]。ここでの「望ましい移民」とは、ヨーロッパの近隣諸国からの移民を指している。このことから、HCCPFは、あらゆる移民を受け入れると主張しているのではなく、ヨーロッパの近隣諸国からの白人移民しか望んでいないことは明らかであり、その態度は第三共和制と同じものである。

4　HCCPFにおける人的連続性

HCCPFのメンバーは、1945年４月18日のアレテによって決定された[31)]。メンバーは、レジスタンス参加者からブロック＝マスカール Maxime Blocq-Mascart、後に人口大臣となるプリジャン、小児科医ロベール・ドブレの３名、家族団体の関係者として国民連盟のボヴラとランドリ、「最大家族」のコレ夫人、家族運動活動・調整全国センター会長モンサンジョンの４名、その他、CGTのドラビ夫人Mme. Delabiとコンセイユ・デタの官僚ドゥーブレの９名である。それに加えて、家族・人口事務局長のソーヴィが1945年10月まで参加した。

HCCPFが第三共和制の人口高等委員会の再建であるとよく指摘されること

は前述したが、その根拠は、名称の類似の他に人的連続性が挙げられる。ソーヴィも加えたHCCPFの10名のメンバーのうち、4名（ランドリ、ボヴラ、ドゥーブレ、ソーヴィ）が人口高等委員会のメンバーであった。この事実から、人口高等委員会との人的連続性を指摘するのはたやすい。しかし、それならば人口高等委員会を引き継いだヴィシー政府の家族諮問委員会と後の家族上級評議会との人的連続性の検証も不可欠であるはずだが、ヴィシー・バイアスの影響か、先行研究においてこの点を検証したものはほとんどない。

人口高等委員会とHCCPFの両方に参加した4名のうち、ドゥーブレとソーヴィはヴィシー政府の家族諮問委員会と家族上級評議会の両方に参加しており、ボヴラは家族上級評議会に参加していた。家族諮問委員会には、人口高等委員会のメンバーであったペルノ、ドゥーブレ、ソーヴィの3名が参加していることからも、第三共和制の人口高等委員会とヴィシー政府の家族諮問委員会との間に断絶はないといえる。さらに、このHCCPFのメンバーのうち、人口高等委員会には参加せず、ヴィシー政府の家族諮問委員会または家族上級評議会に参加していた人物は3名いる。プリジャンは家族諮問委員会に、モンサンジョンは両方に、コレ夫人は家族上級評議会に参加していた。

以上から、HCCPFの10名のメンバーのうち6名が、ヴィシー政府の家族政策実行機関に参加していた。さらにその6名のうち、ボヴラはヴィシー政府の主要な家族政策実行機関である家族委員会にも所属しており、ドゥーブレとともにカレル財団にも関わっていた。つまり、家族政策の領域に関しては、ヴィシー政府の公職についていた人物が、戦後も断罪・追放されることなく、同じ領域の公的地位に留まることが可能であった。特にボヴラは1962年に死亡するまでHCCPFのメンバーであった[32]。したがって、家族政策の公的機関において、ヴィシー時代と戦後の人的連続性は明白に存在する。これは、ヴィシー政府高官に対する「粛清」を考えると、驚くべきことである。

このことについて、フランス人研究者ローゼンタールは、ヴィシー政府の家族諮問委員会のメンバーは35名（ローゼンタールはそう主張するが実際は41名）、家族上級評議会は50名いたことから、その中のわずか6名の継続であり、「連続性は弱い」と主張する（Rosental:96）。しかし、割合が低いのはHCCPFの人数が10名と少ないためであり、むしろこの10名の中にヴィシー政府に関わっていた人物が６名もいることの方が重要である。また、HCCPF の10名のメンバーのうち、人口高等委員会のメンバーは４名、レジスタンス参加者は３名だったことを考えると、むしろヴィシー時代との連続性の方が強いとさえいえる。ローゼンタールがヴィシー時代との人的連続性を指摘しながらも「連続性は弱い」とするのは、ヴィシー・バイアスの影響と考えられる。

逆に、第三共和制の人口高等委員会のメンバーで戦後の HCCPF に参加していないのは、ペルノとセールとルジューの３名である。このうちルジューは第三共和制下ですでに交代し、その後家族政策には関与していないので除外すると、ペルノとセールは、なぜ HCCPF のメンバーに選ばれなかったのだろうか。

HCCPF のメンバーが最終的に決定されるまでに、二つのリストが存在した[33)]。第一リストには14名が挙げられ、うち８名がヴィシー政府の家族諮問委員会か家族上級評議会のメンバーである。修正を経た第二リストではこの14名から５名が削除された。ペルノは第一リストには挙がっていたが、除外された。人口高等委員会の提案者であり、初代家族大臣でもあったペルノは、専門知識や資格の面では十分であり、だからこそ第一リストに挙がっていたと考えられるが、なぜ除外されたのか。正確な理由は不明であるが、おそらく1940年７月のペタンへの全権委任にペルノが賛成投票をしていたことが関連していると考えられる。それが理由で、ペルノは戦後しばらく公職から外された[34)]。このことから、戦後の家族政策の領域においても、ヴィシー時代に対する批判や忌避が全くなかったわけではないことが分かる。しかし、ペタンへの全権委任に反対投票したセールの名前は、第一リストにすら挙がっていない[35)]。このことから、ペタンへの全権委任に反対投票したかどうかは、戦後の家族政策に関する人事において、それほど重要視されていなかったと考えられる。

以上、HCCPF における人的連続性は、先行研究で言われている第三共和制との連続性よりは、今までほとんど指摘されてこなかったが、むしろヴィシー政府との方が強いといえる。

第3節　社会保障制度と家族給付

1．臨時政府における家族手当の増額

1944年10月からラロックを中心に社会保障計画案の作成が進められ、家族給付は社会保障制度の一部門に組み込まれることが決定していた。前述のように、ラロックは、現行の家族手当は地域差や職種による差が激しすぎ、早急に改革すべきと考えていた。また、臨時政府も1944年10月17日にヴィシー政府の家族手当制度を継続すると宣言し、暫定措置として家族手当の増額を決定していた。

その後、1945年4月に家族政策の実行機関として三組織が設立されたが、その設立に関する1945年2月7日の議会審議において、家族手当の増額に関しても審議された。[36] 増額が必要とされた理由は、フランスの人口減少や出生率低下への懸念である。報告者ペラン Francis Perrin は「出生率を上昇させるために」、子供の存在による両親の負担を軽減するために「全ての市民の間でより公平に再分配しなければならない」と主張し、それが「家族手当の目的である」と主張した。また、ペランは「堕胎との闘い」にも触れ、出生率上昇策としての家族手当と堕胎の取締りというヴィシー時代と同様の家族政策を提案した。

また、この審議において、シューマン Maurice Schumann（MRP 議長）は、「出生率低下に対する施策」をすぐにとるべきで、「フランスの人口増加は善で、人口減少は悪である」から、「フランスの将来のために」また「フランスを世界で一流の地位にする」ために、大胆な家族政策の実行が必要であるというドゴールの見解に近い主張を行った。シューマンは元ジャーナリストで、初期に「自由フランス」に参加し、ドゴールの側近として「自由フランス」のスポークスマンとなり、ロンドンからラジオ BBC 放送で毎日3分間「名誉と祖国」という番組でフランス人に向けて抵抗を呼びかけた人物である（ミュラシオル: 19-20、渡辺 1994: 182-183）。

これを受けて厚生大臣ビユーは、家族手当に対する予算が3080万フランあることを告げ、「人口・家族政策」を推進していくと答えている。

家族手当の暫定増額は1945年3月末までとされていたが、さらに1945年3月7日のオルドナンスによって、暫定額を同年12月31日まで延長すると決定した。[37]

この時、「生活費の値上がりと賃金の上昇に比例した家族手当の即時の引き上げ」が必要であることは確認されたが、社会保障制度の確立が推進されていたため、正式な手当額の決定は先送りにされた。

その後、1945年９月28日のオルドナンスによって、月額県平均賃金を1945年５月28日のアレテで定めた額の倍とし、手当額は、第二子に月額県平均賃金の12％、第三子に24％追加、第四子以降には30％追加とした[38)]。基準となる平均賃金が２倍となったことから、大幅増額である。が、これも暫定措置であり、家族給付に関しての最終決定は、社会保障制度の確立を待たねばならない。戦後、家族給付が確定するのは1946年８月である（後述）。

２．社会保障制度の確立と家族手当金庫をめぐる政治対立

社会保障制度と家族給付[39)]の確立は、二つの立法、「1945年10月４日の社会保障の組織に関するオルドナンス」と「1946年８月22日の家族給付制度を定める法律（家族給付法）」で実現される。特に前者に関しては、家族手当金庫の独立をめぐって激しい左右対立が起こった。以下、順に成立過程を検証する。なお、前述のように、臨時政府において初めて議会選挙が行われたのは1945年10月で、選挙に基づく組閣が行われたのは同年11月のことである。したがって、前者の作成時の臨時諮問議会は、CFLN のメンバーを基に構成されている。

１　1945年10月４日の社会保障の組織に関するオルドナンス

フランスの社会保障制度は、「1945年10月４日の社会保障の組織に関するオルドナンス」において確立された[40)]。これは、社会保障制度の基本的な枠組みを決定したものである。第１条において、「社会保障の組織は、労働者およびその家族を、稼得能力を減少または喪失させるようなあらゆる性質のリスクから保護し、また労働者が支える出産の負担と家族の扶養を対象とする」（傍点引用者）と定められた。家族の扶養、すなわち家族給付の必要も明記された。このオルドナンスに署名しているのは、国務大臣ジャンネイ Jules Jeanneney、労働・社会保障大臣パロディ、内務大臣ティクシエ、国民経済・財務大臣プレヴァン René Preven である。

このオルドナンス成立を進めたのは、ドゴール内閣の労働・社会保障大臣パロディと、後に「フランス社会保障の父」と呼ばれることになる社会保障局長

ラロックである。国務院の調査官であったパロディは、ヴィシー時代初期は労働省で働いていたが、早い時期から国内レジスタンスに参加し、1944年3月からCFLNのパリ代表を務め、パリ解放の際ドゴールを迎えた（ミュラシオル:70-71, 151）。ラロックは、第5章で見たように、コンセイユ・デタの官僚で、1931年から労働大臣ランドリの官房として、家族手当法制化の1932年法を含む一連の社会保険に関する法律制定に関与した。ヴィシー時代初期には労働大臣ブランの官房となったが、1940年末にレジスタンスに参加し、1943年4月にはロンドンの「自由フランス」へ合流した。(Valat:42-43)。

社会保障制度の起点となったのは、前述のCNR綱領の「社会計画」で、主な内容は「賃金水準の保障と、各労働者とその家族に対して、保障 sécurité、尊厳、完全に人間らしい生活の機会を保障する取り扱いの保証」である（Michel/Mirkine-Guetzévitch:217）。

社会保障制度の政府案作成は、労働・社会保障省内でラロックを中心に1944年10月から1945年6月にかけて準備された。1945年6月初めに完成したのが「フランス社会保障計画 Le plan français de Sécurité sociale」（通称「ラロック・プラン」）である。

ラロック・プランでは、CNR綱領を受けてより具体的に、「全ての人間と家族の生活に十分な収入を保証するために、雇用の保障、十分な収入の保障、労働能力の保全の保障、就業活動中断期間の保障」という四つの保障が重要であるとした（Laroque 1946: 9-11）。特に「十分な収入の保障」という点で、ラロックは労働者のみでなくその家族の生活を支えるのに十分な収入ということを重視した。ラロックは「労働者個人の生活費はその家族の生活費と切り離すことはできない」と考えており、それは「労働者は、もし自分の収入で家族全員を生活させることができないのなら、真の保障 sécurité を享受することはできない」からと述べている。家族全員を扶養するのに十分な収入を確保するという意味で、家族手当が重要であるとラロックは主張する。これは、子供の数によって生活水準が低下するのは「社会的不平等」であるという第三共和制以来の出産奨励主義者や家族主義者と同じ考え方である。また、ラロックは、就業活動の中断には「出産のような幸福な原因」もあれば、「老齢あるいは一家扶養者の死亡などの避けられない原因」もあると分類するが、原因が何であれ、中断期間中の代替収入の保障は社会保障がカバーすべきであると主張した。ラロックは子供数が多ければ多いほどいいといった多子奨励の思想は表明していないが、家族手当の維持・拡大には迷いがない。フランスの戦後の社会保障制度には、このようなラロックの思想が盛り込まれた。

本来ならこのラロック・プランを政府案としてすぐに臨時諮問議会に提出し、審議されるはずであったが、ラロックは「できるだけ幅広い国民各層の協力と支持が不可欠である」と主張し、6月9日に、この計画案を審議するための「特別委員会」の設置を提案した。パロディはこの提案を受けて、議会提出前に審議するための「特別委員会」を設立した。メンバーは、パロディが幅広い領域から集めた32名で、この委員会で審議された後、ラロック・プランは議会に提出された。が、特別委員会と議会の両方で激しい議論を引き起こした（以下、廣澤：134-135、149-153、加藤：484-495）。

ラロック・プランでは、社会保障制度は、社会保険、労災補償・職業病、家族給付の三部門から成ることが確認され、戦前からそれぞれ独自の原則で存在していたこれらの制度を「社会保障制度」として一つにまとめることを要請した。具体的には、これらの個別の制度を統一すること（一元化）、適用対象を全人口に拡大すること（一般化）、管理運営は国家ではなく当事者が行うこと（当事者自治）が目標とされた。このうち三部門の一元化こそが、ラロックが推進しようとした社会保障制度の根本原則であった。第三共和制期に設立された各種の社会保険制度は、組織相互間に十分な連携や調整がないまま併存しており、こうした現行制度の不利益や欠陥をなくすためには、一元化すなわち単一金庫の設立が不可欠とラロックは考えた。

家族給付部門に関しては、第4章と第5章で見たように、「当事者自治」は1932年法の当初から、「一般化」は1939年の家族法典によってすでにほぼ達成されていた。したがって、家族給付部門にとって到達すべき目標は、他の二部門との「一元化」、すなわち各地に多数存在する現行の家族手当均衡金庫の社会保障制度の単一金庫への統合のみであった。

しかし、この点こそが、前述の特別委員会においても、臨時諮問議会の労働社会問題委員会においても、左右が激しく対立する争点となった。ラロックが推進しようとする政府案の単一金庫への統合に対する賛成派と反対派の対立が起こったからである。反対派の主な主張は現行の複数金庫の保持であり、言い換えると、政府案の単一金庫新設か、現行の複数金庫維持か、という対立となった（Valat:68-83）。

特別委員会では、政府案を基本的に支持する左派系労働組合 CGT の代表と、それに反対するキリスト教系労働組合 CFTC の代表との対立が顕著であった。反対派は、包括的社会保障の必要性には同意するが、次の二つの理由により、第三共和制以来の「複数金庫主義」の維持を主張した。第一に、社会保険・労災補償・家族給付といったリスクと保障の性格が異なる制度を単一金庫に一元化する必要性は乏しく、むしろ制度を分離しておいた方がきめ細かいサービスを提供することができること、第二に、単一金庫の設置は、共済組合の長い伝統に立ち重要な役割を果たしてきた各金庫の利点を奪い、加入者の「金庫選択の自由」を奪うという主張である。どちらも家族給付の必要性について異論はなく、金庫を単一にするか、現状の複数のままにするか、という対立である。

単一金庫反対派の主張に対して、政府代表は次のような理由をあげて反論した。第一に、第三共和制期において、真の金庫選択の自由は存在しなかったという批判である。県金庫への加入は類似金庫に加入していないことが条件であり、多数の金庫が存在する中、県金庫の加入者は50%を超えていた。第二に、さまざまな中小金庫の併存と競争は多くの無駄を発生させ、結果的に被保険者に多くの保険料負担を強いることになったという批判である。だからこそ単一金庫に統一する必要があるという主張である。これらの論点を中心に、特別委員会では激しい議論が展開された。

こうした特別委員会での議論を経て、政府案は、反対意見を考慮した修正案を作成した。内容は、基本的に単一金庫の原則を貫きながらも、当面の例外措置として家族手当金庫の暫定的独立を認めたものである。これは、複数金庫主義を封じ込めるための妥協案として提示されたものであり、ラロック自身は、この家族手当金庫の独立はあくまで暫定的なものにすぎず、将来は単一化への方向に進むものと理解していた（廣澤:160）。

この妥協的な修正政府案は、1945年7月5日に議会へ提出され、議会の「労働・社会問題委員会」において審議された[41]。この時の委員長は、CGT 系共産党議員クロワザである。前述のように、クロワザは後にパロディの後任として労働大臣（在1945.11-1946.1）及び労働・社会保障大臣（在1946.1-1946.12, 1947.1-1947.5）を務める人物である。

修正案の提出理由において、パロディは、「社会保障とは、諸個人が、あらゆる状況において、自らの生存とその家族の生存とを尊厳を保ちながら営むに必要な手段を獲得するという諸個人に与えられた保障である」（傍点引用者）と説明する。さらに、このような社会保障を、富裕な者から貧窮労働者への国民所得の再分配と捉え、「強制的な相互扶助の巨大な国民組織」と見ている（廣澤：135-136）。これはラロックのいう、社会保障は「人口のすべての構成員が、あらゆる状況において、その家族の最低限の生活を確保するために十分な収入を享受することを保証する」とほぼ同じである。当然ながらラロックとパロディは社会保障に関して同じ見解を共有している。

この政府修正案に対する報告が、CGT 系社会党員のビュイソン Georges Buisson によって行われた。ビュイソンは、第三共和制期から CGT の社会問題担当書記として活躍した人物である。この報告によると、修正政府案に基本的に賛成であるが、最初の政府案で否定していた家族手当金庫の独立を、暫定的にせよ政府が認めたことは、必要以上に反対派に譲歩しており、当初の計画より後退したと批判している（廣澤：152）。社会党員ビュイソンは単一金庫支持派であった。

このビュイソン報告後、７月31日に議会審議が行われた[42]。そこでは、政府案を支持する共産党・社会党及び CGT 系議員と、政府案に反対する MRP 及び CFTC 系議員や共済組合系議員が激しく対立した。後者は、家族手当の歴史の長さから、特権的地位として家族手当金庫の完全分離と独立を求めた。

ビュイソンが社会保障制度として単一金庫が必要だという見解を述べると、CFTC 系議員テシエ Gaston Tessier は、すでに家族手当金庫に当たる金庫は全国各地に多数存在しており、自治団体として経営も順調であることから、逆に他の組織と統一することによって混乱が起こると述べ、単一金庫に反対した。このように家族手当の特殊性を強調するテシエに対して、CGT 系議員サイヤン Louis Saillant は、「ヴィシーに戻るつもりか」という厳しい言葉を投げている。こうした発言から、ヴィシー政府の家族政策に対する批判が戦後全くなかったわけではないことが分かる。社会保障史研究者ヴァラによると、家族手当に対するCGTの敵意は、家族主義的な観念理想の支持者への恐れからだという（Valat:69)。労働・社会保障大臣パロディは、家族手当の特殊性も理解できるが、単一金庫という原則を破り二つの金庫が併存することは、社会保障制度の安定性にかかわると述べ、一元化への理解を求めている。

反対派は、家族手当金庫の暫定独立よりさらに進んだ完全独立も要求した。MRP議員は、家族手当金庫の暫定独立を恒久的措置とするよう求める修正案を提出したが、CGT勢力を背景とする左翼勢力の圧倒的優位な議会において、この修正案は131対64で否決された（加藤:493)。ここに、CFLNの頃から存在していた対立が、臨時政府の議会内における共産党・社会党・CGT対MRP・CFTCの対立として明確に現れることとなった。この対立は、形式上は、家族給付を含む社会保障制度の確立を求める前者と、それを拒む後者という形になり、本来家族手当を否定していた共産党やCGTが家族給付賛成、本来家族手当に賛成（だからこそ家族手当金庫の特権的地位を望んだ）のMRPやCFTCが家族給付反対となる一見逆転現象が起きている。

結局、修正政府案、すなわち単一金庫制度を基本とし、暫定的に家族手当金庫の独立を認めるという折衷案のまま、臨時諮問議会における最終採決が行われ、賛成190票、反対１票、棄権84票の圧倒的多数で、修正政府案は可決された[43]。唯一の反対票を投じたのは、自由共和党Parti républicain de la liberté（PRL）（1945年結成の穏健右派政党）のドネJ. Donaisである。ドネは、この修正政府案を「全体主義的である」と見た（廣澤:153)。

棄権票を投じたのは、MRPやCFTCの大部分と一部の急進派であった。彼らは社会保障そのものには賛成であるが、家族手当金庫の恒久的分離独立を主張し、政府案の単一金庫に反対であったため、棄権票を投じた。また、MRPは社会保障制度がCGTの独占となることを防ぎたかったという思惑もある（Bethouard / Steck:81)。前述のように、MRPやCFTCは今まで家族給付を含めた社会保障制度の必要性を主張してきた勢力であるのに、この社会保障制度の成立過程においては反対派となり、社会保障制度には賛成なのに立法には反対というジレンマに立たされることとなった。そのため、最終的に大部分が棄権票を投じるという行為になった。逆にいうと、社会保障制度は、その根幹部分に当たる「単一金庫主義」に関しては、当初から激しい意見対立が存在し、大多数の合意を得られないまま開始されるという波乱含みのスタートとなった。

こうして、ラロック・プランに基づく社会保障制度の確立は、制憲議会選挙直前に、「1945年10月４日の社会保障の組織に関するオルドナンス」として公布された。

２　社会保障金庫と家族手当金庫の暫定独立

1945年10月４日のオルドナンスによって、社会保障制度に関連する金庫は５種類並立となった[44)]。うち２種類は、暫定措置とされた家族手当金庫と、同じく暫定措置とされた農業・森林業者の「特別組織」で、残り３種類は、「単一金庫」の原則に基づいて、それまでリスクの種類や職種などに応じて細かく分立していた社会保険と労災・職業病に関する金庫を統一したもので、以下の３段階の構成をもつことになった。まず最も基礎的なものとして、疾病、出産、死亡のリスクと、永久廃疾を除く労災・職業病のリスクを扱う県単位の「社会保障初級金庫 Caisses primaires de sécurité sociale」が全国124か所に設置された。次に、老齢年金と永久廃疾を含む労災・職業病を扱う行政地域単位の「社会保障地方金庫 Caisses régionales de sécurité sociale」が設置された。これは、初級金庫間の財政調整と予防・保健活動を行う。さらに頂点として、地方金庫間の財政調整と、全国レベルでの公衆衛生・保健活動を担う「社会保障全国金庫 Caisse nationale de sécurité sociale」が設置された。家族手当金庫は、社会保障初級金庫から暫定的に分離されることとされ、初級金庫の所在地にほぼ併設された。

これらの金庫の管理・運営は、「自律性」の原則に基づき、当事者代表から構成される金庫理事会が担当することになった。家族手当金庫の理事会は、労働者代表が２分の１、自営業者の代表が６分の１、使用者の代表が３分の１の割合で選任されることになった（22条）。理事会の構成から分かることは、家族手当の保険料拠出は全て使用者拠出であるにもかかわらず、使用者よりも労働者代表の優位性が制度上保障されていることである。また、家族手当は戦前から当事者自治が確立されており、それが継続された。

こうして、現在も継続する家族給付の支給窓口である「家族手当金庫（CAF）」が、それまで職域や業種ごとに存在していた「家族手当均衡金庫」に代わって、各県に一つか二つ設立されることとなり、職域単位ではなく地域単位で加入する方式に切り替えられた。ただし、暫定的措置として認められたはずの家族手当金庫の独立は、1949年2月に恒久的に認められることとなり、当初の社会保障制度計画において目標とされた「一元化」は完全に否定されることとなった。現在のフランス社会保障制度の大きな特徴である、ベヴァリッジ的一元化を目指しながらも一般制度のほかにさまざまな特別制度が残存する複雑なシステムとなった要因の一つは、家族手当金庫の暫定的独立を認めたことにある。逆にいうと、社会保障制度確立の過程における家族給付部門の存在感は、根本的枠組みとして出発した一元化の原則を打ち破るほど大きかったということであり、その直接の理由は、家族手当均衡金庫が第二次大戦前から設立されていたこと、すなわち家族手当の歴史によるものである。

3．1946年8月22日の家族給付法

1 内　容

家族給付の詳細に関しては、「1946年8月22日の家族給付制度を定める法律」によって決定した[45)]。この法律はMRPのビドー内閣の下で公布され、公布時の署名は、首相ビドー、労働・社会保障大臣クロワザ、法務大臣テトジャン Pierre-Henri Teitgen、内務大臣ドプルー Edouard Depreux、財務大臣シューマン、国民経済大臣マントン Frannçois de Menthon、農業大臣タンギ＝プリジャン Tanguy-Prigent、海外県大臣ムテ Marius Moutet、厚生大臣アルトー René Arthaud、人口大臣プリジャンの10名である。

家族給付の増額は前述のように解放直後から進められ、何度かの増額は経ていたが、本格的な規定は、社会保障制度が確立された後、この家族給付法によって確定した。この時立法において初めて、家族の扶養に関する現金給付の総称として「家族給付 prestations familiales」という用語が登場した。家族給付は、①「家族手当」、②「単一賃金手当」、③「出産手当」、④「産前手当 allocations prénatales」の4種類から成ると規定された。このうち新しく創設されたのは、産前手当のみである。以下、順にヴィシー時代のものと比較しながら見る。

①家族手当 allocations familiales

家族手当は、第二子に月額県平均賃金の20％（ヴィシー時代は10％）、第三子以降には30％追加（ヴィシー時代は第三子に20％追加、第四子以降に30％追加）と増

表13　家族手当の比較

	第一子	第二子	第三子	第四子以降
1938年11月12日のデクレ	５％ （５歳未満）	10%	15%	15%追加
1939年７月29日のデクレ（家族法典）	なし （初産手当）	10%	20%追加 （計30%）	20%追加 （計50%）
1941年２月15日の法律（ヴィシー政府）	なし	10%	20%追加 （計30%）	30%追加 （計60%）
1946年８月22日の法律（臨時政府）	なし	20%	30%追加 （計50%）	30%追加 （計80%）

出典：JO から筆者作成

額されたが、基本は継続された。手当額は、子供が３人いる場合は50%、４人いる場合は80%となり、ヴィシー時代と比べて相当の増額である（表13）。また、手当の計算基準となる月額県平均賃金は、セーヌ県の金属労働者の時間労働の225倍とされ、その他の県においてはセーヌ県の平均賃金を基準として定められることになった。[46)]

②単一賃金手当 allocations de salaire unique

ヴィシー政府が創設した「単一賃金手当」（原型は第三共和制末期の主婦手当）は、戦後も継続された。「一つの世帯に給与取得者が１人しかいない場合に支給される手当」というヴィシー政府の定義が追認され、手当額は増額された。ただし、商工業の被用者にしかその支給は認められていなかったため、農業経営者や自営業者は除外された。これは後に拡大されることになる（第９章で後述）。手当額は、子供が１人しかいない場合、５歳以下の場合は県平均賃金の20%、５歳を超える場合は10%（ヴィシー時代と同じ）、子供が２人の場合は計30%（ヴィシー時代は計25%）、３人の場合は計50%（ヴィシー時代は計30%）と定められた。ヴィシー時代と比べると相当の増額である（表14）。

ここで、家族手当と単一賃金手当の合計を、ヴィシー時代と比較する（表15）。合計すると、臨時政府下では、子供が２人いたら県の平均賃金の50%、子供が３人いたら100%がもらえることになり、累進的増加率はヴィシー時代よりも高い。臨時政府の場合、第一子から第二子にかけての増加率が大きい点がヴィシー政府と異なる。つまり、臨時政府は、ヴィシー政府の家族モデル「子

表14　主婦手当と単一賃金手当の比較

	第一子（5歳未満）	第一子（5歳以上）	第二子	第三子
1939年7月29日のデクレ（家族法典）	一律10%			
1941年3月29日の法律（ヴィシー政府）	20%	10%	計25%	計30%
1946年8月22日の法律（臨時政府）	20%	10%	計30%	計50%

出典：JOから筆者作成

表15　ヴィシー政府と戦後臨時政府の家族手当と単一賃金手当の合計比較

	第一子（5歳未満）	第一子（5歳以上）	第二子	第三子	第四子
ヴィシー政府	20%	10%	35%	60%	90%
臨時政府	20%	10%	50%	100%	130%

出典：JOから筆者作成

供は3人」は追随せず、子供2人でも良いとする思想があると考えられる。が、臨時政府の第二子から第三子への増加率は倍であり、ヴィシー政府の増加率より大きい。以上から、臨時政府も、ヴィシー政府と同様に、家族手当と単一賃金手当に「多子の奨励」という目的を込めている。

③出産手当 allocations de maternité

第三共和制末期の家族法典で導入された「初産手当」を、第二子以降にも拡大したものが「出産手当」である。初産手当は、結婚2年以内に生まれた初産の嫡出子に、2000フランを上限として県平均賃金の200%を支給するというものであり、ヴィシー政府も継続した。臨時政府は、これを第二子以降にも拡大し、出産の度に一時金（ボーナス）を出すことを定めた。出産手当の額は、第一子の場合は居住県の中で最も高額の月額基準賃金の3倍、第二子以降は2倍とした。ただし、この出産手当には受給条件が付された。第一子に対する出産手当は、母親が25歳以下か結婚2年以内で出産した場合のみ支給すると限定し、さらに第二子以降の場合の出産手当は、前の出産から3年以内であることが条件である。この出産手当は、第二子以降にも拡大し、増額したという点では確かに初産手当の拡大であるが、母親の年齢制限や前の出産からの年数制限というのは、母親が若いうちに多子を出産するよう求める明らかな多子奨励である。むしろヴィシー時代よりも厳しい条件が課されたとも考えられ、より出産奨励主義的な性格が強まったといえる。

④産前手当 allocations prénatales

新たに創設された「産前手当」は、妊娠3か月以内に母親が妊娠状態にあることを届け出て、計3回の産前検診を受けると、出産前（妊娠中）の9か月間支払われる手当である。出産後は家族手当に移行する。この手当の目的は産前検診の奨励、すなわち胎児や乳児の死亡率低下のためである。

以上、1946年8月22日の家族給付法で新たに規定された4種類の家族給付を見た。いずれも所得制限のない普遍的給付である。これは、第三共和制以来の家族手当の伝統を受け継いでいる。また、出産手当を除き、受給には世帯における職業活動が必要とされた（1953年に産前手当にも職業活動免除）。これは、失業者が家族給付のみで生活することを防ぐためと説明されるが、家族手当が追加賃金から発展した歴史を引き継いだためとも考えられる。

臨時政府の家族給付制度は、基本的に出産奨励主義で多子奨励であり、労働との関連も継続された。ヴィシー政府の女性政策研究者が批判する単一賃金手当も、戦後廃止されることなく、名称もそのまま継続された。つまり、戦後の臨時政府においても、「女性は家にいて家事や育児に専念すべきである」という思想は継続されている。戦後新設された産前手当は、胎児や乳児の死亡率低下という目的であるが、このような考え方は、第三共和制における人口減少院外委員会においても、すでに議論されていた。つまり、ヴィシー政府の正統性を明白に否定した臨時政府は、家族給付制度においては、第三共和制とヴィシー政府の制度を引き継いでおり、そこには明らかな「連続性」が存在する。前述のように、家族手当金庫の分離独立をめぐる政治対立は存在したが、家族給付そのものは廃止を検討されることもなく、ヴィシー政府の政策が累進的増額なども含めて継続された。なお、この1946年の家族給付法によって、実際の家族給付の支給総額は64％も増加した（江口:16）。

とはいえ、臨時政府とヴィシー政府の家族給付制度において、異なる点がまったくない訳ではない。それは、家族給付の受給権者を家長から変更し、子供の世話を実際に恒常的にしている人（母親）に受給するとした点と、家族給付の受給要件を外国人にも拡大した点である。この二点は、確かにヴィシー時代と戦後の断絶を示している。

前者は、現在も継続しており、家長に限定していた第三共和制やヴィシー政府の姿勢とは明らかな転換を示している。

後者については、臨時政府は、出産手当のみ「フランス国籍をもつ」ことを要件とし、それ以外の家族給付は全て受給資格者を「フランスに住む外国人」にも拡大した。第三共和制及びヴィシー政府は、家族手当の受給資格を全て「フランス国籍をもつ」こととして受給対象者を制限したのに対して、臨時政府の家族給付は受給者を外国人にも拡大した。この点は、ヴィシー政府の有名なユダヤ人迫害の他、国内の外国人を強制労働に就かせるなどした「外国人嫌い」の政策と大きく異なる。が、ヴィシー政府のみが「外国人嫌い」であった訳ではないこと、すなわち第三共和制の政府も「外国人嫌い」の政策を採用していた点は、明記されるべきである。前述のように、フランスは出生率低下による労働人口不足から、積極的にイタリア、スペイン、ベルギーなどの近隣諸国から出稼ぎ労働者を受け入れていた。しかし、それは、あくまで一時的な滞在のみで、数年後には帰国する労働者が「望まれる移民」であった。そのため、帰化の条件も厳しいままであった。ただ、1927年８月10日の法律により、外国人を父にもちフランスで生まれた子にはフランス国籍が与えられるなど帰化条件が緩和され、帰化する人が増加した。それを、ヴィシー政府は1940年７月22日の法律によって、1927年の帰化緩和法以降に帰化した48万5200人の帰化書類を調べ直し、１万5154人の帰化手続きを無効とした。これは、一度認めた帰化を取り消すという逆行的な政策であり、「外国人嫌い」の政策の一つである。が、帰化を取り消した割合は全体の３％である。その後、さらに帰化の条件は厳格化され、ユダヤ人排除も進めていくため、ヴィシー政府が「外国人嫌い」であったことは間違いないが、その一方で、出生地主義は維持された（渡辺 2007:126-129, 148-150, 160-161）。つまり、フランスで生まれた子にフランス国籍が与えられる機会は奪われなかったのであり、純粋な血統主義をとったナチス・ドイツとは異なる。家族政策においては、ヴィシー政府のみが特別に厳しい外国人排除を行っていたのではなく、第三共和制期から受け継いだものである。したがって、戦後、自国籍をもたない外国人にも家族給付を拡大したことは、大きな転換点であり、評価されるべき点である。しかし、だからといって、臨時政府の家族政策における出産奨励主義や多子奨励の特徴が薄れるわけではない。つまり、家族給付の受給権者の女性への拡大と外国人への拡大という点をもって、戦後の家族政策は、第三共和制やヴィシー政府の家族政策と「連続性」が全くなくなったとはいえない。

2　成立過程

家族給付法として成立する「家族給付制度を定める政府法案」は、1946年７月11日に労働・社会保障大臣クロワザによって提出された[47]。提出時の内閣は成立時と同じビドー内閣である。この法案はすぐに労働・社会保障委員会に付託され、同年７月26日に労働・社会保障委員会のランドリによる報告が提出され[48]、８月２日にはランドリによる追加報告が提出された[49]。

議会審議は1946年８月６日に行われた[50]。議会審議では、まず報告者ランドリが、第二次大戦後の政府は賃上げと家族手当率の引き上げが必要であることを理解し推進してきたが、いまだ不十分であることを確認し、この法案によってそれが改善されると訴えている。家族・人口・厚生委員会からの意見報告者ブクソン Fernand Bouxom（MRP）は、この法案は「フランスの家族に待ち望まれていた」ものであると好意的な意見を表明し、「家族を支援しなければならない。それはフランスの再建に不可欠な条件である」と述べ、拍手喝采を浴びている。共産党のクロワザ労働・社会保障大臣も、前任者パロディに続いて自身も前年の秋から家族給付を含む社会保障制度の確立に力を注いできたと述べ、「社会保障計画は、出生率上昇なしには、また活力ある多数の若者を国に絶えず与えるための努力なしには、有効とはなり得ないということは明白な事実である」と述べ、出生率上昇の必要性を強調し、フランスに「人口問題はまだ残っている」ため、「国家的繁栄を再発見するために」人口問題を解決するための家族給付の基準賃金の値上げと家族給付の引上げが必要であると主張した。反論はほとんどなく、全体的な議論が行われた後、そのまま条文の検討が行われ、この法案は満場一致で可決された。

なお、この政府法案作成に関わったのは HCCPF であり、主にランドリが推進した。HCCPF での最初の提案は、発足１か月後の1945年５月18日の会合で行われた。[51] 当初は家族法典の修正という形式をとり、その後、HCCPF の会合で毎回議論された。６月13日の会合で提出されたランドリ案では、実際の家族給付法で採用された４種類の給付、すなわち出産手当、家族手当、単一賃金手当と、名称はまだついていないが妊娠中に支給する手当（産前手当）がすでに提案されていることから、[52] 政府法案に多大な影響を与えたことは明らかである。また、前述のように、HCCPF のメンバーには国民連盟のボヴラや官僚ドゥーブレ、家族・人口事務局長のソーヴィなど、ヴィシー政府の家族政策に積極的に関わっていた人物もいたことから、HCCPF 案には彼らの意向も反映されている。家族政策に関して、ヴィシー時代に関わっていた人物の多くが戦後の臨時政府の立法にも関与していたことからも、ヴィシー時代からの明白な連続性が存在する。

第４節　その他の家族政策

1．離　　婚

ヴィシー政府の結婚後３年間離婚禁止を定めた1941年４月２日の法律は、戦後1945年４月12日のオルドナンスによって廃止された。[53] ただし、この時廃止されたのは３年間の離婚禁止を定めた条項のみで、離婚請求の手続きを第三共和制期より厳格化した条文（3-6条）は、そのまま有効とされた。つまり、臨時政府は、離婚に関する手続きを第三共和制期の緩和されたものに戻すのではなく、ヴィシー政府が定めた厳格な離婚手続きを継続した。これは、明らかに第三共和制との断絶と、ヴィシー政府との連続性を示している。

フランスで協議離婚が認められるようになるのは、1975年７月11日の法律によってである（稲本:34-36）。したがって、戦後30年間は、ヴィシー政府が定めた「離婚しにくい状況」が継続された。この点も、結婚後３年間の離婚禁止を定めたヴィシー政府を批判するフェミニスト研究者たちがあまり触れない点である。

２．堕　　胎

死刑を含む堕胎の厳罰化を定めたヴィシー政府の1942年２月15日の法律は戦後廃止されたが、代わりに第三共和制の1920年法と家族法典の規定が復活した。したがって、堕胎の禁止そのものは戦後も継続された。この1920年法が改正されるのは、1967年12月成立の「避妊具販売許可法（ヌーヴィルト法）」によってであり、堕胎、すなわち女性の意思による人工妊娠中絶が認められるのは、1975年１月成立の「妊娠中絶法（ヴェイユ法）」によってである（第９章で後述）。

特に後者は保守派やキリスト教系議員からの反対が強く、下院審議において、保守派議員から「人工妊娠中絶は殺人行為である」などの強い反対意見が出た（第９章で後述）。これは強固な反堕胎主義者である国民連盟のボヴラと全く同じ見解である。以上から、堕胎は悪であるといった思想も、戦後1970年代半ばまで薄れてはいなかった。なお、日本では1948年に「優生保護法」が成立し、中絶の合法化が認められている。ソ連は1955年に、イギリスでは1967年に認められており、フランスは遅い方である。

３．税　　制

1945年12月31日の法律によって、現在も継続される子供数が多ければ多いほど所得税が軽減される「Ｎ分Ｎ乗方式」の税制が採用された[54]。これを推進したのは、人口大臣プリジャンである（Bethouard / Steck:85）。これは、所得税を個人ではなく世帯ごとに計算する方法で、世帯の合計所得を世帯の構成人数（N）で割って１人当たりの所得を出し、それに所定の税率を当てはめ１人当たりの税額を出し、その税額に再び世帯の人数（N）を掛けて世帯全体の所得税を決める。つまり、世帯の構成人数が、それも所得のない子供数が多ければ多いほど、世帯全体の税金は軽減される。この時、世帯の人数を数える際に「パール part」という単位を導入し、原則として大人１人を１パール、子供１人を0.5パールとした。したがって世帯合計所得が同じであっても、夫婦と子供２人の世帯では３パールとなるが、子供がいない夫婦だけの世帯では２パールとなり、所得税は前者の方が安くなる。さらに、子供のいない世帯に不利となる規定も存在した。子供のいない夫婦は本来なら２パールとなるはずだが、それは結婚３年未満の場合に限り、結婚３年以上で子供のいない世帯は1.5パールとし、税制上不利になるようにした。結婚3年以上の世帯で子供の有無によって税額が変わるというこの措置は、所得再分配という観点からは説明しえないものであり、明らかに出産奨励と多子奨励のためである。前述の出産手当の制限と合わせて考えると、臨時政府は、若い夫婦の早期の多子の出産を望んだといえる。なお、このような税制を提案したのもHCCPFである。

このような臨時政府による多子家族に有利で独身者や子供のいない世帯には不利な税制に対しても、「出産を強要した」としてヴィシー政府を批判するフェミニスト研究者たちは、特に批判を行っていない。

以上、臨時政府が実行した家族給付以外の家族政策を見た。離婚や堕胎など、ヴィシー時代と比べれば抑圧の度合いは薄れているが、根本的な部分は変わっておらず、明らかに出産奨励と多子奨励を含んでいる。つまり、家族給付以外の臨時政府の家族政策においても、ヴィシー時代との連続性が存在する。

第5節　政府外の組織と人的連続性

1. カレル財団とINED（国立人口研究所）

1945年10月24日のオルドナンスによって誕生した「国立人口研究所（INED）[55]」は、ヴィシー時代に設立されたカレル財団を再編した組織である。第7章で見たように、カレル財団は、1941年11月にヴィシー政府の家族・健康庁の管轄下に、主に人口問題について研究する国立組織として設立された。カレル財団は、パリ解放後、医師レジスタンスによって活動を中断されていた（Reggiani 2002: 351-352）。解放前から病身であった理事長カレルは、1945年11月に病死する。解放後、厚生大臣ビユーは助言者ドブレにカレル財団の今後について相談し、ドブレは友人であるランドリに相談した。ランドリやボヴラなど国民連盟のメンバーは戦前から国立の人口研究施設の設立を政府に要求していたこともあり、カレル財団を再編し、国立の人口研究施設を設立することが決定した（Sauvy 1981: 128-130, Lévy: 80-81, 89）。カレル財団は、家族・健康庁つまり内務省の管轄下であったが、INEDは厚生省の監督下に置かれた。INEDの初代所長には、ドブレの推薦によりソーヴィが就任した。ソーヴィはその直前に家族・人口事務局の廃止に伴って局長の職を失っていた。以後ソーヴィは1962年までの17年間、所長を務めた。また、INEDは、カレル財団と同様に、財政自治と政府への助言機関という特権的地位も継承した。

INEDは現在も継続する組織であり、第1章で見たように、現在でも家族政策の重要なアクターの一つである。INEDは、世界的にも早い時期に設立された国立の人口研究施設として有名で、機関誌『人口 Population』の刊行の他に、論文集や研究書など多数出版して、多くの著名な人口学者を輩出している[56)]。したがって、所長のソーヴィをはじめ、ヴィシー時代からの人的連続性が存在する。

このオルドナンスで、INEDはカレル財団のあらゆる権利を引き継ぐと明記された。実際に、カレル財団で働いていた職員の約半数とともに、カレル財団で研究されていたデータや知識がINEDに継承された（Reggiani 1996:750-751）。中でも重要なのは、カレル財団が行っていた「近代人口学」の科学的研究方法と蓄積データである。カレル財団は豊富な財源を基に国勢調査や世論調査を行い、統計学的に分析や解釈をするといった新しい科学的手法を確立し、当時はそれほど注目されていなかった妊婦や乳幼児の栄養学研究なども行っていた。そうした研究成果や方法論は、そのままINEDに継承された。むしろ、そうした知識が失われることを恐れたために、ドブレやランドリはカレル財団を廃止しなかったと考えられる。

INEDの設立目的は「人口の諸問題をあらゆる側面から研究すること」と、「人口の量的増加と質的改良に貢献することができるあらゆる物質的・道徳的諸方策を研究すること」（傍点引用者）と規定された。これは、カレル財団の目的、「あらゆる側面から、あらゆる活動においてフランスの人口を保護し、改善し、発展させるために最適な手段を研究すること」と酷似している。また表現こそ変化しているが、カレル財団の「人口の改善」という思想は、「人口の質的改良」という用語でINEDにも受け継がれている。INEDとなってからは、カレル財団のあからさまな優生学思想は排除されたと言われているが、1990年代に、INEDのメンバーが、INEDがカレル財団の後継組織であることと、現在も出産奨励主義的思想が存在することを指摘しているように[57)]、カレル財団の影響が全て排除されたわけではない。

以上より、INEDがヴィシー時代のカレル財団と組織的・人的連続性をもつことは明らかである。

2．UNAFと国民連盟

UNAF（全国家族協会連合）は、第1章で見たように、民間の家族団体を傘下に置き統括する全国組織で、現在の家族政策の重要なアクターの一つである。1945年3月3日のオルドナンスによって、臨時政府は多数存在する民間の家族団体をUNAFの下に一元化するとされ、その目的は、「精神的・物質的観点から、全ての家族の全般的な利益の擁護を保証し、この目的のために、家長とその子供達がフランス人であり、婚姻と嫡出関係または養子縁組関係によって構成された家族を結束させる」（傍点引用者）とした[58]。理由説明によると、近年の5年間の戦闘や抑圧や強制収容所は「我々の住民の生存を脅かし、二流国の住民へと我々を追いやる人口学上の危機の重大性」を増したと人口上の危機を告げ、最近の家族手当の修正によって臨時政府はこの危機に取り組んでいるが、さらに「出生率低下の災厄に歯止めをかける大胆な政策実現のために」（傍点引用者）、「家族を集め、彼らの散逸した声を一つの束に結集する」ことが必要だと述べている。つまり、UNAF設立も出生率上昇のための施策である。現在のUNAFの目的は、第1章で見たように、「その信条や政治的所属が何であれ、フランス領土で生活している全ての家族の利益を促進し、擁護し、代表する任を負った国家制度」であり、出生率上昇や人口増加に関する部分はなくなっている。が、設立当初は明白に法的婚姻と嫡出子（及び養子）によって成立する家族のみを擁護の対象としており、フランス国籍も必要としている。これらはヴィシー時代の思想とほぼ同じである。

なお、家族団体を全国組織の傘下に置く措置は、前章で見たように、ヴィシー時代のグノー法において試みられたことである。このオルドナンスで、グノー法は無効とするとしているが、内容はグノー法を引き継いでいる。したがって、現在も続くUNAFの起源はヴィシー時代のグノー法であるといえる。

UNAFに加盟する最も歴史の古い家族団体は、第1章で見たように、1896年創設の国民連盟である。国民連盟は、戦後1945年7-8月号から機関誌の名前を『フランスの活力 Vitalité Française』と変えたが、組織やメンバーに変更はなく、戦後も第三共和制期やヴィシー時代と変わらない出産奨励主義・多子奨励主義の立場をとり続けた。第三共和制末期からヴィシー時代にかけて国民連盟の中心人物であったボヴラは、前述のように、戦後も断罪されることもなく臨時政府の家族政策の諮問機関であるHCCPFに参加し、戦後も家族政策に積極的に関わった。戦後も国民連盟の副会長を務め、ヴィシー時代と変わらない主張を機関誌に掲載し続けた。戦後も国民連盟の主張が変わっていない例をいくつか見る。

機関誌の1945年4-6月号に、ボヴラは「既婚男性は独身男性よりあまり死なない」という記事を掲載した[59]。男性でも女性でも既婚者の方が独身者より死亡率が低いと強調し、その理由として、男性の場合は妻が家事をしてくれることによって規則正しい生活になること、栄養のある食事ができること、衛生的な生活ができること、既婚男性は独身男性より食前酒やワインを飲む量が少ないから（理由は不明）アルコール中毒にならないことなどを挙げている。そして女性の場合は、同じように規則正しい生活や栄養のある食事の他に、「性的観点からノーマルである」ことを挙げている。これは女性が出産をするという意味であり、ボヴラは「既婚者」という語を、結婚して子をもっている人という意味で使用している。戦後においてもボヴラは、人は結婚して子をもつべきであるというヴィシー時代と同じ主張を繰り返している。

その他に、機関誌の1946年7-8月号に、無記名ではあるが「社会の害悪との闘い」という題で、堕胎を職業とするいわゆる「堕胎屋」をもっと厳罰に処すべきであり、また出生率の観点からも離婚の濫用はやめるべきであるというヴィシー政府と同様の主張を掲載している[60]。

戦後、国民連盟は「フランスの活力のための国民連盟 Alliance nationale pour la vitalité française」という名前を経て、1971年から「人口と未来国民連盟 Alliance nationale population et avenir」と改称し、機関誌の名称を『人口と未来 Population et Avenir』に変更し、現在も活動を継続している。現在UNAFのホームページにも登録団体として掲載されている。そこには国民連盟がヴィシー政府に積極的に協力していた事実は記されていないが、戦後もヴィシー時代と変わらない主張を行っていることは見たとおりである。

ただし、戦後、国民連盟の影響力は漸次低下し、かつてのような影響力は保持していない。そこには何らかの否定的感情があったのかもしれないが、少なくともそうしたことは表面化していない。なぜなら、1946年は国民連盟の創設50周年記念の年で、1946年1-2月号の機関誌の巻頭に、当時の厚生・人口大臣プリジャンが50周年に対する祝福のメッセージを寄せているからである[61]。プリジャンは、さすがにヴィシー政府の家族政策については触れていないが、1932年法や家族法典の公布を挙げ、設立以来、国民連盟が粘り強く推進してきた家族政策の立法化の努力を称え、国民連盟は今後もフランスに卓越した貢献をするだろうと述べている。当時の人口大臣が、会長や副会長が明白にヴィシー政府に協力していた組織の50周年（その中にはヴィシー時代も含まれる）を祝福したというこの事実は、家族政策の領域においては、戦後の断罪はなかったことを証明している。

また国民連盟自身は、50周年記念特別号の中で、家族政策の立法化における国民連盟の50年間の功績を誇らしげに振り返り、1941年の単一賃金手当の創設を始めヴィシー政府の家族政策を好意的に取り上げている[62]。

さらに1949年1-2月号の機関誌では、国民連盟が出版した人口学教育のための手引書に対する謝辞を、当時の首相クイユ Henri Queuille（急進社会党）が寄せている[63]。それによると、クイユは「われわれの祖国の活力にとって最も重要である諸問題の一つ」に関する若者の教育に対して、国民連盟は尽力したと述べている。「諸問題の一つ」が人口問題であることは明らかである。したがって、1949年の段階でも、当時の首相が国民連盟に対して堂々と謝辞を掲載することができたという事実は、戦後国民連盟に対する断罪の雰囲気はなかったことを示している。

その他の家族団体として、現在 UNAF に属している「フランスの家族 Familles de France」がある。この団体は、カトリック系の「最大家族」と「家族総連盟 Confédération Général des Familles」が1947年に提携した組織である（Familles de France 2014）。現在はいかなる宗派も政治的信条もイデオロギーも関係ない組織であるとしている。第2章で述べたように、「最大家族」は、1908年にメールが設立した団体を基に、グロリューとイザークが1916年に再編した組織である。第7章で見たように、「最大家族」の副会長ラコワンはヴィシー政府の家族諮問委員会に、メンバーのコレ夫人は家族上級評議会に参加していた。

このようにヴィシー政府の機関に深く関わっていた家族団体が、戦後も解散することなく現在も活動を続けていることは、ヴィシー時代と現在の「連続性」

を表しているといえる。

まとめ

本章では、戦後の臨時政府の家族政策を、ヴィシー政府の家族政策と比較しつつ検証した。あまり指摘されないが、臨時政府は、抑圧的な施策も含めて、ヴィシー政府の家族政策の多くの施策を継続した。また、ヴィシー政府の家族政策に関わった多くの人物が、戦後も断罪されることなく同様の職種につき、家族政策の領域で活躍した。したがって、ヴィシー政府と戦後の家族政策には、制度・組織・人材の面から明白な連続性が存在する。

それが可能であった理由は、第一に、19世紀末から続く人口減少・出生率低下問題の存在のため、政策決定者たちの間では人口増加と出産奨励主義の思想が共有されていたからである。

第二の理由は、国民の承認があったからである。人口学者シェネは、1947年の世論調査で73％のフランス人が人口増加は望ましいと考えており、ヴィシー政府の家族政策を受け継いでいる臨時政府及び第四共和制の出産奨励主義的な政策を承認していると述べ、この社会的コンセンサスこそが戦後ヴィシー政府の家族政策を継続することを可能にしたと述べている（Chesnais:194）。政策決定者がいくら望んでも、民主主義社会である以上、国民が拒否する政策の採用は困難である。戦後もフランス国民は、ヴィシー政府の家族政策の継続を拒絶しなかった。

しかし、ヴィシー政府と戦後の家族政策が全く同じと主張しているのではない。最も異なる点は、ヴィシー政府は外国人を排除したのに対し、戦後は移民の受入れを検討し、家族給付の受給資格を外国人にも拡大した点である。この違いは非常に大きい。しかし、本章で検証した結果、こうした差異を考慮した上でなお、戦後の家族政策はヴィシー時代と多くの面で連続性が存在する。差異が全くないといっているのではないが、家族政策の領域に関しては、今までいわれてきたような「断絶」よりは、明らかに「連続性」が存在する。こうした点は今までほとんど指摘されなかったため、あえて連続性を強調する。

では、ヴィシー政府の家族政策が継続された理由は、「人口の再建」という目標がたまたま同じであっただけで、政策の背後にあるイデオロギーは異なるのだろうか。緊急に人口を増加すべきであるという思想と、そのために政府がとり得る手段としては、家族給付の拡大と乳幼児死亡率の低下の他に、堕胎の取締りや法的婚姻制度の尊重などがヴィシー時代から共有されてきたことは本章で確認した。実際、戦後の臨時政府の家族政策でも、多子の奨励、堕胎に対する抑圧、離婚制限、子供のいない夫婦や独身者に対する差別は継続された。つまり、「法的婚姻夫婦における嫡出子の増加」によって人口増加を達成しようとするイデオロギーも共有されていた。だからこそ政体が変化しても、政策の形成過程が全く異なる政体でも、同じ政策が継続された。

それは、第三共和制からヴィシー時代と戦後を通して実務面で家族政策に関わった3名の人物、ボヴラ、ソーヴィ、ドゥーブレの思想においても明らかである。彼らの思想は一貫しており、戦後も変化していない。同一人物であるため思想が同じなのは当然かもしれないが、ヴィシー時代には家族政策に関与しなかったランドリやラロックも、彼らと同様の思想を共有している点は注目に値する。ヴィシー政府との「断絶」を強調する戦後の臨時政府内においても、家族政策に関しては、同様の思想が共有されていた。「家族」の用語をめぐる若干の対立や、社会保障制度確立の際に家族手当金庫の独立をめぐる対立は存在したが、家族給付をはじめとするさまざまなヴィシー政府の家族政策を継続・拡大することには異論はなかった。言い換えるなら、ヴィシー政府に敵対していたレジスタンス参加者であっても、家族政策に関してはヴィシー政府と同様の思想を共有していた。

戦後確立される社会保障制度の一部門である家族給付部門において、当初ラロックが目指した社会保障の一元化を瓦解させたのは、家族手当の歴史と連続性ゆえであり、その影響は決して小さくはない。

ヴィシー政府と戦後の臨時政府の政策の連続性及びその背後にあるイデオロギーの連続性を指摘するということは、レジスタンス神話とヴィシー・バイアスが存在するため、いまだに一種の「タブー」である。序章で見たように、現在でもフランス人の家族政策研究者や人口政策研究者は、ヴィシー時代の政策については詳細に触れないことが多い。しかし、本章で検証したように、特に家族給付に関しては、臨時政府自体がヴィシー政府の政策を継続すると公言して継続したように、その他の家族政策に関しても、ヴィシー時代と戦後は共通する部分が多い。繰り返しになるが、だからといって、ヴィシー政府を擁護するとか、あるいはヴィシー政府の家族政策の全てを容認すると主張しているのではない。単に事実として、フランスの家族政策は、ヴィシー時代と戦後のみならず、第三共和制から戦後にかけて、ヴィシー時代も含めて「連続性」が存在すると指摘しているだけである。このことは、フランス人にとっては容認しがたいことかもしれないが、他国人までがそれに追随する必要はないはずである。フランスの家族政策は、第二次大戦後から突如発展したものではなく、第三共和制期からフランス政府が取り組み、以後発展させてきたものである。

1）　ムーランは、フランスでは誰もが知る「レジスタンス統一の功労者」である。1941年11月からドゴールの代理として国内で活動し、統一を成し遂げた後、1943年６月にドイツに逮捕され、拷問の末後死亡した。戦後ドゴールは彼の国葬を行っている。

2）　この時集まったのは、国内レジスタンスの南部３団体と北部の５組織、６政党（共産党、社会党、急進社会党、人民民主党、民主同盟、共和連盟）、２労働組合（CGT、CFTC）、自由フランスの代表者である。

3）　JO, 10 août 1944:688-694. オルドナンスは、議会の授権に基づき行政が定める一定期間の措置。第三共和制のデクレ・ロワに当たる（滝沢:136-137）。

4）　ラヴァルの死後、ラヴァルの娘と弁護士である娘婿を中心に、ラヴァルの無実と不当裁判の訴えと名誉回復運動が行われた（大井:1077-1088）。

5）　JO, 12 septembre 1944:804.

6）　JO, 18 octobre 1944:976-977.

7）　共産党は第三共和制末期のダラディエ内閣によって解散させられ、共産党員は非合法活動を行っていたため、ヴィシー時代には政治犯として収容所に入れられることが多かった。中にはフランス国内にいるドイツ軍将校を暗殺する過激派もいた。その報復としてドイツ軍に処刑された共産党員がいたことは事実であるが、最初から党として組織的に抵抗活動をしていたわけではなく、「銃殺された７万人の党」というのは戦後作られた神話である（渡辺1994:184-185）。

8）　社会党は、ペタンの全権委任に賛成投票した党員を除名処分にした（渡辺ほか:150-151）。

9）　MRP は、1944年11月にカトリック系レジスタンス活動家によって新たに設立された政党で、戦前の人民民主派のキリスト教民主派の流れを汲む穏健左派。保守的な体質も併せ持ち、保守層にとって MRP は、左派勢力拡大への防波堤となることが期待され、国民からは「ドゴールの政党」と考えられていた。後 MRP は急速に勢力を弱め、20年後にはほとんど姿を消す（渡辺ほか:150）。

10）　JO, 22 novembre 1945:7750.

11) JO, 28 octobre 1946:9166-9170.

12) AN, F60 1677, Note sur l'orientation future de la politique familiale.

13) AN, F60 1723, interview de François Billoux, 4 mai 1944.

14) CAC, 860269 3, Robert Debré, 'Note sur la création et l'organisation d'un ministère de la population'.（日付なし。前後の史料からおそらく1945年）

15) 息子のミシェル・ドブレは、ヴィシー時代前半は官僚として働いていたが、1943年2月からドゴールの「自由フランス」に参加し、ドゴールの信頼を得た。後、第四共和制最後の法務大臣となり（在1958.6-1959.1）、第五共和制憲法制定に尽力し、第五共和制最初の首相となる（在1959.1-1962.4）。

16) JO, 25, 26 et 27 décembre 1944:2092.

17) JO, 6 avril 1945:1890.

18) JO, 18 avril 1945:2175.

19) JO, débats de l'Assemblée consultative provisoire, séance du 7 février 1945:19-29. ビユーのこの発言はp.21。

20) JO, 20 octobre 1945:6742.

21) JO, 22 novembre 1945:7750.

22) JO, 25 décembre 1945:8559.

23) ブルム暫定内閣（1946.12-1947.1）の厚生・人口大臣はPierre Ségelle。その後の第四共和制最初の政府である第一次ラマディエ内閣（1947.1-1947.5）の厚生・人口大臣はGeorges Maranneと、ほんの短期間のMarcel Roclore。なお、その後、一時の中断を除き（1956.1-1957.11, 1966.1-1967.4, 1972.7-1973.4）、1974年5月まで、単独ではないが「人口省」の名称は継続する。

24) JO, 17 avril 1945:2138.

25) JO, 30 juin 1964:5667.

26) その後、第1章で見たように、全国家族会議が2008年に廃止された後、2009年6月にHCPFと統合され、新たに「家族高等評議会（HCF）」に改編され、現在も継続している。

27) CAC, 860269 1, Séance du HCCPF.

28) CAC, 860269 1, HCCPF, Séance du 8 juin 1945.

29) CAC, 860269 1, Haut comité consultatif de la population et de la famille（HCCPF）, Séance du 30 avril 1945.

30) CAC, 860269 1, HCCPF, Séance du 30 avril 1945, Séance du 11 juillet 1945.

31) JO, 19 avril 1945:2195.

32) CAC, 860269 1, Lettre du 21 janvier 1963 de Mauco à Dumas.

33) CAC, 860269 1, Liste des membres du HCCPF. Rosental:96, 308も参照。

34) 1946年からペルノは再び上院議員に選出され、以後政治活動を行っている。

35) その理由は不明だが、セールは18年後の1963年5月にHCCPFのメンバーに任命されているため、専門知識の不足が理由ではない。CAC, 860269 1, Lettre du 9 mai 1963 de Mauco à Serre.

36) JO, débats de l'Assemblée consultative provisoire, séance du 7 février 1945:19-29. ペランの発言はpp.19-20、シューマンとビユーの発言はp.25。

37）JO, 8 mars 1945：1211-1212.

38）JO, 29 septembre 1945：6110-6111. これにより期間延長は打ち切りとなった。

39）「家族給付 prestations familiales」という用語は、立法においては、後の1946年８月22日の法律によって初めて登場する。が、社会保障制度の確立を進める中で、家族手当 allocations familales は複数で使用され、実質的な意味は総称としての家族諸手当、すなわち家族給付であるため、社会保障制度に関する部分では「家族給付」と訳す。

40）JO, 6 octobre 1945：6280-6286.

41）JO, débats de l'Assemblée consultative provisoire, séance du 5 juillet 1945：1316.

42）JO, débats de l'Assemblée consultative provisoire, séance du 31 juillet 1945：1673-1697.

43）JO, débats de l'Assemblée consultative provisoire, séance du 31 juillet 1945：1697.

44）JO, 6 octobre 1945：6280-6286. 廣澤：155。

45）JO, 23 août 1946：7350-7352.

46）1946年５月20日の法律による。ただし、このまま実行すると保険料の大幅な引き上げを招いてしまうので、実際の賃金とは異なる参照賃金の仕組みを設け、負担可能な範囲で漸次手当の引き上げを図ることとした（江口：15）。

47）JO, débats de l'Assemblée nationale constituante, séance du 11 juillet 1946：2662; doc. No.151.

48）JO, débats de l'Assemblée nationale constituante, séance du 26 juillet 1946：2835; doc. No.266.

49）JO, débats de l'Assemblée nationale constituante, 2e séance du 3 août 1946：2679; doc. No.355.

50）JO, débats de l'Assemblée nationale constituante, séance du 6 août 1946：2984-3000.

51）CAC, 860269 1, HCPF, Séance du 18 mai 1945.

52）CAC, 860269 1, HCPF, Séance du 13 juin 1945. 'Projet d'un « train » de mesures législatives d'intérêt démographique présente par M. Landry.

53）JO, 13 avril 1945：2042-2043.

54）JO, 1er janvier 1946：2.

55）JO, 25 octobre 1945：6896.

56）第７章で見たように、ポール・ヴァンサンやブルジョワ＝ピシャはヴィシー時代から戦後も継続してカレル財団及び INED で働いている。

57）INED に所属する歴史人口学者ル・ブラは、1991年出版の著書『マリアンヌとうさぎ』の中で、1945年以降 INED の思想には出産奨励主義的バイアスがあると指摘している（Le Bras：106-107）。

58）JO, 4 mars 1945：1137-1138.

59）Fernand Boverat, 'L'homme marié meurt beaucoup moins que le célibataire', *Revue de l'Alliance nationale*, 1945, No.370, avril-juin：20-21.

60）'Lutte contre les fléaux sociaux', *Vitalité française,* 1946, No.377, juillet-août：76-178.

61）Robert Prigent, 'Préface à notre cinquantenaire', *Vitalité française*, 1946, No.374, janvier-février：97-98.

62）*Vitalité française*, 1946, Numéro spécial：19.

63) *Vitalité française*, 1949, No.392, janvier-février : 145.

63) *Vitalité française*, 1949, No.392, janvier-février : 145.

第9章　第四共和制の家族政策（1946－1958年）とその後

本章では、1946年10月から1958年10月までの第四共和制の家族政策について簡単に見る。第四共和制では新たな政策はほとんど行われず、それまでの家族政策が継続された。新たに採用された主な施策は、1948年の住宅手当創設と1955-1956年の単一賃金手当の拡大の二つである。本章ではこれ以外に、家族手当金庫の恒久独立と、1956年の（旧）社会保障法典を取り上げる。最後に、1958年以降の家族政策をいくつか取り上げる。

1946年10月にスタートした第四共和制は、わずか12年という短命の政体であった。新憲法が第三共和制憲法とそれほど変わらなかったため、議会が大きな権限をもち、比例代表選挙は多党分立をもたらし、議会での多数派形成を不可能にした。そのため第三共和制と同様、連立政権は常に不安定で、短命で終わることが多かった。対外的には、米ソ対立と冷戦の始まり、脱植民地化などが押し寄せた時期である。国内では、アメリカからのマーシャル・プランを修正したモネ・プランによって戦後の復興が始まり、「栄光の30年間」と呼ばれる経済成長が始まった（柴田ほか編：391-394）。

経済成長とともにベビーブームは1960年代半ばまで続き、フランスの人口は、1946年の4029万から1958年には4479万となり、戦前と比べると著しく増加した。1945年の出生率は16.5‰（出生数約64万）、1946年は20.9‰（約84万）、1947年は21.5‰（約87万）、1950年は20.9‰（85万8100）、1958年は18.1‰（約81万）である。年間出生数が80万を超えたのは、1921年以来のことで、以後1973年まで出生数が80万を切ることはない。1969年には人口が5000万を超え、ドゴールが望んだ「10年間で1200万の出産」は叶わなかったが、19世紀末以来、政策決定者たちが取り組んできた人口増加と出生率上昇はこの時期に達成された。

第四共和制終了のきっかけは、植民地アルジェリアをめぐる分裂である。事態収拾のため、1946年1月に下野していたドゴールが再び政治の表舞台に現れ、1958年6月2日に憲法改正のための全権を国民議会から付与され、この時点で実質的に第四共和制は終了した。その後、ドゴールの提案した新たな第五共和制憲法案が、9月の国民投票で圧倒的多数で承認される。新憲法は大統領の権限を強化し、議会の権限を弱めるもので、大統領が形式的存在であった第三共和制や第四共和制とは大きく異なる内容であった。10月4日に新憲法が公布され、正式に第五共和制が成立し、ドゴールが大統領に就任する。以後、ドゴールは11年間大統領の地位にあった。

第1節　住宅手当の創設

1948年9月1日の法律によって、急進社会党マリー André Marie（在1948.7.26-1948.9.5）内閣の下、「住宅手当」が創設された[1]。この時の財務・経済問題大臣は、第三共和制末期にダラディエとともに家族政策を推進したレノーである。住宅手当は、家賃補助の現金給付で、所得制限があり、家賃生活者で2人以上の子をもつ被用者の世帯あるいは単一賃金手当を受給している世帯で、所得に応じてデクレで定める最低限度の家賃を支払う者であり、衛生や居住人数の点で最低限の条件を満たした住宅に居住していることが条件とされた。また、住宅の所有権を取得するまで支払われる月賦金（住宅ローン）も家賃と見なされた。つまり、賃貸のみでなく、所有住宅の場合も要件を満たせば支給される。手当額は、所得と子供数に応じて決定すると定められ、子供数に応じた累進的増額が取り入れられ、失業時にも支給されると定められた。

この法律で、住宅手当は、1946年の家族給付法で規定された家族給付に新たに追加されると明記され、家族給付の一つとされた。これは、後述するが、1956年に（旧）社会保障法典が制定された際にも明記され、現在に至るまで、フランスでは住宅手当は家族給付の一つとされる根拠となった。第1章で見たように、現在は「家族住宅手当」と名前を変えて継続している。現在は、この家族住宅手当以外の住宅支援手当は子供がいることを要件としておらず、広い世帯への住宅購入援助と家賃補助を目的としている。が、創設時の住宅手当は、疑いなく家族手当や単一賃金手当と同様の多子奨励型の家族給付である。

なお、この法律における住宅手当創設は一部にすぎず、主な内容は賃貸人と借家人（または占有者）との賃貸関係に関するもので、目的は借家人保護と住環境の改善である。そのためこの法律は、別名「借家人保護法」と呼ばれる。背景には戦後の住宅不足と家賃急騰がある。その対策として、政府は新たな住宅建設の他に、借家人の占有継続権の保証と家賃の低額統制を行った。この法案は、議会審議で目立った反対もなく採択された[2)]。

住宅手当創設の目的は、家賃の低額統制が決定したとはいえ、順次その水準は引き上げられるとされたため、家賃上昇に耐えられない低中所得世帯への住宅保障や住居費援助を目的とする現金給付である。つまり、所得の垂直的再分配という目的をもつ社会保障の一つである。住宅手当自体は世界でも珍しくないが、「２人以上の子供がいること」が要件とされ、貧困対策ではなく家族政策の一つとされた点が、他国とは異なるフランスの特徴である。

住宅手当が出産奨励型の家族政策の一部であるという考え方は、日本では共有しにくい感覚であり、家族政策研究においても、住宅手当は他の家族給付と比べて「異質」であるという理由から詳細に取り上げられないことが多い（たとえば上村 1999:167）。ただし、現在でも家族給付の一つとして家族住宅手当が継続されているように、住宅手当創設時の家族政策としての概念は継続されている。住宅手当創設の根底には、フランスでは「住宅が過小かどうかは世帯構成員数、特に子供数によって決まる」という考え方が普及しており、多子家族にはより広い家が必要であり、一定の広さと安全性をもつ住宅を国が低価格・低家賃で提供する義務があるという考え方が存在する。そこには、家が狭いという理由で子をもつことをあきらめなくてもいいようにという目的も同時に存在し、一種の出産奨励となっている。したがって、子供数の多い家族には広い住宅を用意すべきであり、そのための費用は社会保障の範囲で賄うべきであるという思想は現在も継続されている。これは言い換えれば、低家賃で広い住宅を確保することが困難であれば、カップルはより多くの子をもとうとしないだろうという考え方が普及しているということである。フランス在住のジャーナリスト中島は、フランス人に日本は低出生率に悩んでいると話すと、「家が狭いからか？」という反応が多く返ってくるというエピソードを紹介し、住環境を整えることが出生率上昇の前提となるという論理がフランス人に定着したのは、この住宅手当創設からではないかと推測している（中島 2010：123, 194）。このエピソードは、現在のフランスでは、家族住宅手当が法的に家族給付と位置づけられている事実以上に、低家賃の広い住宅の確保は出産奨励に有効であるという概念がフランス人に普及しているということを示している。このような出生率上昇策としての住宅問題は、人口減少院外委員会においても、人口高等委員会でも議論されていた。したがって、ここにも戦前からの連続性が存在する。

第２節　単一賃金手当の拡大

家族手当金庫の恒久独立を除くと、住宅手当創設後の７年間、新たな家族政策は採用されなかった。1955年と1956年の２回に分けて新たに採用された家族政策は、単一賃金手当の農業経営者と自営業者への拡大である。前章で見たように、ヴィシー時代に開始された単一賃金手当は、戦後1946年８月22日の家族給付法で継続が決定したが、商工業の被用者にしかその支給は認められていなかった。そのため、農業経営者や自営業者からの不満が大きく、「公平の観点から」その拡大が求められていた。

まず農業経営者への拡大を求める法案が、1955年６月29日に、農業家族手当の予算配分に関する政府法案として財務・経済問題大臣フリムラン Pierre Pflimlin（MRP）から提出された[3]。この時の首相は急進社会党右派のフォール Edgar Faure（第二次、在1955.2-1956.1）である。

下院では予算の問題から長く審議されたが[4]、上院の修正を経て[5]、1955年８月４日に採択された。それが「1955年８月６日の法律」として公布され[6]、農業経営者に対する「いわゆる専業主婦手当 allocation dite de la «mère au foyer»」（農業主婦手当）が制定され、単一賃金手当が農業経営者にも拡大適用されることが決定した。名称として第三共和制の「主婦手当」が復活した理由は、ヴィシー政府起源の「単一賃金手当」という名称を嫌ったからではなく、単に経営者は賃金を受け取らないからという理由である（Messu：81）。ここでも、ヴィシー政府に対する忌避は感じられない。この農業主婦手当は、家長が「被用者ではない農業従事者で、主な収入が経営から由来し、その配偶者が明らかな職業的収入を受け取っておらず、主に家庭での義務と子供たちの教育に身を捧げている」場合に支給されると規定され、その手当額は、1955年7月1日以降、3人の子を扶養する場合は県平均賃金の15%、4人の場合は25%、5人の場合は40%とされた。1956年10月1日以降は、2人の子を扶養する場合10%、3人の場合20%、4人の場合は30%、5人の場合は50%と定められた。

さらに、1956年12月11日の法律によって、農業以外の自営業者にも単一賃金手当が拡大された[7)]（自営業者主婦手当）。これは、主婦手当が農業経営者に拡大された時から要請されていた措置である。1956年7月11日に、社会問題大臣ガジエ Albert Gazier（社会党）と元首相の財務・経済担当大臣ラマディエ（社会党）が、政府提出法案として下院に提出し[8)]、審議なしで同年8月3日に採択された[9)]。この時の首相は社会党のモレ Guy Mollet（在1956.1-1957.6）である。つまり、単一賃金手当の農業経営者への拡大は右派政権で、自営業者への拡大は社会党の左派政権において提案され、採用された。

この自営業者主婦手当は、家長が「被用者でなく、その主な収入が農業以外の独立職業活動に由来し、その配偶者が明らかな職業的収入を受け取っておらず、主に家庭での義務と子供たちの教育に身を捧げている」場合に支給されるとされた。手当額は、3人の子がいる場合は県平均賃金の15%、4人の場合は25%、5人の場合は40%と定められた。

こうして主婦手当及び単一賃金手当は、戦後1950年代半ばに農業経営者と自営業者にも拡大され「一般化」を達成し、1977年に廃止されるまで継続された。「専業主婦手当」の名称が消滅するのは、1977年7月に、単一賃金手当と主婦手当と「保育費手当」（後述）を統合した「家族補足手当」が新たに創設された時である（後述）。これは、次第に働く女性が増え、単一賃金手当や主婦手当は女性の社会進出を阻害するとの批判が高まったためで、働く女性を支援する新しい家族政策が必要とされたからである。

この単一賃金手当の拡大及び「専業主婦手当」の名称復活は、左右両方の内閣においてであり、家族政策に関しては右派・左派ともに推進するというフランスの19世紀末以来の伝統を踏んでいる。「公平の観点」からの拡大とはいえ、戦後、左右両方の政権において、「女性は家にいて家事・育児に専念すべきである」という思想が容認され、30年以上継続されたことは事実である。が、序章で述べたように、女性を労働市場から排除するとして多くのフェミニスト研究者が批判したヴィシー時代の単一賃金手当が、戦後も廃止されることなく、むしろ拡大されて継続されたことに対して、ヴィシー政府に対する批判と同様の批判が、第四共和制の政府に向けられることは少ない。

第3節　家族手当金庫の恒久独立

戦後の社会保障制度では、第8章で見たように、当初は三部門の一元化、その具体的手段として単一金庫の設置が目標とされたが、その賛否をめぐって左右が激しく対立した。激しい議論を経て、妥協的解決策として、すでに戦前から独立金庫として発展していた家族手当金庫の特権的地位を考慮し、「将来の一元化」という条件で暫定的措置として家族手当金庫の独立が認められた。しかし、結局一元化は放棄され、1949年2月21日の法律によって、家族手当金庫の恒久的な分離・独立が認められた[10]。つまり、MRPとCFTCが主張した家族手当金庫の分離独立が、約3年半後に果たされることとなった。が、この措置は、前年の商工業者の老齢保険制度の独立を認めた職域金庫法に続くもので、単一金庫の否定はすでに始まっていた。1948年1月17日の職域金庫法によって、単一金庫の原則に反して、一般制度から切り離された商工自営業を対象とする老齢保険制度の独立が認められた。廣澤によれば、この職域金庫法は、ラロック・プランの三原則の中でも最も重要な柱とされた「単一金庫主義」(一元化)を否定するものであり、これ以後さまざまな職域金庫の設立に道を拓くことになり、フランス社会保障制度の「大きな転換点」となった(廣澤:167)。つまり、社会保障制度が、単一金庫による全国民の包摂ではなく、新たな金庫の創設によって職域ごとに取り込んでいく戦前からの「共済組合原則」が残存する契機となった。

この転換の背景には、冷戦開始に伴って1947年から反米闘争を組織した共産党系労働組合CGTの衰退と、アメリカのマーシャル・プラン受入れをきっかけとする共産党の衰退がある(渡辺ほか:154-155)。戦後の三党政治は大きく変化し、1947年5月成立の挙国一致内閣(第二次ラマディエ内閣)は共産党閣僚を排除した。その後は、社会党、MRP、急進社会党という中道三党による連立政権の時代になり、共産党とドゴール派という左右両派が政権から排除された。

この社会党と共産党の決定的な亀裂が、戦後の社会保障制度の確立の中心となった左派勢力の分裂と影響力の衰退を招き、左派が主張した単一金庫主義の瓦解へつながることになる。

この二つの立法によって、戦後の社会保障制度計画が当初目指した「単一金庫主義」は完全に否定された。社会保障研究者の廣澤は、家族手当金庫の恒久独立の立法の方が遅かったためか、1948年の職域金庫法をより重視しているが、そもそも1945年10月の社会保障制度確立の時点で、すでに家族手当金庫の暫定独立が承認されたからこそ、それが可能になったともいえる。現在のフランス社会保障制度が、一般制度と特別制度が併存する複雑なシステムとなった要因の一つは、暫定措置としての家族手当金庫の独立を認めたことにあり、それは家族手当の歴史によるもので、そこにはヴィシー時代も含めた第三共和制期から現代までの連続性が存在する。

第４節　1956年の社会保障法典

家族手当金庫の恒久独立が決定したからといって、家族給付制度が社会保障制度から除外されたわけではない。1956年に制定された（旧）社会保障法典の第１条において、「社会保障の組織は、労働者及びその家族を、稼得能力を減少または喪失せしめるあらゆる性質のリスクに対して保証する。この組織は、同様に出産の負担及び家族の負担を対象とする」（傍点引用者）と規定している[11)]。この規定は、第８章で見た1945年10月４日のオルドナンスの第１条「社会保障の組織は、労働者及びその家族を、稼得能力を減少または喪失させるようなあらゆる性質のリスクから保護し、また労働者が支える出産の負担と家族の負担を対象とする」という規定を受け継いでいる。つまり、老齢、障害、死亡、労災、失業等の社会的リスクと並んで「家族の負担」すなわち出産費用と子供の扶養も、社会保障がカバーすべきものであるというコンセンサスは、（旧）社会保障法典という法律によって再確認された。

その後、（旧）社会保障法典は1985年12月17日のデクレによって改訂され、新「社会保障法典」となったが、第１条の文言はそのまま継続され（L.111-1）、現在もほぼそのまま継続されている（Legifrance.gouv.fr 2014）。1973年の石油危機や1980年代の「福祉国家の危機」を経てもなお、「家族の負担」は社会保障がカバーすべきであるという思想は継続され、国民にも広く受け入れられている。

ここで、1956年の（旧）社会保障法典における家族給付の位置づけを確認する。1945年10月のオルドナンスで確認されたように、社会保険、労災・職業病補償とともに社会保障の主要な三部門の一部を構成する点はそのまま継続され、（旧）社会保障法典の第5編「家族給付」として規定された。それによると、家族給付は1946年に規定された家族手当、単一賃金手当、出産手当、産前手当の4種類とともに、1948年に創設された住宅手当が加わって5種類とされている（510条）[12]。それぞれの諸手当の内容は、以前のものとほぼ同じであるが、以下簡単に紹介する。

家族手当は、第二子以降に支給され、手当額は子供数に応じて累進的に増加される点、すなわち多子の奨励の意味合いに変更はない。その率は、第二子は基礎月給の22％、第三子以降はそれに33％ずつ追加されることとなり、1946年8月の率と比較すると、第二子は月額県平均賃金の20％（ヴィシー時代10％）、第三子以降には30％ずつ追加（ヴィシー時代は第三子に20％追加、第四子以降に30％追加）より、多少増額された（530条）。また、10歳以上の子にはさらに基礎月額の5％が追加される（531条）という増額も、この時行われた。

単一賃金手当は、「一つの世帯に給与取得者が1人しかいない場合に支給される手当」というヴィシー時代からの定義が、そのまま引き継がれた。手当額は、子供が1人しかいない場合、5歳以下の場合は基礎月給の20％、5歳を超える場合は10％と1946年8月の規定と同じであるが、子供が2人の場合は計40％と増額され（1946年は30％）、3人の場合は計50％と同じと定められた。第二子のみ増額されたのは、現実に子供数が2人という家族が増えたことを考慮したのかもしれない。さらに、一人っ子の場合でも、病気や障害者の場合は5歳以上でも20％の手当が支給されるという福祉的な性格が加味された（534条）。

出産手当は、出産の度にボーナスが支給されるもので、額は、第一子の場合は居住県の中で最も高額の月額基準賃金の2倍（1946年は3倍）、第二子以降は3分の4（1946年は2倍）とされ、1946年より減額となった（521条）。また1946年に設定された受給条件である「フランス国籍をもつ子」「嫡出子または認知された子」は、そのまま継続された。さらに、1946年の要件として、第一子の場合、母親が25歳以下か結婚2年以内で出産した場合のみ、第二子以降は、前の出産から3年以内であることとされていたが、1956年の要件は、第一子の場合は結婚後2年以内、第二子の場合は第一子出産後3年以内か結婚5年以内、第三子の場合は前回の出産から3年以内か第一子出産から6年以内か結婚8年以内とされ、ただし、母親が25歳未満の場合はあらゆる出産時に出産手当は支給されるとされた（519条）。これは、条件がより厳格化され、母親が若いうちに多子を出産するよう求める多子奨励の意図が強まった変更ともいえる。

産前手当は、妊娠3か月以内に母親が届け出て、計3回の産前検診を受けると、出産前の9か月間に3回に分けて支払われる手当で、1946年のものとほとんど変わらない。1946年の時点では、出産手当のみ受給要件から職業活動が免除されていたが、それに続いてこの産前手当も1953年に職業活動が免除されることが決定した。

以上見たように、（旧）社会保障法典における五つの家族給付の内容は、後に創設された住宅手当を除いて1946年8月に規定されたものとほとんど変わっていない。

では、家族給付の支給対象はどうか。（旧）社会保障法典において、家族給付支給対象は、「家長またはその他として、フランスに居住する1人または2人以上の子を扶養する、フランスに居住するすべてのフランス人または外国人」と規定された（511条）。1946年の時点では出産手当のみ「フランス国籍をもつ」ことを要件とし、ヴィシー時代と比べると外国人にも拡大したとは言え、まだ外国人には支給しない給付も一部残っていたが、（旧）社会保障法典において、全ての家族給付は外国人にも適用されることとなった。「世帯内の職業活動」については、1948年創設の住宅手当は失業時にも支給されると明記され、1953年には産前手当の職業活動免除が決定したため、職業活動が必要とされる家族給付は家族手当と単一賃金手当の二つのみとなっていた。この点に関しては、「受給権者の未亡人を除いて、フランスでなんらの職業活動も行わない者、または職業活動を行うことができないことを証明しない者」は、家族手当と単一賃金手当は受給できないとされた（513条）。つまり、1956年の時点でも、家族給付の中で最も主要で長期的な手当である家族手当と単一賃金手当を受給するためには、なんらかの「職業活動」が要件とされていたということであり、家族給付と労働との関連は完全には絶たれなかった。これは、第三共和制以来の家族手当と単一賃金手当（主婦手当）の要件をそのまま引き継いだものであり、連続性の一つである。また、家族給付の財源も、事業主（企業）の単独負担の保険料で賄われることが継続され、家族手当が企業の追加賃金という慣行から始まった第三共和制以来の伝統を引き継いでいる。

第5節　その後の家族政策

ここでは、第二次大戦前からの家族政策の「連続性」を検証する目的に絞って、関連するその後の家族政策をいくつか簡単に紹介する（江口:16-31、千田:251-257、岡田 1996:110-121）。

1．全国家族手当金庫（CNAF）の設立

1967年に家族手当金庫（CAF）を統括する機関として「全国家族手当金庫（CNAF）」が創設された（Bethouard / Steck:177）。CAF と同様、現在まで継続しており、第1章で見たように、CNAF は現在の家族政策の重要なアクターの一つである。

1967年から68年にかけて、ドゴール大統領の下、第4次ポンピドゥー内閣 Georges Pompidou（UNR[13]、在1967.4-1968.5）において、大規模な社会保障改革が行われた。この改革の目的は、主として医療費の増大によって生じた一般社会保険部門の赤字を解消することと、過重な保険拠出金負担による企業の国際競争力低下を防ぐことであった。ただし、家族手当金庫に関しては、収入は給与総額の伸びによって決まるため、経済成長の恩恵を受け、かつ出生率は1965年以降低下していたこともあって、構造的に黒字であった。この改革で、家族手当金庫を除いて一元化されていた社会保障全国金庫を、疾病・労災、老齢、家族の三つの全国金庫に分割した。財源も国庫負担ではなく、労使の保険料拠出で維持されていくことが決定した（廣澤:185-189）。これによって、家族部門の全国金庫として設立されたのがCNAF である。ここにおいて、社会保障制度が当初目指した一元化と単一金庫原則は完全に崩壊した。

２．家族給付改革

1960年代末から、ポンピドゥー大統領の下（UDR、在1969.6-1974.5）、シャバン＝デルマス内閣（UDR、在1969.6-1972.7）において、家族給付費を抑制しつつ、真に必要な人々に給付を行うことを目的とし、所得や境遇に関する受給条件を設けて給付の対象者を絞り込む家族給付改革が行われた。

中でも重要なのが、単一賃金手当及び主婦手当の改革である。女性労働が増加するにつれ、これらの手当は時代遅れと見なされるようになり、改革について活発な議論が交わされるようになった。その際、家族給付は家族の所得に対して中立的であるべきかどうかという点が問題になった。この時点での家族給付は、住宅手当を除いて所得制限がなく、家族の所得に関係なく支給される水平的再配分である。これに対して、社会的公平の観点から異議が唱えられるようになった。つまり、家族給付に求められるニーズが、富裕層から貧困層への所得再配分の機能（垂直的再配分）へと変化した。

こうした中、1970年代初めに家族給付の再編が進められた。まず1972年１月３日の法律によって、「保育費手当 allocation pour frais de garde」が創設される。これは育児をしながら働く母親の家族に保育費用を補償する手当を支給するものである。この手当は、一定水準以下の所得で、３歳以下の子供がいる世帯または４人以上の子をもつ家庭に加算される制度を設けた。これによって、家族給付制度において「女性は家にいて家事・育児に専念すべき」という伝統的な考えが否定され、初めて国家制度が働く母親の存在を認めた。同時に、単一賃金手当の対象となった主婦を一般制度の老齢保険に加入させ、その老齢保険料は、CNAF から老齢保険全国金庫に支払うこととした。また、普遍的再配分も否定されることとなった。これらは、それまでの家族政策の流れを変更するものであり、第三共和制期以来の出産奨励主義的な家族政策が否定される契機となった。

その後、1973年の石油危機以降、財政赤字の社会保障政策は全般的に見直しが求められるようになった。そのため、1977年７月12日の法律によって、単一賃金手当と被用者主婦手当と保育費手当が廃止され、「家族補足手当」に統合された。この家族補足手当は、３歳未満の子又は３人以上の子がいる家族に家族手当を補足する手当である。これによって、単一賃金手当は廃止された。また、手当額の引上げが行われ、受給条件としての所得の上限が引上げられたので、より多くの中所得層の家族が恩恵を受けることになった。これは、ジスカール・デスタン大統領 Valéry Giscard d'Estaing（PR, UDF、在1974.5-1981.5）の下、第二次バール Reymond Barre 内閣（UDF、在1977.3-1978.3）において行われた。

3．離　婚

1974年の大統領選挙で勝利した非ゴーリスト中道右派政党 UDF のジスカール・デスタン大統領は、ゴーリスト保守右派政党 UDR のシラクを首相に指名し（在1974.5-1976.8）、保革共存内閣が誕生した。この時、過去最高の４名の女性が入閣した。そのうちの１人が、中絶合法化で有名な厚生大臣シモーヌ・ヴェイユ Simone Veil[14)]（UDF、在1974.5-1979.7）である（後述）。この内閣において、離婚や避妊や堕胎に対する制限が緩和されることになる。

1975年７月11日の法律によって離婚の条件が緩和され、1816年以来禁止されていた協議離婚が可能になった（稲本:34-36）。第７章と第８章で見たように、第三共和政期の1884年７月27日の法律（ナケ法）によって裁判離婚は認められるようになっていたが、夫婦の合意による協議離婚は禁止されたままであった。実際にはある程度簡易化されていたが、結婚後３年間の離婚を禁止したヴィシー政府は、裁判離婚の手続きもより厳格化し、「離婚しにくい状況」を作っていた。臨時政府は、結婚後３年間の離婚禁止は廃止したが、離婚手続きの厳格化は継続したため、戦後も「離婚しにくい状況」は続いていた。それが、1975年のこの法律によって、ようやく協議離婚が認められた。逆にいうと、フランスで協議離婚が認められるようになったのは、戦後30年以上経ってからである。

4．避妊の権利

1960年代に入って、1920年法の改正を求める声が高くなった。第８章で見たように、戦後も1920年法と家族法典は有効とされたため、避妊や堕胎の実行や宣伝は禁止されていた。1960年代初めから医療薬としてのピル（経口避妊薬）は登場していたが、1920年法があるため、医学上の理由がなければピルの処方箋を得ることはできず、一般の女性は容易に購入できなかった。

そうした状況に対して、1960年代以降、社会の変化や女性の意識の変化などにより、改正が要求されるようになった。イギリスから40年遅れて、フランスでは1960年にようやく「家族計画協会」が設立され（活動は非合法）、計画出産を普及させる活動（避妊薬の販売や、望まない妊娠をした女性を中絶が合法化されている外国に連れて行き中絶手術を受けさせる活動を含む）を行い、避妊や中絶の合法化を求める運動を展開した。1960年代には女性の権利拡張が進み、女性たちの意識も大きく変化し、「私の身体は私のもの」、子供は「私が欲する時に、私が欲するなら」というように、誰に強制されることなく女性自身が産む／産まないという選択を決定するリプロダクティブ・ライツの考え方が広がりつつあった。1965年の大統領選挙の際には、後1981年に大統領となる社会党のミッテランが、立候補者として初めて1920年法廃止と計画出産への賛成を表明した（ラボー：406-407, 440、中島 2005：36-38）。

これらを背景に、1966年5月、UDRの下院議員ヌーヴィルト Lucien Neuwirth[15]が、1920年法を改正して避妊薬の販売を認める法案を提出した。この法案は保守派やカトリック系議員の強い反対に遭い、審議は難航した。上下両院の往復に手間取り、可決まで時間がかかったが、1967年12月28日にようやく成立した。[16]この「避妊具の販売やピルを許可する出生の調節に関する法律」（通称ヌーヴィルト法）によって、避妊薬の販売が、期間と数量に制限を付した医師の処方箋に基いて薬局で購入できることになった。この「避妊薬解禁法」の成立は、女性が「望まない妊娠」を拒否できる、すなわち「自分の体は自分でコントロールする」という権利が立法において明確に示されたという象徴的な意義があった。実際、コンドームと違って男性の協力を必要とせずに、女性が自分の意志で妊娠をコントロールできるというのは、それまでの男性任せの避妊と比べると、画期的な転換である。こうして避妊に関する権利を獲得した女性は、次には中絶の合法化を要求するようになった。

5．中絶合法化

中絶合法化が成立するまで、女性たちによるさまざまな運動が展開された。一つは有名な「343人のあばずれ女」事件である。これは、1971年に、雑誌『ヌーヴェル・オプセルヴァトゥール』に、「343人アピール」というタイトルで、

343人の女性が実名で「私は非合法中絶（堕胎）をした」と告白する記事が掲載され、社会に衝撃を与えた事件である。この中に、無名の女性に混じって、女優のカトリーヌ・ドヌーヴやジャンヌ・モロー、哲学者シモーヌ・ド・ボーヴォワール、作家フランソワーズ・サガン、弁護士ジゼル・アリミ（後述）などの有名女性の名が並んでいたため、大きな反響を呼んだ（ラボー：436-438、牧：135）。

翌1972年11月には、レイプによって妊娠した17歳の少女が闇堕胎を受けて起訴された事件を弁護した女性弁護士ジゼル・アリミが、高名な医師を証人に呼び、やむを得ない中絶も存在することを訴え、中絶を認めない刑法と1920年法の存在によって、レイプされて身ごもった女性は、堕胎を選択して起訴されて有罪となるか、憎むべき男性の子を育てるかの二つしか選択肢がないと訴え、世間からの支持を得て少女の無罪を勝ち取った。

こうした世論の盛り上がりを背景に、シラク内閣の厚生大臣シモーヌ・ヴェイユは、就任直後、ジスカール・デスタン大統領の意向を受けて、妊娠中絶合法化を求める政府法案を提出した。与党UDRを含む保守派議員やキリスト教系議員が、この法案に激しく反対し、議会審議は荒れた。1974年11月26日の下院審議で、元法務大臣の保守議員フォワイエJean Foyer（UDR）が激しく反対する論陣を張り、「人工妊娠中絶は殺人行為である。なぜなら、中絶はすでに始まっている命を破壊するからである」、「堕胎は悪である」、「堕胎は権利ではない」、「子供の生きる権利は、ただ子供に死を与える女性の権利に勝る」などと述べた[17]。議会審議は3日間続き、激しい攻防が繰り広げられた。与党の大部分が政府の意向に反して反対に回ったため、可決には左翼政党の協力が必要であった。同じ与党である男性議員から罵声を浴びて、涙を浮かべながらも粘り強くこの法案を通したヴェイユ厚生大臣の姿は、現在フランスで知らない人はいないほどの「物語」となっている（ラボー：439-450、中島 2005：90）。

こうして、正式名称「妊娠の自発的中断に関する法律」すなわち自由意志による人工妊娠中絶法（通称ヴェイユ法[18]）は、1974年11月28日に下院で賛成284票、反対189票で可決された[19]。さらに上院の審議を経て、1975年1月16日に賛成182票、反対91票で可決された。この法律によって、「苦境状態にある」妊娠10週以内の女性は、医師によって、公立あるいは私立の医療施設において中絶手術を受けることが可能になった。「苦境状態」の内容は、具体的に定義されていない。ただし、医師は良心を理由に中絶手術を忌避できるなど、いくつかの条件が付された。したがって、この法律は、全面的に中絶を容認するものではなく、毎年200人から300人の女性が闇堕胎で命を落としている現状を救済するための方策でもあった（牧:136)。

ま と め

本章では、主に第四共和制の家族政策の施策を見た。第四共和制期の家族政策は以前からの諸施策の継続が主で、新たな施策は、住宅手当の創設と単一賃金手当の拡大のみである。前者は子供が２人以上いることが支給要件で、出産奨励策の一つである。後者は、第三共和制末期に準備され、ヴィシー政府によって開始された単一賃金手当を農業従事者や自営業者にも拡大したものであり、フェミニスト研究者が批判するヴィシー政府の性別役割分業の押し付けを継続したものといえる。この時期はベビーブームが続いており、それはこれまでの家族政策の成果であると受け止められ、家族政策に反対する意見はあまり出ていない。したがって、家族政策に関しては、戦後30年近く経っても戦後の臨時政府が採用した政策が継続され、第三共和制末期からヴィシー政府を経て、戦後の臨時政府と第四共和制までの「連続性」が存在する。

家族政策が変化するのは、第五共和制となってさらに10年以上経った1970年代に入ってからのことである。この時期に、家族政策はそれまでの出産奨励主義的な性格から脱し、社会政策へと変化した。ただし、こうした大きな変革を経てもなお、フランスの家族政策の中心である家族手当は、1938年の統一化以来80年近く経つ現在に至るまで、第一子には支給されず、子供数に応じた累進的増額で、所得制限も所得税も課さない普遍的給付という特徴を失っていない。時代の変化を経ても廃止されることなく継続されている理由は、そこに「子育ての費用は社会全体で支えるべき」というコンセンサスが、長い時間をかけて醸成されたからであるといえる。フランスの家族政策は、20世紀初めから第二次大戦後1960年代までの連続性が存在する。

1） JO, 2 septembre 1948:8659-8668. 住宅手当部分は8667-8668.

2） JO, débats, Assemblée Nationale, 1er séance du 26 août 1948:6300.

3） JO, doc. Assemblée Nationale, séance du 29 juin 1955, No.11049:1125-1129. これ以前にも議員法案として提出されている。たとえば、JO, doc. Assemblée Nationale, séance du 3 mars 1955, No.10256:465.

4） 一般に農村では多子の傾向が強いと考えられていた。JO, débats, Assemblée Nationale, 2e séance du 19 juillet 1955 3894-3911; 3e séance du 19 juillet 1955:3916-3932; séance du 20 juillet 1955:3953-3977.

5） JO, débats, Conseil de la République, 2e séance du 28 juillet 1955:1950-1976.

6） JO, 8 et 9 août 1955:7972.

7） JO, 12 décembre 1956:11872.

8） JO, doc. Assemblée Nationale, séance du 11 juillet 1956, No.2516:1970. これ以前に議員法案として同様の法案が何度か提出されている。たとえば、JO, doc. Assemblée Nationale, séance du 15 mai 1956, No.1811:1391. JO, doc. Assemblée Nationale, séance du 26 juin 1956, No.2353:1857.

9） JO, débats, Assemblée Nationale, séance du 3 août 1956:3868. 上院でも翌日採択された。JO, débats, Conseil de la République, séance du 4 août 1956:5529.

10） JO, 22 février 1949:1943. 正式名称は「1945年10月4日のオルドナンスの枠組みにおける家族手当金庫運営の永続的自治に関する1949年2月21日の法律」。

11） JO, 18 décembre 1956:12140.

12） JO, 18 décembre 1956:12186.

13） UNR（新共和国連合 Union pour la Nouvelle République）は、ドゴールが政界復帰する際、ドゴール支持の保守政党として1958年10月に発足した。前身は RPF（フランス国民連合 Rassemblement du peuple français）で、1947年10月にドゴールが第四共和制の政党政治を批判して結成した政治集団（自ら政党であることを否定）。つまり、保守右派のゴーリスト政党の流れは、RPF（1947-58）→ UNR（1958-67）→ UDR（1967-76）→ RPR（1976-2002）→ UMP（2002-）となる（大山:137-138、第1章注11参照）。

14） 第1章で見た全国家族会議を設立した1994年7月25日の家族に関する法律を提出したシモーヌ・ヴェイユと同一人物。その時の肩書はバラデュール Édouard Balladur 内閣の社会問題・厚生・都市大臣（在1993-1995）である。

15） Neuwirth の日本語表記は定まっていない。ニューウィルト、ニューヴィルト、ヌーウィルト、ヌヴィルトなどさまざまである。

16） ただし、この法律の実際の適用はかなり遅れた。ラボーによると、保守派の官僚が故意に行政手続きを遅滞させたためで、法律の成立からこれを実効化する政令の発布まで5年かかった。岡田によると、実際の適用が開始されたのは7年後の1974年12月4日の法律によってである（ラボー:441、岡田 1996:112）。

17） JO, débats, Assemblée Nationale, 1er séance du 26 novembre 1974:7010.

18） loi relatif à l'interruption volontaire de la grossesse。この法律は、日本の中絶法である「母体保護法」とは観点が根本的に異なり、フランス女性に「中絶は女性の権利」という意識を確立した、と中島は指摘する（中島 2005:92-93）。

19）　JO, débats, Assemblée Nationale, 3e séance du 28 novembre 1974：7239.

終　章　家族政策の「連続性」

本書では、1902年から1958年まで、特に第三共和制末期からヴィシー時代と戦後までの1938年から1946年を中心に、フランスの家族政策の諸施策を検証し、フランスにおける家族政策の起源と歴史的発展経緯を明らかにし、「連続性」が存在することを明らかにした。特に日本のみならず国外でも先行研究の少ないヴィシー時代を中心として、前後の「連続性」を検証した。以下に、各章の要約を述べる。

第１章では、フランスの現在の家族政策の概要と、家族給付と社会保障の関連を見て、家族政策にまつわる問題点について検討するとともに、家族政策の歴史研究の必要性を考察した。

第２章では、19世紀末から20世紀初めにかけてのフランスの人口動態と出生率低下の事実を確認し、それが政策決定者たちに認識されていく過程を概観した。

第３章では、1902年から1914年までの時期を家族政策の始まりの時期と位置づけ、その開始と展開の過程を検証した。この時期は、人口減少や出生率低下という現象が「政治問題」とされ始めた時期であり、国家が対処すべきであるというコンセンサスが形成された。1902年の「人口減少院外委員会」設立を、初の国家による明示的な家族政策と捉え、その設立過程と議論の内容を見た。この委員会で検討された諸施策が、後に実際に採用される。

第４章では、1914年から1931年までの家族政策を検証した。死者の多かった第一次大戦後は、人口減少に対する危機感が戦前より非常に深刻になり、出産奨励主義がより推進され、抑圧的な施策も開始された。その象徴が、1920年７月31日の堕胎と避妊の取締り強化法である。堕胎と避妊の抑圧は出生率上昇策と考えられた。この時期に家族政策に関与した人物は、後のヴィシー時代も含めて家族政策の黄金時代に活躍する人物が多い。

第５章は、1932年から1938年までを扱い、家族手当を法制化した1932年法と、家族手当を統一した1938年デクレの二つの立法を比較しつつ、家族手当制度の形成過程を検証した。第一次大戦の死者の多さと世界不況の影響を受けて、1930年代後半に出生率が非常に低下し、人口問題の危機感は増加した。

第６章は、1938年11月から1940年６月までの第三共和制末期における家族政策を検証した。特に1939年７月公布の「家族法典」は、家族政策における集大成として有名であるが、堕胎取締りの強化や子供のいない世帯への増税など、抑圧的な施策も多く含んでいることを確認した。これらは後のヴィシー政府の政策とよく似ており、ヴィシー政府の家族政策の起源が第三共和制にあることを確認した。

第７章では、1940年から1944年までのヴィシー政府が行った家族政策を検証した。主なものは、家族給付の拡大と多子家族優遇策とプロパガンダである。抑圧的な施策として、既婚女性の労働制限や離婚制限、堕胎の厳罰化なども見た。特にプロパガンダを国家が大規模に行い、「子供を生むことは良いことである」「多子家族はすばらしい」といった直接的なメッセージを発信した。それまで一般に「子供嫌い」と考えられていたフランス社会が変化したのは、ヴィシー時代の家族政策によるものと考えられる。

第８章では、1944年から1946年までの戦後の臨時政府が採用した家族政策を、特にヴィシー政府の家族政策と比較しつつ検証した。臨時政府はヴィシー時代の法令を全て無効としたが、家族手当に関する領域は継続し、実際の諸施策や組織や人材の面でヴィシー時代と多くの連続性が存在する。その中には、フェミニスト研究者たちが批判するヴィシー政府の政策である子供のいない家庭への冷遇、非嫡出子への差別、離婚の制限、堕胎の制限なども含まれる。

第９章は、1946年10月から1958年までの第四共和制の家族政策を検証し、連続性の観点から1958年以降の家族政策も、今まで取り上げた施策と関連することを取り上げた。第四共和制期には、新たな政策はあまり採用されず、それまでの政策が継続された。論者によってはこの時期も「黄金時代」に含める場合があるが、実際はあまり動きのない時期である。第四共和制の家族政策は臨時政府のものを継続しており、それはすなわち第三共和制とヴィシー政府の施策との連続性も存在するということである。第五共和制に移行してからは、女性の社会進出、リプロダクティブ・ライツの概念の発達、五月革命などの影響で社会全体が大きく変化し、家族政策も1970年代に変化した。

以上、本書では、1902年から1958年まで半世紀にわたる家族政策を具体的に検証した結果、ヴィシー時代も含めて、明らかな「連続性」の存在を確認した。連続性といっても、もちろん全てが同じであるという意味ではない。それぞれの時代における家族政策がもつ含意の差は当然存在する。が、それを考慮しても、この時期の家族政策の根底には出産奨励主義が存在し、政策の背景にある思想にも共通点が存在する。フランスにおいて一般に「逸脱の時代」とされるヴィシー時代を含めて、20世紀初頭から1950年代後半までの間、家族政策の諸施策と成立過程には、紛れもない共通点と連続性が存在する。これは、ヴィシー・バイアスの影響から、今まであまり指摘されなかった事実である。

では、なぜそのような「連続性」が可能だったのか。

最大の理由は、フランスの人口減退と出生率低下という事実と、その対策の必要性の認識によるものである。19世紀末以降、フランスの政策決定者たちにとって出生率低下は大きな「政治問題」であり、その対策は重要な政治課題であった。特に国防上の観点から、「兵力確保」は必要であった。だからこそ、歴代の政府は左右問わず、出産奨励策を採用した。

したがって、早い時期から出生率低下に直面していたフランスにとって、人口増加政策を採用するのは自明であり、そこに連続性が存在するのも当然のことといえる。が、ここで注意したいのは、第二次世界大戦後の共和制政府も、人口増加の手段として、移民の受入れではなく出産奨励を優先した点である。戦後の臨時政府も第四共和制も、ヴィシー政府と違って移民受入れを制限していないが、人口増加の手段を考える際、第一に優先したのは出産増加であり、「望ましい移民／望ましくない移民」という選別思想も共有していた。特に戦後の臨時政府は、ヴィシー政府の正統性を否定することが最大の権力資源であり、ヴィシー政府の政策を継続する必要はないはずである。家族手当のように人口増加に有効な施策を採用するのは当然であるが、ならば同様に移民の受入れを採用しても構わないはずである。それを積極的に推進せず、出産奨励を優先したのは、ヴィシー政府と同様に、「人口増加は移民ではなく出産によるべきである」という出産奨励思想を共有していたからである。同じ理由で、堕胎の抑圧や離婚の制限や子のいない家族への冷遇などの施策の継続も説明できる。フランスの家族政策のトーンが変化し始めるのは、第五共和制が始まった後の1960年代以降である。逆にいうと、1950年代までの家族政策には、施策と思想両方において多くの共通点が存在し、連続性が存在する。

特に現在も継続されている家族給付の中心である家族手当制度は、1930年代から40年代にかけて発展し、その際に導入された「出産奨励」や「多子奨励」という目的は、現在も完全には失われていない。このような出産奨励の思想を含む家族政策を、現在でもフランス国民は好意的に受け入れている。こうした家族政策に対する好意的なコンセンサスは、フランスが20世紀初頭という早い時期から家族政策を開始し、長期にわたって一貫した政策を行い、それが成功したという事実があるからこそ可能であった。つまり、家族政策の長い歴史ゆえである。したがって、現在のフランスの高出生率の理由を分析するためには、フランスの家族政策の歴史研究も重要であり、本書はそれに応えるものである。

あとがき

本書は、2009年9月に京都大学大学院法学研究科に提出した博士論文「フランスにおける家族政策の『黄金時代』(1938-58年)の分析—家族政策におけるヴィシー時代と戦後の連続性を中心に—」を大幅に加筆・修正したものである。修士論文の頃から数えると10年以上の歳月が経ち、その間に渡仏3回を含む。

本書の対象期間は1902年から1958年までであるが、比較の観点から現在の家族政策も紹介したため、かなりの長期間を扱うこととなった。日本では家族政策より「少子化対策」の方が通りがよいかもしれないが、家族政策を使用する理由は本文中に記した。筆者がこのテーマに関心をもったのは、1930年代のフランスが現代日本とよく似た「少子高齢化」社会であった事実による。現在の「高出生率国フランス」とのギャップに興味を引かれた。また、フランス史の中で特殊とされるヴィシー時代に出生率が上昇した事実に関して、フランスでは家族政策研究者までが「黙して語らず」という態度であることにも興味を引かれた。100年以上の歴史がある家族政策の前半の詳細な歴史研究は、日本に限らずフランスにおいてもほとんど存在しないことを知り、「ならば自分で」という意気込みで研究を進めてきた。当初は日本語の先行研究は非常に少なく、政治学や社会保障に限らず社会学や文化史、ジェンダーなどさまざまな方面の文献に当たり、関連するものを拾い集め、原語を探し、仏語文献に当たった。日本語の訳語が定まっておらず、これとこれは同じものを指すのかどうか度々悩んだことも、今となっては懐かしい思い出である。最初に志した、「フランスの家族政策の起源と発展の経緯について詳細に、かつ『連続性』という一つのテーマをもって、一次史料を使用した政治史研究として提示したい」という壮大な目標を、もとより完璧に達成できたとは思わないが、曲がりなりにも出版という形にできたのは、さまざまな方々の温かいご支援のおかげである。心よりお礼申し上げる。

指導教官である唐渡晃弘先生には、博士課程編入以来お世話になっている。学部卒から相当のタイムラグがあり、修士課程は別の大学院、研究テーマは政治史の王道からかなり外れたもの、という異色づくしの筆者を快く受け入れてくださった。以来、一次史料の重要性や、論文の論理的展開と隙のない構成などを、脇の甘い筆者に叩きこんでくださった。また、社会学的な内容に流れがちな筆者の研究に対して、常に政治学の視点を失わないように注意していただき、毎回鋭いコメントをくださった。頑固な性格の割にすぐ落ち込む筆者は扱いづらいことも多かったと思うが、程よい距離感で、常に自主性を尊重し、博士論文完成まで静かに見守ってくださった。感謝している。

また、新川敏光先生と中西寛先生には博士論文の副査を務めていただき、貴重なコメントをいただいた。大家といわれる両先生に拙稿を読んでいただけたことは幸運であった。本書に生かせていることを願う。新川先生の比較福祉国家研究の視座には学ぶものが多く、中西先生には大学院の国際政治学のゼミでもお世話になった。博学な先生方のお話は聞くだけで為になった。

それから、博士課程編入の際、筆者の修士論文にコメントしてくだった大嶽秀夫先生と小野紀明先生にも感謝申し上げたい。今から思うと随分拙い内容だったが、思いがけず好意的な評価をいただいた。以来、研究における密かな心の拠り所として大切にしている。

上記の他にもさまざまな方に学恩を受けている。そのことに触れる前に、私事を述べることをお許し願いたい。筆者は、学部、大学院の修士課程、博士課程と全て異なる大学で学んだ。大阪大学法学部に在籍していた頃、政治学に関心はあったが、研究者になることは考えていなかった。大学院入学のきっかけは、震災と介護である。兵庫県宝塚市に住んでいた時、阪神・淡路大震災が起こり、自宅が全壊した。幸い家族全員無事であったが、さっきまで自分が寝ていた場所にタンスや壁が崩れ落ちているのを見た時は呆然とした。多くの方が亡くなったことを思えば幸運な方であったが、それでもその後の２年間は「日常を奪われた生活」であった。今も東日本大震災の被災者の方々を思うと胸が痛む。あれは経験しないと分からない。こうした経験から、「生きているうちに好きなことをしよう」と思うようになり、フランス留学を実行した。この時、授業でフランス政治について学び、フランス政治への関心を高めた。帰国後はフランス語の語学学校に通い、「フランスの大学に入学できるレベル」の資格をとったが、その時の仕事にフランス語は一切必要なく、転職を考え始めた頃、父が重度の脳梗塞で倒れた。一時は「覚悟してください」と言われるほどだったが、幸いリハビリ病院に転院するまでに回復し、退院後は自宅介護となった。母が進んで介護を引き受けてくれたが、1人では負担が大きいことは目に見えており、「時間がとれるから」という理由で仕事をやめ大学院進学を決意した。

こうした理由を秘めつつ、「留学中に芽生えたフランス政治への関心を研究で深めたい」と面接で述べた筆者を、関西大学大学院法学研究科の土倉莞爾先生は温かく迎え入れてくださった。あの時受け入れてくださらなければ、現在の筆者は存在しない。アカデミックな世界のことを何一つ知らずに飛び込んだ筆者に、土倉先生は初歩の初歩から研究のイロハを教えてくださり、修士論文完成まで導いてくださった。感謝したい。

また、奈良女子大学の渡辺和行先生にも大きな学恩を受けた。当時、関大に非常勤講師としていらしており、大学院の講義を通じてヴィシー時代への関心を拓いてくださった。渡辺先生のご著書『ナチ占領下のフランス』(講談社、1994年)が、本書の全ての始まりかもしれない。渡辺先生にはその他にも、毎回快く拙稿に対するコメントをくださり、歴史学としての史料の使いこなし方や史料選別の重要性なども教えていただき、非常勤講師の枠を遥かに超えてお世話になった。穏やかなお人柄と研究への真摯な態度、バランスの取れた叙述スタイルなど、筆者は大きな影響を受けたと思う。深く感謝申し上げる。

関西大学のその他の先生方にもお世話になった。森本哲郎先生、寺島俊穂先生、大津留(北川)智恵子先生、故・山本周次先生(大阪国際大学)は、大学院の講義等を通じて、研究者としての基礎が不足しがちであった筆者を根気よく指導してくださった。

学会や研究会報告においても、さまざまな方から有益なコメントをいただいた。特に立教大学の小川有美先生、首都大学東京の堀江孝司先生、筑波大学の近藤康史先生、一橋大学の田中拓道先生、龍谷大学の上垣豊先生、東洋大学の鈴木規子先生にはコメンテーターとして忌憚なきご意見を賜った。また、立命館大学の小堀眞裕先生には出版社をご紹介いただき、出版の道を開いてくださった。先生方のご高配に心よりお礼申し上げる。

また、三つの大学に所属したことは、人との交流という点で筆者にとって財産である。数多くの先輩、同輩、後輩の方々にお世話になった。全ての方のお名前を挙げることは難しいが、京都大学では特に、梶原克彦、梶原（阿曽沼）春菜、近藤正基、西村邦行、辻由希、荒木隆人、塚田鉄也、安周永、阪本尚文の各氏にお世話になった。また、関西大学の脇坂徹、民法の岡田愛の両氏とは今も温かい交流が続いている。現在各方面でご活躍されているこれらの方々は、在学中筆者の研究にコメントを寄せてくださったり、自身の能力不足に悩み弱音を吐く筆者を時に温かく時に厳しく励ましてくださったりした。彼らの協力がなければ、博士論文及び本書は完成しなかったと思う。心から感謝申し上げる。その他、事情があり大学院を去った友人達にもお世話になった。感謝している。

本書の研究を進めるに当たり、2009－2010年度文部科学省科学研究費補助金（若手研究（B）課題番号21730115）と松下国際財団（現松下幸之助記念財団）（助成番号09-121）の支援を受けた。また、本書出版に当たり、平成26年度京都大学総長裁量経費として採択された法学研究科若手研究者出版助成事業による補助を受けた。関係各位に心よりお礼申し上げる。これらの経済支援がどれだけ助かったか知れない。

出版に際しては、法律文化社編集部の小西英央氏にお世話になった。初めての出版で不慣れな筆者を、刊行までフォローして導いてくださった。記して感謝したい。

最後に、本書を中国文学研究者であった亡き父・吉彦に捧げるとともに、長年静かに筆者を見守り続けてくれる母・明子と、普段から話し相手となり、今回校正作業も手伝ってくれた姉・都志子に感謝したい。家族の助けがなければ、研究を続けることはできなかった。亡き父も本書刊行を喜んでくれていることと思う。

2015年１月

福島　都茂子

参 考 文 献

〈一次史料〉

1．公文書

(1)官　報

Journal Officiel de la Républque française, Lois et décrets（JO）（1870-1940; 1946-）

Journal Officiel de l'État français, Lois et décrets（JO）（1940-44）

Journal Officiel de la Républque française, Débats parlementaires（JO, débats）

Journal Officiel de la Républque française, Documents parlementaires（JO, doc.）

（上院）Sénat（1870-1940）

Conseil de la République（1946-58）

（下院）Chambre des députés（1870-1940）（Ch.）

Assemblée Nationale（1946-58）

Journal Officiel de la Républque française, Débats de l'Assemblée consultative provisoire（1944-45）（JO, Débats de l'Assemblée consultative provisoire）

Journal Officiel de la Républque française, Débats de l'Assemblée nationale constituante（1945-46）（JO, Débats de l'Assemblée nationale constituante）

(2) Archives Nationales（AN）

CE 146

F60 494

F60 495

F60 496

F60 605

F60 1677

F60 1723

2 AG 459

2 AG 498

2 AG 605

(3) Bibliothèque Nationale de France（BN）

L31-203, Commission de la dépopulation.

L31-204, Commission de la dépopulation, Sous-commission de la mortalité.

L31-205, Commission de la dépopulation, Sous-commission de la natalité.

(4) Centre des archives contemporaines (CAC)
860269 1. Haut comité consultatif de la population et de la famille
860269 2. Haut comité consultatif de la population et de la famille 2
860269 3. divers

2．新　聞
Le Figaro
La France de Bordeaux
Le Journal
Le Matin
La vie industrielle

3．雑　誌
〔国民連盟の機関誌〕
Bulletin de l'Alliance Nationale pour l'acroissement de la population française (*Bulletin de l'Alliance Nationale*) (1899-1921)
Revue de l'Alliance Nationale pour l'acroissement de la population française (*Revue de l'Alliance Nationale*) (1922-1935)
Revue de l'Alliance Nationale contre la dépopulation (*Revue de l'Alliance Nationale*) (1935-1945)
Vitalité française (1945-1971)

〔その他の雑誌〕
Le petit écho de la mode
Population
Votre Beauté
Vrai

4．出版物（1866-1946）
Alliance Nationale pour l'acroissement de la population française (1896) *Programme et statuts*, Paris: Société Nouvelle de l'Imprimerie Schiller.
Alliance Nationale contre la dépopulation (1945) *Oui ou Non? Va-t-on condamner les familles à sombrer dans la misère?* Paris: Alliance nationale contre la dépopulation.
Auburtin, Fernand (1919) *La patrie en danger!: la natalité*, Paris: G. Cres.
Bertillon, Jacques (1911) *La dépopulation de la France: ses conséquences, ses cause, mesures à prendre pour la combattre*, Paris: Félix Alcan.
Bonvoisin, G. / Maignan (1930) *Allocations familiales et caisses de compensations*,

Paris:Librairie du Recueil Sirey.

Boverat, Fernand (1937) *Pouquoi les Français n'ont plus d'enfants*, Paris: Alliance Nationale contre la dépopulation.

Boverat, Fernand (1939a) 'Le décret-loi du 29 juillet 1939 relatif à la famille et à la natalité française', *Revue de l'Alliance Nationale,* août 1939, No. 324.

Boverat, Fernand (1939b) *Le massacre des innocents*, Paris: Alliance Nationale contre la dépopulation.

Boverat, Fernand (1942) *Fécondité ou servitude: comment relever la natalité française*, Paris: Alliance nationale contre la dépopulation.

Boverat, Fernand / Huber, Michel / Bunle, Henri (1937, 2e 1943) *La population de la France,* Paris: Hachette.

Debré, Robert / Sauvy, Alfred (1946) *Des Français pour la France*, Gallimard.

Duchambon, Charles (1910) *L'abaissement de la natalité en France: causes et remèdes (thèse pour le doctrat)*, Paris: Jules Rousset.

Dumont, Arsène (1890) *Dépopulation et civilisation: étude démographique*, Paris: Lecrosnier et Babé.

de Foville, Alfred (1909) 'Le dépeuplement de la France', de Foville, Ch. Gide, Lyon-Caen *et al.*, *Le dépeuplement de la France: enquête de la Revue hebdomadaire*, Paris: Plon-Nourrit.

de Foville, Ch. Gide, Lyon-Caen *et al.* (1909) *Le dépeuplement de la France: enquête de la Revue hebdomadaire*, Paris: Plon-Nourrit.

de Gaulle, Charles (1934, reprint 1971) *Vers l'armée de mériter,* reprint, Paris: Plon.

Gide, Charles (1903) *Rapport sur la moralité publique*, Paris: Melun.

Glass, D. V. (1940, reprint 1967) *Population policies and movements in Europe*, reprint, London: Frank Cass.

Haury, Paul (1927) *Pour que la France vive: éléments d'un enseignement nataliste et familial*, Paris: Alliance Nationale.

Haury, Paul (1943) *L'école et la famille*, Paris: Comité général de la famille.

Institut National de la statistique et des études économiques (1946, reprint 1993) *Annuaire statistique de la France, Tome 56, 1940-45*, Bad Feilnbach: Schmidt Periodicals Gmbh.

Lafargue, Alfred (1902) 'La natalité de la France', *Revue politique et parlementaire*, No. 92, t.31.

Landry, Adolphe (1934) *La révolution démographique études et essais sur les problèmes de la population*, Paris: Sirey.

Landry, Adolphe *et al.* (1945) *Traité de démographie*, Paris: Payot.

Laroque, Pierre (1946) 'Le plan français de Sécurité sociale', *Revue française du*

travail, No. 1 .
Le Play, M. F. (1864, 2e 1866) *La réforme sociale en France: déduite de l'observation comparée des peuples européens, t.1, t.2*, Paris: E. Dentu.
Leroy-Beaulieu, Paul (1913) *La question de la population*, Paris: Librairie Félix Alcan.
Levasseur, Emile (1889, 1891, 1892) *La population française: histoire de la population avant 1789 et démographie de la France comparée à celle des autres nations au XIXe siècle, précédée d'une introduction sur la statistique, t. 1 , 1889, t. 2 , 1891, t. 3 , 1892*, Paris: Arthur Rousseau.
Megglé, Armand (1941) 'Laissera-t-on disparaître la Race Française', *Les Cahier de la Jeune France*, No.14, octobre.
Neymarck (1905) *Rapport sur les causes économiques de la dépopulation*, Paris: Melun.
Pétain, Philippe (1940) 'La politique sociale de l'avenir', *Revue des deux mondes*, 15 septembre.
Pinard / Richet (1903) *Rapport sur les causes physiologiques de la diminution de la natalité en France*, Paris: Melun.
Rossignol, Georges (Debury, Roger) (1896, nouvelle edition 1913) *Un pays de célibataire et de fils uniques*, Paris: Librairie Ch.Delagrave.
Sauvy, Alfred (1943) *Richesse et population*, Paris: Payot.
Spengler, Joseph J. (1938, Reprint 1968) *France faces depopulation*, New York: Greenwood Press.
Zola, Émile (1899) *Fécondité*, Paris: Charpentier.

〈二次史料〉(1947年以降)

1. 外国語文献

Amouroux, Henri (1977) *La Grande Histoire des Français sous l'Occupation, t. 2 , quarante millions de pétainistes*, Robert Laffont.
Armengaud, André (1965) *La population française au xx siècle*, Presses Universitaires de France (Que sais-je?).
Aron, Robert (1954) *Histoire de Vichy, 1940-1944*, Fayard.
Assemblée Nationale (2014) base de donneés des députés français depuis 1789. http://www.assemblee-nationale.fr/sycomore/ (2014年 7 月10日閲覧)
Atkin, Nicholas (1991) *Church and Schools in Vichy France, 1940-1944*, University of Washington.
Becchia, Alain (1986) 'Les milieux parlementaires et la dépopulation de 1900 à 1914', *Communications*, vol.44.
Bethouard, Bruno / Steck, Philippe (2012) *Prestations familiales: une histoire française*, Comité d'histoire de la Sécurité Sociale.

Boninchi, Marc (2005) *Vichy et l'ordre moral*, Presses Universitaires de France.

Bordeaux, Michèle (2002) *La victoire de la famille dans la France défaite: Vichy 1940-1944*, Flammarion.

Caf.fr (2014) http://www.caf.fr/ (2014年7月10日閲覧)

Ceccaldi, Dominique (1957) *Histoire des prestations familiale en France*, Union nationale des caisses d'allocation familiales.

Chauvière, Michel (2000) 'Mobilisation familiale et intérêts familiaux', Chauvière, Michel *et al.* (eds.), *Les implicites de la politique familiale: approches historiques, juridiques et politiques*, Dunod.

Chesnais, Jean-Claude (1988) 'La politique de population française depuis 1914', Jacques Dupâquier *et al.*, *Histoire de la population française, vol. 4 : de 1914 à nos jours*, Presses Universitaires de France.

Childers, Kristen Stromberg (2003) *Fathers, families, and the State in France 1914-1945,* Cornell University Press.

Commaille, Jacques / Strobel, Pierre / Villac, Michel (2002) *La politique de la famille*, La Découverte.

Coutrot, Aline (1972) 'La politique familiale', Fondation nationale des sciences politiques (ed.), *Le Gouvernement de Vichy, 1940-1942 : institutions et politiques*, Armand Colin.

Damon, Julien (2006) *Les politiques familiales,* Presses Universitaires de France (Que sais-je?).

Debré, Robert (1974) *L'honneur de vivre: témoignage,* Hermann et Stock.

Ekert-Jaffé, Olivia (1986) 'Effet et limites des aides financières aux familles: une expérience et un modèle', *Population*, vol.41, No. 2.

Eurostat (2014) "Fertility rates by age". http://appsso.eurostat.ec.europa.eu/nui/show.do?dataset=demo_frate&lang=en (2014年7月10日閲覧)

Famille de France (2014) 'Qui sommes-nous?'. http://www.familles-de-france.org/node/71/ (2014年7月10日閲覧)

Flonneau, Jean-Marie (1992) 'L'évolution de l'opinion publique de 1940 à 1944', Azéma, Jean-Pierre / Bédarida, François (eds.), *Le régime de Vichy et les français*, Fayard.

Fuchs, Rachel G. (1995) 'The right to life: Paul Strauss and the politics of motherhood', Accampo, Elinor A./ Fuchs, Rachel G. / Stewart, Mary Lynn, *Gender and the politics of social reform in France, 1870-1914,* The John Hopkins University Press.

Gauthier, Anne Helene (1996) *The state and the family: a comparative analysis of family policies in Industrialized countries*, Clarendon Press.

Gillot, Dominique (1998) *Pour une politique de la famille renovée,* Documentation française.

Giolitto, Pierre（1991）*Histoire de la jeunesse sous Vichy,* Perrin.

HCF（Haut conseil de la famille）（2014）Le H.C.F., http://www.hcf-famille.fr/spip.php?article10 （2014年７月10日閲覧）

INSEE（2007）*Bilan démographique 2006: un excédent naturel record, No.1118, janvier 2007.* http://www.insee.fr/fr/ffc/ipweb/ip1118/ip1118.pdf （2014年７月10日閲覧）

Jennings, Éric（2002）"Discours corporatist: propaganda nataliste et contrôle social sous Vichy", *Revue d'Histoire Moderne et Contemporaine,* 49（４）.

Jolly, Jean（ed.）（1962）*Dictionnaire des parlementaires français: notice biographiques sur les ministres, députées et sénateurs français de 1889 à 1940, tome ２,* Presses Universitaires de France.

Laborie, Pierre（1990）*L'opinion française sous Vichy,* Seuil.

Laroque, Pierre（1948）'From social insurance to Social security: evolution in France', *International Labour Review.*

Laroque, Pierre（ed.）（1985）*La politique familiale en France depuis 1945: rapport du groupe de travail sur la politique familiale en France depuis 1945,* Documentation française.

Le Bras, Hervé（1991）*Marianne et les lapins: l'obsession démographique,* O. Orban.

Leclerc, Pierre（1996）*La sécurité sociale: son histoire à travers les textes, tome ２, 1870-1945,* Association pour l'étude de l'Histoire de la Sécurité sociale.

Legifrance.gouv.fr（2014）Code de la sécurité sociale. http://www.legifrance.gouv.fr/affichCode.do?idArticle=LEGIARTI000006740077&idSectionTA=LEGISCTA000006155998&cidTexte=LEGITEXT000006073189&dateTexte=20140403 （2014年７月10日閲覧）

Lévy, Michel Louis（1990）*Alfred Sauvy: compagnon du siècle,* La Manifacture.

Messu, Michel（1992）*Les politiques familiales: du natalisme à la solidarité,* Les Éditions Ouvrières.

Michel, Henri / Mirkine-Guetzévitch, Boris（textes choisis et introductions）（1954）*Les idées politiques et sociales de la Résistance,* Presses Universitaires de France.

Muel-Dreyfus, Francine（1996）*Vichy et l'éternel feminin: contribution à une sociologie politique de l'ordre des corps,* Seuil.

Nizard, Alfred（1974）'Politique et législation démographiques', *Population,* vol.29.

Olivier, Cyril（2005）*Le vice ou la vertu: Vichy et les politiques de la sexualité,* Presses Universitaires du Mirail.

Paxton, Robert O.（1972）*Vichy France: Old Guard and New Order 1940-1944,* Columbia University Press.（邦訳パクストン 2004）

Pedersen, Susan（1995）*Family, dependence, and the origins of the welfare state:*

Britain and France, 1914-1945, Cambridge University Press.

Pétain, Philippe (1989) *Discours aux français 17 juin 1940-20 août 1944,* Textes établis, présentés et commentés par Jean-Claude Barbas, Albin Michel.

Pollard, Miranda (1998) *Reign of Virtue:Mobilizing Gender in Vichy France,* The University of Chicago Press.

Prost, Antoine (1984) 'L'évolution de la politique familiale en France de 1938 à 1981', *Le mouvement social,* No.129.

Reggiani, André Horacio (1996) 'Procreating France: the politics of demography, 1919-1945', *French Historical Studies,* vol.19, No. 3 .

Reggiani, André Horacio (2002) 'Alexis Carrel, the unknown: eugenics and population research under Vichy', *French Historical Studies,* vol. 25, No. 2 .

Reynaud, Paul (1963) *Mémoires 2 : envers et contre tous, 7 mars 1936-16 juin 1940,* Flammarion.

Rosental, Paul-André (2003) *L'intelligence démographique : sciences et politiques des populations en France (1930-1960)*, Odile Jacob.

Rousso, Henri (1990) *La Syndrome de Vichy: de 1944 à nos jours,* Seuil.

Sauvy, Alfred (1952, 1954) *Théorie général de la population, vol. 1 : économie et population, vol. 2 : biologie sociale.* (邦訳ソーヴィ1985)

Sauvy, Alfred (1959) *La montée des jeunes,* Calmann-Lévy.

Sauvy, Alfred (1965) *Histoire économique de la France entre les deux guerres, vol.2 (1931-1939)*, Fayard.

Sauvy, Alfred (1972) *De Paul Reynaud à Charles de Gaulle: scènes, tableaux et souvenirs,* Casterman.

Sauvy, Alfred (1979) *La France ridée,* Casterman.

Sauvy, Alfred (1981) *La vie en plus: souvenirs,* Calmann-Lévy.

Sauvy, Alfred (1988) 'La population française pendant la seconde guerre mondiale', Jacques Dupâquier *et al., Histoire de la population française, vol. 4 : de 1914 à nos jours,* Presses Universitaires de France.

Sénat (2014) Vos sénateurs, Les ancien Sénateurs – Troisième République. http://www.senat.fr/senateurs-3eme-republique/index.html (2014年7月1日閲覧)

Service-Public.fr (2014) Allocations destinée aux familles, Famille. http://vosdroits.service-public.fr/N156.xhtml (2014年7月10日閲覧)

Sweets, John F. (1986) *Choices in Vichy France: the French under Nazi Occupation,* Oxford University Press.

Talmy, Robert (1962a) *Histoire du movement familial en France, 1896-1939, tome I,* Aubenas.

Talmy, Robert (1962b) *Histoire du movement familial en France, 1896-1939, tome II,*

Aubenas.
Tellier, Thibault (2005) *Paul Reynaud:un indépendant en politique 1878-1966*, Fayard.
UNAF (2014) http://www.unaf.fr/spip.php?rubrique 1 (2014年７月10日閲覧)
Valat, Bruno (2001) *Histoire de la Sécurité sociale (1945-1967): l'État, l'institution et la santé,* Economica.
Veillon, Dominique (1992) 'La vie quotidienne des femmes', Azéma, Jean-Pierre / Bédarida, François (eds.), *Le régime de Vichy et les français*, Fayard.
Watson, Cicely (1954a) 'Population policy in France: family allowance and other benefits I', *Population Studies*, vol. 7 , No. 3 .
Watson, Cicely (1954b) 'Population policy in France: family allowance and other benefits II', *Population Studies*, vol. 8 , No. 1 .

２．翻訳文献

アリエス、フィリップ 1993「かつての時代の避妊について」デュビー／コルバン／ル・ゴフ／アリエスほか（福井憲彦、松本雅弘訳）『愛と結婚とセクシュアリテの歴史』新曜社
エスピン＝アンデルセン、イエスタ 2001（岡澤憲芙、宮本太郎監訳）『福祉資本主義の三つの世界—比較福祉国家の理論と動態』ミネルヴァ書房
エック、エレーヌ 1998（平野千果子訳）「ヴィシー政権下の女性たち—敗戦のなかの女性たち、あるいは敗戦による女性市民の誕生」デュビィ、G.／ペロー、M.監修（杉村和子、志賀亮一監訳）『女の歴史Ｖ　二十世紀１』藤原書店
カレル、アレキシス 1980（渡部昇一訳）『人間—この未知なるもの』三笠書房
キャロー、ジェラール 1996（阿藤誠訳）「フランスにおける出生率の動向と家族政策」阿藤誠編『先進諸国の人口問題』東京大学出版会
クニビレール、イヴォンヌ／フーケ、カトリーヌ1994（中嶋公子、宮本由美ほか訳）『母親の社会史—中世から現代まで』筑摩書房
シャイラー、ウィリアム 1971（井上勇訳）『フランス第三共和制の興亡１—1940年 フランス没落の探究』東京創元社
シュペングラー、O. 1971（村松正俊訳）『西洋の没落（一）（二）』五月書房
ステファニ、G.／ルヴァスール、G.／ブーロック、B. 1981（澤登俊雄ほか訳）『フランス刑事法—刑法総論』成文堂
スピネル、フランシス 1992（福井美津子監訳）『主婦マリーがしたこと』世界文化社
ソーヴィ、アルフレッド 1985（岡田實、大淵寛、岩田文夫訳）『人口の一般理論』中央大学出版部
タイテルボーム、M.S.／ウインター、J.M. 1989（黒田俊夫、河野稠果監訳）『人口減少—西欧文明衰退への不安』多賀出版

デフラーヌ、ジャン 1988（長谷川公昭訳）『ドイツ軍占領下のフランス』白水社（文庫クセジュ）
デュペイルー、J.-L. 1978（上村政彦、藤井良治訳）『フランスの社会保障』光生館
ドゴール、シャルル 1960（村上光彦訳）『ドゴール大戦回顧録Ⅰ 救済1944-1946』みすず書房
ドゴール、シャルル 1966（村上光彦・山崎庸一郎訳）『ドゴール大戦回顧録Ⅵ統一1942-1944』みすず書房
トドロフ、ツヴェタン 1993（大谷尚文訳）『歴史のモラル』法政大学出版局
ハーグリーヴス、アリック・G. 1997（石井伸一訳）『現代フランス―移民からみた世界』明石書店
パクストン、ロバート・O. 2004（渡辺和行・剣持久木訳）『ヴィシー時代のフランス』柏書房
バダンテール、エリザベート 1998（鈴木晶訳）『母性愛という神話』ちくま学芸文庫
バルビエ、ジャン＝クロード／テレ、ブルーノ 2006（中原隆幸、宇仁宏幸、神田修悦、須田文明訳）『フランスの社会保障システム―社会保護の生成と発展』ナカニシヤ出版
ビラバン、J.N. ／デュパキエ、J. 1990（岡田實訳）『出産飢饉―現代フランス人口事情』中央大学出版部
フーコー、ミシェル 1986（渡辺守章訳）『性の歴史Ⅰ 知への意志』新潮社
フランドラン、J.-L. 1992（宮原信訳）『性の歴史』藤原書店
フローラ、ペーター編 1987（竹岡敬温監訳）『ヨーロッパ歴史統計―国家・経済・社会1815-1975（下巻）』原書房
ボック、ジゼラ 1998（柳原邦光訳）「ナチズム―ドイツの女性差別政策と女性たちの生活」デュビィ、G. ／ペロー、M. 監修（杉村和子、志賀亮一監訳）『女の歴史Ⅴ 二十世紀１』藤原書店
ホフマン、スタンレイ 1977（天野恒雄訳）『フランス現代史１―革命か改革か』白水社
マルサス、トーマス・ロバート 2011（原著初版1798）（斉藤悦則訳）『人口論』光文社（光文社古典新訳文庫）
ミシェル、アンリ 1979（長谷川公昭訳）『ヴィシー政権』白水社
ミュラシオル、J＝F. 2008（福本直之訳）『フランス・レジスタンス史』白水社（文庫クセジュ）
モーリヤック、F. 1966（岡部正孝訳）『ドゴール』河出書房新社
ラーキン、モーリス 2004（向井喜則監訳）『フランス現代史―人民戦線期以後の政府と民衆1936～1996年』大阪経済法科大学出版部
ラボー、ジャン 1987（加藤康子訳）『フェミニズムの歴史』新評論
ルソー 1962（今野一雄訳）『エミール（上）』岩波書店（岩波文庫）
ルブラン、フランソワ 1993「避妊のはじまり」デュビー、コルバン／ル・ゴフ／アリエスほか（福井憲彦、松本雅弘訳）『愛と結婚とセクシュアリテの歴史』新曜社

ワース、アレグザンダー 1958（野口名隆、高坂正尭訳）『フランス現代史Ⅰ』みすず書房

3．日本語文献

赤川学 2004『子どもが減って何が悪いか！』筑摩書房（ちくま新書）
阿藤誠 1996「序論　先進諸国の低出生率問題」阿藤誠編『先進諸国の人口問題―少子化と家族政策』東京大学出版会
阿藤誠 2000『現代人口学―少子高齢化社会の基礎知識』日本評論社
阿藤誠 2006「国際比較からみた日本の少子化と少子化対策」高山憲之、斎藤修編『少子化の経済分析』東洋経済新報社
稲本洋之助 1985『フランスの家族法』東京大学出版会
岩澤美帆 2004「ジェンダーと先進国の出生力転換」阿藤誠、早瀬保子編『ジェンダーと人口問題』原書房
上村政彦 1959「フランスにおける家族手当立法―法の変遷と手当の性格について」『九大法学』6号
上村政彦 1964「家族手当と社会保障」『ジュリスト』No.298
上村政彦 1973「フランス家族手当法の生成と過程」『国際社会保障研究』10号
上村政彦 1999「家族給付制度」藤井良治、塩野谷祐編『先進諸国の社会保障⑥フランス』東京大学出版会
江口隆裕 2011『「子ども手当」と少子化対策』法律文化社
大井孝 2008『欧州の国際関係1919-1946―フランス外交の視角から』たちばな出版
大塩まゆみ 1996『家族手当の研究―児童手当から家族政策を展望する』法律文化社
大関由美子 2006「アメリカの家族と家族政策―近年の特徴を中心に」樋口美雄、財務省財務総合政策研究所編著『少子化と日本の経済社会―２つの神話と１つの真実』日本評論社
大山礼子 2006『フランスの政治制度』東信堂
岡崎陽一 1997『現代人口政策論』古今書院
岡田實 1984『フランス人口思想の発展』千倉書房
岡田實 1996『現代人口論』中央大学出版部
岡野八代 2003『シティズンシップの政治学―国民・国家主義批判』白澤社
落合恵美子 1989『近代家族とフェミニズム』勁草書房
加藤智章 1984「フランス社会保障制度の構造とその特徴―ラロックプランの成立まで」『九大法学論集』第35巻３・４合併号
神尾真知子 2007「フランスの子育て支援―家族政策と選択の自由」『海外社会保障研究』160号
神尾真知子 2012「フランスの家族政策と女性―「一家の稼ぎ手モデル」を前提としない家族政策とは？」井上たか子編著『フランス女性はなぜ結婚しないで子どもを産むのか』勁草書房

河合務 2005「フランス第三共和制期における人口問題と家族思想―ポール・ストロースを中心として」『地域学論集（鳥取大学地域学部紀要）』第2巻2号
経済企画庁（現内閣府）1992『平成4年度国民生活白書―少子化の到来、その影響と対応』http://www5.cao.go.jp/seikatsu/whitepaper/h4/wp-pl92-000i1.html （2014年7月1日閲覧）
厚生労働省 1997 人口問題審議会報告「少子化に関する基本的考え方について―人口減少社会、未来への責任と選択」http://www1.mhlw.go.jp/shingi/s1027-1.html#3 （2014年7月10日閲覧）
厚生労働省 2014a『平成25年版厚生労働白書　資料編』 http://www.mhlw.go.jp/wp/hakusyo/kousei/13-2/dl/01.pdf （2014年7月10日閲覧）
厚生労働省 2014b「第1部第2章第3節　出産・子育てに関する意識」『平成25年版厚生労働白書』http://www.mhlw.go.jp/wp/hakusyo/kousei/13/dl/1-02-3.pdf （2014年7月10日閲覧）
厚生労働省 2014c「リーフレット『児童手当』」http://www.mhlw.go.jp/seisakunitsuite/bunya/kodomo/kodomo_kosodate/jidouteate/dl/leaflet.pdf （2014年7月10日閲覧）
厚生労働省 2014d「定例報告第3章第1節　フランス共和国」『2013年　海外情勢報告書』http://www.mhlw.go.jp/wp/hakusyo/kaigai/14/dl/t3-02.pdf （2014年7月10日閲覧）
小島宏 1994「フランスにおける家族政策の効果」『人口問題研究』59巻2号
小島宏 1996「フランスの出生・家族政策とその効果」阿藤誠編『先進諸国の人口問題―少子化と家族政策』東京大学出版会
在日フランス大使館 2005「フランスの家族政策」「フランスの内政・外交」http://www.ambafrance-jp.org/%E3%83%95%E3%83%A9%E3%83%B3%E3%82%B9%E3%81%AE%E5%AE%B6%E6%97%8F%E6%94%BF%E7%AD%96 （2014年7月1日閲覧）
坂上孝 1999『近代的統治の誕生―人口・世論・家族』岩波書店
柴田三千雄／横山紘一／福井憲彦編 1995『フランス史3―19世紀なかば～現在』山川出版社
総務省統計局 2014a「第20章社会保障　20-31児童手当受給者数、支給対象児童数と支給額」『日本の統計2014』 http://www.stat.go.jp/data/nihon/zuhyou/n2003100.xls （2014年7月10日閲覧）
総務省統計局 2014b「人口推計」http://www.stat.go.jp/data/jinsui/2013np/pdf/2013np.pdf#search='%E7%B5%B1%E8%A8%88%E5%B1%80+100%E6%AD%B3%E4%BB%A5%E4%B8%8A%E3%81%AE%E4%BA%BA%E5%8F%A3+2013' （2014年7月10日閲覧）
総務省統計局 2014c『世界の統計2014』http://www.stat.go.jp/data/sekai/0116.htm （2014年7月10日閲覧）
高山一彦 2005『ジャンヌ・ダルク―歴史を生き続ける「聖女」』岩波書店（岩波新書）

滝沢正 1997『フランス法』三省堂
竹岡敬温 2004「フランス第三共和政の崩壊―「奇妙な敗北」からヴィシー政権の成立へ」『大阪大学経済学』53巻4号
竹岡敬温 2007『世界恐慌期フランスの社会―経済、政治、ファシズム』御茶の水書房
田中拓道 2006『貧困と共和国―社会的連帯の誕生』人文書院
谷川稔／渡辺和行編著 2006『近代フランスの歴史―国民国家形成の彼方に』ミネルヴァ書房
田端博邦 1989「社会保障の歴史」社会保障研究所編『フランスの社会保障』東京大学出版会
田端博邦 1999「社会保障の歴史」藤井良治、塩野谷祐一編『先進諸国の社会保障⑥フランス』東京大学出版会
千田航 2011「家族を支える福祉国家―フランスにおける家族政策とジェンダー平等」宮本太郎編『働く―雇用と社会保障の政治学』風行社
辻由希 2012『家族主義福祉レジームの再編とジェンダー政治』ミネルヴァ書房
鶴宏史 2006「家族政策研究―家族政策の概念と今後の課題に関する考察（その１）」神戸親和女子大学『教育専攻科紀要』10号
所道彦 2003「比較のなかの家族政策―家族の多様化と福祉国家」『講座・福祉国家のゆくえ　第２巻　比較のなかの福祉国家』ミネルヴァ書房
所道彦／ブラッドショー、ジョナサン 2012「子どもの貧困対策現金給付―イギリスと日本」『季刊・社会保障研究』Vol.48,No. 1
内閣府編 2004『平成16年版少子化社会白書』ぎょうせい
中木康夫 1975『フランス政治史（中）』未來社
中島さおり 2005『パリの女は産んでいる―〈恋愛大国〉フランスに子供が増えた理由』ポプラ社
中島さおり 2010『なぜフランスでは子どもが増えるのか―フランス女性のライフスタイル』講談社（講談社現代新書）
縄田康光 2009「少子化を克服したフランス―フランスの人口動態と家族政策」『立法と調査』No.297
西川祐子 2000『近代国家と家族モデル』吉川弘文館
長谷川公昭 1986『ナチ占領下のパリ』草思社
服部春彦／谷川稔編著 1993『フランス近代史―ブルボン王朝から第五共和政へ』ミネルヴァ書房
樋口美雄／大関由美子／平川伸一 2006「フランスの家族・出生率・家族政策」樋口美雄、財務省財務総合政策研究所編著『少子化と日本の経済社会―２つの神話と１つの真実』日本評論社
平野千果子 2002『フランス植民地主義の歴史―奴隷制廃止から植民地帝国の崩壊まで』人文書院

広井多鶴子 2012「戦後の家族政策と子どもの養育―児童手当と子ども手当をめぐって」『実践女子大学人間社会学部紀要』8号
広井良典 2013『人口減少社会という希望―コミュニティ経済の生成と地球倫理』朝日新聞出版社
廣澤孝之 2005『フランス「福祉国家」体制の形成』法律文化社
深澤敦 2008a「フランスにおける家族手当制度の形成と展開―第一次世界大戦後のパリ地域補償金庫を中心として（上）」『立命館産業社会論集』第43巻4号
深澤敦 2008b「フランスにおける家族手当制度の形成と展開―第一次世界大戦後のパリ地域補償金庫を中心として（下）」『立命館産業社会論集』第44巻2号
深澤敦 2009「フランス家族政策の歴史的展開」『経済』170号
福井憲彦編 2001『（新版世界各国史）フランス史』山川出版社
藤井良治 1996『現代フランスの社会保障』東京大学出版会
藤正巌／古川俊之 2000『ウェルカム・人口減少社会』文藝春秋（文春新書）
牧陽子 2008『産める国フランスの子育て事情―出生率はなぜ高いのか』明石書店
松田祐子 2009『主婦になったパリのブルジョワ女性たち』大阪大学出版会
宮本悟 1995「フランスにおける家族手当制度の形成過程―1932年「家族手当法」の成立とその後」『中央大学経済研究所年報』第26号
宮本悟 2000「フランス家族手当制度の歴史的生成過程」『社会政策学会誌』36巻1号
宮本悟 2007「フランス家族手当制度の選別主義的改革―1997年改革による所得制限の導入」『中央大学経済研究所年報』第38号
宮本悟 2008「フランス家族手当制度における所得制限の見直し―普遍主義への回帰」『中央大学経済研究所年報』第39号
森朋也 2006「イタリアにおける少子化と少子化対策」樋口美雄、財務省財務総合政策研究所編著『少子化と日本の経済社会―2つの神話と1つの真実』日本評論社
柳沢房子 2007「フランスにおける少子化と政策対応」『レファレンス』682号
横田増生 2009『フランスの子育てが、日本よりも10倍楽な理由』洋泉社
渡辺和行 1994『ナチ占領下のフランス―沈黙・抵抗・協力』講談社
渡辺和行 1998『ホロコーストのフランス―歴史と記憶』人文書院
渡辺和行 2003『フランス人とスペイン内戦』ミネルヴァ書房
渡辺和行 2007『エトランジェのフランス史―国民・移民・外国人』山川出版社
渡辺和行／南充彦／森本哲郎 1997『現代フランス政治史』ナカニシヤ出版

4. 新　聞

『朝日新聞』
『読売新聞』（大阪版）

人名索引

ま 行

や 行

ら 行

事項索引

あ 行

か 行

ま 行

や 行

ら 行

■著者紹介

福島　都茂子（ふくしま　ともこ）

京都市生まれ。山口市育ち。
2008年、京都大学大学院法学研究科博士後期課程単位取得満期退学。博士（法学）（京都大学）。
京都大学大学院法学研究科助教を経て、現在、関西大学、近畿大学、龍谷大学などで非常勤講師。

論　文

「ヴィシー政府の人口政策とその効果―フランスにおける1942年の出生率上昇の理由の分析―（一）（二）（三・完）」『法学論叢』第161巻5号、第163巻1号、2号（2007-2008年）。
「フランスの家族政策におけるヴィシー時代と戦後の連続性―政策と思想の連続性―（一）（二・完）」『法学論叢』第165巻3号、5号（2009年）。
「1902年設立の「人口減少院外委員会」の成立過程と活動―フランスにおける家族政策の始まり―」『日仏政治研究』第5号（2010年）。

Horitsu Bunka Sha

フランスにおける家族政策の起源と発展
――第三共和制から戦後までの「連続性」

2015年3月31日　初版第1刷発行

著　者　福島都茂子

発行者　田靡純子

発行所　株式会社 法律文化社

〒603-8053
京都市北区上賀茂岩ヶ垣内町71
電話 075(791)7131 FAX 075(721)8400
http://www.hou-bun.com/

＊乱丁など不良本がありましたら、ご連絡ください。
お取り替えいたします。

印刷：亜細亜印刷㈱／製本：㈱藤沢製本
装幀：石井きよ子

ISBN 978-4-589-03658-2